Die Frau eines Mummenschanzes

George Moore

Writat

Diese Ausgabe erschien im Jahr 2024

ISBN: 9789359943589

Herausgegeben von
Writat
E-Mail: info@writat.com

Inhalt

EINE WIDMUNG AN ROBERT ROSS

ICH

Am Ende seines Lebens ist ein Mann oft nicht in der Lage, selbst Ereignisse zu terminieren, die seine Sympathien berührten und vielleicht noch immer betreffen; Alles scheint gestern geschehen zu sein, und doch ist es nicht weniger als drei Jahre her, seit wir bestrebt waren, unseren Glauben an die Freundlichkeit und Gerechtigkeit zu bezeugen, mit der Sie in der *Morning Post Ihre doppelten Pflichten* uns und den Eigentümern gegenüber erfüllt haben Papier.

Ein Komitee bildete sich schnell, und es richtete einen Brief an alle namhaften Kunstschaffenden und an alle, von denen bekannt war, dass sie sich für Kunst interessierten, und sehr bald wurde eine beträchtliche Geldsumme gesammelt; Doch als das Komitee zusammentrat, um zu entscheiden, welche Form das Erinnerungsgeschenk annehmen sollte, herrschte Verwirrung, und viele neigten zu einem Stück Teller. Es wurde darauf hingewiesen, dass sich ein Stück Teller im Wert von 800 Pfund als sperriges Möbelstück – eigentlich als weißer Elefant – in dem kleinen Haus, der Wohnung oder der Wohnung erweisen würde, in der ein Kritiker normalerweise lebt. Die Wahrheit hierüber konnte nicht bestritten werden. Es wurden weitere Vorschläge zu Ihrem Nutzen gemacht, von denen jeder eine gewisse Unterstützung erhielt, aber keiner die Mehrheit der Stimmen erreichte. und die Verwirrung hielt an, bis man darüber nachdachte, die Verfügung über das Geld Ihrer Wahl zu überlassen, und angesichts der Tatsache, dass Sie viele Jahre lang den Posten eines Kunstkritikers innehatten, beschlossen Sie, ein Slade-Stipendium zu gründen. Es schien Ihnen gut, dass ein junger Mann, der die Slade-Schule verlässt, mit einer Geldsumme ausgestattet werden sollte, die ausreicht, um ein Atelier einzurichten, und etwa sieben- oder achthundert Pfund wurden investiert, der Rest wurde für ein Schmuckstück für Ihre persönliche Kleidung ausgegeben – eine Uhr. Ich habe nicht vergessen, dass ich einer der Dissidenten war und Stipendien für mich nicht attraktiv waren, aber in letzter Zeit habe ich begonnen zu erkennen, dass Sie klug mit dem Geld umgegangen sind. Zur Erinnerung genügte eine Uhr, und da ich sie gerade erst erblickt habe, trösten mich die angenehmen Gedanken, die sie hervorgerufen hat, über Ihren Abschied: Nachdem ich mich auf der Türschwelle von Ihnen verabschiedet habe, kehre ich an meinen Kamin zurück, um noch einmal zu kauen der gemäßigten und toleranten Artikel, die ich vor Jahren in der *Morning Post* gelesen habe .

Sehen Sie, Ross, ich war selbst einige Jahre lang Kritiker beim *Speaker*, aber meine Artikel waren oft bitter und explosiv; Ich neigte zu Polemiken und es fehlte mir das feinere Gespür, das es einem ermöglichte, Werke zu übergehen, mit denen man kein Verständnis hatte, ohne den Maler zu verletzen. Oftmals hatte ich die Absicht, ihn zu verletzen, in der absurden Hoffnung, ich könnte ihn zu etwas Besserem zwingen. Mein Motto scheint gewesen zu sein: „Zwingt sie hereinzukommen" – Worte, die Jesus in einem seiner Gleichnisse verwendete und die von Geistlichen als Rechtfertigung für die Verfolgung herangezogen wurden, und von vielen unter uns, deren Namen ich hier nicht an den Pranger stellen werde, denn ich Ich habe beschlossen, dass es auf diesen Seiten um Sie und nichts anderes als um Sie geht. Wenn ich von mir selbst in einem vergessenen Kreuzzug spreche, dann, um Sie in Ihr wahres Licht zu rücken. Wir haben Ihren kritischen Scharfsinn und Ihr literarisches Können gewürdigt, aber nicht wegen dieser Qualitäten haben wir, die Kritisierten, beschlossen, Ihnen, dem Kritiker, ein Zeichen unserer Dankbarkeit zu überreichen; Es lag auch nicht daran, dass Sie unsere Werke gelobt hatten (eine große Anzahl der Abonnenten hatte kein Lob von Ihnen erhalten): Wir waren, glaube ich, insgesamt bewegt von dem Bewusstsein, dass Sie sich in einer schwierigen Aufgabe als freundlicher Kritiker erwiesen hatten. und doch ein gerechter Mensch, und für diese Qualitäten wurde Ihnen eine Ehre zuteil, die meiner Meinung nach in den Chroniken der Kritik einmalig ist.

II

Die Erinnerung zieht mich hoch, und aus einigen Momenten des Zweifels heraus entsteht der Verdacht, dass alles, was ich hier schreibe, von mir irgendwo gelesen wurde: aber es stand nicht in unserem ursprünglichen Glaubensbekenntnis, denn ich habe es nie gesehen, da ich der Präsentation nicht beiwohnte des Zeugnisses. Wo dann? In den Zeitungen, die aus dem Originaldokument zitiert haben? Von wem ausgeschrieben? Von Witt oder von MacColl, beide ausgezeichnete Autoren? Aber da ich selbst Schriftsteller bin, bin ich aufgefordert, selbst zu schreiben. Zeitungen sind vergängliche Dinge – ein guter Grund, die Geschichte neu aufzuschreiben; Und es gibt noch einen weiteren Grund, es aufzuschreiben – meine Gründe, warum ich Ihnen dieses Buch widme. Wir müssen immer Gründe haben, sonst gelten wir als unvernünftige Wesen, und ich bin fest davon überzeugt, dass niemand, der nach einem Grund für sein Handeln sucht, einen besseren Grund finden wird, Ihnen ein Buch zu widmen als meinen. Mein Name gehört zu den Unterzeichnern des Dokuments, das ich „unsere Glaubenserklärung" genannt habe; und nachdem ich mich so völlig Ihrem kritischen Urteil unterworfen habe, scheint es mir, dass für die Vollendung der Harmonie eine Widmung notwendig ist. Eine ganze Reihe von Gründen, die ich für meine Tat anführe, sind alle stichhaltig, und der stichhaltigste von allen Gründen, warum ich mich für dieses Buch, *A Mummer's Wife* , entschieden habe, um es Ihnen zu widmen, ist Ihre eigene Empfehlung dafür Neulich Abend, als du mir sagtest, dass deiner Meinung nach kein Buch von mir mit größerer Wahrscheinlichkeit „leben" würde! Fünfundzwanzig Jahre zu leben, ist die höchste Unsterblichkeit, die sich irgendjemand wünschen kann; Denn wer möchte von den Menschen, die in dreihundert Jahren auf diesen Inseln leben werden, über sie reden? Wir sollten sie nicht verstehen, noch sollten sie uns verstehen. Nutzen Sie daher alle legendären Unsterblichkeiten und lassen Sie uns zufrieden sein, Ross, damit sich unsere Freunde erinnern und vielleicht unsere Namen von Jüngern an eine andere Generation weitergegeben werden! Das ist eine gerechte und natürliche Unsterblichkeit; lasst es uns gemeinsam teilen. Unsere Barke liegt im Hafen: Du sagst mir, die Spieren seien in Ordnung und die Nähte seien verstemmt; Die Barke, sagen Sie, ist seetüchtig und übersteht jeden der kleinen Stürme, denen sie auf der Reise ausgesetzt sein könnte – ein besseres Schiff gibt es in meiner kleinen Flotte nicht. Sie sagten gestern Abend über dem Kaminsims: „ *Esther Waters* spricht aus einer tieferen Wertschätzung des Lebens." aber Sie fügten hinzu: „In *A Mummer's Wife* gibt es eine jugendliche Fantasie und den Überschwang eines jungen Mannes, der zum ersten Mal zu sich selbst kommt, und das ist eine Qualität – „Zweifellos ist es eine Qualität, Ross; aber welche Qualität? Du hast deinen Satz nicht beendet, oder ich habe ihn vergessen. Lassen Sie mich es für Sie zu Ende bringen: „Das überwiegt alle anderen Qualitäten." Aber stimmt das? Ich interpretiere dich schlecht. Sie würden sich nicht auf eine so grobe Meinung festlegen, und ich bin bereit zu glauben, dass ich die Worte nicht so verstanden habe, wie sie Ihnen über die Lippen kamen. Von dem angenehmen Moment, in dem Sie darüber nachgedacht haben, welches meiner Werke Ihnen am besten gefällt, kann ich mich nur noch mit Sicherheit erinnern, sind vereinzelte Wörter, die hier zu einem Satz arrangiert werden könnten, der, auch wenn er Ihre kritischen Urteile nicht genau wiedergibt, von Ihnen akzeptiert werden kann Du. Sie sagten, Ihre Gedanken gingen häufiger zu *A Mummer's Wife* als zu *Esther Waters* ; und ich bin mir fast sicher, dass etwas darüber gesagt wurde, dass das frühere Buch ein spontaneres Thema der Fantasie sei und dass das Wanderleben der Mummer dem Buch eine altmodische, abenteuerliche Note verleiht und an „ *Der goldene Esel*" erinnert – ein Buch Ich habe es letztes Jahr gelesen und darin so viele Erinnerungen an mich selbst gefunden, dass ich dachte, es sei ein Buch, das ich vielleicht geschrieben hätte, wenn ich vor zweitausend Jahren gelebt hätte. Wer kann sagen, dass er noch nie gelebt hat, und ist es nicht genauso wichtig zu glauben, dass wir schon einmal gelebt haben, wie zu glauben, dass wir im Jenseits leben werden? Wenn ich schon früher gelebt hätte, weiß Jupiter, was ich hätte schreiben sollen, aber es wäre nicht *Esther Waters* gewesen : eher ein Buch wie *A Mummer's Wife* – eine Gruppe von Jongleuren und Akrobaten, die von Stadt zu Stadt reisen.

Während ich diese Zeilen schreibe, kommt mir eine antike Geschichte in den Sinn, eine Erinnerung an eines meiner verlorenen Werke oder eine spontane Lektüre von Apuleius in *A Mummers Wife* – welche?

GM

ICH

Statt eines Schirms waren ein Kleid und ein roter Unterrock über einen Wäscheständer geworfen worden, die das grelle Licht der Lampe vor den Augen des Kranken abschirmten. In der blassen Dunkelheit des Zimmers konnte man seine bärtigen Wangen erkennen, die in einem Haufen weggeworfener Kissen vergraben waren. An seinem Bett saß eine junge Frau. Während sie döste, senkte sich ihr Gesicht, bis ihre Gesichtszüge verborgen waren, und das Lampenlicht ließ die seltsamen Rundungen eines schönen Ohrs wie ein Stück beleuchtetes Porzellan aussehen. Ihre Hände lagen auf ihrem Schoß, ihre Handarbeiten rutschten ihnen ab; und als es zu Boden fiel, erwachte sie.

Sie presste die Hände an die Stirn und versuchte aufzustehen. Während sie das tat, verzog sich ihr Gesicht mit einem Ausdruck des Ekels und sie erinnerte sich an den Äther. Der sanfte, dampfende Geruch wehte ihr von einem kleinen, mit Medizinflaschen übersäten Tisch entgegen, und sie drückte ihn vorsichtig in die Flasche, wobei sie darauf achtete, den Korken fest in ihren Fingern zu halten.

In diesem Moment schlug die Uhr elf und die klaren Töne ihrer Glocke durchbrachen scharf die Stille; Der Patient stöhnte wie als Antwort, und seine dünnen, behaarten Arme bewegten sich fieberhaft auf der breiten Patchwork-Tagesdecke. Sie nahm sie in ihre Hände und bedeckte sie; Sie versuchte, die Kissen bequemer zu arrangieren, aber während sie das tat, drehte er sich ungeduldig hin und her, und aus Angst, ihn zu stören, legte sie das Taschentuch zurück, das sie vom Kissen genommen hatte, um ihm den Schweiß von der Stirn zu wischen, und setzte sich wieder auf ihren Stuhl Mit einer müden Bewegung hob sie das Tuch auf, das von ihren Knien gefallen war, und setzte ihre Arbeit langsam fort.

Es war ein Stück Flickenteppich wie die Tagesdecke auf dem Bett; Sie hatte die Quadrate eines Schachbretts als Vorlage genommen und wählte ein Stück Stoff aus, schnitt es in die gewünschte Form und nähte es in die dafür vorgesehene Ecke.

Jetzt war nichts mehr zu hören als das methodische Klicken ihrer Nadel, als sie auf den Kopf ihres Fingerhuts traf, und dann das lange Rascheln des Fadens, als sie ihn durch das Tuch zog. Die Lampe an ihrem Ellenbogen brannte stetig, und der grelle Glanz glitt über ihren Arm, als sie ihn mit der großen Bewegung des Nähens hob.

Ihr Haar war blau, wo auch immer das Licht es berührte, und es umgab die weiße, hervorstehende Schläfe wie ein Stück satten schwarzen Samts; Ein dunkler Schatten definierte die zarte Nase und deutete die dünnen, unentschlossenen Lippen an, während ein breiter Hauch von Weiß das schwache, aber nicht unschöne Kinn markierte.

Auf der Tischecke lag ein Buch, ein abgenutzter Band in einem verblichenen roten Papiereinband. Es war ein Roman, den sie als Mädchen mit Freude gelesen hatte, aber irgendwie hatte er sie nicht mehr interessiert, und nach ein paar Seiten hatte sie ihn beiseite gelegt und widmete sich zur Ablenkung lieber dem Nähen. Sie war jetzt gut wach und während sie arbeitete, drehten sich ihre Gedanken um Dinge, die ihren Alltag betrafen. Sie dachte an die Zeit, in der es ihrem Mann gut gehen würde: an das Kissen, das sie machte; wie schön es im grünen Sessel aussehen würde; von der viel größeren Wahrscheinlichkeit, ihre Zimmer zu vermieten, wenn sie besser eingerichtet wären; ihres neuen Untermieters; und von der Wahrscheinlichkeit eines Streits zwischen ihm und ihrer Schwiegermutter, Frau Ede.

Seit mehr als einer Woche war der neue Mieter das Hauptgesprächsthema in diesem Haushalt. Frau Ede, Kates Schwiegermutter, beteuerte lautstark, dass die Unterbringung eines Schauspielers nur Unglück mit sich bringen könne. Kate fühlte sich ein wenig unwohl; ihr Puritanismus war weniger ausgeprägt; vielleicht hatte sie zunächst geneigt gewesen, ihrer Schwiegermutter zuzustimmen, aber ihr Mann hatte sich so stur gezeigt und so beharrlich erklärt, dass er seine Zimmer nicht länger leer lassen würde, dass sie um des Friedens willen war gern auf seiner Seite. Die Frage stellte sich auf sehr unerwartete Weise. Den ganzen Winter über hatten sie kein Glück mit ihren Zimmern, obwohl sie viele Versuche machten, Untermieter zu bekommen; sie haben sogar Werbung gemacht. Einige wenige Leute fragten nach den Zimmern; aber sie machten lediglich ein Angebot. Eines Tages kam ein Mann in den Laden, um Papierhalsbänder zu kaufen, und fragte Kate, ob sie Wohnungen zur Miete hätte. Sie antwortete mit Ja, und sie gingen nach oben. Nach einer flüchtigen Inspektion erzählte er ihr, dass er im Vorfeld einer reisenden Opernkompanie als Vermittler fungierte und dass er ihre Zimmer, wenn sie wollte, dem Inspizienten, einem besonderen Freund von ihm, empfehlen würde. Der Vorschlag war etwas verblüffend, aber da sie nicht nein sagen wollte, schlug sie vor, die Angelegenheit ihrem Mann vorzulegen.

In diesem besonderen Moment befand sich Ede zufällig in einem heftigen Streit mit seiner Mutter und war so wütend, dass er, als Frau Ede ihre Hände erhob, um gegen die Einführung eines Schauspielers in den Haushalt zu protestieren, ihr sofort sagte: „Wenn sie …" Es gefiel ihr nicht, sie würde vielleicht etwas anderes tun.' Mehr wurde damals nicht gesagt; Die alte Dame zog sich empört zurück und Mr. Lennox wurde angeschrieben. Kate sympathisierte abwechselnd mit beiden Seiten. Frau Ede verteidigte ihre Prinzipien standhaft; Ede war gereizt und beleidigend; und zwischen den beiden wurde Kate wie eine Feder im Sturm herumgewirbelt. Von Tag zu Tag wurde der Streit hitziger, bis Ede eines Nachts mitten in einer von vielen

Bibelzitaten geprägten Szene erklärte, er halte es nicht länger aus und stürzte aus dem Haus. Vergeblich versuchten die Frauen, ihn aufzuhalten, wohlwissend, was die Folgen sein würden. Ein Luftzug, eine leichte Einwirkung genügten, um ihn zu erkälten, und bei ihm endete eine Erkältung immer mit einem Asthmaanfall. Und diese waren oft so heftig, dass sie ihn wochenlang einsperren mussten. Als er zurückkam, kühlte sich sein Temperament unter dem Einfluss der Nachtluft ab, er hustete und war in der nächsten Nacht atemlos. Sein Zorn hatte sich zunächst gegen seine Mutter gerichtet, die er nicht sehen wollte, und so wurde die ganze Mühe, ihn zu pflegen, Kate überlassen. Sie murrte nicht darüber, aber es war schrecklich, ihm zuhören zu müssen.

Es war Mr. Lennox und nichts als Mr. Lennox. Alle Pausen in der Erstickungsgefahr wurden genutzt, um über diese wichtige Frage zu sprechen, und selbst jetzt erwartete Kate, die noch nicht begriffen hatte, dass die kurze Atempause, die ihm die Beseitigung des Schleims verschafft hatte, zu Ende ging, etwas Besorgniserregendes sagen würde die noch unbekannte Person. Aber Ede sagte nichts, und um sich sozusagen aus der Spannung zu bringen, verwies sie auf ein früheres Gespräch:

„Ich bin sicher, du hast recht; „Die einzigen Leute in der Stadt, die ihre Zimmer vermieten, sind diejenigen, die einen Bezug zum Theater haben.“

„Oh, das ist mir egal; „Ich werde eine schlechte Nacht haben“, sagte Herr Ede, der jetzt nur noch daran dachte, wie er seinen nächsten Atemzug bekommen sollte.

„Aber es schien dir besser zu gehen“, antwortete sie hastig.

'NEIN! Ich spüre, wie es kommt – ich ersticke. Hast du den Äther?'

Kate antwortete nicht, sondern machte eine schnelle Bewegung auf den Tisch zu, schnappte sich die Flasche und entkorkte sie. Der widerliche Geruch breitete sich leise wie Öl in der dichten Atmosphäre des Zimmers aus, aber sie überwand ihren Abscheu und hielt ihn an ihn, und in der Hoffnung, Linderung zu verschaffen, atmete er ihn gierig ein. Doch das Mittel half nichts und er schob die Flasche weg.

„Oh, diese Kopfschmerzen! „Mir platzt der Kopf“, sagte er nach einer tiefen Eingebung, die ihn das Leben kosten schien. „Nichts scheint mir etwas Gutes zu tun.“ Hast du Zigaretten?'

„Es tut mir leid, sie sind noch nicht angekommen.“ „Ich habe für sie geschrieben“, antwortete sie zögernd; „Aber meinst du nicht –?“

Er schüttelte den Kopf; und da er Kates Beharrlichkeit missbilligte, öffnete er mit zitternden Fingern den Schal, den sie ihm um die Schultern gelegt hatte, und dann, die Ellbogen auf die Knie gestützt, mit starrem Kopf und erhobenen Schultern, überließ er sich dem Kampf ums Atmen … In diesem Moment hätte sie ihr Leben gegeben, um ihn vor den geringsten Schmerzen zu retten, aber sie konnte nur bei ihm sitzen und dem Kampf zusehen, wohlwissend, dass nichts getan werden konnte, um ihn zu lindern. Sie hatte dieselbe Szene schon hundertmal wiederholt gesehen, aber sie schien nie etwas von ihrem Schrecken zu verlieren. Im ersten Monat ihrer Ehe hatte sie einen dieser Asthmaanfälle erschreckt. Es war mitten in der Nacht geschehen, und sie erinnerte sich noch gut daran, wie sie zu Gott gebetet hatte, dass es nicht ihr Schicksal sei, ihren Mann vor ihren Augen sterben zu sehen. Sie wusste jetzt, dass der Tod nicht zu befürchten war – der Anfall würde nachlassen –, aber sie wusste auch um die Schrecken, die er ertragen musste, bevor die Zeit der Erleichterung kam. Sie konnte sie an ihren Fingern abzählen – sie konnte alles wie in einer Vision sehen – einen Albtraum, der seine langen Veränderungen bis zum Anbruch der Morgendämmerung in die Länge ziehen würde; sie erwartete die Stunden der Nacht.

„Luft! Luft! Ich ersticke!", schluchzte er mit verzweifelter Anstrengung.

Kate rannte zum Fenster und öffnete es. Der Anfall hatte seinen Höhepunkt erreicht, und während er seine Ellenbogen gut auf die Knie stützte, keuchte er viele Male, aber bevor die Inspiration vollständig war, verließen ihn seine Kräfte. Kein Mangel außer dem des Atems hätte ihn dazu zwingen können, es noch einmal zu versuchen; und der zweite Versuch war noch schrecklicher als der erste. Ein großer Aufruhr, ein großes Zerreißen und Schaukeln schien in ihm vorzugehen; die Adern auf seiner Stirn waren geschwollen, die Muskeln seiner Brust schmerzten, und es schien, als würde jede Minute seine letzte sein. Aber mit größter Anstrengung schaffte er es, zu Atem zu kommen, und dann gab es einen Moment der Atempause, und Kate konnte sehen, dass er an den nächsten Kampf dachte, denn er atmete geizig und ließ die Luft, die ihm so viel Leid gekostet hatte, langsam entweichen durch seine Lippen. Um wieder zu atmen, musste er aufstehen, was er auch tat, und er war so in die Atemnot vertieft, dass er die Petroleumlampe grob drückte; es wäre heruntergefallen, wenn Kate nicht da gewesen wäre, um es aufzufangen. Sie bat ihn, zu sagen, was er wollte, aber er gab keine Antwort und schleppte sich weiter von einem Möbelstück zum anderen, bis er schließlich, die Rückenlehne eines Stuhls umklammernd, stoßweise atmete, wobei jede Eingebung von einem Atemzug begleitet wurde ein heftiger krampfartiger Ruck, heftig genug, um seine Brust aufzubrechen. Sie sah zu und erwartete jeden Moment, dass er sich wie eine Leiche umdrehen würde, wusste aber aus früheren Erfahrungen, dass er sich irgendwie erholen würde. Seine Genesung kam ihr immer wie ein Wunder vor, und sie sah das lange, blasse Gesicht, das unter einem dunklen, verfilzten Haarschopf, einem schmutzigen Nachthemd und einem Paar dünner Beine zerquetscht war; Aber für einen Moment bedeckte ihn die Größe des menschlichen Leidens, erhob ihn über den Bereich der Liebe oder des Abscheus hinaus und erfüllte und kleidete ihn in das Mitleid tragischer Dinge. Auch der Raum schien verklärt zu sein. Der kahle, breite Boden, das karge Bett, die dürftigen Wände, die mit aus Zeitschriften ausgeschnittenen religiösen Drucken bedeckt waren, selbst die gewöhnlichen Möbel des täglichen Gebrauchs – der kleine Waschtisch mit dem gewöhnlichen Delfinkrug, die Kommode, die man für dreißig Schilling hätte kaufen können – verloren ihre Grobheit; Ihre Trivialität verschwand, bis nichts mehr zu sehen oder zu spüren war als dieser eine leidende Mann.

Die Minuten glitten wie die eisernen Zähne einer Säge über Kates Empfindungen hinweg. Hundertmal war sie in Gedanken die Liste der Heilmittel durchgegangen, die sie bei ihm gesehen hatte. Es waren nur wenige, und außer den Zigaretten, die sie nicht hatte, boten sie keinen wirklichen Nutzen. Sie bat ihn, ihr zu erlauben, Jod auszuprobieren, aber er konnte oder wollte ihr keine Antwort geben. Es war grausam, ihn kämpfen zu sehen, aber er weigerte sich, ihm zu helfen, und wie jemand im Traum beobachtete Kate, erschrocken über ihre eigene Machtlosigkeit, zu retten oder abzuwenden, kauernd am Kamin, ohne die Kraft zu denken oder zu handeln, bis sie plötzlich von geweckt wurde sah, wie er seinen Griff lockerte und schwer auf dem Boden ausrutschte; und nur mit aller Kraft konnte sie ihn in eine sitzende Position bringen; Als sie versuchte, ihn auf einen Stuhl zu setzen, rutschte er ihr durch die Arme. Es blieb ihr also nichts anderes übrig, als um Hilfe zu schreien und zu hoffen, ihre Schwiegermutter zu wecken. Die Echos hallten durch das Haus, und als sie verklangen, lauschte sie entsetzt der Stille.

Schließlich wurde klar, dass Frau Ede nicht geweckt werden konnte, und Kate erkannte, dass sie sich allein verlassen musste, und nach zwei oder drei Fehlschlägen bemühte sie sich, ihn wieder zu Bewusstsein zu bringen. Dies war notwendig, bevor sie erneut versuchte, ihn zu bewegen, und indem sie sein Gesicht mit Wasser bespritzte, überredete sie ihn, die Augen zu öffnen, und nach einem kurzen Blick glitt er zurück in das Nichts, aus dem er gekommen war; Dies wiederholte sich mehrere Male, wobei Kate ihre Anstrengungen verdoppelte, bis es ihr schließlich gelang, ihn auf einen Stuhl zu setzen. Er saß da, noch immer mühsam und kämpfend mit dem Atem, unfähig sich zu bewegen und war schweißgebadet, aber es ging ihm von Minute zu Minute besser. Der schlimmste Angriff war nun vorüber; Sie knöpfte sein Nachthemd über seiner keuchenden Brust zu und bedeckte seine Schultern noch einmal mit seinem roten Schal, und mit einem Gefühl echter Zärtlichkeit nahm sie seine Hand in ihre. Sie sah ihn an und spürte, wie ihr Herz größer wurde.

Er war ihr Ehemann; er hatte furchtbar gelitten und es ging ihm nun besser; und sie war seine Frau, deren Pflicht es war, ihn zu betreuen. Sie wünschte nur, er würde ihr erlauben, ihn ein wenig mehr zu lieben; Aber gegen ihren

Willen drangen Fakten durch diesen leuchtenden Nebel der Gefühle, und sie konnte nicht umhin, sich daran zu erinnern, wie gereizt er ihr gegenüber war und wie völlig alle ihre Wünsche missachtet wurden. „Schade, dass er nicht ein bisschen anders ist!" Sie dachte; aber als sie ihn ansah und sah, wie er litt, wurden alle anderen Gedanken wieder untergegangen und hinweggeschwemmt. Sie vergaß, wie oft er ihr das Leben durch kleine Laster, Fehler, die sich jeder Definition entziehen, endlosen Egoismus und unaufhörliche Gereiztheit miserabel und nahezu unerträglich machte. Aber nun verschmolzen alle Unzufriedenheit und Bitterkeit wieder zu einem Gefühl, das der Liebe ähnelte; und in dieser Zeit der körperlichen Erschöpfung besaß er sie vielleicht wahrhaftiger, vollkommener als selbst in seinen besten Momenten der Gesundheit.

Aber ihr Leben bestand aus Arbeit, nicht aus Grübeleien, und es gab viel zu tun für sie. Ralph würde sicherlich noch einige Zeit nicht in der Lage sein, seinen Stuhl zu verlassen; Sie hatte ihn bequem in eine Decke gewickelt, mehr konnte sie nicht tun, und während er sich erholte, wäre es gut, das Zimmer ein wenig aufzuräumen. Er würde niemals in einem Bett schlafen können, in dem er den ganzen Tag gelegen hatte; Sie sollte besser sofort das Bett machen, denn gegen Morgen wurde er im Allgemeinen etwas entspannter, besonders nach einem schlimmen Anfall. In der Hoffnung, dass dieser Anlass keine Ausnahme sein würde, machte sich Kate daran, das Bett zu machen. Sie beschloss, dies gründlich zu tun, drehte die Matratze um und schüttelte sie mit aller Kraft. Das Gleiche tat sie mit den Kissen, und aus Angst, dass ein paar Krümel an den Laken kleben bleiben könnten, schüttelte sie diese mehrmals aus ; und als die letzte Falte sorgfältig geglättet war, ging sie zu ihrem Mann zurück und bestand darauf, seinen Rücken mit Jod bemalen zu dürfen, obwohl er nicht an das Mittel glaubte. Als er sagte, er sei durstig, schlich sie die schmale Treppe zur Küche hinunter, suchte im Dunkeln nach Streichhölzern, zündete eine Spirituslampe an und machte ihm ein heißes Getränk, das er trank, ohne sich bei ihr zu bedanken. Sie begann an seine Undankbarkeit zu denken und dann an die Beschwerden, die das Asthma mit sich brachte. Wie konnte sie erwarten, dass er an sie dachte, wenn er an seinen Atem dachte? Dennoch müssen ihre Wachgedanken bei diesen Worten in Traumgedanken übergegangen sein. Sie wachte immer noch an seinem Bett und wartete darauf, ihm beizustehen, wann immer er um Hilfe bitten sollte, und doch musste sie geschlafen haben. Sie wusste nicht, wie lange sie schlief, aber es konnte nicht lange geschlafen haben; und es gab keinen Grund für seine Verärgerung, denn sie hatte ihn nicht verlassen.

„Es tut mir leid, Ralph, aber ich konnte nicht anders, ich war so müde." Was kann ich für dich tun, Liebes?'

'Mach für mich?' Er sagte: „Mach doch das Fenster zu." Ich wäre vielleicht gestorben, trotz allem, was du gewusst hättest oder dich interessiert hättest.'

Sie ging durch den Raum und schloss das Fenster, aber als sie zu ihrem Platz zurückkam, sagte sie: „Ich weiß nicht, warum du so mit mir sprichst, Ralph."

„Stützen Sie mich: Wenn ich mich so tief hinlege, wird es mir wieder schlecht gehen." „Wenn Sie an Asthma leiden würden, wüssten Sie, was es bedeutet, stundenlang allein zu liegen."

„Seit Stunden, Ralph?" wiederholte Kate, blickte auf die Uhr und stellte fest, dass sie nicht länger als eine halbe Stunde geschlafen hatte. Ohne ihm zu widersprechen – denn was würde das nützen, wenn es die Sache nur noch schlimmer machen würde? – ordnete sie die Kissen und breitete die Decken über ihn aus, und da sie dachte, es wäre ratsam, etwas zu sagen, gratulierte sie ihm zu seinem so viel besseren Eindruck.

'Besser! „Wenn es mir besser geht, ist das nicht dein Verdienst", sagte er. „Sie müssen verrückt gewesen sein, das Fenster so lange offen gelassen zu haben."

„Du wolltest es offen haben; Sie wissen sehr gut, dass Sie, wenn es Ihnen so sehr schlecht geht, eine Luftveränderung brauchen. Das Zimmer war so nah.'

„Ja, aber das ist kein Grund, es eine halbe Stunde offen zu lassen."

„Ich habe angeboten, es zu schließen, aber du hast es mir nicht erlaubt."

„Ich wage zu behaupten, dass du es satt hast, mich zu stillen, und dass du mich am liebsten loswerden würdest." „Das Fenster war kein schlechter Ausweichmanöver."

Kate schwieg und war im Moment zu empört, um an eine Antwort zu denken; aber aus ihrem Verhalten war klar, dass sie sich nicht mehr lange beherrschen würde. Er hatte sie bis zum Äußersten verletzt, und ihre braunen Augen schwammen vor Tränen. Sein Kopf lag zurück auf den aufgetürmten Kissen, er rauchte langsam und versuchte, neue Gründe für den Vorwurf zu finden und einen Atem zu finden, um ihn zu erklären. Endlich dachte er an die Zigaretten.

„Selbst wenn Sie sich nicht erinnern würden, wie lange Sie das Fenster offen gelassen haben, kann ich nicht verstehen, warum Sie vergessen haben, die Zigaretten zu holen. Du weißt ganz genau, dass Rauchen das Einzige ist, was mir in diesem Zustand Linderung verschafft. Ich glaube, es war äußerst gefühllos – ja, äußerst gefühllos!' Nachdem er so viel gesagt hatte, beugte er sich vor, um Luft zu holen, und hustete.

„Du liegst besser still, Ralph; Du wirst dich nur wieder schlecht machen. Jetzt, da Sie sich etwas entspannter fühlen, sollten Sie versuchen, einzuschlafen.'

Bis hierhin kam sie, ohne irgendwelche Emotionen zu verraten, aber als sie ihm weiterhin Ratschläge erteilte, begann ihre Stimme zu zittern, ihre Geistesgegenwart schien sie zu verlassen, und sie brach in Tränen aus.

„Ich weiß nicht, wie du mich so behandeln kannst", sagte sie und schluchzte hysterisch. „Ich tue alles – ich gebe dir meine Nachtruhe, ich arbeite den ganzen Tag hart für dich und bekomme im Gegenzug nur harte Worte." „Oh, es hat keinen Zweck", sagte sie; „Ich kann es nicht länger ertragen; Du musst jemanden finden, der sich um dich kümmert.'

Dieser Ausbruch der Leidenschaft überkam Herrn Ede plötzlich und er wusste einige Zeit nicht, wie er weitermachen sollte. Schließlich war es ihm ein wenig leid, und er beschloss, es wieder gutzumachen. Er reichte ihr die Hand und sagte:

„Jetzt weine nicht, Kate. Vielleicht war es falsch, so böse zu sprechen. Ich habe nicht alles so gemeint, was ich gesagt habe. Es ist dieses schreckliche Asthma."

„Oh, ich kann alles ertragen, nur nicht, wenn man mir sagt, ich würde Sie vernachlässigen – und wenn ich dann drei Nächte hintereinander auf Sie aufpasse –"

Solche kleinen Streitereien waren an der Tagesordnung. Der Kranke war von Natur aus reizbar und durch die Art seiner Klage noch gereizter, und manchmal war es ihm unmöglich, seine schlechte Laune zu unterdrücken. Aber er war nicht ganz schlecht; er hatte von seiner Mutter eine Spur von Gutherzigkeit geerbt, und als er jetzt von Kates Tränen gerührt war, sagte er:

„Das ist ganz richtig, und es tut mir leid, was ich gesagt habe. Du bist eine gute kleine Krankenschwester. Ich werde dich nicht wieder ausschimpfen. Denk es wieder gut."

Kate konnte es nur schwer vergessen, weil Ralph es wollte, und eine Zeit lang weigerte sie sich, auf seine Einwände zu hören, und ging weinend durch den Raum, aber ihre Wut konnte der toten Last des Schlafes, die sie bedrückte, nicht lange widerstehen, und schließlich Sie kam und setzte sich an ihren Platz neben ihn. Der nächste Schritt zur Versöhnung war einfacher. Kate war nicht rachsüchtig, wenn auch aufbrausend, und schließlich stellte sich unter hysterischem Schluchzen wieder Frieden ein. Ralph begann erneut von seinem Asthma zu sprechen und erzählte, wie er sich eingebildet hatte, er würde sterben, und als sie ihre Angst und ihr Bedauern zum Ausdruck brachte, beeilte er sich, ihr zu versichern, dass noch nie jemand an Asthma gestorben sei und dass ein Mann fünfzig, sechzig Jahre alt werden könne. oder siebzig Jahre lang ständig unter der Beschwerde leiden; und er redete weiter, bis ihm die Worte und die Ideen zusammenfielen und er einschlief. Mit einem erleichterten Seufzer stand Kate auf, und als sie sah, dass er sich für die Nacht eingerichtet hatte, drehte sie sich um, um ihn zu verlassen, und ging mit einer langsamen und schleppenden Bewegung in ihr Zimmer. Aber der Ort wirkte so kalt und unruhig, dass er sogar ihr Gefühl der Müdigkeit durchdrang, und sie stand da und drängte ihr müdes Gehirn, darüber nachzudenken, was sie tun sollte. Als ihr schließlich einfiel, dass sie in dem Zimmer, das sie zur Vermietung reserviert hatten, ein Kissen bekommen konnte, drehte sie sich zum Gehen um.

Gegenüber ihrem Zimmer und nur durch einen ganz schmalen Gang getrennt, befand sich die Wohnung des Fremden.

Beide Türen waren über ein paar Stufen zu erreichen, was den Raum so stark einschränkte, dass zwei Personen, die sich auf dem Treppenabsatz trafen, einer der andere weichen müssten. Herr und Frau Ede empfanden diese Nähe zu ihrem Untermieter, als sie einen hatten, etwas unbequem, aber wie er sagte: „Man bekommt nicht umsonst zehn Schilling pro Woche.“

Kate blieb einen Moment auf der Schwelle stehen, dann nahm sie mit der Hand, in der sie den Roman hielt, den sie gerade gelesen hatte, ihren Rock und trat über den Weg.

Zuerst konnte sie im Zwielicht des Zimmers nicht erkennen, wer da durchging, aber als plötzlich die Jalousien hochgezogen wurden und eine Flut von Sonnenlicht über das Bett fiel, fiel sie in die Kissen zurück, da sie darin ihre Schwiegermutter erkannt hatte ein schmerzhafter Moment der Halbblindheit. Die alte Frau trug einen Abfalleimer, den sie beinahe fallen ließ, so überrascht war sie, Kate im Zimmer des Fremden zu finden.

„Aber wie bist du hierher gekommen?" sagte sie hastig.

„Ich musste Ralph mein Kissen geben, und als er schlafen ging, kam ich hier aus dem Schlafzimmer, um eines zu holen; und dann dachte ich, ich würde mich hier wohler fühlen – ich war zu müde, um noch einmal zurückzukehren – ich weiß nicht, wie es war – was macht das schon?'

Kate, die vom Schlaf benommen war, hatte so verärgert geantwortet, dass Frau Ede eine Zeit lang nichts sagte; schließlich, am Ende eines langen Schweigens, sagte sie:

„Dann hatte er eine sehr schlimme Nacht?"

'Schrecklich!' antwortete Kate. „Ich hatte noch nie in meinem Leben so viel Angst."

„Und wie kam es zu dem Anfall?" fragte Frau Ede.

„Oh, das kann ich dir jetzt nicht sagen", sagte Kate. 'Ich bin so müde. Mir tut alles am ganzen Körper weh.'

„Na dann bringe ich dir dein Frühstück hoch." Du siehst müde aus. Es wird dir gut tun, im Bett zu bleiben.'

„Bring mir mein Frühstück rauf! Wie spät ist es dann?' sagte Kate und setzte sich erschrocken im Bett auf.

„Was spielt es für eine Rolle, wie spät es ist? Wenn Sie müde sind, liegen Sie still; Ich werde dafür sorgen, dass alles in Ordnung ist.'

„Aber ich habe Mrs. Barnes ihr Kleid bis morgen Abend versprochen. Du meine Güte! Ich werde es nie schaffen! Sagen Sie mir bitte, wie spät es ist.'

„Nun, es ist erst neun", antwortete die alte Frau entschuldigend; „aber Mrs. Barnes wird warten müssen; Du kannst dich nicht umbringen. „Es ist eine große Schande von Ralph, dass du sitzen bleibst, während ich mich genauso gut um ihn kümmern könnte, und das alles nur wegen des Mummers."

„Oh, nicht, Mutter", sagte Kate, die wusste, dass Mrs. Ede eine gute halbe Stunde lang Schauspieler bewerten konnte, ohne zu spüren, wie die Zeit verging, und nahm die Hände ihrer Schwiegermutter und schaute nach ernst in ihr Gesicht und sagte:

„Weißt du, Mutter, es fällt mir schwer, und ich versuche, so gut ich kann durchzuhalten. Du bist der Einzige, der mir helfen kann; Wende dich nicht gegen mich. Ralph hat sich vorgenommen, die Zimmer zu vermieten, und der Mummer, wie Sie ihn nennen, kommt heute hierher; es ist alles geklärt. Versprich mir, dass du nichts tun wirst, um die Situation zu verunsichern, und dass du versuchen wirst, es ihm bequem zu machen, während Mr. Lennox hier ist. Ich muss mich um meine Schneiderei kümmern und kann nicht immer hinter ihm her sein. Wirst du das für mich tun?' und nach etwa einem Moment der Unentschlossenheit sagte Frau Ede:

„Ich glaube nicht, dass Geld, das mit solchen Leuten verdient wird, Glück bringen kann, aber da Sie beide es wünschen, muss ich wohl nachgeben. Aber Sie werden nicht sagen können, dass ich Sie nicht gewarnt habe.'

„Ja, ja, aber da wir sein Kommen nicht verhindern können, versprechen Sie mir, dass Sie sich, während er hier ist, genauso um ihn kümmern werden, wie Sie es um den anderen Herrn getan haben?"

„Ich werde ihm nichts sagen, und wenn er das Haus nicht zur Schande macht, werde ich zufrieden sein."

„Wie meinst du das mit einer Schande?"

„Weißt du nicht, mein Lieber, dass Schauspieler immer eine Menge Frauen hinter sich haben, und ich für meinen Teil werde mich nicht um Frauen wie sie kümmern. Wenn es nach mir ginge, würde ich solche Leute auspeitschen, bis ich alle Bosheit aus ihnen herausgeschnitten hätte.'

„Aber er wird keine Frauen hierher bringen; „Das werden wir nicht zulassen", sagte Kate ein wenig schockiert und überlegte, wie sie einem solchen Verhalten ein Ende setzen könnten. „Wenn Mr. Lennox sich nicht richtig verhält —"

„Natürlich werde ich versuchen, meine Pflicht zu erfüllen, und wenn Mr. Lennox sich selbst respektiert, werde ich versuchen, ihn zu respektieren."

Sie sprach diese Worte zögernd, aber das Eingeständnis, dass sie Mr. Lennox möglicherweise respektieren könnte, stellte Kate zufrieden, und da sie die Angelegenheit nicht weiter verfolgen wollte, sagte sie, wobei sie sich plötzlich auf ihr vorheriges Gespräch bezog:

„Aber hast du nicht gesagt, es sei neun Uhr?"

„Es ist jetzt über neun."

„O Herr! O Herr! Wie spät bin ich! Ich nehme an, die beiden kleinen Mädchen sind hier?"

„Sie sind gerade hereingekommen, als ich nach oben ging. Ich habe sie an die Arbeit geschickt."

„Ich wünschte, du würdest den Tee fertig machen und vielleicht etwas gebutterten Toast machen. Ralph hätte gern welchen, und ich übrigens auch."

Dann hörte sie Ralphs rufende Stimme, und als sie sah, was verlangt wurde, eilte sie ihm zu Hilfe.

„Wo warst du letzte Nacht?", fragte er sie.

„Ich habe im Zimmer des Fremden geschlafen; Ich dachte, du würdest mich nicht brauchen, und ich fühlte mich dort wohler. „Das Bett im Hinterzimmer ist ein einziges Hoch und Tief."

Er atmete so schwer, dass sie befürchtete, er würde einen weiteren Anfall bekommen.

„Ist Mutter sehr wütend, weil ich sie nicht reinlasse?" sagte er sofort.

„Sie ist sehr verärgert darüber, Liebes; Du weißt, dass sie dich mehr liebt als jeder andere auf der Welt. Du tätest gut daran, dich mit ihr zu versöhnen.'

„Nun, vielleicht habe ich mich geirrt", sagte er nach einer Weile und mit guter Laune, „aber sie nervt mich." Sie wird sich in alles einmischen; als ob ich nicht das Recht hätte, meine Zimmer zu vermieten, wem ich will. Sie bezahlt für alles, was sie hier hat, aber ich würde lieber, dass sie uns verlässt, als dass ich auf diese Weise überheblich behandelt werde.'

„Sie will nicht über dich herrschen, Liebes." Es ist alles arrangiert. Sie hat mir gerade versprochen, nichts mehr darüber zu sagen und sich wie jeder andere Untermieter um Mr. Lennox zu kümmern.

Als er hörte, dass seine Mutter bereit sei, sich seinem Testament zu unterwerfen, lächelte der Kranke und drückte sein Bedauern darüber aus, dass die Anwesenheit einer zusätzlichen Person im Haus, insbesondere eines Schauspielers, seiner Frau und seiner Mutter mehr Arbeit geben würde.

„Aber mir geht es bald wieder gut", sagte er, „und ich wage zu sagen, dass ich mich in einer Woche unten um den Laden kümmere."

Kate protestierte gegen diese Unvorsichtigkeit und schlug dann vor, sie solle nach seinem Frühstück hingehen und nachsehen. Ralph erhob keine Einwände, und sie verabschiedete sich vorerst von ihm und ging die Treppe hinunter. Annie half Frau Ede in der Vorderküche beim Zubereiten des Toasts; Lizzie stand am Tisch und bestrich es mit Butter, aber sobald Kate eintrat, widmeten sie sich wieder dem Nähen, denn es widersprach Kates Theorien, dass die Lehrlinge bei der Hausarbeit mithelfen sollten.

„Liebe Mutter", begann sie, hörte aber auf, und als alles fertig war, erinnerte sich Frau Ede daran, dass sie mit ihrem Sohn Frieden schließen musste, ergriff das Tablett und ging nach oben. Und sobald sie weg war, setzte sich Kate müde auf das rote, mit Kattun bezogene Sofa. Wie ein länglicher Sessel sah er urig, ordentlich und pummelig aus, an die Wand geschoben zwischen dem schwarzen Kamin auf der rechten Seite und dem kleinen Fenster, das mit Musselinjalousien beschattet war und unter dem ein Topf mit frischem Grün blühte. Sie lehnte sich zurück und dachte vage nach, ihre Tasse heißen Tee im Kopf, in der Hoffnung, dass Frau Ede sie nicht lange warten ließ; und dann, als ihre Gedanken sich lösten, erinnerte sie sich an den Schauspieler, den sie an diesem Nachmittag erwarteten. Der Ärger, den er ihr unbewusst zugefügt hatte, hatte ihn auf seltsame Weise mit ihr verbunden, und alle ihre Vorurteile verschwanden in dem Gefühl der Nähe, das mit jeder Stunde größer wurde, und sie fragte sich, wer dieses Wesen war, das so viel Ärger in ihr Leben gebracht hatte noch bevor sie ihn gesehen hatte. Als ihr das Wort „Ärger" durch den Kopf ging, hielt sie inne, gefangen von einem vorübergehenden Gefühl der Sentimentalität; aber es erklärte nichts, definierte nichts, berührte sie nur wie eine Brise eine Blume und schwebte davon. Die verträumte Wärme des Feuers absorbierte ihre direkteren Gefühle und für einige Momente döste sie in einem Dunst aus trüber Sinnlichkeit und emotionaler Taubheit. Wie in einem dunklen Glas sah sie sich selbst als eine zärtliche, liebevolle, aber unglückliche Frau; An ihrer Seite standen ihr mürrischer Mann und ihre gutmütige Schwiegermutter, und dann war da noch ein Phantom, das sie nicht bestimmen konnte, und dahinter etwas, in das sie nicht hineinschauen konnte. War es ein fernes Land? War es eine ausgelassene Szene? Unmöglich zu sagen, denn wann immer sie versuchte, in den leuchtenden Farben bestimmte Formen zu finden, verschwanden sie in einem verschwommenen Durcheinander.

Aber inmitten dieser flüchtigen Visionen gab es eine Gestalt, die sie besonders interessierte, und sie verfolgte sie beharrlich, bis sie in dem verzweifelten Versuch, ihre Merkmale zu definieren, plötzlich aufwachte und wütender als beabsichtigt zu den kleinen Mädchen sprach, die beiseite getreten waren Sie öffneten den Vorhang und betrachteten aufmerksam das riesige Theaterplakat, das die Ecke der Gasse schmückte. Aber als sie schimpfte, konnte sie sich ein Lächeln nicht verkneifen; denn sie sah, wie aus den roten und blauen Kleidern des Bildes ihr Traum geworden war.

Die Ankunft jeder neuen Gesellschaft in der Stadt wurde bildlich an dieser Eckmauer angekündigt, und im Laufe des Jahres wurden viele der Wechselfälle, denen das menschliche Leben ausgesetzt ist, illustriert. Wracks auf See, Raubüberfälle auf den Autobahnen, Gefangene, die in Kerkern umkommen, grüne Gassen und Liebende, Babys, leuchtende Herde und heldenhafte junge Ehemänner. Die Opernhäuser zeigten die weniger ernsten Seiten des Lebens – seltsam gekleidete Menschen und Galanten, die Damen auf Balkonen die Hände küssten.

Die kleinen Mädchen untersuchten diese Bilder und kommentierten sie; und samstags war es eine Frage der heftigsten Spekulation, was ihnen die nächste Woche bringen würde. Lizzie bevorzugte spannende Szenen mit Mord und Brandstiftung, während Annie Abschiede und Bekundungen unveränderlicher Zuneigung mehr berührten. Diese Geschmacksunterschiede führten oft zu kleinen Streitereien, und letzte Woche wurde viel darüber prophezeit, ob das Tragische oder das Sentimentale den Reiz der nächsten Woche ausmachen würde. Lizzie hatte für Räuber und Berge gestimmt, Annie für Liebende und ein schönes Häuschen. Und als Kate sich an ihren kleinen Streit erinnerte, sagte sie:

„Na, meine Lieben, ist es ein Räuber oder ein Schatz?“

„Wir sind uns nicht sicher“, riefen beide Kinder enttäuscht aus; „Wir können das Bild nicht erkennen.“ Dann sagte Lizzie, die sich wenig um Unsicherheiten scherte:

„Es ist überhaupt kein schönes Bild; es ist alles durcheinander.'

„Überhaupt kein schönes Bild und alles durcheinander?“ sagte Kate lächelnd, war aber dennoch an dem Gespräch interessiert. „Und alles durcheinander; wie ist das? Ich muss sehen, ob ich es selbst herausfinden kann.'

Das riesige Plakat enthielt einige Figuren in beinahe Lebensgröße. Es zeigte ein junges Mädchen in Brautkleid und Kranz, das zwischen zwei Polizeibeamten kämpfte, die es auf einem Marktplatz aus alter Zeit festnahmen, inmitten einer seltsam kostümierten Menge, die heftig lärmte. Der arme Bräutigam wurde von seinen Freunden zurückgehalten; ein gutaussehender junger Mann in Kniehosen und Dreispitz beobachtete das Geschehen zynisch in der rechten Ecke, während links ein dicker Mann verzweifelt versuchte, seine Perücke zurückzubekommen, die ihm im Handgemenge verloren gegangen war. Die Anzeige trug die Überschrift „Morton and Cox's Operatic Company“ und endete mit der Ankündigung, dass *Madame Angot* im Queen's Theatre gespielt werden würde. Nachdem Kate das Bild einige Augenblicke lang betrachtet hatte, meinte sie, es müsse etwas mit Frankreich zu tun haben.

„Ich weiß, was das bedeutet“, rief Lizzie. „Sehen Sie den alten Kerl rechts? Er ist der reiche Mann, der die beiden Polizisten geschickt hat, um die Braut in sein Schloss zu bringen, und der junge Kerl in der Ecke ist es, der sie verraten hat.“

Die Genialität dieser Erklärung überraschte Kate und Annie so sehr, dass sie im Moment nicht versuchen konnten, ihr zu widersprechen, und schwiegen, während Lizzie sie triumphierend ansah. Je mehr sie das Bild betrachteten, desto klarer wurde, dass Lizzie recht hatte. Nach einer langen Pause sagte Kate:

„Jedenfalls werden wir es bald erfahren, denn einer der Schauspieler der Truppe kommt hierher, um hier zu übernachten, und wir werden ihn fragen.“

„Kommt ein richtiger Schauspieler hierher, um zu übernachten?“, rief Annie. „Oh, wie schön das sein wird! Und wird er uns mitnehmen, um das Stück anzusehen?“

„Wie dumm von dir, Annie!“ sagte Lizzie, die, stolz auf ihre gelungene Erklärung des Posters, ein wenig geneigt war zu glauben, sie wüsste alles über Schauspieler. „Wie kann er uns zum Theaterstück mitnehmen? Wird er es nicht selbst spielen? Aber sagen Sie mir, Frau Ede – ist er derjenige mit dem Dreispitz?‘

„Ich hoffe, er ist nicht der dicke Mann, der seine Perücke verloren hat“, murmelte Annie leise.

„Ich weiß nicht, welcher dieser Herren hierher kommt. „Soweit ich weiß, könnte es der Polizist sein“, fügte Kate boshaft hinzu.

„Sagen Sie das nicht, Frau Ede!“ rief Annie aus.

Kate lächelte über den Ernst der Kinder und sagte, um den Witz fortzusetzen:

„Wissen Sie, meine Liebe, das sind nur Scheinpolizisten, und ich wage zu behaupten, dass es in Wirklichkeit sehr nette Herren sind.“

Annie und Lizzie ließen die Köpfe hängen. Es war offensichtlich, dass sie kein Verständnis für Polizisten hatten, nicht einmal für falsche.

„Aber wenn es kein Polizist ist, wer soll es dann sein, Lizzie?“, sagte Kate.

„Oh, der Mann mit dem Dreispitz“, antwortete Lizzie ohne zu zögern.

„Und du, Annie?“

Annie sah verwirrt aus und sagte nach einem Moment mit einem leichten Wimmern:

„Lizzie nimmt sich immer, was ich will. Ich wollte gerade …“

„Oh ja, Miss, das wissen wir ja“, erwiderte Lizzie spöttisch. „Annie kann sich nie selbst entscheiden; sie versucht immer, mich nachzuahmen. Sie wird den

Mann haben, der seine Perücke verloren hat! Oh ja, ja! Nicht wahr, Mrs. Ede? Wird Annie nicht den Mann heiraten, der seine Perücke verloren hat?"

Tränen zitterten in Annies Augen, aber als sie in diesem Moment zufällig den jungen Mann in Weiß erblickte, erklärte sie triumphierend, dass sie sich für ihn entscheiden würde.

„Gut gemacht, Annie!" sagte Kate und lachte, während sie die Locken des Kindes streichelte, aber ihr Blick fiel auf die vernachlässigte Schürze, und als sie sah, wie schief sie gesäumt war, sagte sie:

„Oh mein Lieber, das ist sehr schlimm; Sie müssen zurückgehen, alles rückgängig machen, was Sie heute Morgen getan haben, und es ganz klarstellen.'

Sie öffnete etwa zehn bis vier Zoll der Naht und zeigte dem Kind dann, wie der Saum umgeschlagen werden sollte, und während sie das tat, schwebte ein Lächeln um die Ecken ihrer dünnen Lippen, denn sie dachte an den neuen Mieter. Sie fragte sich, welcher Mann auf dem Bild in ihrem Haus übernachten würde.

Frau Ede kam wütend zurück, aber Kate konnte nur die Worte „Warten", „Frühstück kalt" und „Entschuldigung" verstehen. Endlich, aus einem Wirrwarr der Worte, kam von ihrer Schwiegermutter ein Vorwurf, weil sie sie nicht geweckt hatte.

„Ich habe gerufen und gerufen", sagte Kate, „aber nichts hätte dich geweckt."

„Du hättest an meine Tür klopfen sollen", antwortete Frau Ede, und nachdem sie über den Tag der offenen Tür und die späten Stunden gesprochen hatte, fragte sie Kate plötzlich, was mit dem Hausschlüssel geschehen würde.

„Ich nehme an, er wird seinen Hausschlüssel brauchen", antwortete Kate.

„Ich werde meine Augen nicht schließen", gab Frau Ede zurück, „bis ich höre, wie er ins Haus kommt." „Er wird keine der Frauen aus dem Theater mitbringen."

Kate versicherte ihr, dass sie dies zu einem Teil der Abmachung machen würde, und etwas besänftigter sprach Mrs. Ede von der Gefahr schlechter Gesellschaft und vertraute darauf, dass die Anwesenheit eines Schauspielers im Haus kein Grund sein würde, ins Theater zu gehen und sich darauf einzulassen müßige Gewohnheiten.

„Man hätte meinen können, dass wir von Miss Hender genug von diesem Theater gehört hätten", warf sie ein und verfiel dann in Schweigen.

Miss Hender, Kates Assistentin, war eine von Mrs. Edes besonderen Abneigungen. An ihrem moralischen Charakter hatte Frau Ede die größten Zweifel; Denn was könne man, murmelte sie oft, von einer Person erwarten, die die Nase rümpfte, wenn man sie bat, zu bleiben und am Abendgebet teilzunehmen, und die mit einem Bühnenschreiner Gesellschaft leistete?

Mrs. Ede hörte nicht auf, von Hender zu reden, bis das Mädchen selbst hereinkam, sich vielfach dafür entschuldigte, dass sie eine Stunde zu spät gekommen war, und sagte, dass sie wirklich nichts dagegen tun könne; Ihre Schwester war sehr krank gewesen und sie musste die ganze Nacht bei ihr sitzen. Mrs. Ede lächelte über diese Erklärung und zog sich zurück, wobei sie Kate im Zweifel über die Richtigkeit der von ihrer Assistentin vorgebrachten Entschuldigung zurückließ; aber als sie sich daran erinnerte, dass Mrs. Barnes' Kleid für Dienstagmorgen versprochen worden war, sagte sie:

„Komm, wir verschwenden den ganzen Morgen; „Wir müssen mit dem Kleid von Mrs. Barnes weitermachen", und ein stämmiges, dralles Mädchen mit karotteigen Haaren folgte Kate nach oben und dachte an das Geld, das sie verdienen könnte, und darüber, wie sie und der Bühnenschreiner es zusammen ausgeben könnten. Sie war immer voller Informationen über das große rote Haus in der Queen Street. Sie war sich sicher, dass die Stunden im Arbeitszimmer nicht halb so lang erscheinen würden, wenn Kate ein wenig aufwachen, ins Theater gehen und über die Ereignisse in der Stadt plaudern würde. Wie irgendjemand mit dieser schrecklichen alten Frau leben konnte, die immer herumlungerte, mit ihrer Religion und Erlösung, war ihr ein Rätsel. Sie hatte keine Zeit für solche Dinge, und was Bill betrifft, sagte er, es sei alles „Tommy-faul".

Hender war eine ausgezeichnete Arbeitsfrau, obwohl sie ein faules Mädchen war, und da sie an Kates Verhalten erkennen konnte, dass die Zeit für ein Gespräch noch nicht gekommen war, widmete sie sich eifrig ihrem Geschäft. Sie legte die beiden Seitennähte und die Rückseite unter die Nadel, drehte das Rad und schnell schoß die kleine Stahlnadel auf und ab in die glitzernde Seide, während Miss Henders dicke Hände sie nach vorne schoben. Die Arbeit war zu heikel, um irgendeine Ablenkung zuzulassen, und so war eine Zeit lang nichts zu hören außer dem klirrenden Rasseln der Maschine und dem „Sauschen" der Seide, als Kate sie über den Tisch zog und sie mit der Schere, die an ihr hing, durchschnitt Taille.

Doch nach etwa einer halben Stunde kam die Arbeit ins Stocken. Hender hatte das Oberteil fertig genäht, die Besätze angeheftet und Kate hatte den Rock ausgeschnitten und zusammengenäht. Es war an der Zeit, ein paar Worte zu wechseln, und als sie den Kopf von ihrer Arbeit erhob, fragte sie ihre Assistentin, ob sie an diesem Abend bleiben und ein paar Überstunden machen dürfe. Hender sagte, es täte ihr sehr leid, aber es sei der erste Abend der neuen Opernkompanie; Sie besaß Eintrittskarten für die Grube und hatte versprochen, eine Freundin mitzunehmen. Sie musste sich also kurz vor sechs beeilen, um ihren Tee zu trinken und rechtzeitig angezogen zu sein.

„Nun, ich weiß nicht, was ich tun soll", sagte Kate traurig. „Ich selbst konnte einfach keine weitere Nacht außerhalb des Bettes verbringen. Du weißt, dass ich die ganze Nacht wach war und mich um meinen Mann gekümmert habe. Einen kranken Mann zu betreuen, und zwar einen, der so verärgert ist wie Mr. Ede, ist nicht sehr nett, das kann ich Ihnen versichern."

Hender gratulierte sich innerlich dazu, dass Bill vermutlich nie viel Besuch haben wollte.

„Ich denke, Sie sollten Mrs. Barnes lieber sagen, dass sie das Kleid nicht erwarten kann. Es wird unmöglich sein, es rechtzeitig fertig zu bekommen. Ich würde Ihnen gern helfen, aber ich kann meine kleine Freundin nicht enttäuschen. Außerdem kommt Mr. Lennox heute hierher … Sie können das Kleid nicht bis morgen Abend fertig bekommen!"

Hender hatte lange auf eine Gelegenheit gewartet, Mr. Lennox die Führung zu überlassen.

„Ach du meine Güte!", sagte Kate. „Ich hatte ihn vergessen. Er kommt heute Nachmittag und möchte vielleicht etwas zu Abend essen. Dann muss ich meiner Mutter helfen."

„Sie essen nachmittags immer zu Abend", sagte Miss Hender und war stolz darauf, mit Autorität über die Sitten und Gebräuche von Schauspielern sprechen zu können.

'Tun sie?' antwortete Kate nachdenklich; und dann erinnerte sie sich plötzlich an ihr Versprechen, das sie den kleinen Mädchen gegeben hatte, und sagte:

„Aber wissen Sie, welche Rolle er in dem Stück spielt?"

Hender wirkte immer zufrieden, wenn man sie nach dem Theater fragte, aber der Bühnenbauer hatte ihr nur sagen können, dass es sich um eine der besten Reisegruppen handelte; dass Frank Bret, der Tenor, eine wunderbare Stimme haben sollte; dass die Menge an Geschenken, die er in jeder Stadt von Damen aus den oberen Gesellschaftsschichten erhielt, einen kleinen Laden einrichten würde – „Es heißt, sie würden die Hemden, die sie tragen, für ihn verkaufen." Der Bühnenschreiner hatte ihr auch mitgeteilt, dass Joe Mortimers Auftritt in den Cloches außergewöhnlich sei; er hat es nie versäumt, in seiner großen Szene das Haus zum Einsturz zu bringen; und Lucy Leslie war die beste Clairette, die es gab.

Und da nun ein Schauspieler in ihrem Haus wohnen würde, verspürte Kate ein gewisses Interesse daran, zu erfahren, wie solche Leute waren; und während Miss Hender über alles schwatzte, was sie gehört hatte, erinnerte sich Kate daran, dass ihre Frage bezüglich Mr. Lennox unbeantwortet blieb.

„Aber Sie haben mir nicht gesagt, welche Rolle Mr. Lennox spielt. Vielleicht ist er der Mann in Weiß, der seiner Braut entrissen wird? Ich habe das Gesamtbild untersucht; „Die kleinen Mädchen waren so neugierig, was es bedeutete.“

„Ja, er könnte diese Rolle spielen; es heißt Pom-Pom Pouet – ich kann es nicht richtig aussprechen; es ist Französisch. Aber auf jeden Fall wirst du ihn gut finden. Das sind alle Theaterleute . „Neulich bin ich nach hinten gegangen, um mit Bill zu sprechen, und Mr. Rickett blieb stehen, um mit mir zu sprechen, während er rannte, um etwas zu ändern.“

'Was ist das?' fragte Kate.

„Eine Veränderung vornehmen? Ich ziehe mich in Eile an.'

„Ich hoffe, dass du nicht in Schwierigkeiten gerätst; So spät aufzuhören ist für ein junges Mädchen sehr gefährlich. Und ich nehme an, dass du nach dem Stück mit ihm den Piccadilly entlang gehst?'

„Manchmal geht er mit mir etwas trinken“, antwortete Hender, der eine Diskussion über das Thema vermeiden wollte, gleichzeitig aber auch versucht war, ein wenig mit ihrer Unabhängigkeit zu prahlen. „Aber Sie müssen *Madame Angot* besuchen ; Ich habe gehört, dass es wunderschön aussehen wird, und Mr. Lennox wird Ihnen bestimmt eine Eintrittskarte geben.'

„Ich wage zu behaupten, dass es mir sehr gefallen würde; Ich habe nicht viel Spaß.'

„Tatsächlich nicht, und was bekommen Sie dafür? Ich glaube nicht, dass Herr Ede so freundlich zu Ihnen ist, trotz all Ihrer Fürsorge und Fürsorge; und die alte Frau Ede wiederholt vielleicht den ganzen Tag, dass sie eine Christin ist und was sie sonst noch mag, aber das macht sie nicht weniger unangenehm. Ich würde nicht in einem Haus mit einer Schwiegermutter leben – und zwar mit einer solchen Schwiegermutter!'

„Sie und Frau Ede haben sich nie gut verstanden, aber ich weiß nicht, was ich ohne sie tun soll; Sie ist die einzige Freundin, die ich habe.'

„Die Hälfte deiner Zeit bist du im Krankenzimmer eingesperrt, und selbst wenn es ihm gut geht, bläst und keucht er immer; nicht der Mann, der zu mir passen würde.'

„Ralph kann nicht anders, als manchmal verärgert zu sein“, sagte Kate und dachte an die Ermüdung der letzten Nacht beim Beobachten. Sie spürte es immer noch in ihren Knochen und ihre Augen schmerzten. Als sie über die Härten ihres Lebens nachdachte, wurde ihr Verhalten immer verlassener.

„Wenn Sie mir den Rock überlassen, Ma'am, werde ich ihn zusammennähen."

Kate reichte ihr müde die Seide und wollte gerade etwas sagen, als Frau Ede eintrat.

'Herr. „Lennox ist unten", sagte sie steif. „Ich weiß nicht, was du von ihm halten wirst. Ich bin eine Christin und möchte niemanden falsch einschätzen, aber er scheint mir ein sehr lockerer Mensch zu sein.'

Kate errötete ein wenig vor Überraschung und sagte nach einem Moment:

„Ich schätze, ich gehe besser runter und besuche ihn." Aber vielleicht werden ihm die Zimmer doch nicht gefallen. Was soll ich ihm sagen?'

„In der Tat kann ich es dir nicht sagen; Ich muss mich um das Abendessen kümmern.'

„Aber", sagte Kate und bekam Angst, „du hast mir versprochen, nichts mehr zu dieser Angelegenheit zu sagen."

„Oh, ich sage nichts. Ich bin hier nicht die Herrin. Ich habe Ihnen gesagt, dass ich Mr. Lennox nicht stören würde; Ich werde es nicht mehr tun. Warum sollte ich? Welches Recht habe ich? Aber ich kann Sie warnen, und ich habe Sie gewarnt. Ich habe meine Meinung gesagt, und ich werde mich daran halten."

Diese harten Worte verwirrten Kate nur; Alle alten Zweifel kehrten zu ihr zurück und sie blieb unentschlossen. Hender schaute mit verächtlichem Gesichtsausdruck einen Moment lang zu und widmete sich dann wieder ihrer Näharbeit. Dabei ging Kate zur Tür. Sie wartete auf der Schwelle, aber als sie sah, dass ihre Schwiegermutter ihr den Rücken gekehrt hatte, kehrte ihr Mut zurück und sie ging die Treppe hinunter. Als sie Mr. Lennox erblickte, zuckte sie erschrocken zurück, denn er war ein Mann von etwa dreißig Jahren mit gebräuntem Gesicht und einem krausen Haarschopf, und wenn er nicht seine klaren blauen Augen gehabt hätte, wäre er vielleicht vorbeigekommen für einen Italiener.

Er lehnte seinen großen Rücken gegen die Theke und untersuchte ein Tablett mit Ornamenten in schwarzem Jet. Kate fand ihn hübsch. Er trug einen großen weichen Hut, der ihm höflich vom Kopf genommen wurde, als sie eintrat. Die Aufmerksamkeit war ihr peinlich und etwas unbeholfen unterbrach sie ihn, um zu fragen, ob er die Zimmer sehen möchte. Die Plötzlichkeit der Frage schien ihn zu überraschen, und er begann von ihrer gemeinsamen Bekanntschaft, dem Agenten im Voraus, und von der

Schwierigkeit zu sprechen, in der Stadt eine Unterkunft zu finden. Während er sprach, starrte er sie an und schien sich für den Laden zu interessieren.

Es war eine sehr kleine Ecke, und wie ein Samson sah Mr. Lennox aus, als müsste er nur seine Arme ausstrecken, um den ganzen Ort auf seine Schultern zu ziehen. Vom vorderen Fenster bis zur Küchentür verlief eine Mahagoni-Arbeitsplatte; Dahinter waren Reihen von Pappkartons bis zur Decke aufgetürmt; Die unteren Reihen waren zerbrochen und staubig, und auf Drähten waren grobe Hemden und ein paar Paar Hemden in Rosa und Blau ausgebreitet. Die Fenster waren voller Babykittel, Kapuzen und vielen Paar kleiner Wollschuhe.

Nach ein paar Bemerkungen von Mr. Lennox kam das Gespräch ins Stocken und Kate fragte ihn erneut, ob er die Zimmer sehen möchte. Er sagte, er würde sich freuen, und sie hob die Klappe und ließ ihn ins Haus. Rechts von der Küchentür befand sich ein kleiner Durchgang, an dessen Ende die Treppe begann; Die ersten paar Stufen drehten sich spiralförmig, aber danach stieg es wie ein riesiger Kanister oder Bau zum ersten Treppenabsatz hinauf.

Sie kamen an Mrs. Ede vorbei, die verächtlich hinter der Tür des Arbeitszimmers hervorstarrte, aber Mr. Lennox schien sie nicht zu bemerken und redete weiterhin freundlich von der Schwierigkeit, in der Stadt eine Unterkunft zu finden.

Selbst die schäbige Vornehmheit des Zimmers, die ihr durch seine Anwesenheit deutlicher denn je bewusst wurde, schien ihn nicht zu beeindrucken. Er begutachtete interessiert die Patchworkdecke, die den runden Tisch bedeckte, schaute selbstzufrieden auf das kleine grüne Sofa mit den beiden dazu passenden Stühlen und sagte, er glaube, er würde es bequem haben. Aber als Kate bemerkte, wie staubig die blassgelbe Tapete mit den wässrigen Rosen war, schämte sie sich und fragte sich, wie ein so feiner Herr so leicht zufrieden sein konnte. Dann nahm sie allen Mut zusammen und zeigte ihm die kleine Mahagoni-Chiffonbank, die neben der Tür stand, und sagte ihm, dass sie dort alles aufbewahren würde, was er an Getränken bestellen würde. Mr. Lennox ging näher an den kleinen Spiegel heran, der mit in Fransen geschnittenem grünem Papier geschmückt war, zwirbelte einen dünnen Schnurrbart, der viele Nuancen heller als sein Haar war, und bewunderte seine weißen Zähne.

Nachdem die Besichtigung des Wohnzimmers beendet war, stiegen sie den zweiten Teil der kanisterartigen Treppe hinauf und gelangten nach einer Biegung und einem Bücken zum Schlafzimmer.

„Es tut mir leid, dass Sie den Raum so sehen", sagte Kate. „Ich dachte, meine Schwiegermutter hätte das Zimmer für dich vorbereitet. Ich musste letzte Nacht hier schlafen; mein Ehemann-'

„Ich versichere Ihnen, dass ich nichts dagegen habe, dass Sie hier geschlafen haben", antwortete er galant.

Kate errötete und es folgte eine unangenehme Stille.

Als Mr. Lennox sich umsah, huschte ein Ausdruck der Unzufriedenheit über sein Gesicht. Es war ein viel ärmerer Ort als das Wohnzimmer. Religion und Armut gingen dort Hand in Hand. In der Mitte des Zimmers stand ein wackliges Eisenbett, auf dem eine weitere Flickendecke lag, und in der Nähe des Kamins stand eine kleine Kommode aus weißem Holz – die kleinste und schmalste der Welt. Auf dem schwarz gestrichenen Kaminsims bildete ein großer roter Apfel einen Farbtupfer. Der Teppich war aus Lumpen, und die Spitzenvorhänge waren zerrissen und hingen wie Fischernetze. Mr. Lennox war offenbar nicht zufrieden, aber als sein Blick auf Kate fiel, war klar, dass er dachte, dass eine so hübsche Frau eine Entschädigung sein könnte. Aber die frommen Ermahnungen, die an den Wänden hingen, schienen ihm ein gewisses Unbehagen zu bereiten. Über dem Waschtisch hingen zwei Karten mit der Aufschrift „Du bist meine Hoffnung", „Du bist mein Wille"; und diese Glaubensbekundungen wurden in eine bemalte Girlande aus Lilien und Rosen geschrieben.

„Ich sehe, dass du religiös bist."

„Ich fürchte, nicht so sehr, wie ich sein sollte, Sir."

„Nun, darüber weiß ich nicht so viel; Der Ort ist mit Bibeltexten bedeckt.'

„Die hat meine Schwiegermutter dort hingelegt." Sie ist sehr gut.'

„Oh ah", sagte Mr. Lennox, offenbar sehr erleichtert über die Erklärung. „Alte Menschen sind im Allgemeinen sehr fromm, nicht wahr? Aber diese Patchworkdecke gehört wohl dir?'

'Jawohl; „Ich habe es selbst gemacht", sagte Kate und errötete.

Er unternahm mehrere Versuche, ein Gespräch zu führen, aber sie antwortete nicht, da ihr ganzer Geist von dem Gedanken beschäftigt war: „Wird er die Zimmer beziehen, frage ich mich?" Schließlich sagte er:

„Mir gefallen diese Wohnungen sehr gut; und du sagst, dass ich hier frühstücken kann?'

„Oh, Sie können alles haben, was Sie bestellen, Sir. Ich oder meine Mutter werden …"

'Sehr gut, dann; Wir können die Angelegenheit als erledigt betrachten. Ich werde ihnen sagen, sie sollen meine Sachen vom Theater runterschicken.'

Damit schien die Angelegenheit abgeschlossen zu sein, und sie gingen nach unten. Aber Mr. Lennox blieb auf dem nächsten Treppenabsatz stehen und untersuchte ohne ersichtlichen Grund noch einmal den Salon. Er sprach wie jemand, der ein Gespräch beginnen möchte, zeigte Interesse an allem und stellte Fragen nach dem Rasseln der Nähmaschine, das deutlich zu hören war; und bevor sie ihn aufhalten konnte, öffnete er die Tür des Arbeitszimmers. Er wunderte sich über all die Muster aus braunem Papier, die an den Wänden hingen, und Miss Hender, die zu sehr darauf bedacht war, ihn zu informieren, nutzte die Gelegenheit, um ihm mitzuteilen, dass sie ihn an diesem Abend im … sehen würde Theater. Kate war amüsiert, hielt es aber für ihre Pflicht, die erste Gelegenheit zu nutzen und das Gespräch zu unterbrechen. Aus irgendeinem unerklärlichen Grund schien Mr. Lennox nicht gehen zu wollen, und es war schwierig, ihn nach unten zu bringen. Selbst dann konnte er die Küchentür nicht passieren, ohne anzuhalten und mit den Lehrlingen zu sprechen. Er fragte sie, wo sie ihre braunen Haare und Augen gefunden hätten, und versuchte, eine Bemerkung mit Frau Ede auszutauschen. Kate fand die Begegnung unglücklich, aber sie verlief besser, als sie erwartet hatte. Frau Ede antwortete, dass die kleinen Mädchen sehr gut miteinander auskämen, und offenbar zufrieden mit dieser Antwort wandte sich Herr Lennox zum Gehen. Sein Verhalten verriet seine böhmischen Gewohnheiten, denn nach all dieser Zeitverschwendung fiel ihm plötzlich ein, dass er einen Termin hatte und ihn wahrscheinlich um etwa eine Viertelstunde verpassen würde.

„Benötigen Sie ein Abendessen?" fragte Kate und folgte ihm zur Tür.

Bei der Erwähnung des Wortes „Abendessen" schien er seinen Termin erneut völlig zu vergessen. Sein Gesicht veränderte seinen Ausdruck, und sein Verhalten wurde wieder vertraulich. Er stellte alle möglichen Fragen, was sie ihm zum Essen bringen könnte, ohne sich jemals ganz zu entscheiden, ob er Zeit finden würde, es zu essen. Kate dachte, sie hätte noch nie einen solchen Mann gesehen. Schließlich sagte er in einem Anfall der Verzweiflung:

„Ich nehme ein Stück kaltes Steak." Ich habe keine Zeit zum Essen, aber wenn Sie das für mich herausstellen würden … Ich mag ein bisschen Abendessen nach dem Theater …"

Kate wollte ihn fragen, was er dazu trinken wollte, aber es war unmöglich, eine Antwort zu bekommen. Er konnte keine Minute länger stehen bleiben, und den Passanten ausweichend eilte er schnell die Straße hinunter. Sie sah zu, bis die breiten Schultern in der Menge verschwanden, und fragte sich, ob sie den Mann mochte, der sie gerade verlassen hatte; aber die Antwort entglitt ihr, als sie versuchte, sie zu definieren, und mit einem Seufzer ging sie in den

Laden und strich mechanisch die Hemden glatt, die schräg an den Querdrähten hingen. In diesem Moment kam Frau Ede aus der Küche und brachte eine Schüssel Suppe für ihren kranken Sohn. Sie wollte wissen, warum Kate so lange geblieben war, um mit diesem Mann zu reden.

„Mit ihm reden!", wiederholte Kate, überrascht von den Worten und argwöhnisch, ob das Eitelkeit andeuten könnte. „Wenn wir ihm schon sein Geld abnehmen, ist es nur richtig, dass wir versuchen, es ihm bequem zu machen."

„Ich bezweifle, dass uns seine zehn Schilling pro Woche viel Gutes bringen werden", antwortete Frau Ede säuerlich; Sie ging nach oben, ihr Rückgrat und ihre Prinzipien ebenso starr, und ließ Kate wütend über die Unvernünftigkeit ihrer Schwiegermutter zurück, wie sie es nannte.

Aber Kate hatte keine Zeit, sich vielen wütenden Gedanken hinzugeben, denn die große, hagere Frau kam mit Tränen in den Augen zurück, um um Verzeihung zu bitten.

„Es tut mir so leid, Liebes. Habe ich böse gesprochen? Ich werde nichts mehr über den Schauspieler sagen, das verspreche ich.'

„Ich verstehe nicht, warum ich in meinem eigenen Haus gemobbt werden sollte", antwortete Kate und hatte das Gefühl, dass sie sich durchsetzen musste. „Warum sollte ich meine Zimmer nicht an Mr. Lennox vermieten, wenn ich möchte?"

„Sie haben recht", antwortete Frau Ede, „ich habe zu viel gesagt; aber wende dich nicht gegen mich, Kate.'

„Nein, nein, Mutter; Ich wende mich nicht gegen dich. Du bist der einzige Mensch, den ich lieben muss.'

Bei diesen Worten huschte ein Ausdruck der Freude über die harten, stumpfen Züge der Bäuerin, und sie sagte mit Tränen in der Stimme:

„Du weißt, dass ich ein bisschen hart mit meiner Zunge bin, aber das ist alles; Das meine ich nicht so.'

„Na, sag nichts mehr, Mutter", und Kate ging nach oben in ihr Arbeitszimmer. Miss Hender, die bereits vom Abendessen zurückgekehrt war, zitterte vor Aufregung und wartete ungeduldig darauf, dass die Tür geschlossen wurde, damit sie sprechen konnte. Sie war bei ihrem Freund, dem Bühnenschreiner, vorbeigekommen, und er hatte ihr alles über den Schauspieler erzählt. Mr. Lennox war der Boss; Mr. Hayes, der amtierende Manager, war ein Niemand und im Allgemeinen ziemlich betrunken; und Mr. Cox, der Londoner Herr, reiste nicht.

Kate hörte zu und verstand nur halb, was gesagt wurde.

„Und welche Rolle spielt er in *Madame Angot*?" „fragte sie, während sie ihren Kopf senkte, um die Perlenbesätze zu untersuchen, die sie an den Ärmeln festnähte.

„Der untere Comedy-Teil", sagte Miss Hender; Aber als sie merkte, dass Kate es nicht verstand, beeilte sie sich zu erklären, dass die Teile mit der leisen Komik die lustigen Teile meinten.

„Er ist der Mann, der seine Perücke verloren hat – La – La Ravodée, glaube ich – und er ist ein sehr netter Mann." Als ich mit Bill sprach, konnte ich Mr. Lennox zwischen den Flügeln sehen; Er hatte seinen Arm um Miss Leslies Schulter gelegt. Ich bin sicher, er ist süß in sie.'

Kate blickte von ihrer Arbeit auf und starrte Miss Hender langsam an. Die Ankündigung, dass Mr. Lennox der lustige Mann sei, war enttäuschend, aber als sie hörte, dass er der Liebhaber einer Frau war, wandte sie sich gegen ihn.

„Alle diese Schauspieler sind gleich. Ich sehe jetzt, dass meine Schwiegermutter Recht hatte. „Ich hätte ihm meine Zimmer nicht überlassen sollen."

„Man hat immer Angst, Ihnen etwas zu sagen, Ma'am; du verdrehst die Worte so. Ich wollte sicher nicht sagen, dass zwischen ihm und Miss Leslie irgendetwas Schlimmes passiert ist. Vielleicht gehst du dort hin und erzählst ihm, dass ich über ihn gesprochen habe.'

„Ich bin mir sicher, dass ich nichts dergleichen tun werde." Mr. Lennox hat eine Woche lang mein Zimmer bewohnt, und jetzt ist Schluss. Ich werde mich nicht in seine Privatangelegenheiten einmischen.'

Dann kam das Gespräch ins Stocken, und lange Zeit war nur noch das Klicken der Nadel und das Rascheln der Seide zu hören. Kate fragte sich, wie es sein konnte, dass Mr. Lennox abseits der Bühne so anders war als auf der Bühne; und es kam ihr seltsam vor, dass ein so netter Herr – denn sie musste zugeben, dass er das war – sich dafür entscheiden sollte, die lustigen Rollen zu spielen. Was seine Verbindung zu Miss Leslie anging, ging sie das natürlich nichts an. Was war ihr wichtig? Er war verliebt in wen er gefiel. Sie hätte gedacht, er sei ein Mann, der sich nicht so leicht verlieben würde; aber vielleicht war Miss Leslie sehr hübsch, und im Übrigen würden sie vielleicht heiraten. Unterdessen bereute Miss Hender, Kate etwas über Mr. Lennox erzählt zu haben. Der beste und sicherste Weg bestand darin, die Leute die Dinge selbst herausfinden zu lassen, und da sie eine instinktive Abneigung gegen Tugend – zumindest gegen Gewissensfragen – hatte, konnte sie es nicht ertragen, über verschüttete Milch zu jammern. Abgesehen von einem gelegentlichen Hinweis auf ihre Arbeit sagten die Frauen nichts mehr, bis

Frau Ede um drei Uhr verkündete, dass das Abendessen fertig sei. Es gab jedoch nicht viel zu essen und Kate hatte wenig Appetit und war froh, als das Essen beendet war. Dann musste sie Frau Ede dabei helfen, die Zimmer herzurichten, und als das erledigt war, war es Zeit für den Tee. Aber nicht einmal diese Mahlzeit verschaffte ihnen Trost, denn Mr. Lennox hatte zum Abendessen ein Beefsteak bestellt; Jemand müsste es holen. Frau Ede sagte, sie würde es tun, und Kate ging in den Laden, um sich um die wenigen Kunden zu kümmern, die im Laufe des Abends vorbeikommen würden. Das letzte bemerkenswerte Ereignis an diesem Tag der Ereignisse war der Abgang von Miss Hender, die die Treppe herunterkam und sagte, sie habe sich gerade erst Zeit gelassen, ins Theater zu eilen; Sie befürchtete, dass sie nicht da sein würde, bevor sich der Vorhang öffnete, und es tat ihr leid, dass Kate nicht kam, aber sie würde ihr morgen alles über Mr. Lennox und den Verlauf der Sache erzählen. Als Kate ihrer Assistentin eine gute Nacht wünschte, kamen ein paar Kunden vorbei, die sich alle große Mühe gaben. Sie musste eine Reihe von Paketen herausnehmen, um das Gesuchte zu finden. Dann rief ihre Nachbarin, die Frau des Schreibwarenhändlers, an, um sich nach Herrn Ede zu erkundigen und eine Rolle Baumwolle zu kaufen; Und so verging die Zeit im abendlichen Plausch, bis der Obsthändlerjunge kam und fragte, ob er die Fensterläden aufhängen sollte.

Kate nickte und bemerkte zu ihrer Freundin, die aufgestanden war, um zu gehen, was für ein netter, freundlicher Mann Mr. Jones sei.

„Ja, es sind tatsächlich sehr nette Leute, aber ihre Preise sind sehr hoch." Kümmern Sie sich um sie?'

Kate antwortete, dass sie es tat; und während der Obsthändlerjunge mit einer Reihe von Knallgeräuschen die Fensterläden hochzog, versuchte sie, ihre Nachbarin zu überreden, ein bestimmtes Kleid zu kaufen, von dem sie schon lange gesprochen hatte.

„Zuschneiden und alles, es wird dich nicht mehr als dreißig Schilling kosten; Jetzt, da der Sommer naht, wollen Sie etwas Frisches.'

„Das werde ich tun. Ich werde heute Abend mit meinem Mann darüber sprechen. Ich denke, er wird es mir überlassen.'

„Er wird dich nicht abweisen, wenn du ihn drängst."

„Nun, wir werden sehen", und nachdem sie Kate eine gute Nacht gewünscht hatte, ging sie auf die Straße.

Der Abend war schön, und Kate stand lange da und beobachtete die Menschen, die aus den Töpfereien in Richtung Piccadilly strömten. „Komm raus", sagte sie, „zu ihrem Abendspaziergang", und sie war froh, dass der Abend schön war. „Nach einem langen Tag in den Töpfereien wollen sie etwas frische Luft", und dann hob sie den Blick von der Straße und sah zu, wie der Sonnenuntergang im Westen versank; Lila und gelbe Streifen zeichneten noch immer die graue Fläche der Hügel ab und ließen die Backsteinstadt wie ein kleines Spielzeug aussehen. Eine hässliche kleine Backsteinstadt – Backstein in allen Farben: das blasse Rotbraun verfallender Ziegelhöfe, der wildrote Backstein der neu gebauten Lagerhäuser, der sich in Lila verwandelt, und über den Mauern scharlachrote Ziegeldächer, die scharfe Winkel auf ein paar Sterne richten .

Kate stand da und beobachtete, wie die Hügel in nächtliche Wolken übergingen, und interessierte sich vage für ihre Gedanken – ihre Gedanken schweiften ab und verblassten etwas wie das Spektakel vor ihr. Sie fragte sich, ob ihr Untermieter mit der Küche ihrer Mutter zufrieden sein würde; sie hoffte es. Er war ein wortgewandter Mann, aber sie konnte nicht hoffen, ihre Mutter zu ändern. Als ihr das Bild des Untermieters aus dem Kopf schwebte, kam Hender ins Bild und sie hoffte, dass das Mädchen nicht in Schwierigkeiten geraten würde. So viele arme Mädchen sind in Schwierigkeiten; Wie viele in der Menge, die vor ihrer Tür vorbeiging? Die Schwierigkeiten, die sie mit Mrs. Barnes' Kleid hatte, wurden ihr klar, und mit einem Schauder und einem Seufzer schloss sie die Straßentür und ging nach oben. Der Tag war vergangen; Es war wie hundert Tage zuvor vergangen – vielleicht müde, hinterließ aber im Kopf den Eindruck von etwas Erledigtem, von ehrlich erfüllten Pflichten.

III

„Oh, gnädige Frau!" Hender unterbrach ihn: „Sie können sich nicht vorstellen, wie amüsant es letzte Nacht war!" Ich habe es noch nie in meinem Leben so sehr genossen. Der Platz war voll! So ein Haus! Und Miss Leslie bekam drei Zugaben und einen Anruf nach jedem Akt.'

„Und wie war Mr. Lennox?"

„Oh, er hat nur eine kleine Rolle gespielt – einer der Polizisten." Er spielt kein Pom-poucet; Ich hab mich geirrt. Das Teil ist zu schwer und er ist zu sehr damit beschäftigt, sich um das Teil zu kümmern. Aber Joe Mortimer war großartig; Ich wäre fast vor Lachen gestorben, als er mitten auf der Bühne hinfiel und seine Perücke verlor. Und Frank Bret sah so gut aus, und er bekam eine Zugabe für das Lied „Oh, sicherlich liebe ich Clairette." Und er und Miss Leslie bekamen noch einen für das Duett. Morgen spielen sie die *Cloches* .'

„Aber jetzt, da Sie so viel vom Theater gesehen haben, hoffe ich, dass Sie ein wenig Überstunden mit mir machen können. Ich habe versprochen, Mrs. Barnes ihr Kleid bis morgen früh zu geben."

„Ich fürchte, ich kann nicht länger als bis sechs Uhr bleiben."

„Aber wenn es sich um das gleiche Stück handelt, möchten Sie es doch sicher nicht noch einmal sehen?"

„Nun, das ist es nicht ganz, aber – nun, ich sage Ihnen lieber die Wahrheit; es ist nicht das Stück, wegen dem ich ins Theater gehe; ich bin eine der Ankleiderinnen und bekomme zwölf Schilling pro Woche und kann es mir nicht leisten, das zu verlieren. Aber es hat keinen Sinn, es Mrs. Ede zu sagen, sie würde nur Ärger machen."

„Wie meinst du das mit Anziehen?"

„Die Damen des Theaters müssen jemanden haben, der sie einkleidet, und ich kümmere mich um die Hauptdarstellerinnen, Miss Leslie und Miss Beaumont, das ist alles."

„Und wie lange machst du das schon?"

„Na ja, jetzt schon ungefähr einen Monat. Bill hat mir die Wohnung besorgt.'

Dieses Gespräch war in ein Schweigen von fast einer halben Stunde eingebrochen; Mit gesenktem Kopf und klickenden Nadeln hatten Kate und Hender eifrig an Mrs. Barnes' Rock gearbeitet.

Da Kate eine Menge *Posamentenornamente* an den Kopf der Volants nähen und jede Menge Fransen um den Rand des Vorhangs arrangieren musste, freute sie sich auf einen anstrengenden Tag. Sie hatte Miss Hender eine Stunde früher erwartet und war erst nach neun Uhr aufgetaucht. Eine Assistentin, deren Zeit so ausgelastet war, dass sie bei Schwierigkeiten keine zusätzliche Stunde leisten konnte, war von geringem Nutzen; und es könnte besser sein, nach jemandem Ausschau zu halten, der besser geeignet ist. Außerdem war dieses ganze Gerede über Theater und Schauspieler sehr falsch; Es bestand kaum ein Zweifel daran, dass das Mädchen dabei war, ihren Charakter zu verlieren, und wenn sie das Haus betrat, würde es einen schlechten Ruf bekommen. Das waren Kates Gedanken, als sie die raschelnde Seide berührte und sie zu großen Flechtflechten faltete. Hin und wieder versuchte sie, eine Entscheidung zu treffen, aber sie war nicht aufrichtig mit sich selbst. Sie wusste, dass sie das Mädchen mochte, und Henders Gespräch amüsierte sie: Sie wegzuschicken bedeutete, sich völlig der strengen Freundlichkeit ihrer Schwiegermutter und der Gereiztheit ihres Mannes hinzugeben.

Hender war das Fenster, durch das Kate die Hektik und Lebendigkeit des Lebens sah, und selbst jetzt, so verärgert sie darüber war, dass sie das Kleid nicht rechtzeitig fertig bekommen würde, konnte sie nicht anders, als dem Geschwätz des Mädchens zu lauschen. Miss Hender hatte diesen seltsamen Charme, den materielle Naturen besitzen, selbst wenn sie beleidigend sind. Da wir fleischlich sind, müssen wir mit ihm sympathisieren, und die Liebenswürdigkeit von Henders Geist ließ vieles geschehen, was sonst böse erschienen wäre. Ohne allzu unhöflich zu wirken, konnte sie erkennen, wie Mr. Wentworth, der Pächter, einer bestimmten Dame in der neuen Firma aus dem Weg gegangen war und ihr alles geben würde, wenn sie ihre Verlobung aufgeben und bei ihm wohnen würde. Als Hender diese Geschichten erzählte, blickte Kate besorgt zur Tür, weil sie befürchtete, Mrs. Ede könnte sie belauscht haben, und unter dem Einfluss dieser Emotionen wollte sie ihre Assistentin vor den Gefahren warnen, wenn man in schlechter Gesellschaft verkehrt. Doch während Kate ihren Vortrag hielt, fragte sie sich, wie es sein konnte, dass ihr Leben so langweilig verging. Würde sie nie etwas anderes tun als arbeiten? fragte sie sich oft und machte sich dann Vorwürfe wegen des Bedauerns, das unwissentlich in ihrem Kopf aufgestiegen war, dass das Leben nicht nur aus Vergnügen bestand. Gewiss nicht, „aber vielleicht ist es besser", sagte sie sich, „dass wir für unseren Lebensunterhalt sorgen müssen, zumindest für mich" – ihre Gedanken brachen abrupt ab, und sie versank aus der Gegenwart in eine lange Vergangenheit Zeit.

Kate hatte ihren Vater nie gekannt; Ihre Mutter, eine ernsthafte Anhängerin von Wesley, war eine fleißige Frau, die mit Porzellanmalerei ein Pfund pro Woche verdiente. Dies reichte für ihre Bedürfnisse aus, und Mrs. Howells einzige Befürchtungen bestanden darin, dass sie ihre Gesundheit verlieren und vorzeitig sterben und ihre Tochter in Not zurücklassen könnte. Um diesem Schicksal zu entgehen, arbeitete sie früh und spät in der Fabrik, und

Kate wurde der Obhut der Vermieterin überlassen, einer kinderlosen alten Frau, die am Feuer saß und Geschichten über ihre Täuschungen und Unglücke im Leben erzählte und sie dadurch berauschte Das Gehirn eines kleinen Mädchens mit Gefühl. Der Einfluss der Mutter war eine Art Make-up; Mrs. Howell war eine zutiefst religiöse Frau, und Kate fühlte sich oft dazu bewegt, einen großen Teil ihres Selbst auf Bibellesungen und spontane Gebete zurückzuführen, die abends am Krankenbett gesprochen wurden.

Ihre Schulzeit war unwichtig. Sie lernte lesen, schreiben und rechnen, das war alles. Kate wuchs sanft und mystisch wie eine dunkle Damaszenerrose zu einer hübschen Frau heran, ohne Bekehrungen oder Leidenschaften: denn trotz ihrer frühen Erziehung hatte die Religion nie großen Einfluss auf sie genommen, und obwohl sie in eine Familie einheiratete, die ihrer eigenen sehr ähnlich war, obwohl ihre Schwiegermutter fast das Ebenbild ihrer leiblichen Mutter war – ein wenig härter und entschlossener, aber ebenso gottesfürchtig und freundlich –, hatte Kate keinen religiösen Eifer verspürt; die Religion lehrte sie nichts, inspirierte sie zu nichts, konnte sie kaum beeinflussen. Sie war weder stark noch großartig, noch war sie sich des tiefen Gefühls bewusst, dass sie ein unwürdiges Leben führen würde, wenn sie anders handelte, als sie es tat. Sie war einfach gut, weil sie eine gutherzige Frau war, ohne schlechte Impulse und bewundernswert geeignet für das Leben, das sie führte.

Aber in dieser alltäglichen Untätigkeit des Geistes gab es ein starkes Merkmal, ein bisschen Farbe in all diesen Grautönen: Kate war verträumt, um nicht zu sagen fantasievoll. Als Kind liebte sie Feen und interessierte sich lebhaft für Kobolde. und als sie diese Geschichten später für andere verwarf, geschah das nicht, weil es ihren logischen Sinn erschütterte, von einer hundert Fuß hohen Bohnenstange zu lesen, sondern aus einem zarteren Grund: Jack fand keine schöne Frau, die ihn liebte. Sie konnte nicht umhin, enttäuscht zu sein, und als das *London Journal* zum ersten Mal mit der Geschichte eines gebrochenen Herzens auf sie traf, schmolz ihr eigenes Herz vor Mitgefühl; Je sentimentaler und unnatürlicher die Romanze, desto mehr fieberte und entzückte sie sie. Sie liebte es, von einzelnen unterirdischen Kämpfen zu lesen, von hohen Burgen, Gefangenen und haarsträubenden Fluchten; und ihr Mitgefühl galt immer den Flüchtlingen. Es war auch sehr erfreulich, von Liebenden zu hören, die einander trotz eines Dutzends böser Onkel treu blieben, von Frauen, die versucht wurden, bis ihr Herz in ihnen starb, und die Jahre später ihre Hände hoben und sagten: „Gott sei Dank." Ich hatte den Mut, Widerstand zu leisten!'

In der zweiten Phase ihrer sentimentalen Erziehung wechselte sie von den Autoren, die sich ausschließlich mit Rittern, Prinzessinnen und Königen befassen, zu Autoren, die sich für die Liebesgeschichten von Ärzten und Pfarrern interessieren.

Unter diesen gab es eine Geschichte, die sie besonders interessierte und tiefere Emotionen in ihr hervorrief als die anderen. Es handelte sich um eine schöne junge Frau mit einem schönen ovalen Gesicht, die mit einem sehr langweiligen Landarzt verheiratet war. Diese Dame hatte die Angewohnheit, Byron und Shelley auf einer üppigen, süß duftenden Wiese unten am Fluss zu lesen, der verträumt durch lächelnde Weidelandschaften floss, die mit ausladenden Bäumen geschmückt waren. Aber diese Wiese gehörte einem Knappen, einem jungen Mann mit großen, breiten Schultern, der Tag für Tag diese Lesungen am Fluss beobachtete, ohne es zu wagen, ein Wort an den schönen Eindringling zu richten. Eines Tages jedoch erschreckte ihn ein Schrei: Die Dame sei in ihren poetischen Träumen ins Wasser gerutscht. Ein Augenblick genügte, ihm den Mantel vom Leib zu reißen, und da er wie ein Wasserhund schwamm, hatte er keine Schwierigkeiten, sie zu retten. Natürlich musste er nach diesem Abenteuer anrufen und sich erkundigen, und von nun an wurden seine Besuche immer häufiger, und durch einen seltsamen Zufall kam er immer zur Flurtür geritten, wenn der Ehemann weg war, um die Krankheiten der Familie zu heilen Landvolk. Stundenlang vergingen unter den Bäumen am Fluss, er vertrat seine Sache, und sie weigerte sich, den armen Arthur zu verlassen, bis der Gutsherr schließlich die Verfolgung aufgab und in fremde Gegenden ging, wo er dreißig Jahre wartete, bis er hörte, dass Arthur tot war . Und dann kehrte er leichten Herzens zu seiner ersten und einzigen Liebe zurück, die nie aufgehört hatte, an ihn zu denken, und lebte danach für immer glücklich mit ihr zusammen. Die groteske Mischung aus Prosa und Poesie, die beide gleichermaßen falsch waren, bezauberte Kate einst, und sie bildete sich immer ein, dass sie sich genauso verhalten hätte, wenn sie die Heldin des Buches gewesen wäre.

Kates Vorliebe für das Lesen von Romanen beunruhigte Mrs. Howell; Sie hielt es für „eine sündhafte Zeitverschwendung, ganz zu schweigen von der Art und Weise, wie es die Menschen von Gott abwandte"; Und als sie eines Tages Kates Sammelalbum fand, das aus aus dem *Family Herald herausgeschnittenen Gedichten bestand* , begann sie an der Rettung ihrer Tochter zu verzweifeln. Die Antwort, die Kate auf die Vorwürfe ihrer Mutter gab, war: „Mutter, ich habe den ganzen Tag genäht; Ich kann mir nicht vorstellen, wie schädlich es sein kann, vor dem Schlafengehen ein wenig zu lesen. Von niemandem wird verlangt, ständig seine Gebete zu sprechen.'

Die nächsten zwei Jahre vergingen, ohne dass es Mutter oder Tochter bemerkten, und dann ereignete sich ein Ereignis von einiger Bedeutung. Ihre Nachbarn an der Straßenecke gerieten in Schwierigkeiten und wurden schließlich ausverkauft und ihre Plätze von Fremden eingenommen, die aus der Ölwerkstatt ein Textilgeschäft machten. Die Neuankömmlinge erregten großes Interesse, und Mrs. Howell und ihre Tochter riefen wie alle anderen an, um zu sehen, wie es ihnen ginge. Die so entstandene Bekanntschaft wurde in der Kirche erneuert und zu ihrer großen Überraschung und Freude stellten sie fest, dass sie derselben religiösen Überzeugung angehörten.

Von nun an sahen sich Howells und Edes oft, und jeden Sonntag nach der Kirche gingen die Mütter gemeinsam nach Hause, und die jungen Leute folgten ihnen. Ralph sprach von seinem schlechten Gesundheitszustand, und Kate hatte Mitleid mit ihm, und als er ihr ein Kompliment für ihr schönes Haar machte, errötete sie vor Vergnügen. So sehr sie auch an fiktiven Gefühlen geschwelgt hatte, hatte sie irgendwie nie daran gedacht, diese in der Natur zu suchen, und da sie einen Liebhaber gefunden hatte, war ihr kritischer Sinn nicht stark genug, um sie dazu zu bringen, die Realität mit der Fantasie zu vergleichen. Sie akzeptierte Ralph ebenso ahnungslos, wie sie bisher die kitschige Poesie ihrer Lieblingsliteratur akzeptiert hatte. Und da sie von Natur aus nicht leidenschaftlich war, konnte sie dies tun, ohne dass es zu einem erkennbaren Stimmungsumschwung kam. Sie hatte Mitleid mit ihm, hoffte, dass sie ihm bei der Pflege helfen könnte, und fühlte sich geschmeichelt bei der Vorstellung, die Besitzerin eines Ladens zu sein.

Die Mütter waren hocherfreut und sprachen von der Übereinstimmung ihrer Religionen und der bewundernswerten Ergänzung des Textilgeschäfts durch die Schneiderei. Die Liebe wurde kaum erwähnt. Der Bräutigam sprach von seinen Aussichten, das Geschäft zu verbessern, die Braut hörte zu und war eine Zeit lang an seiner Begeisterung interessiert; Es gingen Befehle ein und Kate verwandelte sich bald in eine fleißige Frau.

Diese Charakterveränderung blieb von allen außer Mrs. Howell unbemerkt, die sich bei ihrem Tod nicht sicher war, wie es dazu kommen konnte. Kate selbst wusste es nicht; Sie bildete sich ein, dass dies völlig auf die Tatsache zurückzuführen sei, dass sie keine Zeit hatte – „jetzt keine Zeit zum Lesen" –, was nichts weiter als die Wahrheit war; aber sie beklagte sich nicht; Sie nahm die Küsse ihres Mannes entgegen, während sie die Mühe erledigte, die er ihr auferlegte – sanftmütig, ungekünstelt, wie selbstverständlich, als wüsste sie schon immer, dass die Romanzen, die sie einst faszinierten, bloß leere Träume waren, die keinen Einfluss auf das tägliche Leben hatten von Menschen – Dinge, die geeignet sind, die Fantasien eines jungen Mädchens zu befriedigen und beiseite geworfen zu werden, wenn man sich mit der Realität des Lebens auseinandersetzt. Die einzige Analogie zwischen der Vergangenheit und der Gegenwart war eine weitreichende Unterwerfung unter die Autorität und eine Gleichgültigkeit gegenüber der Welt und ihren Interessen. Selbst die Tatsache, keine Kinder zu haben, schien sie nicht zu beunruhigen, und als ihre Schwiegermutter es bereute, lächelte sie nur träge oder sagte: „Es geht uns sehr gut, so wie wir sind." Von der Welt und dem Fleisch lebte sie fast in Unwissenheit und ahnte deren Existenz nur durch Miss Hender. Hender war von der Freundlichkeit und Sanftmut ihres Arbeitgebers angezogen und Kate von der Willensstärke ihrer Assistentin.

Seit einigen Monaten entwickelte sich zwischen den beiden Frauen eine Freundschaft, aber wenn Kate sicher gewusst hätte, dass Hender mit dem Bühnenschreiner ein sündiges Leben führte, hätte sie sie vielleicht nicht ins Haus gelassen. Aber die Möglichkeit einer Sünde verband sie in dem Sinne mit dem Mädchen, dass sie gezwungen war, ständig an sie zu denken. Und dann war in Miss Henders sommersprossigem Gesicht eine gewisse Tapferkeit zu erkennen, die Kate bewunderte. Sie stellte Vergleiche zwischen ihr und der Assistentin an und kam zu dem Schluss, dass sie diesen hellen, blonden Teint ihrer eigenen klaren olivfarbenen Haut vorzog; und das Glitzern des roten, krausen Haares verwirrte sie mit den dicken, gewellten blauen Locken, die ihre kleinen Schläfen wie ein Stück schwarzen Samts umgaben.

Während sie weiter nähte, dachte sie noch einmal über die Frage nach Henders Entlassung nach, doch nur um immer klarer zu erkennen, welche Lücke dies in ihrem Leben hinterlassen würde. Und neben ihrem persönlichen Gefühl kam noch die Tatsache hinzu, dass sie, um ihre Kunden zufrieden zu stellen, einen Assistenten haben musste, auf den sie sich verlassen konnte. Und sie wusste nicht, wo sie einen anderen finden würde, der Henders Arbeit ebenbürtig machen würde. Schließlich sagte Kate:

„Ich weiß nicht, was ich tun soll; Ich habe das Kleid für morgen früh versprochen.'

„Ich denke, wir werden es heute fertigstellen können“, antwortete Hender. „Ich werde den ganzen Nachmittag hart daran arbeiten; Zwischen diesem und sieben Uhr kann viel getan werden.'

„Oh, ich weiß nicht“, antwortete Kate traurig; „Das Annähen dieser Blätter dauert so lange; und dann ist da noch die ganze Girlande.'

„Ich denke, es ist machbar, aber wir müssen dranbleiben.“

Nach dieser Willensbekundung verstummte die Unterhaltung fürs Erste, und man hörte nur das Klicken der Nadeln und das Summen der Fliegen um die Schnittmuster aus braunem Papier, bis Frau Ede um zwölf Uhr ins Zimmer platzte.

„Ich wusste, was es sein würde“, sagte sie und schloss die Tür hinter sich.

„Was ist los?“, sagte Kate und sah erschrocken auf.

„Also, ich habe ihm angeboten, ihm ein Kotelett oder Spiegeleier zu machen, aber er meinte, er müsse ein Omelett haben. Haben Sie schon einmal davon gehört? Ich sagte ihm, ich wüsste nicht, wie man eins macht, aber er meinte, ich solle Sie fragen, ob Sie Zeit dafür hätten.“

„Ich mache ihm ein Omelett“, sagte Kate und stand auf. „Hast du die Eier?“

'Ja. Was für ein Ärgernis uns der Mensch bereitet! Mit seinem Bad am Morgen, zwei Paar Stiefeln, die gereinigt werden müssen, und der Kleidung, die gebürstet werden muss, habe ich seit zehn Uhr nichts anderes getan, als mich um ihn zu kümmern; und welche Stunden muss man einhalten! – es ist jetzt nach elf.'

„Was nützt es, zu meckern? Sie wissen, dass die Arbeit erledigt werden muss und ich nicht an zwei Orten gleichzeitig sein kann. Du hast mir versprochen, nichts mehr darüber zu sagen, dich aber genauso um ihn zu kümmern wie jeden anderen Untermieter.'

„Ich kann nicht mehr tun, als ich tue; „Ich habe den ganzen Morgen nichts anderes getan, als nach oben zu rennen“, sagte Frau Ede sehr verärgert; „Und ich wünschte, du würdest die kleinen Mädchen aus der Küche holen; Ich kann mich nicht um sie kümmern, und sie tun nichts anderes, als aus dem Fenster zu schauen.'

„Also gut, ich bringe sie hier hoch, sie können auf dem Sofa sitzen. Jetzt, wo wir mit dem Ausschneiden fertig sind, kommen wir mit ihnen zurecht.“

Hender antwortete nicht auf diese an sie gerichtete Rede. Sie hasste es, die kleinen Mädchen im Arbeitszimmer zu haben, und Kate wusste das.

Kate brauchte nicht lange, um Mr. Lennox' Omelett zuzubereiten. In der Küche brannte ein helles Feuer, die Muffins waren getoastet und der Tee war fertig.

„Das ist ein sehr kleines Frühstück“, sagte sie, während sie die Teller und Schüsseln auf das Tablett stellte. „Hat er sonst nichts bestellt?“

„Er hat von gebratenem Speck gesprochen, aber darum kümmere ich mich; die anderen Sachen bringst du zu ihm.“

Als Kate mit dem Tablett in der Hand vorbeikam, tadelte sie die kleinen Mädchen für ihre Trägheit und forderte sie auf, nach oben zu kommen, aber erst als sie sie in das Arbeitszimmer winkte, wurde ihr klar, dass sie in Mr. Lennox' Zimmer ging.

Nach einer kurzen Pause drehte sie die Türklinke und trat ein. Mr. Lennox lag sehr nachlässig im Sessel, in seinen Morgenmantel gehüllt. „Oh, ich bitte um Verzeihung, Sir; Ich wusste es nicht …“, sagte sie und fuhr zurück. Dann errötete sie vor Scham über ihre eigene Dummheit, solche Dinge zur Kenntnis zu nehmen, und legte das Frühstücksgeschirr auf den Tisch.

Mr. Lennox dankte ihr, und ohne ihr Unbehagen zu bemerken, wickelte er sich fester ein, zog seinen Stuhl nach vorne und nahm mit einem schmatzenden Mund den Deckel von der Schüssel. „Oh, wirklich sehr

schön“, sagte er, „aber ich fürchte, ich habe dir eine Menge Ärger gemacht;
„Die alte Dame sagte, du wärst sehr, sehr beschäftigt.“

„Ich muss heute ein Kleid fertig machen, Sir, und mein Assistent –“

Hier hielt Kate inne und erinnerte sich daran, dass, wenn Mr. Lennox seine
Bekanntschaft mit Hender im Theater erneuert hätte, jede Anspielung auf sie
Anlass zu weiteren Gesprächen geben würde. „Oh ja, ich kenne Miss Hender;
sie ist eine unserer Kommoden; Sie kümmert sich um unsere beiden
Hauptdarstellerinnen, Miss Leslie und Miss Beaumont. Aber ich sehe den
Speck hier nicht.'

'Frau. Ede kocht es; „Sie wird es in ein oder zwei Minuten zur Sprache
bringen“, antwortete Kate und ging zur Tür.

„Wir haben nichts mit den Kommoden zu tun“, sagte Mr. Lennox und
sprach schnell, um seine Vermieterin aufzuhalten; „Aber wenn Sie mit Ihrer
Arbeit so unter Druck stehen, wie Sie mir sagen, kann ich vielleicht durch ein
Gespräch mit dem Mieter Miss Hender für diesen Abend frei bekommen.“

'Danke mein Herr; Ich bin mir sicher, dass das sehr nett von Ihnen ist, aber
ich werde auch ohne das auskommen.'

Der Untermieter sprach mit einem so offensichtlichen Gehorsamswillen,
dass Kate nicht anders konnte, als ihn zu mögen, und umso mehr wünschte
sie sich, er würde seinen großen, nackten Hals bedecken.

„Mein Wort, das ist ein großartiges Omelett“, sagte er und leckte sich die
Lippen. „Es gibt nichts, was ich so sehr mag wie ein gutes Omelett. Ich hatte
großes Glück, hierher zu kommen“, fügte er hinzu und warf einen Blick auf
Kates Taille. die selbst in ihrem alten blau gestreiften Kleid schlank war.

„Es ist sehr nett von Ihnen, das zu sagen, Sir“, sagte sie und ein Schimmer
von Rosenfarbe errötete den dunklen Teint. Dieser große Mann hatte etwas
sehr Menschliches, und Kate wusste nicht, ob sein Animalismus sie irritierte
oder erfreute.

„Du warst gestern Abend nicht im Theater?“ sagte er und zwang sich ein
riesiges Stück stark mit Butter bestrichenes, schwammiges French Roll in
seinen Mund.

„Nein, Sir, ich war nicht da; „Ich gehe selten ins Theater.“

'Ah! Es tut mir Leid. Wie ist das? Wir hatten ein tolles Haus. Ich habe nie
gesehen, dass das Stück besser lief. Wenn das Geschäft bis zum Ende der
Woche anhält, werden wir meiner Meinung nach versuchen, einen anderen
Termin zu bekommen.'

Kate wusste nicht, was „ein anderes Date" bedeutete, aber Hender würde es ihr sagen können.

„Sie müssen mir nur sagen, wann Sie das Stück sehen möchten, und ich gebe Ihnen die Plätze." Möchtest du heute Abend kommen?'

„Heute Abend nicht, vielen Dank, Sir. Ich werde den ganzen Abend beschäftigt sein, und meinem Mann geht es nicht sehr gut.'

Das Gespräch kam dann zu einer irritierenden Pause. Mr. Lennox hatte die letzten Reste des Omeletts herausgekratzt und schenkte sich noch eine Tasse Tee ein, als Mrs. Ede mit dem gebratenen Speck erschien. Als sie sah, wie Kate mit Mr. Lennox sprach, zeigte sie sofort eine Mischung aus Überraschung und Bedauern.

Kate bemerkte das, aber Mr. Lennox hatte keine Augen für etwas anderes als den Speck, den er auf seinen Teller häufte und gierig verschlang. Es freute Kate zu sehen, wie er sein Frühstück genoss, aber während sie ihn bewunderte, sagte Mrs. Ede, als sie zur Tür ging: „Kann ich etwas für Sie tun, Sir?"

„Nun, nein", antwortete Mr. Lennox gleichgültig; Aber als er sah, dass auch Kate mitkommen würde, trank er hastig einen Schluck Tee und sagte: „Ich habe der Dame hier gerade gesagt, dass wir gestern Abend einen riesigen Erfolg hatten und dass sie kommen und sich das Stück ansehen sollte." Ich glaube, sie sagte, sie hätte niemanden, mit dem sie gehen könnte. Du solltest sie nehmen. Ich bin mir sicher, dass Ihnen die *Cloches* gefallen werden .

Frau Ede sah empört aus, aber nach einem Moment erholte sie sich und sagte streng und nachdrücklich: „Vielen Dank, mein Herr, aber ich bin eine Christin." Nichts für ungut, Sir, aber ich glaube nicht, dass so etwas richtig ist."

'Ah! nicht wahr?' antwortete der Mummer und sah sie mit leerem Erstaunen an. Aber sein Gesichtsausdruck änderte sich bald, und als wäre ihm plötzlich eine schmerzliche Erinnerung in den Sinn gekommen, sagte er: „Ich nehme an, Sie sind ein Andersdenkender oder so etwas in der Art." Wir haben in Bradford durch Leute Ihrer Überzeugung viel Geld verloren; Sie haben sehr gut gegen uns gepredigt.'

Mrs. Ede antwortete nicht, und nach ein paar kurzen entschuldigenden Worten, dass es nicht gut sei, wenn wir alle gleich denken würden, zog sich Kate in ihr Arbeitszimmer zurück und fragte sich, ob Mr. Lennox Anstoß nehmen und sie verlassen würde. Hender vermutete, dass etwas passiert war, und war neugierig, was es war; Aber da saßen diese idiotischen kleinen Mädchen, und es ginge natürlich nicht, vor ihnen zu sprechen. Einmal deutete sie an, dass sie gehört hatte, dass Mr. Lennox zwar ein sehr netter

Mann, aber etwas aufbrausend sei, eine Frage, die Kate ausweichend beantwortete und meinte, es sei schwierig zu wissen, wie Mr. Lennox sei. Worte waren für sie eine Anstrengung, und sie konnte keinen einzigen klaren Gedanken von den bleifarbenen Träumen lösen, die um sie herum hingen.

Klick, klick, die Nadeln gingen den ganzen Tag lang, und Kate fragte sich, was eine Frau, die in einem dreißig Pfund schweren Haus lebte, von einem zehn Pfund schweren Kleid erwarten konnte. Aber das war nicht ihre Sache, und da es ihr am wichtigsten war, sie nicht zu enttäuschen, behielt Kate Hender beim Abendessen; und als Entschädigung für den Arbeitsdruck ließ sie die Öffentlichkeit um drei zusätzliche halbe Pints bitten. Sie brauchten etwas zu trinken, denn die Hitze des Tages war intensiv. Entlang der roten Ziegel der Häuser, inmitten der Backsteinhöfe, erzeugten die Sonnenstrahlen eine ofenähnliche Atmosphäre. Von der hohen Wand gegenüber strömte das tote Licht durch die Musselinjalousien in die kleine Vorderküche, verbrannte den Topf mit dem Grünzeug und fiel in großen Flecken auf den Fliesenboden. und von der Hitze überwältigt, lehnten sich die beiden Frauen auf dem kleinen, mit rotem Kattun bezogenen Sofa zurück, nippten träge an ihrem Bier und dachten vage darüber nach, wann sie wieder mit der Arbeit beginnen müssten. Hender räkelte sich mit ausgestreckten Beinen; Kate legte müde ihren Kopf auf ihre Hand; Frau Ede saß aufrecht da und achtete offenbar nicht auf das Sonnenlicht, das auf den karierten Schal fiel, den sie im Winter wie im Sommer trug. Sie trank ihr Bier in schnellen Schlucken, als wäre selbst die Zeit zum Schlucken streng eingeteilt. Die anderen beobachteten sie und wussten, dass sie sie aus der Küche hinauswerfen würde, wenn ihr Zinngefäß leer war. Nach ein paar Augenblicken sagte sie: „Ich denke, Kate, wenn du es eilig hast, solltest du lieber dein Kleid anziehen.“ Ich muss mich um das Abendessen von Mr. Lennox kümmern, und ich kann Sie nicht herumhängen lassen. So wie es ist, weiß ich nicht, wie ich die Arbeit erledigen soll. Es muss eine Hammelkeule gebraten und ein Pudding zubereitet werden, und das alles bis vier Uhr.‘

Kate beruhigte die alte Frau mit ein paar Worten, nahm ihr Ralphs Abendessen ab und trug es nach oben. Sie fand, dass es ihrem Mann besser ging, und indem sie das Tablett auf die Bettkante stellte, beantwortete sie kurz die Fragen, die er ihr bezüglich des Schauspielers stellte; Dann bat sie ihn, sie zu entschuldigen, als sie Stimmen im Laden hörte. Mr. Lennox war gekommen und hatte zwei Männer mitgebracht: Joe Mortimer, den bescheidenen Komiker, und den jungen Montgomery, den Dirigenten; und es wurde schwierig, Hender davon abzuhalten, an den Türen zu lauschen, und es war fast sinnlos, sie daran zu erinnern, dass Kinder anwesend waren, so aufgeregt war sie, als sie von Brets Liebesaffären sprach.

Aber um sechs Uhr setzte sie ihren Hut auf, und es ließ sich nicht davon abhalten; Mrs. Barnes muss auf ihr Kleid warten. Es gab noch viel zu tun, und als Frau Ede aus der Küche rief, dass der Tee fertig sei, antwortete Kate zunächst nicht, und als sie schließlich herunterkam, blieb sie nur lange genug, um ein Stück Brot und Butter zu essen. Ihr Kopf war voller ernster Vorahnungen, die sich nach und nach zu einer festen Idee verdichteten – Mrs. Barnes nicht zu enttäuschen. Einmal wurde sie ganz plötzlich von einer Idee erschreckt, die ihr durch den Kopf schoss, und mitten in einem „Blatt" blieb sie stehen und dachte über die Frage nach, die sich ihr gestellt hatte. Untermieter lieben oft ihre Vermieterinnen; Was würde sie tun, wenn Mr. Lennox mit ihr schlafen würde? So etwas könnte passieren. Ein Ausdruck der Verärgerung verzog sich auf ihrem Gesicht und sie begann weiter zu nähen. Die Stunden vergingen langsam und bedrückend. Es war jetzt zehn Uhr, und der Schwanz musste noch mit einem Zopf zusammengebunden und die Seitenschnüre eingenäht werden. Sie hatte kein Klebeband bei sich und überlegte, diese letzten Handgriffe bis zum Morgen aufzuschieben, sondern zuzupfen Mit all ihrem Mut beschloss sie, hinunterzugehen und aus dem Laden zu holen, was benötigt wurde. Der Spaziergang tat ihr gut, aber es fiel ihr schwer, sich wieder an die Arbeit zu setzen; und die nächsten paar Minuten schienen ihr endlos zu sein: aber schließlich wurde der letzte Stich gemacht, der Faden abgebissen und das Kleid hielt triumphierend hoch. Sie betrachtete es einen Moment lang mit einem Gefühl des Stolzes, das sich bald in ein Gefühl der Gleichgültigkeit verwandelte.

Trotzdem war ihre Tagearbeit vorbei; sie war jetzt frei. Aber der Gedanke war bitter: Sie erinnerte sich, dass es für sie keinen anderen Ort gab als das Zimmer ihres kranken Mannes. Dennoch hatte sie sich darauf gefreut, wenigstens eine Nacht Ruhe zu haben, und der Gedanke, dass es für sie nichts anderes gab als eine harte Matratze im Hinterzimmer und die Gewissheit, mehrmals geweckt zu werden, um sich um Ralph zu kümmern, machte sie wütend. Sie fragte sich leidenschaftlich, ob sie immer eine Sklavin und ein Arbeitsarbeiter bleiben würde? Henders Worte kamen ihr mit seltsamer Deutlichkeit in den Sinn, und sie erkannte, dass sie nichts von Vergnügen oder auch nur von Glück wusste; und auf ganz einfache Weise fragte sie sich, was wirklich das Ende des Lebens sei. Wenn sie gut und religiös wäre wie ihre Mutter oder ihre Schwiegermutter – aber irgendwie könnte sie nie so fühlen wie sie. Der Himmel schien so weit weg zu sein. Natürlich war es ein Trost zu glauben, dass es eine glücklichere und bessere Welt gab; Immer noch – immer noch – Da sie den Faden nicht weiter verfolgen konnte, hielt sie verwirrt inne und dachte wenige Augenblicke später an die Dame, die früher Byron und Shelley gelesen hatte und die den Bitten ihres Geliebten so tapfer widerstand. Jeder Teil der vergessenen Geschichte kam ihr wieder in den Sinn. Sie erkannte den Ort, an dem sie geträumt hatten. Sie konnte sehen, wie sie mit glühenden Augen das Verblassen des fernen Himmels beobachteten, während sie dem Summen der Insekten lauschten und den Honigduft der Blumen einatmeten; sie sah sie sich liebkosend auf seinen Arm stützen, während sie nachdenklich mit der anderen Hand die Blätter zerriss, während sie die lange Terrasse hinaufgingen.

Als die Vision dann persönlicher wurde und sie sich mit der Heldin des Buches identifizierte, dachte sie an den Reichtum an Liebe, den sie zu geben hatte, und es kam ihr unaussprechlich traurig vor, dass dieser wie eine Rose in einer unbekannten und nicht geschätzten Wüste blühen sollte .

Dies war der letzte Flug ihres Traums. Die schwachen Flügel ihrer Fantasie konnten sie nicht länger aushalten, und zu müde, um sich um irgendetwas zu kümmern oder auch nur daran zu denken, ging sie nach oben und fand Mrs. Ede, die Brust und Rücken ihres Sohnes mit Jod bestrich. Er hatte einen schlimmen Anfall, der allmählich nachließ. Sein Gesicht war eingefallen, seine Augen geschwollen, und die beiden Frauen redeten miteinander. Frau Ede war empört und erzählte von all ihren Problemen mit dem Abendessen. Sie musste Zigarren und Getränke holen. Kate hörte zu und beobachtete ihren Mann die ganze Zeit. Es ging ihm etwas besser, und Frau Ede nutzte die Gelegenheit, um anzudeuten, dass es Zeit für das Abendgebet sei.

In Zeiten, in denen das Sprechen möglich war, war es Ralph, der das übliche Kapitel der Bibel las und mit dem Vaterunser den Weg bereitete; aber als ihm das Sprechen verboten wurde, ersetzte ihn seine Mutter. Die große Gestalt kniete aufrecht nieder. Es war keine Bewegung unterwürfiger Demut, sondern ein Ausdruck unerschütterlichen Glaubens, und als sie ihr die Bibel reichte, kam Kate nicht umhin, zu denken, dass ihrer Schwiegermutter in den Knien Stolz zu spüren war.

Die alte Frau drehte einige Sekunden lang schweigend die Blätter um; Dann, nachdem sie sich für ein Kapitel entschieden hatte, begann sie zu lesen. Doch sie war noch nicht über ein paar Sätze hinausgekommen, als sie von lachenden Stimmen und stampfenden Füßen unterbrochen wurde.

Sie hörte auf zu lesen und blickte von Kate zu ihrem Mann. Er suchte gerade nach seinem Taschentuch. Kate erhob sich, um ihm zu helfen, und Frau Ede sagte:

„Es ist beschämend!" es ist eine Schande!'

„Es ist nur Mr. Lennox, der reinkommt."

„Nur Mr. Lennox!" In diesem Moment wurde sie vom leiseren Lachen weiblicher Stimmen unterbrochen; Sie hielt inne, um zuzuhören, und dann schlug sie energisch das Buch zu und sagte: „Von Anfang an war ich dagegen, unsere Zimmer einem Mummer zu überlassen; Aber ich glaubte nicht, dass ich es erleben würde, wie das Haus meines Sohnes in ein Nachthaus verwandelt wurde. Ich werde hier nicht aufhören.'

„Hier nicht aufhören – eh, eh? „Wir müssen es ihm sagen – sagen Sie ihm, dass es nicht erlaubt sein kann", keuchte Ralph.

„Und ich würde gerne wissen, wer diese Frauen sind, die er zu sich zu bringen gewagt hat – Leute, die er in Piccadilly getroffen hat, nehme ich an!"

'Ach nein!' unterbrach Kate: „Ich bin sicher, dass sie die Damen des Theaters sind."

„Und wo ist der Unterschied?", fragte Mrs. Ede grimmig. Sektiererischer Hass auf weltliche Unterhaltung flammte in ihren Augen auf und stand im Einklang mit dem gewöhnlichen Vorurteil der britischen Wirtin. Mr. Ede teilte die Ansichten seiner Mutter, aber da er damals unter rasenden Kopfschmerzen litt, war sein größter Wunsch, dass sie den Ton ihrer Stimme senkte.

„Um Himmels Willen, sprich nicht so laut!", sagte er klagend. „Natürlich darf er keine Frauen ins Haus bringen, aber man sollte es ihm besser sagen. Kate, geh runter und sag ihm, dass diese Damen gehen müssen."

Kate war entsetzt, als sie hörte, wie ihr Schicksal so entschieden wurde, und sie fragte sich, wie sie Mr. Lennox sagen sollte, dass er seine Freunde ins Freie schicken musste. Sie zögerte, und während einer langen Stille hörten alle drei zu. Ein lautes Gelächter, der Schrei einer Frau, ein schallendes Gelächter und dann das Klirren von Gläsern waren zu hören. Sogar Kates Gesicht verriet, dass sie es für sehr unangemessen hielt, und Frau Ede sagte mit theatralischer Miene unterdrückter Leidenschaft:

'Sehr gut; Ich denke, das ist alles, was derzeit getan werden kann.'

Kate fühlte sich sehr hilflos und murmelte: „Ich weiß nicht, wie ich ihnen sagen soll, sie sollen gehen." Sollten wir es nicht besser auf den Morgen verschieben?'

'Bis zum Morgen!' sagte Herr Ede und versuchte, sein schmutziges Nachthemd über seiner behaarten Brust zuzuknöpfen. „Ich werde mir diesen Lärm nicht die ganze Nacht anhören." Kate, du gehst und wirfst sie raus.'

„Es tut mir leid, Liebling", sagte Frau Ede, als sie die Verzweiflung ihrer Schwiegertochter sah.
„Ich werde sie bald wegschicken."

'Ach nein! „Ich gehe lieber selbst", sagte Kate.

„Sehr gut, Liebes. Ich dachte nur, dass es dir vielleicht nicht gefallen würde, unter viele raue Leute zu gehen.'

Der Lärm unten nahm inzwischen zu, und Ralph wurde so wütend, wie es sein Asthma zuließ. „Sie bringen mich mit ihrem Lärm einfach um." Gehen Sie sofort hinunter und sagen Sie ihnen, dass sie das Haus sofort verlassen müssen. Wenn nicht, gehe ich selbst.'

Frau Ede machte eine Bewegung in Richtung Tür, aber Kate hielt sie auf und sagte:

'Ich werde gehen; Es ist mein Platz.' Als sie die Treppe hinunterstieg, hörte sie über dem allgemeinen Trubel eine Männerstimme schreien:

'Ich werde Ihnen sagen, was; Wenn Miss Beaumont nicht an einem anderen Abend auf meinen Termin wartet, werde ich darauf bestehen, dass eine Probe einberufen wird. Sie nahm die konzertierte Musik im Finale des ersten Akts zwei ganze Takte vor ihrer Zeit auf. Es war verdammt schrecklich. Bei dem Versuch, sie aufzuhalten, hätte ich mir fast den Stock gebrochen.'

'Ziemlich wahr; Ich habe noch nie erlebt, dass das Stück so schlecht gelaufen ist. Bret hat den ganzen Laden „aufgewühlt".'

Kate hörte sich diese Gesprächsfetzen an und fragte sich, wie sie auf diese Leute zugehen und ihnen sagen sollte, dass sie schweigen müssten.

„Und die Art, wie Beaumont versucht, mit Dick zu löffeln. Einmal hätte sie beinahe ihr Stichwort verpasst, als sie ihm hinter den Kulissen nachschlich.'

Es folgte schallendes Gelächter. Dieser Ausfall veranlasste Kate zum Handeln; und ohne sich zu entscheiden, was sie sagen sollte, drehte sie die Türklinke und ging ins Zimmer.

Die drei Gasbrenner brannten, Weingläser standen auf dem Tisch und Mr. Lennox stand da und drehte einen Korkenzieher in eine Flasche, die er zwischen seinen dicken Schenkeln hielt. Auf dem kleinen grünen Sofa lag Miss Lucy Leslie und spielte mit ihren Haubenschnüren. Ihre Beine waren gekreuzt und unter dem hochgezogenen Rock war ein Stück gestreifter Strumpf zu sehen. Neben ihr saß Mr. Montgomery, der seine Ersatzbeine über die Armlehne des Sessels ausgestreckt hatte, der dünnste, den man sich vorstellen kann, in grauer Kleidung. Seine Nase war riesig und er schob seine Brille hoch, als Kate mit einer offensichtlich gewohnheitsmäßigen Bewegung der linken Hand ins Zimmer kam. Auf der anderen Seite des runden Tisches saß Mr. Joe Mortimer, der große Anführer, der gefeierte Geizhals in den *Cloches* . Ein großes Mädchen, das hinter ihm stand, drehte ihm spielerisch das Haar nach hinten. Von Zeit zu Zeit richtete er mit künstlich brüchiger Stimme väterliche Ermahnungen an sie.

„Bitte, Sir", sagte Kate flehend, „es tut mir sehr leid, aber nach elf Uhr können wir den Tag der offenen Tür nicht mehr halten."

Auf diese Ankündigung folgte tiefes Schweigen. Miss Leslie blickte Kate neugierig an. Mr. Lennox hörte auf, den Korkenzieher in die Flasche zu drehen, und der leise Komiker nutzte die Gelegenheit und murmelte mit seiner mechanischen Stimme dem Mädchen hinter ihm zu: „Tag der offenen Tür!" Natürlich hat sie völlig recht. Ich wusste, dass es irgendwo einen Luftzug gab; Ich spürte, wie meine Haare herumwehten.'

Alle lachten, und die Fröhlichkeit trug immer noch dazu bei, die Arbeiterin unwürdig zu machen.

„Wird er nie etwas sagen und mich gehen lassen?" fragte sie sich. Endlich sprach er, und seine Worte trafen sie wie Schläge.

„Ich weiß nicht, was Sie meinen, Frau Ede", sagte er mit lauter, befehlender Stimme. „Ich habe mit Ihnen nicht vereinbart, dass ich am Abend keine Freunde mit nach Hause nehmen soll. Hätte ich gewusst, dass ich in einer Kirche übernachten würde, wäre ich nicht gekommen.'

Sie fühlte sich furchtbar gedemütigt und nichts war in ihrem Kopf präsent außer dem Wunsch, Mr. Lennox zu versöhnen.

„Es ist nicht meine Schuld, Sir. Es macht mir wirklich nichts aus; Aber meine Schwiegermutter und mein Mann wollen nicht, dass nach zehn Uhr noch jemand ins Haus kommt.'

Das Gesicht von Mr. Lennox zeigte, dass sein Herz ihr gegenüber weicher geworden war, und als sie erwähnte, dass ihr Mann krank im Bett lag und sich zu seiner Gesellschaft umdrehte, sagte er:

„Ich denke, wir machen zu viel Lärm; es würde uns selbst nicht gefallen, wenn –'

Doch gerade in diesem Moment, als alles angenehm enden sollte, hörte man Frau Ede oben auf der Treppe.

„Ich bin eine Christin und werde nicht in einem Haus bleiben, in dem Alkohol und Frauen …"

Diese Rede hat alles verändert. In Mr. Lennox' Augen blitzte Leidenschaft auf, und er machte eine Bewegung, als wollte er Mrs. Ede eine Antwort zurufen, doch er fasste sich und wandte sich an Kate: „Ich bitte Sie, meine Räume zu verlassen, Ma'am." Wenn Sie möchten, können Sie mich morgen früh warnen, oder besser gesagt, ich gebe es Ihnen; Aber zumindest für heute Abend gehört der Platz mir, und ich werde tun, was ich will.' Daraufhin ging er zur Tür und öffnete sie.

Tränen standen ihr in den Augen. Sie sah Mr. Lennox traurig an. Er bemerkte den mitleiderregenden, bittenden Blick, war aber zu wütend, um ihn zu verstehen. Der Blick war ihre ganze Seele. Sie sah weder Miss Leslie höhnisch noch Mr. Montgomerys grinsendes Gesicht. Sie sah nichts außer Mr. Lennox und folgte ihrer Schwiegermutter nach oben, verblüfft von dem Gedanken, dass er sie verlassen würde. Die alte Frau schimpfte und ruderte. Es war nicht vorstellbar, dass so viele Männer und Frauen nach elf Uhr im Haus rauchten und tranken, und sie versuchte, ihren Sohn zu zwingen, zu sagen, dass die Polizei gerufen werden müsse. Aber es war unmöglich, eine Antwort von ihm zu bekommen: Die Aufregung und Anstrengung des Sprechens hatte ihn sprachlos gemacht, und er hielt sein schwarzes Haar mit beiden Händen und keuchte in tiefen Orgeltönen. Kate sah ihn ausdruckslos an und sehnte sich nach einem Ort, an dem sie seinen Atem nicht hören und den Geruch der Medizinflaschen nicht wahrnehmen konnte. Seine Mutter bestand nun darauf, dass er ein paar Tabletten nahm, und forderte Kate auf, die Schachtel zu finden. Der scharfe, widerliche Geruch der Aloe war abscheulich, und ihr Magen drehte sich um, als sie zusah, wie ihr Mann vergeblich versuchte, die Dosis mit Hilfe eines Glases Wasser zu schlucken. Bleiben Sie in diesem Raum stehen! Nein, das konnte sie nicht! Es würde sie vergiften. Sie wollte Schlaf und frische Luft. Wo konnte sie sie bekommen? Der Mummer war im Gästezimmer; aber er würde morgen weg sein und sie würde allein gelassen werden. Der Gedanke erschreckte sie, obwohl sie ihn bald vergaß, weil sie sich danach sehnte, ihrem Mann aus den Augen zu verschwinden. Mit jedem Augenblick wurde dieser Wunsch stärker und schließlich sagte sie:

„Ich kann nicht hier bleiben; Eine weitere Nacht würde mich umbringen. Überlassen Sie mir Ihr Zimmer?‘

„Das werde ich auf jeden Fall tun, meine Liebe", antwortete die alte Frau, die nicht so sehr über die Bitte, sondern vielmehr über die Heftigkeit der Betonung, die auf den Worten lag, erstaunt war. „Du siehst furchtbar erschöpft aus, meine Liebe; Ich kümmere mich um meinen Jungen.‘

Sobald ihrer Bitte stattgegeben worden war, zögerte Kate, als fürchtete sie, etwas Falsches zu tun, und blickte ihren Mann an und fragte sich, ob er sie zurückrufen würde.

Aber er achtete nicht darauf; Seine Aufmerksamkeit war zu sehr mit seinem Atem beschäftigt, um an sie oder die Notwendigkeit, die Polizei zu rufen, zu denken, und er winkte seine Mutter ab, als sie versuchte, mit ihm zu sprechen.

„Werden diese Männer die ganze Nacht dort bleiben?" Fragte Frau Ede.

„Oh, ich weiß es wirklich nicht; „Ich bin zu müde, um mich noch mehr darum zu kümmern", antwortete Kate gereizt. „Es ist alles deine Schuld – du bist an allem schuld; Sie haben kein Recht, sich in die Untermieter meines Hauses einzumischen.‘

Frau Ede hob die Arme und suchte nach Worten, aber Kate verließ den Raum, ohne ihr Zeit für eine Antwort zu geben. Plötzlich rief eine Stimme in hoher Tonart:

„Für wen hältst du mich, Dick? Ich wurde gestern nicht geboren. Eine teuflisch hübsche Frau, wenn Sie mich fragen. Was für Haare! – wie Samt!'

Kate blieb stehen. „Schwarze Haare", sagte sie zu sich selbst, „sie müssen von mir reden", und sie hörte aufmerksam zu.

Die Bemerkung schien jedoch nicht besonders zum richtigen Zeitpunkt gekommen zu sein, denn nach langem Schweigen sagte eine Frauenstimme:

„Nun, ich weiß nicht, ob er sie mochte, und es ist mir auch egal, aber ich werde nicht hier warten und zuhören, wie Sie alle über das gute Aussehen einer Vermieterin schwärmen. Ich bin weg.'

Dann schien es zu einem Handgemenge zu kommen; Ein halbes Dutzend Stimmen sprachen miteinander, und aus Angst um ihr Leben flog Kate durch das Arbeitszimmer zu Mrs. Edes Bett.

Die Tür des Wohnzimmers wurde aufgerissen, und schmeichelnde und protestierende Worte hallten durch den Gang die Treppe hinauf und hinunter. Es war eine Schande, und Kate erwartete jede Minute, die Stimme ihrer Schwiegermutter zu hören, die sich in das Getümmel mischte; Aber der Frieden war wiederhergestellt, und mindestens eine Stunde lang lauschte sie den Geräuschen lachender Stimmen, die sich mit dem Klirren der Gläser vermischten. Schließlich wünschte Dick seinen Freunden eine gute Nacht, und Kate lag unter der Bettdecke und hörte zu. Es würde etwas passieren. „Er hält mich für eine hübsche Frau; „Sie ist eifersüchtig", waren Sätze, die ihr ohne Unterlass in den Ohren klangen. Als sie dann hörte, wie sich seine Tür öffnete, glaubte sie, er käme, um sie zu suchen, und vergrub sich voller Bestürzung unter der Bettdecke, wobei nur ihr schwarzes Haar über den Kissen zurückblieb, um zu zeigen, wo sie verschwunden war. Aber das doppelte Herunterfallen eines Paars Stiefel war entscheidend, und sie versicherte sich, dass er sich eine solche Freiheit nicht erlauben würde, und bemühte sich, einzuschlafen.

IV

Am nächsten Tag, gegen elf Uhr, ging Kate mit Mrs. Barnes' Kleid die Market Street entlang und dachte über den Brief nach, den sie erhalten hatte. Dieser wütende Brief war für Kate eine sehr ernste Angelegenheit, und sie überlegte, was sie sagen könnte, um ihren Kunden zufrieden zu stellen. Ihre geistige Angst ließ sie schneller gehen, als ihr bewusst war, den Hügel hinauf zum Himmelsquadrat, wo die Passanten wie Figuren auf der Spitze eines Denkmals wirkten. Oben auf dem Hügel angekommen, wandte sie sich nach links und stieg hinab zu den kleinen, quasi-villenartigen Wohnhäusern, die die Vororte von Northwood bilden. Zehn Minuten später näherte sich Kate heiß und außer Atem der Tür von Mrs. Barnes, ihre Pläne waren ausgereift und fest entschlossen, das Kleid im Fall der Fälle mit einer Reduzierung herabzusetzen. Ihre gegenwärtigen Schwierigkeiten waren so groß, dass sie andere Sorgen vergaß, und erst als sie ihr Geld erhalten hatte, erinnerte sie sich an Mr. Lennox. Er ging. Ihre Räume würden wieder leer sein. Es tat ihr leid, dass er ging, und am Ende der Market Street stand sie da und war überrascht von der Aussicht, obwohl sie noch nie eine andere gesehen hatte. Zwischen ihr und den dunklen Hügeln in der Ferne lag ein langes, kilometerlanges schwarzes Tal mit Wasserreservoirs, die wie Stahlklingen glitzerten, und riesigen Rauchwolken, die über die Stämme von tausend Fabrikschornsteinen rollten. Sie war diesen Hügel am Ende der Market Street schon lange nicht mehr hinaufgekommen; Viele Jahre lang hatte sie nicht mehr dort gestanden und die Aussicht genossen, nicht seit sie ein kleines Mädchen war, und die Erinnerungen, die sie in ihrem Arbeitszimmer zwischen Hanley und den Wever Hills hegte, waren ganz anders als die Szene, die sie jetzt betrachtete. Sie sah das Tal mit anderen Augen: Sie sah es jetzt mit den Augen einer Frau; bevor sie es mit Kinderaugen gesehen hatte. Sie erinnerte sich an die zerstörten Zechen und die schwarzen Aschehaufen, die durch den Hügel ragten, auf dem sie jetzt stand. In ihrer Kindheit waren diese Ruinen bequeme Orte zum Versteckenspielen. Aber jetzt schienen sie ihrem Geist eine Bedeutung zu vermitteln, eine Bedeutung, die nicht ganz klar war, die sie verwirrte, die sie beiseite zu legen versuchte und es doch konnte nicht. Zu ihrer Linken, etwa fünfzig Fuß tiefer, verliefen sie fächerförmig um einen grünen Gürtel herum die Dächer von Northwood – schwarze Ziegel, ohne Relief bis auf die gelben Schornsteine, Farbflecken auf einer Linie aus weicher Baumwolle – wie Wolken, die zu Grau verschmelzen, das Grau in Blau übergeht und die blauen Räume sich erweitern. „Es wird ein heißer Tag sein", sagte sie sich und dachte, dass ein heißer Tag an diesem Hang heißer sei als anderswo. Mit jedem Augenblick wurde das Licht immer intensiver, bis ein entfernter Kirchturm fast außer Sichtweite verschwand, und sie war froh, dass sie hierher gekommen war, um die Aussicht vom oberen Ende der Market Street zu bewundern. Southwark auf der rechten Seite, so schwarz wie Northwood, fiel in unregelmäßigen Linien ins Tal, und die heruntergekommenen Häuser wirkten in Kates Fantasie wie Wagenladungen riesiger Pillendosen, die eilig von der Theke über den Boden geworfen wurden. Es machte ihr Spaß, zuzuschauen und die Realität mit ihren Erinnerungen zu vergleichen. Es kam ihr vor, als sei Southwark noch nie so deutlich ins Auge geblickt worden. Sie konnte den Linien des Bürgersteigs folgen und die vorbeikommenden Männer von den Frauen fast unterscheiden. Ein Hansom erschien und verschwand, das weiße Pferd war jetzt vor den grünen Jalousien einer Doppelhaushälfte zu sehen und einen Moment später vor den gelben Rundungen einer Gruppe von Töpferöfen.

Die Sonne näherte sich jetzt schnell dem Meridian, und in dem vibrierenden Licht konnte man die Räder der entferntesten Zechen fast zählen, und die Stiele der weit entfernten Fabrikschornsteine erschienen wie winzige Finger.

Kate sah mit den Augen und hörte mit den Ohren ihrer Jugend, und die Vergangenheit wurde so klar wie die Landschaft vor ihr. Sie erinnerte sich an die Tage, als sie zum Lesen an diesen Hügel kam. Die Titel der Bücher kamen ihr in den Sinn und sie konnte sich an die Trauer erinnern, die sie für die Helden und Heldinnen empfand. Es kam ihr seltsam vor, dass diese Zeit so lange vergangen war und sie fragte sich, warum sie es vergessen hatte. Jetzt kam ihr alles so nahe vor, dass sie sich fühlte, als wäre sie gerade erst aus einem Traum erwacht. Und diese Erinnerungen machten sie glücklich. Es bereitete ihr Freude, sich an jedes noch so kleine Ereignis zu erinnern – einen Ausflug, den sie als kleines Mädchen zur zerstörten Zeche gemacht hatte, und später ein Gespräch mit einem zufälligen Bekannten, einem jungen Mann, der stehengeblieben war, um mit ihr zu sprechen.

Unten im Tal, direkt vor ihren Augen, glitzerten hin und wieder die weißen Giebel des Bucknell Rectory, versteckt zwischen Baummassen, in einem verschlungenen Lichtstrahl, der zwischen Schornsteinen und über von Backsteinmauern verdunkelten, mit Backsteinen gesäumten Wasserflächen flackerte.

Hinter Bucknell befanden sich weitere trostlose Ebenen voller Gruben, Ziegel und Rauch; und hinter Bucknell rollte eine endlose Flut von Hügeln auf und ab.

Der amerikanische Zolltarif war noch nicht in Kraft getreten, und jedes Rad drehte sich, jeder Ofen brannte; und durch einen treibenden Rauchschleier konnte man die abfallenden Hügel mit all ihren Feldern sehen, wie sie in großen Schatten schliefen oder sich im Licht sonnten. Eine Flut von Strahlen fiel auf sie, definierte jeden Winkel von Watley Rocks und schwebte über das Grasland von Standon, wobei sich alle Formen in einer riesigen Schießscharte verloren, die mit den fast unmerklichen Umrissen der Wever Hills gefüllt war.

Und diese riesigen Hänge, die den Hintergrund jeder Straße bildeten, waren der Schauplatz aller Reisen von Kate, bevor die Kämpfe des Lebens begannen. Es belustigte sie, sich daran zu erinnern, dass sie, wenn sie um die schwarze Asche der Hügel spielte, immer stehen blieb, um zu beobachten, wie das Sonnenlicht über die weit entfernten Grünflächen glitzerte, und sie in Gedanken mit den Wundern in Verbindung brachte, von denen sie in ihren Märchenbüchern las -Erzählungen. Jenseits dieser wundervollen Hügel befanden sich die Paläste der Könige und Königinnen, die ihre Zauberstäbe schwenkten und verschwanden! Einige Jahre später lebten die Liebenden, mit denen sie auf den Seiten ihrer Romane sympathisierte, inmitten oder jenseits dieser Hänge. Aber es war lange her, dass sie eine Geschichte gelesen hatte, und sie fragte sich, wie das war. Träume waren aus ihrem Leben verschwunden, alles war eine harte Realität; Ihr Leben war wie eine Zeche, jedes Rad drehte sich, keine Ruhepause Tag und Nacht; Ihr Leben würde immer dasselbe sein, eine Last und ein Elend. Es könnte jetzt nie eine Veränderung geben. Sie erinnerte sich an ihre Ehe und daran, wie Frau Ede sie dazu überredet hatte, und zum ersten Mal machte sie die alte Frau für ihre Einmischung verantwortlich. Aber das war noch nicht alles. Kate war bereit zuzugeben, dass es niemanden gab, den sie so liebte wie Mr. Ede, aber dennoch war es schwer, mit einer Schwiegermutter zusammenzuleben, die alles im Griff hatte und das Haus wie ihr eigenes nutzte. Es wäre alles gut, wenn sie nicht so hartnäckig wäre, so sicher, dass sie immer Recht hatte. Religion war ja schön und gut, aber dieses ständige „Ich bin eine Christin" war ermüdend. Kein Wunder, dass Mr. Lennox ging. Armer Mann, warum sollte er abends nicht ein paar Freunde haben? Die Unterkunft gehörte ihm, solange er dafür bezahlte. Kein Wunder, dass er hart abgeschnitten hat; Kein Wunder, dass er sie verließ. Wenn ja, würde sie ihn nie wieder sehen. Der Gedanke traf sie wie ein Schmerz im Hals, und mit einem plötzlichen Instinkt drehte sie sich um, um nach Hause zu eilen. Dabei fiel ihr Blick auf Mr. Lennox, der auf sie zukam. Bei solch einer unerwarteten Erkenntnis ihrer Gedanken stieß sie einen kleinen Überraschungsschrei aus; aber er nahm freundlich lächelnd und keineswegs beunruhigt seinen großen Hut vom Kopf. Aufgrund der Weichheit des Filzes konnte dies nur erreicht werden, indem man den Arm über den Kopf legte und die Krone ergriff, wie ein Zauberer ein Taschentuch. Die Bewegung war groß und geschmeidig und beeindruckte Kate erheblich.

„Ich habe mir erlaubt, anzuhalten, denn Sie schienen so interessiert zu sein, dass ich neugierig wurde, was in diesen Schornsteinen und Schlackenhügeln einen Blick wert sein könnte."

„Ich habe nicht auf die Fabriken geschaut, sondern auf die Hügel. Die Aussicht von hier aus gilt als sehr schön. Meinen Sie nicht auch, Sir?' fragte sie und hatte Angst, dass sie einen Fehler gemacht hatte.

„Ah, nun ja, jetzt, wo Sie es erwähnen, ist es vielleicht so. Wie weit weg und doch wie deutlich! Sie sehen aus wie die Galerie eines Theaters. Wir sind auf der Bühne, die Rampenlichter laufen hier herum und das Tal ist die Grube; und es gibt viele Gruben darin", fügte er lachend hinzu. „Aber ich darf Ihnen nichts vom Theater sagen."

„Oh, ich bin mir sicher, dass es mir nichts ausmacht! „Ich mag das Theater sehr", sagte Kate hastig.

Diese indirekte Anspielung auf die letzte Nacht beendete das Gespräch, und einige Augenblicke lang standen sie da und blickten ausdruckslos auf die Landschaft. Über ihnen war der Himmel eine blaue Kuppel, und die Luft war so still, dass die Rauchwolken wie die Flügel riesiger Vögel zogen, die sich langsam balancierten. Und Wellen aus weißem Licht rollten das Tal hinauf, als wären sie neidisch auf die rot blinkenden Öfen. Ein Geruch von Eisen und Asche vergiftete die Luft, und nach einigen Momenten des Nachdenkens, die sie scheinbar einander näher brachten, sagte Mr. Lennox:

„Es besteht kein Zweifel, dass die Aussicht sehr großartig ist, aber es ist verlockend, diese Hügel vor Augen zu haben, wenn man in einem roten Backsteinofen eingesperrt ist." Wie frisch und cool sie aussehen! Was würdest du dafür geben, in den weit entfernten, frischen Wäldern herumzustreunen?'

Kate sah Mr. Lennox mit entzückten Augen an; Seine Worte hatten ihren Geist mit tausend vergessenen Träumen überschwemmt. Sie hatte das Gefühl, dass sie ihn wegen dem, was er gesagt hatte, lieber mochte, und sie murmelte, als wäre sie halb beschämt:

„Ich war noch nie außerhalb von Hanley. Ich habe noch nie das Meer gesehen, und als Kind habe ich mir immer vorgestellt, dass die Feen hinter diesen Hügeln lebten; Auch jetzt noch kann ich mir vorstellen, dass die Welt dort ganz anders ist. Hier ist alles aus Backstein, aber in Romanen wird nie von etwas anderem als Gärten und Feldern gesprochen.'

„Ich habe das Meer noch nie gesehen! „Nun, da ist nicht viel zu *sehen* ", sagte Mr. Lennox und lachte über das Wortspiel. „Als du ein kleines Mädchen warst, bist du hierher gekommen, um zu spielen, nehme ich an?"

'Jawohl; Ich wurde in einem dieser Cottages geboren.'

Ohne zu wissen, ob er traurig oder sentimental wirken sollte, hörte Mr. Lennox Kate geduldig zu, die, stolz darauf, ihm etwas zeigen zu können, seine Aufmerksamkeit auf die verschiedenen Standpunkte lenkte. Die weißen Giebel, die man in den großen dunklen Baummassen gerade noch erkennen konnte, waren das Pfarrhaus von Bucknell. Das Fragment der Klippe auf der Spitze des höchsten Bergrückens in halber Höhe des Himmels war Watley

Rocks; Dann kamen Western Coyney, die Ebenen von Standon und in der
Ferne in einem blauen Nebel die Umrisse der Wever Hills. Aber Mr. Lennox
schien nicht sehr interessiert zu sein; Die Sonne war zu heiß für ihn, und in
der ersten Gesprächspause fragte er Kate, in welche Richtung sie gehe. Er
musste zum Theater und fragte sie, ob sie ihm den Weg dorthin zeigen
würde.

„Es gibt nichts Besseres, als die Market Street entlangzugehen; aber wenn du
willst, werde ich dir Anweisungen geben.'

„Ich würde mich sehr freuen, wenn Sie so wollen; aber Market Street – ich
glaube,   Sie   haben   Market
Street gesagt? Das ist genau der Weg, den ich gekommen bin.'

In der Market Street wohnten im Allgemeinen Leute, die mit dem Theater zu
tun hatten, und Kate wusste sofort, dass er nach einer Unterkunft gesucht
hatte; aber sie schämte sich, ihn zu fragen, und sie gingen eine Zeit lang
wortlos weiter. Aber mit jedem Augenblick wurde die Stille irritierender, und
schließlich, entschlossen, das Schlimmste zu wissen, sagte sie: „Ich nehme
an, Sie waren auf der Suche nach einer Unterkunft; all die Theaterleute, die
in dieser Straße untergebracht sind.'

Mr. Lennox zuckte vor dieser direkten Frage zusammen.

„Warum, nein, nicht ganz; Ich habe ein paar Freunde angerufen; Aber wie
Sie sagen, einige von ihnen leben auf der Straße, und jetzt, wo Sie es
erwähnen, muss ich wohl ein paar neue Ausgrabungsstätten finden.'

„Es tut mir leid, Sir, sehr leid", sagte Kate und blickte in die großen blauen
Augen. „Ich hätte nicht herunterkommen sollen; Sie sind natürlich Herr über
Ihre eigenen Räume.'

„Oh, es war nicht deine Schuld; Ich könnte für immer mit dir leben. Du
darfst nicht denken, dass ich mich ändern möchte. „Wenn Sie mir nur
garantieren könnten, dass Ihre Schwiegermutter mir aus dem Weg geht."

Kate hatte in diesem Moment das Gefühl, dass sie alles garantieren würde,
was Mr. Lennox daran hindern würde, ihr Haus zu verlassen.

„Oh, ich glaube nicht, dass es irgendwelche Schwierigkeiten geben wird",
sagte sie eifrig. „Ich bringe dir Frühstück und Abendessen, und du bist fast
den ganzen Tag unterwegs."

„Also gut, und ich verspreche, keine Freunde mit nach Hause zu nehmen",
fügte er galant hinzu.

„Aber ich fürchte, Sie werden sehr einsam sein, Sir."

„Ich werde manchmal mit dir reden müssen."

Kate antwortete nicht, aber sie hatten beide das Gefühl, dass die Worte mehr bedeuteten, als sie eigentlich meinten, und sie schwiegen, wie Menschen, die zu einer wichtigen Schlussfolgerung gekommen sind. Dann, nach einer langen Pause und ohne Übergang, sprach Mr. Lennox von der Hitze des Wetters und davon, wie sehr sie ihrem Besuch im Theater schaden würde. Sie fragte ihn, was er von Hanley halte. Mr. Lennox lächelte durch seinen schwachen Schnurrbart und sagte, der rote Ziegel tue seinen Augen weh.

Kate war mit dieser letzten Bemerkung nicht ganz zufrieden und sprach von den hübschen Orten, die es in der Umgebung der Stadt gab. Sie zeigte auf eine rote Aussicht mit den üblichen Hügeln im Hintergrund und sagte ihm, dass Trentham, der Sitz des Herzogs von Sutherland, dort drüben lag.

„Was, über diese Hügel? Das muss meilenweit entfernt sein."

„Oh, soweit nicht. Hanley kommt nicht dorthin. Das Land ist wunderschön, sobald man an Stoke vorbeikommt. Ich besuchte einmal das Haus des Herzogs und wir tranken Tee im Gasthaus. Das war das einzige Mal, dass ich wirklich im Land war, und selbst dann waren wir nie ganz außer Sichtweite der Fabriken. Trotzdem war es sehr schön.'

„Und mit wem warst du zusammen?"

„Oh, mit meinem Mann."

„Er ist ein Invalide, nicht wahr?"

„Nun, ich fürchte, er leidet manchmal sehr, aber oft geht es ihm gut."

Das Gespräch kam erneut zum Stillstand, und beide dachten daran, wie glücklich sie wären, wenn sie gemeinsam im Gasthaus in Trentham Tee trinken würden.

Aber sie befanden sich jetzt im Zentrum der Stadt, in der Nähe des Rathauses, einem dummen, quadratischen Gebäude mit zwei schwarzen Kanonen auf beiden Seiten der Tür. Gegenüber befand sich ein tolles Geschäft, auf dessen zweitem Stockwerk in goldenen Buchstaben „Commercial House" stand. Bunte Teppiche und grobe Waren waren vor der Tür aufgestapelt; und von diesen beiden Häusern aus verliefen Piccadilly und Broad Street, ihre Fortsetzung, einen Abhang hinunter, und die Church Street zweigte ab, was der Stadt das Aussehen einer zweizackigen Gabelung verlieh.

Alles war roter Ziegelstein, der unter einem blauen Himmel ohne eine Wolke darin leuchtete; der rote Ziegelstein, der sich in Lila verwandelt; und alle Dächer waren scharlachrot – rote Ziegel und scharlachrote Ziegel, und nirgendwo ein Baum.

„Sie scheinen keinen Baum in Hanley zu haben", sagte Mr. Lennox.

„Ich glaube nicht, dass es viele sind", antwortete sie, und sie blickten auf die kahlen Rundungen der Töpferöfen.

Er hatte noch nie zuvor eine Stadt gesehen, die vollständig aus Ziegeln und Eisen bestand. Eine Stadt der Arbeit; eine Stadt, in der das schrille Kreischen der Dampfeisenbahn, die feierlich die Steigung hinaufrollte, wie der Triumphschrei des Menschen über die besiegte Natur schien.

Nachdem er sich umgesehen hatte, sagte Mr. Lennox: „Was ich in der Stadt beanstande, ist, dass es nichts zu tun gibt." Und es ist so glühend heiß; Lasst uns um Himmels willen unter den Schatten einer Mauer treten.‘

Kate lächelte, und als sie hinübergingen, wischten sie sich beide das Gesicht ab.

„Da sind die Töpfereien", sagte sie und bezog sich damit auf Mr. Lennox‘ Beschwerde, dass es in der Stadt nichts zu tun gäbe. „Jeder, der nach Hanley kommt, besucht sie; aber die besten gibt es in Stoke.'

„Ich bin sicher, dass ich nicht nach Stoke fahre, um Töpfereien zu besichtigen", antwortete er entschieden, „aber wenn es in Hanley welche gibt, werde ich wohl eines Nachmittags vorbeikommen." Ich habe gehört, dass einige unserer Leute sagen, sie seien sehenswert. Aber", fügte er hinzu, als wäre ihm ein plötzlicher Gedanke gekommen, „ich könnte jetzt gehen; Ich habe in den nächsten Stunden nichts zu tun. Wie weit sind die nächsten entfernt?'

Kate erzählte ihm, dass sich die Werke von Powell und Jones ganz in der Nähe in der High Street befänden. Sie zeigte den Weg, aber da es ihr nicht gelang, Mr. Lennox verständlich zu machen, stimmte sie zu, mit ihm zu gehen. Er hatte eine freundliche, sanfte Art zu sprechen, die Kate zu sich zog, fast so, als hätte er sie in die Arme genommen, und es war erstaunlich, wie intim sie in den letzten Minuten geworden waren.

„Es sieht nicht sehr interessant aus", sagte er, als sie vor einem Torbogen anhielten und in einen mit Stroh und Packkisten gefüllten Hof blickten.

„Ja, das ist es, aber Sie müssen die verschiedenen Räume sehen." „Sie müssen ins Büro gehen und um Erlaubnis bitten, die Werke besichtigen zu dürfen."

„Ich glaube nicht, dass ich alleine gehen möchte. Willst du nicht mit mir kommen?'

Kate zögerte; Sie hatte zu Hause sehr wenig zu tun und konnte sagen, dass Mrs.
Barnes sie warten ließ.

„Komm doch", sagte er nach einer Pause, in der er sie gespannt ansah.

„Nun, ich würde gerne das Zimmer sehen, in dem meine Mutter früher gearbeitet hat, aber wir dürfen nicht zu lange aufhören. Ich werde zu Hause vermisst werden.' Nachdem die Sache so geklärt war, betraten sie den Hof, und Kate zeigte auf eine grobe Treppe, die an der Wand angebracht war. „Du musst da hinaufgehen; Das Büro ist oben. Bitten Sie um Erlaubnis, die Werke besichtigen zu dürfen, und ich werde hier auf Sie warten.'

Ein halbes Dutzend Männer packten Geschirr mit Spaten in Kisten, und als sie ihnen zusah, fiel ihr ein, dass sie mit dem Abendessen ihrer Mutter in diesen Hof gekommen war und sich gefragt hatte, wie sie das Geschirr packen konnten, ohne es zu zerbrechen. Sie erinnerte sich besonders gut an einen Nachmittag; Sie hatte versprochen, sehr brav zu sein, und hatte die Erlaubnis erhalten, bei ihrer Mutter zu sitzen und ihr dabei zuzusehen, wie sie Blumen malte, die sich in und aus einer großen blauen Vase schlängelten. Sie erinnerte sich daran, wie sie dafür gerügt wurde, dass sie ihrer Nachbarin über die Schulter geguckt hatte, und wie stolz sie war, inmitten all der Arbeiterinnen zu sitzen. Sie konnte sich an den Geruch der Farbe und des Terpentins erinnern und an ihren Kummer, als ihr gesagt wurde, dass sie zu empfindlich sei, um Malen zu lernen, und zum Schneidern geschickt werden würde. Aber diese Zeit ist lange her; Ihre Mutter war tot und sie war verheiratet. Alles war verändert oder kaputt, wahrscheinlich auch diese schöne Vase. Es erstaunte Kate, über diese Dinge nachzudenken. Sie war in den letzten sechs Monaten zwanzig Mal an der High Street vorbeigekommen, ohne dass ihr überhaupt in den Sinn gekommen wäre, die alten Orte zu besuchen, und als Mr. Lennox zurückkam, bemerkte er, dass sie Tränen in den Augen hatte. Er machte keine Bemerkung, erklärte aber hastig, dass ihm gesagt worden sei, dass gerade vor ihnen eine Party stattgefunden habe und dass sie sie einholen sollten.

„Dann hier entlang", sagte sie und zeigte auf einen großen Torbogen.

„Oh, ich kann nicht rennen; Seien Sie nicht so eilig", sagte Mr. Lennox keuchend.

Kate lachte und gab zu, dass die Hitze großartig war. Aus einem fast weiß verbrannten Himmel fiel der grelle Glanz in die engen Ziegelhöfe. Der Strohhalm schien kurz davor zu stehen, Feuer zu fangen; Die feuchten Lehmhaufen, die zwei Jungen schaufelten, rauchten und verströmten dabei einen unangenehmen feuchten Geruch. Als sie den Torbogen passierten, erblickten sie drei schwarze Mäntel und drei weiche Hüte, wie der, den Mr. Lennox trug.

'Oh!' sagte Kate und blieb enttäuscht stehen, „wir müssen mit diesen Geistlichen herumlaufen."

'Was macht das schon? Es wird amüsant sein, ihnen zuzuhören.'

„Aber Mutter kennt sie alle."

„Sie müssen Fremde in der Stadt sein, sonst würden sie die Töpfereien bestimmt nicht besuchen."

„Daran hatte ich nicht gedacht; Ich nehme an, du hast recht", und sie beeilten sich ein wenig und überholten die Gruppe, die herumgeführt wurde. Die abweichenden Geistlichen sahen Mr. Lennox schief an, und als er sie in eine kleine weiße Zelle führte, sagte der Führer: „Sie haben viel Zeit, Sir; Das sind die Snagger-Macher.'

Zwei Männer schlugen einen Haufen nassen Lehms, um etwas in der Bäckerei zu sichern, das niemand verstand, aber der Führer machte sich die Mühe, es zu erklären. Die Geistlichen drängten sich vor, um zuzuhören. Mr. Lennox wischte sich das Gesicht ab, und dann wurden sie in eine zweite Zelle geführt, wo ungebackene Gerichte überall auf Regalen gestapelt waren. Es hieß, das sei der Ort der Geschirrmacher, und es folgten noch ein und noch ein Raum, die Mr. Lennox alle gleichermaßen heiß und uninteressant fand. Er versuchte, dem Führer zu entkommen, der ihn durch die Reihe der Geistlichen führte und ihm die Geheimnisse der Töpferware erklärte.

Schließlich wurden diese Vorabteilungen aufgelöst und einem anderen Teil der Arbeiten zugeführt. Auf dem Weg dorthin kamen sie an den Öfen vorbei. Diese waren über den Boden verstreut wie Bienenstöcke in einem Garten. Lennox tätschelte ihre runden Seiten und sagte zustimmend, dass sie ihn an Austernjungen in einer Pantomime erinnerten und vielleicht in der nächsten Weihnachtsshow vorgestellt würden. Kate sah ihn an, ihre Augen waren voller Staunen. Sie konnte nicht verstehen, wie er auf solche Dinge kommen konnte.

Im Drucksaal hörten sie dem Führer zu, der es offenbar für wichtig hielt, dass Geistliche, Schauspieler und Schneiderinnen die verschiedenen Prozesse verstehen, die das Steingut durchlaufen musste, bevor es auf die Toilette oder den Frühstückstisch gestellt wurde. Überall hingen rauchende Waschlappen an Leinen, und wie Wäscherinnen an ihren Wannen wuschen vier oder fünf Frauen das bedruckte Papier von den Tellern. Ein Mann mit einer Papiermütze beugte sich über einen Herd und begann, als wäre er mit der Erklärung des Führers zu seiner Arbeit unzufrieden, in einen ermüdenden Strom technischer Einzelheiten verfallen. Am anderen Ende dieses riesigen Arbeitsraums befand sich eine Reihe junger Mädchen, die Drucksachen aus Papierbögen ausschnitten und dabei mit der Schere in Blumen, Ranken und kleine Vögel hinein- und herausfuhren, ohne jemals eines zu verletzen. Die Geistlichen beobachteten den Vorgang entzückt, während Lennox hinter Kate trat und flüsterte, dass er gerade den großen Dissidenten dabei erwischt hatte, wie er dem dunklen Mädchen auf der rechten Seite zuzwinkerte, was nicht stimmte und nur erfunden war, um die Gelegenheit zu nutzen, die es ihm bot Er atmete an Kates Hals – ein Vorgeschmack auf die Liebesszene, von der er nun beschlossen hatte, dass sie abbrechen würde, sobald er mit ihr allein sein würde.

Sie gingen durch eine Backsteingasse mit einer Treppe, die zu einer Plattform führte, die wie ein Schiffsdeck gebaut war, und gingen weiter durch eine Reihe von Räumen, bis sie an einen Ort gelangten, der fast so heiß war wie ein türkisches Bad, gefüllt mit ungebackenen Tellern und Schüsseln. Der Geruch von nassem Ton, der in Dampf trocknete, der von unten drang, war sehr unangenehm und löste bei einem der Minister heftiges Husten aus, woraufhin der Führer erklärte, dass die Abteilungen der Plattenmacher als die ungesündesten von allen im Werk galten; Die Menschen, die dort arbeiteten, sagte er, litten normalerweise unter dem sogenannten Töpfer-Asthma. Das interessierte Kate, und sie verzögerte den Führer mit Fragen, wie sich das Asthma des Töpfers von der gewöhnlichen Form der Krankheit unterschied, und als ihre kleine Prozession wieder in Gang gesetzt wurde, erzählte sie Mr. Lennox, wie ihr Mann betroffen war und welche Nächte er verbracht hatte Sie hatte an seiner Seite gewacht. Aber obwohl Lennox aufmerksam zuhörte, konnte sie sich des Eindrucks nicht erwehren, dass er eher froh darüber zu sein schien, dass ihr Mann ein Invalide war. Die unfreundliche Art, mit der er über kranke Menschen sprach, schockierte sie, und sie widersetzte sich der Meinung, dass eine Person mit schlechter Gesundheit ein abstoßendes Objekt sei, während Lennox die Gelegenheit nutzte, um ihr ins Ohr zu flüstern, dass sie eine viel zu hübsche Frau dafür sei ein asthmatischer Ehemann; und, ermutigt durch ihr Erröten, wagte er sogar ein paar grobe Witze über die Mängel des armen Mannes. Wie könnte ein Mann küssen, wenn er nicht atmen könnte, denn wenn es eine Zeit gab, in der das Atmen lebenswichtig war, dann seiner Meinung nach dann, wenn sich vier Lippen trafen.

Noch nie hatte jemand auf diese Weise mit ihr gesprochen, und wenn sie gewusst hätte, wie man das macht, hätte sie sich über seine Vertrautheit geärgert. Einmal trafen sich ihre Hände. Der Kontakt löste bei ihr einen Nervenkitzel aus; Sie stellte den ungebackenen Teller, den sie gerade untersuchten, beiseite und sagte: „Wir sollten uns beeilen, sonst verlieren wir sie.“

Die nächsten beiden Räume galten als die interessantesten, die sie je erlebt hatten; Sogar die drei Geistlichen verloren etwas von ihrer festen Art und fragten Lennox nach seiner Meinung über den religiösen Charakter von Hanley und ob er ihrer Meinung sei.

'Was ist das?' fragte Lennox und tat dabei eine komische Unschuld, von der er hoffte, dass sie Kates Fantasie anregen würde.

„Wir sind Wesleyaner“, sagte der Minister.

„Und ich bin Schauspieler; aber ich bitte um Verzeihung, das Bühnenmanagement ist mehr meine Sache, eine Nachricht, die einen düsteren Eindruck auf die Gesichter der Minister zu werfen schien; Er überließ es ihnen, aus seiner Antwort zu machen, was sie konnten, zog Kate vertraulich vor und zeigte auf einen alten Mann, der mit gespreizten Beinen auf einem hohen, schmalen Tisch direkt auf einer Linie mit dem Fenster saß. Er war mit Lehm bedeckt; seine Stirn und sein Bart waren damit verklebt, und vor ihm lag eine eiserne Platte, die ständig von Dampf umwirbelt wurde und die er durch einen Fußdruck stoppen konnte. Er drückte einen Tonklumpen in eine längliche Form, die einem hohen Eis ähnelte, und drückte ihn dann in die Form eines Teigpuddings, um ihn auszuhöhlen. Der Ton drehte sich immer weiter, die Hände formten ihn ständig, säuberten und glätteten ihn, bis ein wahrer und perfekter Marmeladentopf entstand, bis hin zu der kleinen Furche oben, die durch eine Bewegung der Daumen erzeugt wurde. Er war seit sieben Uhr morgens bei der Arbeit und die Regale um ihn herum waren mit den Ergebnissen seiner Arbeit vollgestopft. Alle staunten über seine Geschicklichkeit, bis er in den überwältigenden Reizen des angrenzenden Raumes vergessen wurde. Dies war das Wendehaus, und Lennox konnte sich ein schallendes Lachen nicht verkneifen, so amüsant kam ihm die Szene vor. Frauen tanzten auf einem Bein auf und ab, und zwar in so regelmäßigen Abständen, dass sie absolut wie Maschinen wirkten. Sie dienten gleichzeitig als Antriebskraft und als Zubringer für die verschiedenen Drehmaschinen. Sie waren es, die den Männern trockene Tonklumpen reichten, die sie in Formen verwandelten. Die Seltsamkeit des Spektakels gab Anlass zu vielen Kommentaren. Die Geistlichen wollten wissen, ob das ständige Rütteln gesundheitsschädlich sei. Lennox erkundigte sich, wie viel Geld sie mit ihrem einbeinigen Tanz verdienten. Er sprach von ihrem guten Aussehen, und das führte ihn leicht in die Frage der Moral, ein Thema, das ihn sehr interessierte. Er wollte wissen, ob dieses Zusammendrängen der Geschlechter gefahrlos möglich sei. Sicherlich muss es gelegentlich Fälle von Verführung geben. Als der Führer ihm antwortete, verriet er eine gewisse Zurückhaltung, die Lennox dazu veranlasste, ihn zu fragen, ob er wirklich sagen wollte, dass diesen jungen Frauen, die den ganzen Tag Seite an Seite mit Menschen des anderen Geschlechts arbeiteten, nie etwas zugestoßen sei. Sind ihre Gedanken nie von ihrer Arbeit abgeschweift? Der Führer versicherte Mr. Lennox, dass in der Fabrik keine Zeit sei, über solchen Unsinn nachzudenken, und um die Ehre des Betriebs zu wahren, erklärte er, dass jeder, der sich gegenüber einer Frau auch nur die geringste Freiheit nehme, sofort aus der Fabrik entlassen werde . Die Minister hörten zustimmend zu, obwohl sie anscheinend der Meinung waren, dass das Thema hätte vermieden werden können. Kate fühlte sich ein wenig verlegen, und Mr. Lennox beobachtete eine große, blonde Frau, die hübsch lächelte und sich ihres Geschlechts durchaus bewusst zu sein schien, ungeachtet der lächerlichen auf und ab wippenden Haltung, in der sie sich befand. Mit einem Mut, der sie selbst überraschte, schlug Kate das vor sie sollten weitermachen. Sie begann sich unwohl zu fühlen, seit sie von zu Hause weg war, und war sich sicher, dass Frau Ede vor der Tür stehen und die Straße auf und ab schauen würde; und sie konnte sich gut vorstellen, wie verärgert Ralph sein würde, wenn er hörte, dass sie mit Mr. Lennox in den Töpfereien gewesen war. Der eine tat ihr sehr leid und der andere war ihr gegenüber ein wenig verärgert, aber der sentimentale Wunsch, das Malzimmer zu sehen, in dem ihre Mutter früher gearbeitet hatte, überwog, und mit einem Herzen voller Erinnerungen folgte sie der Gesellschaft bis zu den Öfen.

Ihr Weg dorthin führte sie um das Gebäude herum und durch viele Arbeitsräume. Dabei handelte es sich im Allgemeinen um saubere, luftige Räume mit großen Dachsparren und weiß getünchten Wänden. Manchmal deutete ein Veilchenstrauß, ein Buch oder eine Zeitung auf dem Tisch auf einen abwesenden Besitzer hin, und bei den verschiedenen Frauengruppen wurde nach einem raffinierten Gesicht gesucht. Es gab auch einen Unterschied bei den Hüten und Schals, und es war leicht zu erkennen, welche den jungen Mädchen und welche den Müttern der Familien gehörten. Alle sahen gesund und zufrieden aus. Alle sahen gut aus, wie Lennox immer wieder behauptete, und alle arbeiteten fleißig an ihren zahllosen Aufgaben, von denen eine der merkwürdigsten darin bestand, das fertige Steingut von seiner rauen Oberfläche zu befreien.

Ein Dutzend Frauen saßen im Kreis; über ihnen und um sie herum stapelten sich Tafelservice aller Art. Jede hielt mit einer Hand ein Stück Geschirr auf ihren Knien, während sie mit einem Meißel daran herumhackte, als könne es auf keinen Fall zerbrochen werden. Wie man sich leicht vorstellen kann, war der Lärm in diesem Lagerhaus verwirrend.

Durch diesen und andere Räume ging die Besuchergruppe viele schmale Treppen hinauf und hinunter, der Führer ging voran, die drei schwarzen Geistlichen folgten, Kate blieb mit Mr. Lennox zurück, bis sie zu den Öfen kamen. Der Eingang erfolgte durch einen riesigen Korridor, der durch Schatten verlängert und in der Mitte durch Pressen voller trocknender Tonware geteilt war, deren Geruch jedoch nicht so stark war wie bei den Tellermachern, und der Geistliche bemerkte den Unterschied der Husten. Er sagte, er sei nicht annähernd im gleichen Ausmaß betroffen.

Von Zeit zu Zeit mussten die Besucher den Männern den Vortritt lassen, die im Gänsemarsch marschierten und scheinbar riesige Käsesorten trugen, aber der Führer erklärte, dass sich darin Tassen, Untertassen, Schüsseln und Schüsseln befanden und Männer auf Leitern diese gelben Stapel auftürmten Wannen an den Wänden der Öfen hoch. Nachdem die Besucher einen Blick in den riesigen Innenraum geworfen hatten, wurden sie zu den Öfen geführt;

und diese wurden in die Innenschale des Ofens eingesetzt, die einen schmalen kreisförmigen Durchgang bildete, der beim Aufsteigen wie der Hals einer Champagnerflasche nach innen geneigt war. Die Feuer leuchteten so wütend, dass sie Lennox viele gottlose Gedanken einflößten, und er schlug vor, die Geistlichen zu fragen, ob es wärmere Ecken in der Hölle gäbe, und wurde von Kate, an deren Hüfte er seinen Arm vorbeigeführt hatte, nur mit Mühe davon abgehalten. Sein ständiges Flüstern in ihrem Ohr, das sie zunächst amüsiert hatte, irritierte und ärgerte sie jetzt; Andere Gefühle erfüllten ihren Geist mit einem vagen Aufruhr, und sie sehnte sich danach, in Ruhe nachdenken zu können. Sie flehte ihn an, ruhig zu bleiben, und als sie einen der Höfe überquerten, fragte sie den Führer, ob er nicht direkt ins Malzimmer gehen könne. Er antwortete, dass eine regelmäßige Ordnung einzuhalten sei, und bestand darauf, sie durch zwei weitere Räume zu führen und drei oder vier weitere Vorgänge ausführlich zu erklären. Dann, nachdem er sie gebeten hatte, vorsichtig zu sein und sich am Geländer festzuhalten, führte er sie eine hohe Treppe hinauf. Die Warnung versetzte Kate in Aufregung, denn sie erinnerte sich, dass jeder Schritt dieser Treppe für ihre Mutter ein Schrecken gewesen war.

Das Zimmer selbst erwies sich als etwas enttäuschend. Die Tische waren nicht ganz auf die gleiche Art und Weise angeordnet, und diese Veränderungen führten dazu, dass ihr die erwarteten Gefühle entzogen wurden. Trotzdem machte es ihr große Freude, Mr. Lennox darauf hinzuweisen, wo ihre Mutter früher gearbeitet hatte.

Doch den genauen Ort zu finden, war keineswegs einfach. Über hundert junge Frauen saßen auf Bänken und beugten sich über riesige Tische, die mit unvollendeten Töpferwaren bedeckt waren. Jede hielt einen Teller, eine Schüssel oder eine Vase in der Hand, auf der sie ein Motiv ausführte. Die Geistlichen zeigten größeres Interesse als bisher, und als sie sich hin und her beugten, um das Werk zu begutachten, entdeckte einer von ihnen das Etwas *Guardian* , eine Wesleyanische Orgel, auf einem der Tische, und unter Zurufen seiner Kameraden begannen sie, das Werk zu befragen Inhaber. Aber der Führer sagte, sie müssten die Lagerräume aufsuchen und zwang sie, von ihrem „Lamm" wegzukommen.

Hügel aus Vasen, Hügel aus Becken und Krügen, Terrassen aus Tellern bildeten kränklich weiße Massen, durch die Lichtstrahlen eingefangen und zum Tanzen geschickt wurden. Entlang der Wand auf der linken Seite standen überfüllte Büchsen mit staubigem Teeservice. Rechts waren quadratische graue Fenster, unter denen die konvexen Seiten von Salatschüsseln in der Sonne funkelten; und von Sparren zu Sparren hingen in Girlanden und Büscheln wie Weintrauben vergoldete Becher mit kindgerechten Gegenständen, und in der Mitte des Bodens war eine Terrasse aus Esstellern gebaut.

Zwei Räume weiter bildete ein großer Haufen Nachttöpfe einen erstaunlichen Hintergrund, und vor all dieser weißen und grauen Verblendung traten die Männer, die auf hohen Leitern standen und das Geschirr abstaubten, wie seltsame schwarze kletternde Insekten hervor.

Der Geistliche sagte, es sei sehr interessant, und genau wie er alles andere tat, erklärte der Führer das Lagersystem der Firma; wie das Geschirr gepackt war und wie die Männer wegen des amerikanischen Zolls bald nur noch drei Tage in der Woche arbeiten würden. Aber man hörte ihm nicht viel zu. Alle waren jetzt müde, und die Geistlichen, die seit der Entdeckung der Zeitung Anzeichen dafür zeigten, dass sie ihren Besuch in den Töpfereien als beendet betrachteten, zückten ihre Uhren und flüsterten, dass ihre Zeit abgelaufen sei. Der Führer sagte ihnen, dass es nur noch ein paar Räume zu besichtigen gäbe, aber sie sagten, sie müssten gehen und verlangten, zur Tür geführt zu werden. Diese Bitte war peinlich; Es verstieß gegen die Regeln, Besucher auf der Runde jemals allein zu lassen. Der Führer musste daher entweder die ganze Gruppe zur Tür führen oder seine Befehle übertreten. Nach kurzem Zögern, zweifellos beeinflusst durch ein Gespräch, das er mit Lennox geführt hatte und in dem von Eintrittskarten für das Theater die Rede war, beschloss er, die Verantwortung auf sich zu nehmen, und fragte den Herrn, ob es ihm etwas ausmachen würde, ein paar Minuten mit ihm zu warten seine Dame, während den religiösen Herren der Ausweg gezeigt wurde. Lennox stimmte bereitwillig zu und die drei schwarzen Gestalten und der Führer verschwanden einen Moment später hinter den Schlafzimmerutensilien. Nach einem besorgten Blick in die Runde blickte Lennox Kate an, die in diesem Moment alle Erinnerungen sammelte, die der Ort hervorrief. Sie kannte den Raum, in dem sie sich befand, gut, denn sie ging täglich mit dem Abendessen ihrer Mutter durch ihn hindurch, und sie erinnerte sich, wie sie sich in ihrer Kindheit gefragt hatte, wie groß die Welt sein musste, um genug Menschen aufzunehmen, um so Tausende von Tassen und Untertassen zu benutzen. Früher stand in der hinteren Ecke ein blaues Teeservice, und sie hatte sich oft einen geeigneten Salon dafür und für ihren Traummann ausgemalt. Eines Tages hatte sie ihr Kleid zerrissen, als sie die Treppe hinaufkam, und wurde furchtbar gescholten; Ein anderes Mal war Mr. Powell, angezogen von ihren schwarzen Locken, stehengeblieben, um mit ihr zu sprechen, und hatte ihr einen der Kinderbecher geschenkt – einen, der genau denen ähnelte, die über ihrem Kopf hingen. Sie hatte es schon lange geschätzt, aber schließlich war es kaputt. Es schien, als müssten alle Dinge, die ihr gehörten, zerbrochen werden; Ihre Träume wurden aus Geschirr gemacht.

Doch als Kate in die Vergangenheit blickte, wurde sie sich allmählich einer Stimme bewusst, die ihr zuflüsterte:

„Wie seltsam es ist, dass du nie daran gedacht hättest, diesen Ort noch einmal zu besuchen, bis du mich getroffen hast."

Sie hob den Blick, und als ihr Blick ihm zu sagen schien, dass dies sein Moment war, drehte er sich um, um zu sehen, ob sie beobachtet wurden. Zu ihren Füßen schlief ein Stapel Teller und Teetassen in einer breiten Flut von Sonnenlicht, und drei Räume weiter staubten die Jungen auf hohen Leitern die Tassen ab.

„Was für ein hübsches Kind du gewesen sein musst!" Ich kann dich mit deinen schwarzen Haaren, die dir über die Schultern fallen, vorstellen. Hätte ich dich damals gekannt, hätte ich dich in meine Arme nehmen und küssen sollen. Glaubst du, es hätte dir gefallen, wenn ich dich geküsst hätte?'

Sie hob wieder den Blick, und ein vages Gefühl, wie nett, wie freundlich er war, durchströmte sie, und als Lennox noch deutlicher wahrnahm, dass dieser Moment sein Moment war, tat er so, als würde er einen Ring an ihrem Finger untersuchen. Der warme Druck seiner Hand ließ sie zusammenzucken und sie hätte ihn am liebsten von sich gestoßen, aber seine Stimme beruhigte sie.

'Ah!' Er sagte: „Hätte ich dich damals gekannt, hätte ich in dich verliebt sein sollen."

Kate schloss die Augen und überließ sich einem unbeschreiblichen Gefühl der Schwäche, der Verzückung; und dann, als er sich vorstellte, dass sie ihm gehörte, nahm Lennox sie in seine Arme und küsste sie unsanft. Aber bei der ersten Bewegung seiner Arme schossen ihr plötzlich wütende Gedanken durch den Kopf, und einem Impuls folgend, der ihrem Wunsch widersprach, schüttelte sie sich los und sah ihn verärgert und gedemütigt an.

„Oh, wie wütend sind wir doch; und über einen Kuss, nur einen kleinen, kleinen Kuss!'

Sie stand da und starrte ihn an, hörte nur halb, was er sagte, und war verärgert über ihn und sich selbst.

„Ich wollte dich sicher nicht beleidigen", fuhr er nach einer Pause fort, denn Kates Verhalten verwirrte ihn; „Ich liebe dich zu sehr."

'Lieb mich?' sie weinte erstaunt, aber dennoch mit einem fragenden Unterton in ihrer Stimme. „Du hast mich erst neulich gesehen."

„Ich habe dich vom ersten Moment an geliebt; Ich versichere Ihnen, dass ich es getan habe.'

Kate sah ihn flehend an, als ob sie ihn anflehte, sie nicht zu täuschen. In seinen großen blauen Augen lag eine ehrliche Offenheit, und sein Gesicht sagte so klar wie Worte: „Ich halte dich für eine verdammt hübsche Frau, und ich bin mir sicher, dass ich dich sehr lieben könnte", und als Kate dies erkannte, schwieg sie.

Und so ermutigt versuchte Herr Lennox, seine Absichten zu erneuern. Aber den Taten müssen Worte vorangehen, und er begann mit der Erklärung, dass, wenn ein Mann die ganze Welt für einen Kuss geben würde, nicht zu erwarten sei, dass er sich dem Versuch widersetzen würde, einen zu bekommen, und er bemühte sich, an die berühmte Liebe zu denken Szene in „*Die Dame von Lyon*". Aber es war Jahre her, seit er die Rolle gespielt hatte, und er konnte nur murmeln, dass er keine Bücher lese, sondern Liebesbücher, keine Lieder singe, sondern Liebeslieder. Der Führer würde in ein paar Minuten zurück sein und, inspiriert von Kates blassem Gesicht, kam er zu dem Schluss, dass es absurd wäre, sie gehen zu lassen, ohne sie richtig zu küssen.

Er war ein starker Mann, aber Kate hatte jetzt wirklich die Beherrschung verloren und kämpfte energisch, fest entschlossen, dass er sein Ziel nicht erreichen würde. Dreimal hatten seine Lippen auf ihrer Wange geruht, einmal gelang es ihm, sie auf das Kinn zu küssen, aber er konnte ihren Mund nicht erreichen: Sie schaffte es immer, ihr Gesicht wegzudrehen, und da er keine Schläge mochte, setzte er seine ganze Kraft ein. Sie stolperte zurück und legte eine Hand auf seinen Hals, mit der anderen versuchte sie, seinen Schnurrbart zu packen; sie hatte ihm einen Ruck gegeben, der ihm Tränen in die Augen getrieben hatte, aber jetzt fesselte er sie; Sie konnte sehen, wie sich sein großes Gesicht näherte, und mit aller Kraft versuchte sie zu entkommen, aber in diesem Moment, als sie zufällig auf ihren Rock trat, rutschten ihre Füße aus. Er versuchte verzweifelt, sie zu stützen, aber ihre Beine waren zwischen seine geraten.

Der Absturz war gewaltig. Ein drei Fuß hoher Tellerstapel wurde durcheinandergewirbelt, eine Reihe von Salatschüsseln war vorbei, und dann ging Mr. Lennox mit schwerem Taumeln in ein Tafelservice hinunter und schickte die Suppenterrine ernst in den Nebenraum rollen.

Zunächst herrschte das Gefühl, dass ein schwerer Unfall passiert sei, aber als Kate blass und zitternd aus dem Bettzeug eines Schlafzimmers aufstand und Lennox offenbar mit nichts Schlimmerem als einer verletzten Hand aus dem Geschirr gehoben wurde, ertönte ein Murmeln Es wurden Stimmen laut, die nach der Ursache der Katastrophe fragten. Doch bevor ein Wort gesagt werden konnte, kam der Führer auf sie zugerannt. Er erklärte, dass er seinen Platz verlieren würde, und sprach vage zu seinen Mitmenschen von der Notwendigkeit, die Tatsache zu verdrängen, dass er Besucher allein in den Lagerräumen gelassen hatte.

Lennox hingegen war sehr still. Offensichtlich hatte er einige schlimme Schnittwunden erlitten, über die er nicht sprach. Er legte seine Hand auf seine Beine und befühlte sie zweifelnd. In seiner rechten Hand befand sich eine große Wunde, aus der er ein Stück Delf herauspickte, und als er die Wunde mit einem Taschentuch verband, beruhigte er den demonstrativen Führer teilweise, indem er ihm versicherte, dass alles bezahlt werden würde. Und er nahm Kates Arm und humpelte hinaus.

Die Plötzlichkeit und Aufregung des Unfalls hatten ihre wütenden Gefühle für einen Moment gemildert, und überwältigt von Mitleid mit der armen verletzten Hand dachte sie an nichts anderes, als ihn zu einem Arzt zu bringen. Erst als sie hörte, wie er Mr. Powell im Büro erzählte, dass er anfällig für Anfälle sei und dass auch die Dame bei dem Versuch, ihn hochzuhalten, gestürzt sei, erinnerte sie sich daran, wie er sich benommen und wie er sie blamiert hatte . Aber ihr Mund war geschlossen und sie hörte ihm erstaunt zu, wie er mit überraschender Geschicklichkeit ein Detail nach dem anderen erfand. Er zögerte nicht einmal, die Aussage des Führers einzuholen, der in seinem eigenen Interesse zustimmen musste; und als Mr. Powell sich nach den drei Geistlichen erkundigte, sagte Lennox, dass sie sie nach dem Besuch der Öfen im Hof zurückgelassen hätten.

Mr. Powell hörte mit einem mitleidigen Gesichtsausdruck zu und begann von einem armen Bruder zu erzählen, der ebenfalls unter Anfällen litt und sich, möglicherweise von der Erinnerung beeinflusst, mit diesen Worten weigerte, eine Vergütung für das zerbrochene Geschirr zu erhalten Für eine Firma wie die ihre spielten ein paar Teller mehr oder weniger keine Rolle.

Und nachdem diese Angelegenheit geklärt war, humpelte Lennox davon und hinterließ eine kleine Blutlache auf dem Boden des Büros. Sie musste ihm ihr Taschentuch leihen, seins war inzwischen durchnässt, um es um seine Hand zu binden: Er gestand eine schlimme Schnittwunde am Bein und sagte, er könne spüren, wie das Blut in seinen Stiefel tropfte, glaubte aber nicht, dass er einen Arzt brauchte. „Ein bisschen Heftpflaster, mein Lieber; Ich werde welche in der Apotheke besorgen. Welcher ist der Weg?'

„Nehmen Sie die erste Abzweigung nach rechts und Sie sind in der Church Street; Aber es könnten Teile des Delfs in der Wunde sein?'

„Dafür werde ich sorgen." Aber wie stark bist du; Du bist wie ein Löwe. Du darfst das nächste Mal nicht so kämpfen.'

Bei der Andeutung, dass es ein nächstes Mal geben würde, verfinsterte sich Kates Gesicht, aber sie war so besorgt um seine Sicherheit, dass es nur für einen Moment war. Sie hatte kaum bemerkt, dass er sie „Liebes" nannte; Er benutzte das Wort so natürlich und einfach, dass es sie mit sofortiger Freude berührte und sich schnell in einer Menge widersprüchlicher Gefühle verlor.

Der Mann war grob und vor allem sinnlich, aber jede Bewegung seiner dicken Hände war beschützend, jedes Wort, das er aussprach, war freundlich, der

Tonfall seiner Stimme war tröstlich. Mit einem Wort, er war ein Mensch, und das zog alles an, was in ihr menschlich war.

V

Als sie Mr. Lennox verließ, ging Kate langsam durch die Straßen, erinnerte sich an jedes Wort, das er gesagt hatte, spürte seinen Atem auf ihrer Wange und seine blauen Augen, die in ihrer Erinnerung deutlicher in ihre blickten, als damals, als er sie in seinen Armen gehalten hatte. Sie ging in Erinnerungen versunken, jede einzelne klar und präzise, und erlebte eine Art übersinnliche Befriedigung, die sie noch nie zuvor gekannt hatte. Als Kind des Volkes hatte seine Gewalt sie nicht beeindruckt und sie murmelte hin und wieder vor sich hin:

„Armer Kerl, was für einen Sturz hatte er!" Ich hoffe, er hat sich nicht verletzt.'

Abwechselnd dachte sie an völlig andere Dinge – an Hender, an die kleinen Mädchen, die ihre Abwesenheit vom Arbeitszimmer bereuen würden, und es war nicht ohne Überraschung, dass sie sich plötzlich wünschte, sie wären ihre eigenen Kinder. Der Wunsch war nur vorübergehend, aber es war das erste Mal, dass der Wunsch nach Mutterschaft sie beunruhigte.

Es machte ihr Spaß, an ihre lächelnden Gesichter zu denken, und um sich ihres Lächelns zu vergewissern, ging sie in einen Laden, kaufte ein kleines Päckchen Süßigkeiten und ging mit dem Papier in der Hand weiter nach Hause. Die billigen Drucke in einem Zeitungsladen verzögerten sie, und die Arbeiter, die die Straße aufrissen, zwangen sie, darüber nachzudenken, wie eine Sperrung des Verkehrs ihr Geschäft beeinträchtigen würde. Sie war jetzt in der Broad Street, und als sie den Blick hob, sah sie ihr eigenes Haus. Es war ein neues, hohes und schmales Gebäude, das an der Ecke einer Gasse an der Hauptstraße stand. Die Fenster im Erdgeschoss waren mit leichten Waren gefüllt und darunter schwarze Hüte, die mit Flügeln und Schwänzen von Vögeln besetzt waren. Es gab auch Kinderkleider und einige mit weißer Spitze besetzte Krawatten.

Als sie den Laden betrat, rief Frau Ede, die in der Vorderküche stand: „Na, bist du das, Kate?" Wo bist du gewesen? Ich habe eine Stunde zum Abendessen auf dich gewartet; und wie müde du aussiehst!'

In ihrem gegenwärtigen Geisteszustand war Mrs. Ede die letzte Person, die Kate treffen wollte.

„Was ist los, mein Lieber? Geht es dir nicht gut? Soll ich dir ein Glas Wasser holen?'

„Oh nein, Mutter; Es geht mir gut. Kannst du nicht sehen, dass ich nur sehr heiß bin?'

„Aber wo warst du? Ich habe eine Stunde zum Abendessen auf dich gewartet. Es ist nach zwei Uhr!'

Kate wusste nicht, wie sie sich ihre Abwesenheit von zu Hause erklären sollte, aber nach einer Pause antwortete sie und dachte dabei an Mr. Lennox: „Mrs. „Barnes ließ mich über eine Stunde warten, bis ich ihr Kleid anprobierte, und dann war ich mit dem Nachtwächten und Nähen so fertig, dass ich dachte, ich gehe spazieren", und nachdem sie ihr müdes, heißes Gesicht abgewischt hatte, fragte sie ihre Mutter -Recht, wenn an diesem Morgen viele Leute im Laden gewesen wären.

„Na ja, ein halbes Dutzend oder mehr", antwortete Frau Ede und begann, die verschiedenen Ereignisse des Morgens zu erzählen. Mrs. White hatte eine der Schürzen gekauft; sie sagte, sie hätte das Muster noch nie gesehen; ein Fremder hatte einen anderen mitgenommen; und Miss Sargent hatte angerufen und wollte wissen, wie viel es kosten würde, ihr blaues Kleid neu anzufertigen.

'Oh ich weiss; Sie möchte, dass ich für sieben und sechs Pence den Rock neu füttere und das Mieder mit einem neuen Besatz besatze; Auf ihren Brauch können wir verzichten. Was dann?'

„Und dann – ah! Ich habe vergessen – Mrs. West kam herein und teilte uns mit, dass ihre Freundin Mrs. Wood, die Frau des Buchhändlers oben auf der Straße, eingesperrt werden würde und Babywäsche haben wollte, und sie empfahl sie hierher.'

„Hast du sonst niemanden gesehen?"

„Na ja, ein junger Mann, der ein halbes Dutzend Taschentücher gekauft hat; Ich überließ ihm das halbe Dutzend für vier Schilling; Und ich habe eine rosa Krawatte an einen der Fabrikarbeiter auf der anderen Straßenseite verkauft.

„Nun, Mutter, du hast ein gutes Geschäft gemacht, und ich bin froh über die Babywäsche. Wir haben viel auf Lager und es ist nicht gut gelaufen. Ich weiß es nicht, Frau. Wood, aber es ist sehr nett von Frau West, uns zu empfehlen; Und wie kommt Hender mit dem Rock zurecht?'

„Nun, ich muss sagen, sie hat sehr gut gearbeitet; Sie war um halb acht hier und blieb nicht länger als eine Dreiviertelstunde zum Abendessen.

„Darüber bin ich froh, denn noch nie in meinem Leben war ich bei meiner Arbeit so zurückgeblieben, seit Ralph krank war und Mr. —"

Kate versuchte hier, sich zurückzuhalten. Bisher war das Gespräch angenehm verlaufen, und sie wollte es nicht dadurch verderben, dass sie auf ein Thema anspielte, bei dem sie wahrscheinlich nicht einer Meinung waren. Aber ihre Schwiegermutter, die vermutete, dass Kate an den Mistkerl dachte, sagte: „Ja, darüber wollte ich mit dir reden." Er hat niemanden geschickt, der seine Sachen abholt, und er hat nicht einmal gesprochen, als ich ihm heute Morgen sein Frühstück gebracht habe.'

„Ich glaube nicht, dass Mr. Lennox uns verlässt", antwortete sie nach einer Pause. „Ich dachte, es sei gestern Abend geklärt worden, dass ihm gesagt werden sollte, dass er nach elf Uhr abends keine Freunde mehr nach Hause bringen darf. Wenn ich ihn sehe, werde ich mit ihm darüber sprechen.'

„Das Haus gehört dir, Liebes. Wenn du zufrieden bist, bin ich es auch." Und Kate ging in die Küche, und als sie mit dem Essen fertig war, ging sie nach oben, um Ralph zu besuchen, dem es laut Mrs. Ede schon viel besser ging. Als sie am Arbeitszimmer vorbeikamen, öffnete sich plötzlich die Tür, und die strahlenden Gesichter der kleinen Mädchen huschten heraus.

„Oh, sind Sie das, Frau Ede? Wie sehr haben wir Sie den ganzen Morgen vermisst!", rief Annie.

„Und Miss Hender war so beschäftigt, dass sie mich bitten musste, ihr beim Rock zu helfen, und ich habe ein großes, langes Stück ohne Fehler selbst gemacht. Nicht wahr, Miss Hender?"

„Ich gehe zu meinem Mann", sagte Kate lächelnd. „Aber ich komme gleich runter und habe etwas für Sie gekauft."

„Oh, was ist es?", rief Annie aufgeregt.

„Das werden Sie gleich sehen."

Ralph lag still im Bett, in seiner üblichen Haltung aufgerichtet, die Beine unter sich.

„Glaubst du nicht, wir könnten etwas öffnen?" sagte sie, als sie sich ans Bett setzte; „Und deine Laken wollen gewechselt werden."

„Oh, wenn du nur gekommen wärst, um alles auf den Kopf zu stellen, hättest du genauso gut wegbleiben können." Er sprach mühsam und mit dünnem Keuchen.

„Ich glaube, die Pillen haben mir letzte Nacht gut getan", sagte er nach einer Pause; und fügte dann hinzu, so viel er lachte, wie sein Atem es zuließ: „Und was für eine Wut war meine Mutter!" Aber sagen Sie mir, was haben sie unten gemacht? Waren dort Damen? Ich war zu schlecht, um an irgendetwas zu denken.'

„Ja, einige der Damen vom Theater", antwortete Kate. „Aber ich glaube nicht, dass Mutter das Recht hatte, den ganzen Krach anzuzetteln, den sie gemacht hat."

„Und es kam einfach zu ihren Gebeten", antwortete Ralph lächelnd.

Obwohl Mr. Ede eigensinnig war, war er nicht immer ein unangenehmer Mann, und oft war in plötzlichen Zuneigungsausbrüchen das freundliche Herz seiner Mutter in ihm zu erkennen.

„Du darfst nicht lachen, Ralph", sagte Kate und blickte zur Seite, denn plötzlich war ihr die komische Seite der Frage klar geworden.

Doch ihre Heiterkeit war nicht von langer Dauer. Ralph bekam einen Hustenanfall und als dieser vorbei war, legte er sich erschöpft zurück. Schließlich sagte er:

„Aber wo warst du den ganzen Tag? „Wir haben uns gefragt, was aus dir geworden ist."

Obwohl die Frage nicht unfreundlich gestellt war, ärgerte sie Kate. „Man könnte meinen, ich käme von einer langen Reise zurück", sagte sie sich. „Es ist genau so, wie Hender sagt; Wenn ich eine halbe Stunde länger weg bin, als ich Zeit habe, fragen sich alle, wie man sagt, „was aus mir geworden ist."" Mit einer Miene der Gleichgültigkeit erzählte sie ihm, dass Mrs. Barnes sie lange behalten habe, und das auch Anschließend ging sie spazieren.

„Darüber bin ich froh", sagte er. „Du wolltest einen Spaziergang machen, nachdem du drei Nächte hintereinander mit mir eingesperrt warst." Und was für eine Zeit muss es für Sie gewesen sein! Aber erzähl mir, was du in der Werkstatt gemacht hast.'

Sie sagte ihm, dass „Mutter" alle Schürzen verkauft hätte, und er sagte: „Ich wusste, dass sie verkaufen würden." Das habe ich dir doch gesagt, nicht wahr?'

„Das hast du, Liebes", sagte Kate und versuchte, ihn zufriedenzustellen; „Aber du darfst nicht so viel reden; du wirst dich wieder schlecht machen.'

„Aber gehst du?"

„Ich war so lange draußen, dass ich viel zu tun habe; aber ich werde zurückkommen und dich am Abend sehen.'

„Na dann küss mich, bevor du gehst."

Als sie ihn küsste, erinnerte sie sich an den Kampf in den Töpfereien, und es kam ihr seltsam vor, dass sie jetzt wie selbstverständlich das geben sollte, was sie vor einer Stunde abgelehnt hatte. Sie hatte sich immer ohne Leidenschaft oder Auflehnung an die Vorschriften des Standes der Ehe gehalten, aber jetzt war es ihr zuwider, ihren Mann zu küssen, und als sie den Flur betrat, wäre sie fast unbewusst in Mr. Lennox' Zimmer gegangen, ohne zu wissen, was sie tat. betört von dem natürlichen Gefühl, das eine Frau im Zimmer eines Mannes empfindet, an dem sie interessiert ist. In der Hoffnung, dass Frau Ede noch nicht alles klargestellt hatte, vergewisserte sie sich weiter.

Hausschuhe und Stiefel lagen herum; der Koffer war weit aufgerissen, darüber lagen ein paar schmutzige Hemden; eine Hose hing von einem Stuhl auf dem Boden. Verärgert über die Nachlässigkeit der Mutter hängte Kate die Hose an die Tür, legte die Hausschuhe ordentlich neben sein Bett und räumte die schmutzige Wäsche weg. Doch dabei konnte sie nicht umhin, einen Blick auf den Inhalt des Koffers zu werfen. Sie sah viele Spuren, die denen folgen, die in der Frauengesellschaft verkehren. Die Herzogin fertigt für ihren Geliebten ein Paar Hausschuhe an, und die Chorsängerin tut dasselbe. Die Frau des Kaufmanns hält die geliebte Hand unter dem Sims ihrer Loge im Theater und umklammert den Ring, den sie geschenkt hat. Die reiche Witwe gegenüber hat ein Schmuckkästchen in der Tasche, das gleich zum Bühneneingang für den Tenor geschickt wird, der jetzt an sein hohes B denkt.

Unter den Hemden fand Kate ein Paar Hausschuhe, ein Nadelkissen und den unvermeidlichen Ring. Aber es gab noch andere Geschenke, die für den Mann charakteristischer waren: ein Armband, eine Duftflasche und zwei Töpfe mit *Gänseleberpastete*, eingewickelt in ein spitzenbesetztes Hemd. Kate untersuchte alles, konnte aber außer der vagen Vermutung, dass Lennox in einer anderen Welt lebte als ihrer, keine Schlussfolgerung ziehen. Die *Gänseleberpastete* deutete auf die Zartheit des Lebens hin, das Hemd auf Unmoral, die Duftflasche auf die Verfeinerung des Geschmacks; Mit dem Armband konnte sie nichts anfangen. So prosaisch und vulgär all diese Artikel auch waren, in der Vorstellung der Schneiderin wurden sie sowohl poetisiert als auch gereinigt. Eine unendliche Traurigkeit, die sie nicht erklären konnte, stieg in ihrem Kopf auf, und während sie vage auf die frommen Ermahnungen starrte, die an der Wand hingen – „Du bist mein Wille", „Du bist meine Hoffnung" –, dachte sie an die Verwundung von Mr. Lennox Beine und fragte sich, ob sein Bett weich sei und ob sie irgendetwas tun könne, um es ihm bequemer zu machen. Es ärgerte sie, zu sehen, dass er sich dafür entschieden hatte, den Waschbeckenständer aus einem dreieckigen Brett zu benutzen, der in einer Ecke stand, statt des richtigen, an dem sie zwei saubere Handtücher aufgehängt hatte; und erst als sie sich an die kleinen Mädchen erinnerte, konnte sie sich losreißen.

„Was hast du für uns?" sagten vier rote Lippen, als Kate eintrat.

„Oh, das müssen Sie erraten", antwortete sie, setzte sich auf einen Stuhl und wünschte Miss Hender einen guten Morgen.

'Ein Apfel?' rief Annie.

'NEIN.'

'Eine Orange?' rief Lizzie.

Kate schüttelte den Kopf und beim Anblick ihrer strahlenden Blicke spürte sie, wie ihre Lebensgeister zurückkehrten.

„Nein, es ist Süßigkeiten."

„Brandy-Kugeln?"

'NEIN.'

'Toffee.'

'Ja; „Annie hat richtig geraten", sagte Kate, während sie den Toffee zu gleichen Teilen zwischen den beiden aufteilte.

„Und bekomme ich nichts, wenn ich richtig rate?" sagte Annie zweifelnd.

„Oh, schade, Annie! Ich dachte nicht, dass du gierig bist!'

„Ich denke, ich sollte das meiste haben", antwortete Lizzie zur Selbstverteidigung. „Ohne mich wäre Miss Hender nie durch ihren Rock gekommen. Ich habe Ihnen hervorragend geholfen, nicht wahr, Miss Hender?'

Die Assistentin nickte ungeduldig und blickte ihre Herrin neugierig an. Aber während die Kinder anwesend waren, konnte sie nur das Gesicht ihres Arbeitgebers beobachten und sich bemühen, es zu lesen.

Und ohne sich der prüfenden Blicke bewusst zu sein, saß Kate untätig da und redete über den Rock, der fertig war. Das Klicken der Nadeln klang wie Musik in ihren Ohren und sie gab sich allen möglichen sanften und schwebenden Träumereien hin. Jahrelang hatte sie nicht gewusst, was es bedeutete, sich ausreichend auszuruhen; und ihre Gedanken schwankten bald auf der einen und dann auf der anderen Seite so üppig wie Blumen und versteckten sich in dem luxuriösen Strom des Müßiggangs, der sie locker umspülte.

Der Nachmittag verging wunderbar, voller Leichtigkeit und angenehmer Stille, und Hender erzählte ihnen, wie *Les Cloches* am Abend zuvor gelaufen war: von Miss Leslies temperamentvollem Gesang, von dem Apfelweinlied, von Joe Mortimers großartiger Geizhalsszene, von Brets Erfolg in der Barcarole. Sie sprach so eifrig davon, dass man meinen könnte, sie selbst hätte den von ihr beschriebenen Applaus erhalten. Kate hörte verträumt zu, und die kleinen Mädchen lutschten Toffee und starrten dabei mit interessierten Augen.

VI

Aber Kate schaffte es weder an diesem noch am nächsten Abend, Mr. Lennox zu sehen. Er kam sehr spät herein und war weg, bevor sie am Boden lag. Sie quälte sich mit dem Versuch, Gründe für seine Abwesenheit zu finden, und der Gedanke schmerzte sie, dass es daran liegen könnte, dass das Frühstück nicht nach seinem Geschmack war. Es kam ihr auch seltsam vor, dass ein Mann, wenn er Lust hatte, mit einer Frau in den Töpfereien herumzulaufen und so nett mit ihr redete, sich nicht die Mühe machen sollte, zu ihr zu kommen, und sei es nur, um es zu sagen Guten Morgen; Und auf tausend verschiedene Arten drehten sich diese Gedanken in Kates Gehirn, als sie Hender gegenüber im Arbeitszimmer nähte. Diese junge Frau war zu dem Schluss gekommen, dass es etwas zwischen dem Bühnenmanager und ihrem Arbeitgeber gab, und es ärgerte sie, als Kate sagte, sie hätte ihn seit zwei Tagen nicht gesehen. Kate war auch nicht sehr erfolgreich darin, Hender Theaternachrichten zu entlocken. „Wenn sie mir nahe sein will, zeige ich ihr, dass zwei bei diesem Spiel mitspielen können", und sie antwortete, dass sie kein Hinken bemerkt habe. Aber Frau Ede erzählte Kate, dass er so stark hinkte, dass sie sicher war, dass er einen Unfall gehabt haben musste. Was sollte sie glauben? Mutter natürlich; Da sie aber glaubte, nur die direkte Nachricht von ihm würde sie befriedigen, wartete sie am nächsten Morgen in der Küche. Aber der Trick war nicht erfolgreich; Sie bediente im Laden und hörte ihn durch die Seitentür gehen. Ob er dies mit Absicht getan hatte, um ihr aus dem Weg zu gehen, oder ob es das Ergebnis eines Zufalls war, verbrachte Kate den Morgen damit, darüber nachzudenken. Bisher war es ihr gelungen, ihren lächerlichen Sturz inmitten der Teetassen völlig zu ignorieren, aber die Erinnerung daran stieg jetzt in ihr auf; und bestimmte grobe Einzelheiten, die sie vergessen hatte, kamen ihr weiterhin mit einer seltsamen Beharrlichkeit in den Sinn; Sie war taub für Henders Gespräche, saß mürrisch am Nähen und hasste es sogar, in den Laden zu gehen, um dabei zu sein, als Mrs. Ede von unten rief, dass ein Kunde wartete.

Gegen drei Uhr war Frau Edes Stimme zu hören.

„Kate, komm runter; Da ist jemand im Laden.'

Als sie an der Theke vorbeiging, stand sie einer gut gekleideten Frau gegenüber.

„Frau West hat mir hier empfohlen", sagte die Dame nach kurzem Zögern, „ein Set Babykleidung zu kaufen."

„Ist es für ein Neugeborenes?" Fragte Kate und legte ihre Ladenmode auf.

„Nun, das Baby ist noch nicht geboren, aber ich hoffe, dass es bald soweit sein wird."

„Oh, ich bitte um Verzeihung", sagte Kate und warf einen schnellen Blick in Richtung der Taille der Dame.

Die Babykleidung wurde in einer Kiste unter der Theke aufbewahrt, und wenige Augenblicke später erschien Kate mit einem Bündel Waschlappen wieder.

„Sie werden diese von allerbester Qualität finden; Werden Sie die Wärme spüren, Ma'am?' sagte sie und breitete etwas aus, das wie zwei große Handtücher aussah.

Die Dame schien mit der Qualität zufrieden zu sein, aber aufgrund ihrer Art, die Schnüre zu untersuchen, schloss Kate, dass sie sich in ihrer ersten Entbindung befand, und erklärte mit kurzen Sätzen und schnellen Bewegungen, wie das Kind in die Mitte gelegt werden sollte und wie die Bänder sollten übergebunden werden.

„Und du willst eine Kapuze und einen Umhang? Wir haben einige sehr schöne Exemplare für zwei Pfund zehn; aber vielleicht möchtest du nicht so viel geben?'

Ohne auf diese Frage zu antworten, verlangte die Dame, die erwähnten Artikel zu sehen, und dann unterhielten sich die beiden Frauen unter den Herrenhemden, die knapp über ihren Köpfen hingen, mit einer echten geheimnisvollen Miene und versteckter Subtilität. Die Dame sprach von ihren Ängsten, davon, wie sehr sie sich wünschte, die nächsten zwei Wochen wären vorbei, von ihrem Mann und davon, wie lange sie schon verheiratet war. Sie war Mrs. Wood, die Frau des Schreibwarenhändlers in Piccadilly. Kate sagte, sie kenne den Laden ihrer Kundin perfekt und nahm einen traurigen Gesichtsausdruck auf, als sie ihrerseits gefragt wurde, ob sie Kinder habe. Auf ihre verneinende Antwort sagte Mrs. Wood mit einem ahnungsvollen Seufzer, dass es den Menschen möglicherweise genauso gut ohne sie ginge.

In diesem Moment kam Mr. Lennox herein und Kate versuchte, die Sachen, die auf der Theke lagen, wegzufegen und zu verstecken. Mrs. Wood war leicht verlegen, und mit einer Anstalt, sich zurückzuziehen, versuchte sie, das Gespräch fortzusetzen.

„Sehr gut, Frau Ede", sagte sie; „Ich stimme Ihnen voll und ganz zu – und ich werde wegen dieser Taschentücher noch einmal anrufen."

Aber Kate antwortete törichterweise, in ihrer Sorge, die Chance auf ein kleines Geschäft nicht zu verlieren:

„Ja, aber was die Babykleidung betrifft – soll ich sie schicken, Mrs. Wood?"

Mrs. Wood murmelte etwas Unverständliches als Antwort, und als sie sich langsam zurückzog und rückwärts aus dem Laden ging, stieß sie gegen Mr. Lennox.

Er hob seinen großen Hut und versuchte ihr Platz zu machen, aber er musste in eine Ecke gehen, damit sie ohnmächtig wurde, und dann, immer noch entschuldigend, trat er einen Schritt vor, stützte sich auf die Theke und sagte hastig Stimme:

„Ich habe die letzten zwei Tage darauf gewartet, dich zu sehen." Wo hast du dich versteckt?'

Die unerwartete Frage beunruhigte Kate und statt ihm, wie sie es beabsichtigt hatte, kühl und kurz zu antworten, sagte sie:

'Warum hier; Wo hast du mich erwartet? Aber seitdem bist du draußen gewesen", fügte sie einfach hinzu.

„Es war nicht meine Schuld – das Geschäft, das ich machen musste!" Ich war gestern in London und bin erst gestern Abend pünktlich zur Show zurückgekommen. Es war die Rede davon, dass unser Chef austrocknen würde, aber ich denke, das ist in Ordnung. Davon erzähle ich dir ein anderes Mal. Ich möchte, dass du morgen Abend ins Theater kommst. Hier sind einige Tickets für den Mittelkreis. Ich komme und setze mich zu dir, wenn ich den Vorhang aufziehe, und wir können uns unterhalten.'

Der Wurm erkennt das Leben der Fliege nicht so leicht, und Kate verstand es nicht. Die schnell dargelegten Tatsachen verwirrten sie und sie konnte auf seine erneut wiederholte Frage nur antworten:

„Oh, es würde mir so gut gefallen, aber es ist unmöglich; „Wenn meine Schwiegermutter davon erfahren würde, weiß ich nicht, was sie sagen würde."

„Nun, dann kommen Sie heute Abend; aber nein, verwechseln Sie es! Ich werde heute Abend die ganze Nacht beschäftigt sein. Hayes, unser stellvertretender Manager, war in den letzten drei Tagen betrunken; Er kann nicht einmal die Rendite erstatten. Nein, nein; Du musst morgen Abend kommen. Kommen Sie mit Hender; Sie ist eine der Kommoden. Ich werde das in Ordnung bringen; Das kannst du ihr von mir erzählen. Versprichst du mir, zu kommen?'

„Es würde mir so gut gefallen; Aber welche Entschuldigung kann ich dafür geben, dass ich bis halb elf nachts draußen bin?'

„Bis dahin brauchst du nicht zu bleiben; Sie können gehen, bevor das Stück zur Hälfte zu Ende ist. Sagen wir, du bist spazieren gegangen.'

Die genialste und vollständigste Fiktion, die Mr. Lennox' erfinderischer Verstand hätte erfinden können, hätte Kates Ängste nicht so vollständig besänftigt wie der einfache Vorschlag eines Spaziergangs, und ihr Gesicht erstrahlte in einem Glanz der Intelligenz, als sie sich daran erinnerte, wie erfolgreich sie es geschafft hatte benutzte die gleiche Ausrede.

„Dann kommst du?" sagte er und ließ sie nach einer Antwort suchen.

„Ich werde es versuchen", antwortete sie, immer noch zögernd.

„Dann ist das in Ordnung", murmelte er und drückte ihr zwei oder drei Zettel in die Hände. „Ich habe viel an dich gedacht."

Kate lächelte langsam und eine leichte Röte erhellte für einen Moment den blassen olivfarbenen Teint.

„Ich habe geträumt, dass wir zusammen nach London fahren und dass dein Kopf auf meiner Schulter liegt, und es war so schön und angenehm, und als ich aufwachte, war ich enttäuscht."

Kate zitterte ein wenig und wich zurück, als hätte sie Angst; und in der Pause, die darauf folgte, erinnerte sich Mr. Lennox an eine Verabredung.

„Ich muss jetzt weg", sagte er, „da hilft nichts; Aber du wirst mich nicht enttäuschen, oder? Die Türen öffnen um halb sieben. Wenn Sie früh da sind, kann ich Sie vielleicht sehen, bevor das Stück beginnt.'

Und mit einem großen Heben des Hutes eilte der Schauspieler davon und überließ es Kate, die drei Zettel zu untersuchen, die er ihr gegeben hatte.

Es war ihr offensichtlich unmöglich, ins Theater zu gehen, ohne dass ihre Assistentin es erfuhr; Sie musste sich Hender anvertrauen, der zweifellos erstaunt sein würde. Und sie hatte mit ihrer Vermutung nicht unrecht; Die Nachricht löste zunächst einen erstaunten Blick und dann einen Ausdruck der Zufriedenheit aus, den man lesen konnte: „Nun, Sie kommen endlich zur Besinnung." Kate hätte gern nichts mehr zu diesem Thema gesagt, aber die Tatsache, dass ihr Arbeitgeber Mr. Lennox im Theater treffen würde, reichte Hender nicht aus; Sie musste Kate unbedingt fragen, wie diese Veränderung in ihr zustande gekommen war. „Hat sie den Schauspieler wirklich verarscht?" Auf diese Worte hin erklärte Kate, die alles im Ungewissen lassen wollte, sowohl die Tatsachen als auch ihre Vorstellung davon, dass sie lieber gar nicht ins Theater gehen würde, wenn solche Bemerkungen fallen würden. Daraufhin vertrat Miss Hender eine weniger fleischliche Ansicht und die beiden Frauen diskutierten darüber, wie man der alten Frau Ede entkommen könnte. Die Idee des Spaziergangs fand keine Zustimmung; es war zu einfach; aber in diesem Punkt wollte Kate keinen Rat annehmen, obwohl sie den Vorschlag akzeptierte, nach oben zu gehen und unter dem Vorwand, ihren Unterrock zu wechseln, ihren Hut in ihren Mantel zu stecken und die beiden auf dem Rücken zu binden, so wie sie es bei einem Trubel tun würde ; ein geniales Gerät, aber schwer in die Praxis umzusetzen.

Ralph war aufgestanden, und nachdem er mehr als eine Woche lang nicht sprechen konnte, folgte er Kate ins Hinterzimmer und beunruhigte sie mit Fragen über den Laden, seinen Gesundheitszustand, seine Mutter und Mr. Lennox.

Um fünf Uhr kam Frau Ede, um zu sagen, dass sie in die Stadt fahren würde, um ein wenig Marketing für Sonntag zu machen, und um Kate zu bitten, in die Vorderküche zu kommen, wo sie den Laden in Sichtweite haben könne. Miss Hender sagte, nichts hätte glücklicher passieren können, und mit vielen Anweisungen, wo sie sich treffen sollten, eilte sie davon. Doch kaum war sie weg, fiel Kate ein, dass sie niemanden hatte, der sich um den Laden kümmerte. Sie hätte einen der Lehrlinge fragen sollen, aber sie tat es nicht und musste den Schlüssel in der Tür umdrehen und ihre Schwiegermutter durch den Seiteneingang hereinlassen. Ralph würde sich ihr öffnen; es war nicht zu ändern. Mr. Lennox würde morgen weggehen; sie muss ihn sehen.

In diesem Moment verursachte ihr ihr Mantel ein gewisses Unbehagen; es schien nicht gut zu hängen, und es war unmöglich, mit den Handschuhen, die den letzten Monat in ihrer Tasche gelegen hatten, ins Theater zu gehen. Sie nahm ein paar graue Fäden vom Fenster, aber während sie daran zog, veränderte sich ihr Gesichtsausdruck. War es Ralph, der die Treppe herunterkam? Es war sonst niemand im Haus. Zitternd wartete sie auf sein Erscheinen. Laut keuchend schleppte sich ihr Mann durch die Tür.

„Was – siehst du so verängstigt aus?" Du hast doch nicht damit gerechnet, mich zu sehen, oder?'

„Nein, das habe ich nicht", antwortete Kate wie im Traum.

„Ich fühlte mich viel besser und dachte, ich würde herunterkommen, aber – aber die Treppe – hat mich auf die Probe gestellt."

Es dauerte einige Zeit, bis er wieder sprechen konnte. Schließlich sagte er:

'Wo gehst du hin?'

„Ich wollte gerade spazieren gehen."

„Ich weiß nicht, wie es ist, aber es scheint mir, dass du jetzt immer draußen bist; immer reinkommen oder rausgehen; nie im Laden. Wenn mein Asthma nicht gewesen wäre, würde ich den Laden wohl nie verlassen, aber Frauen denken an nichts als Vergnügen und …", ein sehr unhöfliches Wort, das sie von Ralph noch nie zuvor gehört hatte. Aber es könnte sein, dass sie sich geirrt hat. Armer Mann! Es war bedrückend zu sehen, wie er nach Luft schnappte. Er lehnte sich gegen die Theke und Kate flehte ihn an, sich von ihr die Treppe hinaufhelfen zu lassen, aber er schüttelte sie gereizt ab und sagte, dass er sich selbst besser verstünde als alle anderen und dass er sich um den Laden kümmern würde.

„Du gehst aus? Nun, geh‘, und sie eilte davon, in der Hoffnung, dass ein Kunde hereinkäme, denn seine große Freude war der Laden. „Ein halbes Dutzend Kunden zu betreuen, wird ihm mehr Spaß machen als das Theaterstück“, sagte sie zu sich selbst und ein Lächeln erschien auf ihren Lippen, denn sie stellte sich vor, wie er ihre Abwesenheit ausnutzte, um das Fenster neu zu ordnen. „Aber was kann ihn zu Fall gebracht haben?“ Fragte sich Kate. 'Ah! „Das ist es“, sagte sie, denn plötzlich kam ihr in den Sinn, dass er, seit sie ihm von einem bestimmten Verkauf von Schürzen und einigen unerwarteten Bestellungen für Babykleidung erzählt hatte, oft erwähnt hatte, dass das Schlimmste an diesen Asthmaanfällen darin bestand, dass sie verhinderte seinen Besuch im Geschäft. „Der Laden ist sein Vergnügen, genau wie das Theater Henders“, sagte Kate, als sie mit bissigem Herzen über Piccadilly zum Theater eilte, denn ihre Zeit war abgelaufen. Aus Angst, Hender zu verpassen, rannte sie weiter und wich den Passagieren mit schnellen Wendungen aus. „Das ist meine einzige Chance, ihn zu sehen; „Morgen geht er weg“, und sie lebte so intensiv in ihrer eigenen Fantasie, dass sie niemanden sah oder beachtete, bis sie plötzlich jemanden hinter sich rufen hörte: „Kate!“ Kate! Kate!' Sie drehte sich um und sah ihre Schwiegermutter an.

„Wo um alles in der Welt gehst du mit dieser Geschwindigkeit hin?“ sagte Frau Ede, die einen kleinen Korb auf ihrem Arm trug.

„Nur für einen Spaziergang“, antwortete Kate mit trockener Stimme und erzwungener Ruhe.

„Oh, für einen Spaziergang; Das freut mich, es wird Dir guttun. Aber welchen Weg gehst du?'

„Überall in der Stadt.“ Oben auf dem Hügel, St. John's Road.'

„Wie neugierig! Ich habe gerade darüber nachgedacht, dorthin zurückzukehren. Es gibt einen Obstladen, wo man Kartoffeln einen Penny pro Stein billiger bekommt als hier.“

Wenn Hanley in diesem Moment vor ihren Augen durch einen Blitzschlag ruiniert worden wäre, wäre es ihr nicht so wichtig vorgekommen wie dieser Diebstahl ihres Abendvergnügens. Sie rettete sich nur mit Mühe davor, direkt zu sagen, dass sie ins Theater gehen würde, um Mr. Lennox zu sehen, und dass sie ein Recht dazu habe, wenn sie wollte.

„Aber ich gehe gerne schnell“, sagte sie; „Vielleicht gehe ich zu schnell für dich?“

„Oh nein, überhaupt nicht. Meine alten Beine sind genauso gut wie deine jungen. Kate, Liebes, was ist los? Geht es dir gut?' sagte sie, als sie sah, wie verärgert ihre Schwiegertochter aussah.

„Oh ja, mir geht es gut, aber du störst einen so."

Dieser sehr unvorsichtige Satz löste bei Frau Ede einen Ausdruck der Zuneigung aus, und wie groß die Chancen auch gewesen waren, sie loszuwerden, jetzt waren sie gleich Null. Die Belastung für ihre Nerven war in der ersten Hälfte des Spaziergangs am größten, denn während dieser Zeit wusste sie, dass Mr. Lennox sie erwartete; Später, während sie mit dem Obsthändler in der St. John's Road verhandelte, geriet sie in Verzweiflung. Jetzt schien nichts mehr von Bedeutung zu sein; Es war ihr egal, was ihr widerfahren könnte, und sie begleitete schweigend ihre Schwiegermutter nach Hause.

„Nun, Mutter, du musst mich verlassen; Ich muss noch einige Arbeiten erledigen.'

„Es tut mir leid, Kate, wenn –"

„Mutter, ich muss noch einiges erledigen; Gute Nacht.'

Und sie saß im Arbeitszimmer und wartete auf Mr. Lennox. Endlich hörte man seinen schweren Schritt auf der Treppe; Dann legte sie das Hemd, das sie gerade nähte, beiseite und stahl sich hinaus, um ihn zu treffen. Er sah sie, als er ein Streichholz an der Wand kratzte; Er ließ es fallen und streckte ihr die Hände entgegen.

„Bist du das, Liebes?" er sagte. „Warum bist du nicht ins Theater gekommen? „Wir hatten ein prächtiges Haus."

„Ich konnte nicht; Ich habe meine Schwiegermutter kennengelernt.'

Die rote Glut des Streichholzes, das auf den Boden gefallen war, erlosch nun, und die Zeichen ihrer Gesichter verschwanden in der Dunkelheit.

„Lass mich Feuer machen, Liebes." Der Tonfall seiner Stimme, als er „Liebes" sagte, löste bei ihr ein unwillkürliches Gefühl der Wollust aus. Sie zitterte, als die vagen Umrisse seiner großen Wangen in der roten Flamme des Streichholzes, das er in seinen ausgehöhlten Händen hielt, deutlich wurden.

„Willst du nicht reinkommen?" hörte sie ihn einen Moment später sagen.

„Nein, das konnte ich nicht; Ich muss gleich nach oben gehen. Ich bin nur gekommen, um es dir zu sagen, denn ich wollte nicht, dass du wütend weggehst; Es war nicht meine Schuld. Ich wäre so gern ins Theater gegangen.'

„Es war schade, dass du nicht gekommen bist; Ich habe an der Tür auf dich gewartet. „Ich hätte die ganze Zeit bei dir sitzen können.“

Kates Herz starb in ihrem Innern, als sie daran dachte, was sie verloren hatte, und nach langem Schweigen sagte sie sehr traurig:

„Wenn du ein anderes Mal zurückkommst, kann ich vielleicht ins Theater gehen.“

„Wir haben uns hier so gut geschlagen, dass wir einen weiteren Termin bekommen.“ Ich schreibe dir und gebe dir Bescheid.‘

'Wirst du? Und wirst du zurückkommen und hier übernachten?'

„Natürlich, und ich hoffe, dass ich das nächste Mal nicht so viel Pech habe, dass ich zwischen dem Geschirr hinfalle.“

Daraufhin lachten beide und das Gespräch kam ins Stocken.

„Ich muss dir jetzt gute Nacht sagen.“

„Aber willst du mich nicht küssen – nur einen Kuss, damit ich an etwas denken kann?“

„Warum willst du mich küssen? Sie müssen Miss Leslie küssen.'

„Ich habe Leslie nie geküsst; Das ist alles Unsinn, und ich möchte dich küssen, weil ich dich liebe.'

Kate gab keine Antwort und er folgte ihr in die schwere Dunkelheit, die am Fuß der Treppe hing, und nahm sie in seine Arme. Sie leistete zunächst keinen Widerstand, aber die Leidenschaft seines Kusses löste bei ihr eine plötzliche Empörung aus und sie kämpfte mit ihm.

„Oh, Mr. Lennox, lassen Sie mich gehen, ich flehe Sie an“, sagte sie und sprach mit ihren Lippen nah an seinen. „Lass mich gehen, lass mich gehen; Sie werden mich vermissen.'

Möglicherweise aus Angst vor einem weiteren Sturz löste Mr. Lennox seine Umarmung und sie verließ ihn.

VII

Am nächsten Morgen gegen elf Uhr nahm der Mummer seinen Hut in seiner allergrößten Art den Damen gegenüber ab, und die Verbeugung war so ehrerbietig und schien so viel Respekt vor dem Geschlecht auszudrücken, dass selbst Mrs. Ede nicht umhin konnte, an Mr. Lennox zu denken war sehr höflich. Auch Ralph war beeindruckt, so gut er auch sein konnte, so aufmerksam hörte Dick ihm zu, als ob ihn nichts auf der Welt so sehr beunruhigte wie dieser letzte Asthmaanfall, und erst als Mrs. Ede erwähnte, dass dies der Fall sein würde Als er zu spät zur Kirche kam, kam Dick der Gedanke, dass seine Chance, den Elf-Uhr-Zug zu erreichen, immer geringer wurde. Mit einem hastigen Kommentar zu seiner Zögerlichkeit ergriff er ein Paket und einen Teppich und schüttelte ihnen allen die Hand.

Das Taxi ratterte davon, und Ralph ging die roten, stillen Straßen hinauf zur Wesleyanischen Kirche, wobei er sehr langsam zwischen seinen Frauen hindurchging.

„Es besteht kein Zweifel, dass Mr. Lennox ein sehr netter Mann ist", sagte er, nachdem sie etwa zwanzig oder dreißig Schritte gegangen waren – „in der Tat ein sehr netter Mann; Du musst zugeben, Mutter, dass du Unrecht hattest.‘

„Er ist höflich, wenn Sie so wollen", antwortete Frau Ede, die in den letzten Minuten darüber nachgedacht hatte, wie gottlos es sei, an einem Sonntag zu reisen.

„Geh nicht so schnell", rief Ralph.

„Na dann kommen wir zu spät zur Kirche!"

„Was also in Ihren Augen das Wichtigste ist – Mr. Peppencotts Predigt oder mein Atem?'

„Ich denke nicht an Mr. Peppencotts Predigt."

„Dann von seiner Stimme im Gebet." „Lennox ist vielleicht nicht besser als ein Schauspieler", fuhr er fort, „aber er ist mitfühlender als Sie." Sie haben selbst gesehen, wie interessiert er an meiner Beschwerde war, und ich werde es mit den Zigaretten versuchen, die seiner Mutter früher Linderung verschafften.‘ Er appellierte an Kate, die ihm antwortete, dass es besser wäre, die Zigaretten auszuprobieren, und ihre Gedanken schwebten in einem Bedauern darüber, dass Mr. Lennox nicht in der Lage gewesen war, mit ihnen in die Kirche zu kommen, denn man glaubte, sie hätte eine gute Zeit Stimme. Vielleicht war es eine Erinnerung an Dick, die es ihr ermöglichte, ihre Stimme in die Hymne einfließen zu lassen und sie schwungvoller zu singen, als Mrs. Ede sie jemals zuvor singen hörte. Es schien Frau Ede, dass nur die Gnade

Gottes es jemandem ermöglichen könnte, so zu singen, wie Kate sang, und als der Pfarrer zu predigen begann und Kate sich mit festem Blick hinsetzte, jubelte Frau Ede. „Das Wort Gottes hat sie endlich erreicht", sagte sie. „Ich habe noch nie erlebt, dass sie Mr. Peppencott so aufmerksam zuhörte." Kate saß ganz still da, fast ohne sich des Lebens um sie herum bewusst zu sein, und erinnerte sich daran, dass sie auf dem Weg von den Töpfereien erfahren hatte, dass es in uns ein Leben gibt, das tiefer und intensiver ist als das Leben ohne uns. Dicks Küsse hatten sie im Moment verärgert, aber in der Erinnerung waren sie ihr unsagbar lieb. Sie hatte befürchtet, dass die Zeit ihre Erinnerung an sie trüben würde, und ihre große Freude war, als sie entdeckte, dass dem nicht so war und dass sie sich an den Tonfall seiner Stimme und die Farbe seiner Augen und an die Worte erinnern konnte, die er zu ihr sprach. Sie erlebte sie in ihrer Fantasie noch intensiver als damals, als sie kurz vor diesem schrecklichen Sturz tatsächlich in seinen Armen lag oder im Laden war und Angst hatte, dass Mrs. Ede oder Ralph hereinkommen und sie überraschen könnten. Aber in ihrer Vorstellung war sie vor Unterbrechungen und Hindernissen geschützt und konnte immer wieder die Worte schmecken, die er gesprochen hatte: „Ich werde in drei Monaten zurück sein, mein Lieber."

Ein großer Teil ihres Glücks lag in der Tatsache, dass alles in ihr selbst lag und niemand davon wusste; Hätte sie es mitteilen wollen, hätte sie es nicht tun können. Es war ein Leben in ihrem Leben, eine Stimme in ihrem Herzen, die sie jeden Moment hören konnte, und es war eine Stimme, die so süß und intensiv war, dass sie ihre Ohren vor ihrem Mann und ihrer Schwiegermutter verschließen konnte, die beim Abendessen anwesend waren gerieten in einen ihrer üblichen Streitereien.

Ralph, der das mangelnde Mitgefühl seiner Mutter auf dem Weg zur Kirche nicht vergessen hatte, blieb bei seiner positiven Meinung über Mr. Lennox. „Es ist unchristlich", sagte er, „einen Mann wegen seines Gewerbes oder Berufes zu verurteilen", und etwas beschämt antwortete seine Mutter: „Mir wurde immer beigebracht zu glauben, dass Menschen führend sind, die nicht in die Kirche gehen." gottlose Leben.'

Der Sonntag wurde in dieser Familie streng eingehalten. Drei Gottesdienste wurden regelmäßig besucht. Kate hoffte, die Eindrücke des Vormittags wiederzuerlangen und besuchte nachmittags die Kirche. Aber der ganze Ort schien verändert zu sein. Die kalten weißen Wände ließen sie frösteln; Die Menschen um sie herum erschienen ihr in einem sehr kleinen und elenden Licht, und sie war froh, nach Hause zu kommen. Ihre Gedanken wanderten zurück zu dem Buch, bei dem sie letzten Sonntagabend eingeschlafen war, als sie am Bett ihres Mannes saß, und als es im Haus ruhig war, ging sie nach oben und holte es. Doch nachdem sie ein paar Seiten gelesen hatte, kam ihr die Hitze im Haus unerträglich vor. Es gab keinen Ort zum Spazierengehen außer der St. John's Road, und dort verging die Zeit unmerklich, während man lustlos in den Seiten des alten Romans blätterte. Es war, als würde man am Meeresufer sitzen; Die Hügel erstreckten sich wie ein Horizont, und wie der Meeresträumer danach strebt, die lange, grenzenlose Linie der Welle zu durchdringen und dem Weg des Segelschiffs folgt, blickte Kate aus der geschwungenen grünen Linie heraus, die alles umschloss, was sie von der Welt wusste. und bemühte sich, über das Land hinauszuschauen, wohin ihre Freundin ging.

Northwood mit seinen Hunderten von spitzen Dächern und Fenstern schien unter blassen lachsfarbenen Farbtönen in einen Sonntagsschlaf zu versinken, und die Glocken seiner Kirche klangen mit jedem Läuten immer klarer. Warme Luft wehte über die roten Dächer von Southwark, und unten in der weiten Senke des Tals war alles still, alles schien verlassen wie eine Wüste; Von den Zechen wehte kein Hauch von weißem Dampf; Keine schwarze Rauchwolke rollte aus den Fabrikschornsteinen, und sie erhoben ihre hohen Stämme wie ein plötzlich abgeholzter Wald zu einem fahlen, fast farblosen Himmel. Allein die Hügel behielten ihr unveränderliches Aussehen.

VIII

Auf altbekannte Weise kehrt der Hund in seinen Zwinger zurück, das Schaf in den Stall, das Pferd in den Stall, und trotzdem kehrte Kate zu ihrem sentimentalen Selbst zurück. Eines Tages blätterte sie in der Lokalzeitung um, und plötzlich, als gehorchte sie einem längst vergessenen Instinkt, wanderte ihr Blick zu der Gedichtspalte, und wieder wurde sie, genau wie in alten Zeiten, von denselben einfachen Gefühlen der Traurigkeit und Sehnsucht erfasst . Sie fand dort das übliche Lied, in dem sich *Reue* auf *das Vergessen reimen* . Die gleichen lieben Fragen, die vor sieben Jahren so bezaubernd waren, wurden wieder auf die gleiche einfache Art und Weise gestellt; und sie berührten sie jetzt wie zuvor. Sie hat all ihre alten Träume wiedergefunden. Es schien, als wäre kein einziger Tag an ihr vergangen. Als Mädchen sammelte sie jeden Fetzen Liebesgedichte, der in der Lokalzeitung erschien, und klebte sie in ein Buch, und jetzt, nachdem die Ereignisse der Woche sie aus der Lethargie gerissen hatten, in die sie geraten war, wandte sie sich um denn ein Gedicht an den *Hanley Courier* wendet sich so instinktiv wie ein erwachtes Kind seiner Brust zu.

Die Verse, auf die sie zufällig stieß, waren nach ihrem Herzen und genau das, was nötig war, um die Verwandlung ihres Charakters zu vollenden:

„Ich liebe dich, ich liebe dich, wie liebevoll, wie gut.
Lass die Jahre, die kommen, meine Beständigkeit zeigen; Ich denke täglich an dich, meine Nachtgedanken gehören dir; In einer märchenhaften Vision drückt deine Hand meine; Und auch wenn du abwesend bist, wohnst du in meinem Herzen; Von allem, was mir lieb ist, bist du mein Liebster.‘

Als sie diese Zeilen las, begann Kates Herz schneller zu schlagen, ihre Augen füllten sich mit Tränen und in Helligkeit gehüllt, wie eine weit entfernte Küste, entstand eine Vision ihrer Kindheit. Sie erinnerte sich an die Emotionen, die sie einmal erlebt hatte, an die Bücher, die sie gelesen hatte, und an die Gedichte, die oben in einer alten Truhe unter dem Bett lagen. Es kam ihr wunderbar vor, dass es so lange vergessen war; Ihre Erinnerung hüpfte von einem Fragment zum anderen, fing hier ein Wort, dort einen Satz auf, bis eine Erinnerung an ihren Lieblingsroman sie erfasste; Sie wurde zur Heldin der absurden Fiktion und ersetzte die Dame, die dem Herrn, der verzweifelt nach Indien ging, Byron und Shelley vorlas.

Als ihr klar wurde, wie zutreffend der Vergleich war, gab sie einem unbeschreiblichen Gefühl der Schwäche nach: George war der Name des Mannes in dem Buch, sie war Helene, und Dick war der Liebhaber, dem sie sich nicht hingeben konnte und wollte der deshalb verzweifelt weggegangen war. Der Zufall erschien ihr wie etwas Wunderbares, etwas Außernatürliches, und sie drehte ihn um, untersuchte ihn in Gedanken, wie ein Kind ein

Spielzeug, bis sie, ihren Wunsch, diese Relikte alter Zeiten zu übersehen, vergessen hatte, nach oben ging das Arbeitszimmer.

Der verpasste Theaterbesuch war ein beliebtes Gesprächsthema der beiden Frauen. Kate hörte dem, was sich hinter den Kulissen abspielte, mit größerer Nachsicht zu und schien sich zunehmend an die Vorstellung zu gewöhnen, dass Bill und Hender mehr als nur Freunde waren. Sie war sich der Untreue gegenüber ihrer eigenen Erziehung und gegenüber ihrer Schwiegermutter, die sie liebte, bewusst, machte sich oft Vorwürfe und beschloss, Hender nie wieder schlecht über Mrs. Ede sprechen zu lassen. Aber die Versuchung, sich zu beschweren, war tückisch. Nicht jede Frau war bereit, wie sie es tat, unter einem Dach mit ihrer Schwiegermutter zu leben, und Hender, der Mrs. Ede hasste und von ihr als „Hexe" sprach, ließ sich keine Gelegenheit entgehen darauf hinzuweisen, dass es sich bei dem Haus um Kates Haus und nicht um das von Frau Ede handelte. Als Hender zum ersten Mal sagte: „Schließlich gehört das Haus Ihnen", war Kate erfreut, aber das Mädchen bestand zu sehr darauf, und Kate war oft sauer auf ihre Assistentin, und sie tobte oft innerlich. Es war abscheulich, dass Hender ihre Gedanken interpretierte. Sie liebte ihre Schwiegermutter sehr, sie wusste nicht, was sie ohne sie tun würde, aber – So ging es weiter; So sehr sie auch mit sich selbst kämpfte, so tief in ihrem Kopf lag immer noch der Gedanke, dass Mrs. Ede sie daran gehindert hatte, an diesem Abend ins Theater zu gehen, und wie sie sich auch immer umdrehte, drehte und wegwanderte, kam sie unweigerlich wieder zurück ihr.

Häufig musste Miss Hender ihre Fragen wiederholen, bevor sie eine verständliche Antwort erhielt, und oft ließ Kate ihre Arbeit nervös beiseite fallen, ohne überhaupt eine Antwort zu gewähren. Ihre Gedanken waren nicht bei ihrer Arbeit; Sie wartete ungeduldig auf die Gelegenheit, die alte Truhe voller Schmuckstücke, Bücher, Verse und Erinnerungen an ihre Jugend herauszuholen, die unter ihrem Bett lag und an die Wand geschoben war. Aber eine freie Stunde war nur möglich, wenn Ralph nicht da war. Dann musste sich ihre Schwiegermutter um den Laden kümmern, und Kate würde sich der Privatsphäre oben im Haus sicher sein.

Es gab keinen triftigen Grund, warum sie befürchten sollte, bei einem so unschuldigen Vergnügen wie dem Durchblättern einiger alter Papiere ertappt zu werden. Ihre Furcht war lediglich eine unbegründete, nervöse Angst vor Spott. Seit sie zurückdenken konnte, war ihre Sentimentalität immer entweder ein Grund der Trauer oder des Mitleids gewesen; als sie zuließ, dass sie aus ihrem Herzen starb, hatte sie gelernt, sich dafür zu schämen; der Gedanke, dabei erwischt zu werden, wie sie sich wieder damit beschäftigte, widerte sie an, und sie wusste nicht, was sie mehr ärgern würde, das Grinsen ihres Mannes oder Mrs. Edes blanke Bestürzung. Kate erinnerte sich, wie man ihr immer gesagt hatte, Romane müssten böse und sündig sein, weil sie nichts in sich hätten, was die Seele zu Gott führe, und sie beschloss, weitere

Vorträge zu diesem Thema zu vermeiden. Sie widmete sich der Aufgabe, Ralph zu überreden, seinen Ladentisch zu verlassen und einen Spaziergang zu machen. Das war nicht leicht, aber schließlich gelang es ihr, ihm in den Mantel zu helfen und ihm seinen Hut zu geben; Dann begleitete sie ihn zur Tür und bat ihn, nicht zu schnell zu gehen und sich unbedingt in der Sonne aufzuhalten. Dann ging sie entspannt nach oben, entschlossen, sich so sehr zu amüsieren, dass sie ihren Gedanken etwa eine Stunde lang erlaubte, nach Lust und Laune umherzuwandern.

Der Koffer war eine längliche Kiste, die mit braunem Haar bedeckt war; Um es herauszuziehen, musste sie unter das Bett gehen, und mit zitternden und eifrigen Fingern löste sie die alten, verdrehten Schnüre. Die Erinnerung an Kate war ein Kult, aber die Gleichgültigkeit ihres Mannes und der harte, entschlossene Widerstand ihrer Schwiegermutter hatten die Vergangenheit aus dem Blickfeld gedrängt; aber jetzt, bei der ersten Ermutigung, sprudelte es hervor wie eine unterdrückte Quelle, die eine unvorsichtige Hand plötzlich freigesetzt hatte. Und mit welcher Freude drehte sie die alten Bücher um! Sie untersuchte die Farbe der Einbände, las hier und da einen Satz: Sie lagen ihr alle so am Herzen, dass sie nicht wusste, welches ihr am besten gefiel. Längst vergessene Szenen, Helden und Heldinnen kehrten zu ihr zurück, und in welcher Kleinigkeit und wie lebendig! Es kam ihr so vor, als könne sie nicht schnell genug weitermachen; Ihre Gefühle steigerten sich, bis sie ganz hysterisch wurde; Als sie fieberhaft ein paar Papiere durchblätterte, schwebte ihr ein verwelktes Stiefmütterchen in den Schoß. Tränen traten ihr in die Augen und sie drückte die arme kleine Blume, die sie so lange vergessen hatte, an ihre Lippen. Sie konnte sich nicht erinnern, wann sie es gesammelt hatte, aber es war zu ihr gekommen. Ihre Lippen zitterten, das Licht schien dunkler zu werden, und ein plötzliches Gefühl des Elends verdunkelte ihr Glück, und unfähig, sich länger zurückzuhalten, brach sie in einen stürmischen Sturm von Schluchzen aus.

Aber nachdem sie ein paar Minuten lang geweint hatte, ließ ihre Leidenschaft nach, und sie wischte sich die Tränen von ihren Händen und ihrem Gesicht und setzte, lächelnd über sich selbst, ihre Suche fort. Alles, was zu dieser Zeit gehörte, interessierte sie, Verse und verblühte Blumen; aber ihre Gedanken waren besonders auf ein altes Heft gerichtet, in dem sie die Gedichtfragmente aufbewahrte, die ihr im Augenblick in den Sinn kamen. Als sie darauf stieß, schlug ihr Herz schneller, und mit einem leichten Gefühl des Bedauerns las sie die Zeitungsstreifen durch; Sie waren alle gleich, aber solange jemand als der Nächste und Liebste bezeichnet wurde, war Kate zufrieden. Sogar die Bonbonmottos, von denen es viele gab, lösten bei ihr die tiefsten Seufzer aus. Der kleine Amor, der auf eine Zielscheibe in Form eines Herzens schoss, mit der Aufschrift „Tom Smith & Co., London" in kleinen Buchstaben darunter, hielt sie nicht davon ab, die in den Zeilen zum Ausdruck gebrachte Stimmung zu teilen:

„Lass diesen Cracker, auseinandergerissen,
ein Sinnbild meines Herzens sein; Und während wir die Plünderung geteilt haben, bete, dass Du von meiner Liebe daran teilnimmst.'

Sie saß auf dem Boden, eine Hand auf den offenen Kofferraum gestützt, las und ließ ihre Gedanken durch vergangene Szenen und Empfindungen schweifen. Alles war weit weg; und sie drehte die Relikte um, die die Vergangenheit an die Küste der Gegenwart geworfen hatte, ohne einen Zusammenhang zwischen ihnen und den Bedürfnissen des Augenblicks zu erkennen, bis sie die folgenden Verse ansprach:

„Müde warte ich auf dich,
denn deine Abwesenheit wurde vergebens beobachtet. Stell mir die hoffnungslose Frage: Wird er jemals wiederkommen?"

„Bin ich all diese Jahre vergessen?
Oder in Abwesenheit, bist du wahr? Oh, mein Liebling, es ist so einsam, ich beobachte und warte hier auf dich!

„Hat sich dein Herz von seiner Treue
abgewandt, um ein schöneres Gesicht zu begrüßen?" Hast du in einem anderen Zauber, den du in mir vermisst hast, und Gnade willkommen geheißen?

„Lange, lange Jahre habe ich gewartet und
meinem Schmerz standgehalten; Alle meine Gedanken und Gelübde sind verschwunden. Werden sie jemals wiederkommen?

„Ja, denn der Glaube der Frau verlässt sie nie,
und mein Vertrauen überwiegt meine Ängste; Und ich werde immer noch auf sein Kommen warten, auch wenn es vielleicht noch Jahre dauern wird.'

Als der Hirsch glaubt, den Hunden entkommen zu sein, die brennenden Ebenen verlässt und sich in das kühle Wasser des Waldes stürzt, badet Kate ihre müde Seele und lässt sie von diesem sehr einfachen Gedicht satt werden. Das Gefühl kam ihr zärtlich durch die schwachen Worte entgegen; und voller Freude wiederholte sie sie immer und immer wieder.

Endlich erhellte sich ihr trauriges Gesicht mit einem Lächeln. Es kam ihr in den Sinn, das Gedicht, das ihr so viel Freude bereitete, an Dick zu schicken. Es würde ihn dazu bringen, an sie zu denken, wenn er weit weg war; es würde ihm sagen, dass sie ihn nicht vergessen hatte. Der Gedanke gefiel ihr so gut, dass sie gar nicht darüber nachdachte, ob es falsch wäre, diese Verse ihrem Untermieter zu schicken, und mit neuem Eifer und Glück setzte sie ihre Suche in ihren Büchern fort. Für sie stand außer Frage, was sie lesen würde, und sie erwartete stundenlange Freude daran, Ähnlichkeiten zwischen ihr und der Dame herauszufinden, die ihrem aristokratischen Liebhaber früher Byron und Shelley vorlas. Zuerst befürchtete sie, diesen Roman verloren zu haben, aber als man ihn entdeckte, legte man ihn zur sofortigen Verwendung beiseite. Als nächstes kam ihr die Geschichte eines Landarztes in den Sinn. In diesem Fall hatte der Medizinheld eine Schwester vergiftet, mit der er heimlich verheiratet war, um eine zweite heiraten zu können. Kate zögerte zunächst, aber als ihr einfiel, dass es zu einer Flucht kam, bei der eine Kutsche auf einer schlammigen Straße umgekippt war, beschloss sie, es sich noch einmal anzusehen. In einem anderen Buch ging es um die Liebe einer jungen Dame, die sich in der misslichen Lage befand, sich nur um ihren Bräutigam kümmern zu können, der das Glück hatte, die schönsten violetten Augen zu besitzen. Der vierte beschrieb die beunruhigende Lage eines jungen Geistlichen, der, als er der Dame seiner Wahl sagte, dass seine Mittel es im Moment nicht zuließen, sich eine Frau zu nehmen, antwortete, dass es keine Rolle spiele, denn in der Zwischenzeit sei sie ruhig bereit, seine Geliebte zu sein. Diese Hingabe und Selbstaufopferung berührten Kate so tief, dass sie gezwungen war, in ihrer Suche innezuhalten und darüber nachzudenken, wie denjenigen vergeben wird, die viel geliebt haben. Doch in diesem Moment trat Frau Ede ein.

„Oh, Kate, was machst du?"

Obwohl die Frage in einem Tonfall gestellt wurde, der den Anschein erweckte, als würde sie nur Erstaunen ausdrücken, lag darin dennoch ein Vorwurf des Vorwurfs, der Kate in ihrer gegenwärtigen Stimmung besonders irritierte. Ein dumpfer Zorn über die Einmischung ihrer Schwiegermutter bedrückte sie, aber als sie darüber hinwegkam, sagte sie leise, wenn auch etwas mürrisch:

„Du willst immer wissen, was ich mache!" Ich erkläre, man kann sich nicht umdrehen, aber du bist hinter mir her, genau wie ein Schatten.'

„Was du sagst, ist ungerecht, Kate", antwortete die alte Frau herzlich. „Ich bin mir sicher, dass ich nie hinter dir herschnüffele."

„Nun ja, da ist es ja: Ich bin auf der Suche nach einem Buch, das ich abends lesen kann, wenn Sie es wissen wollen."

„Ich dachte, du hättest es aufgegeben, diese eitlen und sündigen Bücher zu lesen; Sie können dir nichts Gutes tun.'

„Welchen Schaden können sie mir zufügen?"

„Sie lenken deine Gedanken von Christus ab." Ich habe sie mir angeschaut, um sicherzugehen, dass ich nicht falsch spreche, und ich habe darin nichts als leere Berichte über die Welt und ihre Weltlichkeit gefunden. Ich habe nicht lange gelesen, aber was ich gesehen habe, war eine Menge Entschuldigungen von Frauen, die ihre Ehemänner nicht lieben konnten, und viel Seufzen nach Reichtum und Vergnügen. Ich dankte Gott, dass du solche Dinge aufgegeben hast. Ich glaubte, dass dein Herz Ihm zugewandt war. Jetzt betrübt es mich bitterlich, zu sehen, dass ich mich geirrt habe.‘

„Ich weiß nicht, was du meinst. Ralph hat nie gesagt, dass es schädlich sei, wenn ich Geschichten lese.‘

'Ah! Ich fürchte, Ralph hat nie ein gutes Beispiel gegeben. Ich würde ihm keine Vorwürfe machen, denn er ist mein eigener Sohn, aber ich würde mir wünschen, dass er die Dinge der Welt nicht so hoch schätzt.“

„Aber wir müssen leben“, antwortete Kate, ohne ganz zu verstehen, was sie sagte.

„Leben – natürlich müssen wir leben; Aber es hängt davon ab, wie wir leben und wofür wir leben – ob es darum geht, den Begierden des Fleisches oder der Sehnsucht nachzugeben oder das Bild Gottes wiederzuerlangen und den Plan Gottes wieder in unsere Seelen zu pflanzen. Dafür sollten wir leben, und nur so werden wir wahres Glück finden.“

Obwohl es sich hierbei um Erinnerungen an Sätze handelte, die auf der Kanzel gehört wurden, wurden sie von Frau Ede mit einer Inbrunst und einer Offenheit des Glaubens ausgesprochen, die ihnen jeglichen Anschein von Künstlichkeit nahm; und Kate bemerkte nicht, dass ihre Schwiegermutter Wörter benutzte, die ihr nicht vertraut waren.

„Aber was soll ich tun?“ sagte Kate, die anfing, Angst zu haben.

„Zu Christus gehen, ihn lieben.“ Er ist alles, was uns hilft, und diejenigen, die ihn wirklich lieben, werden darin geführt, wie sie gerecht leben können. Ob wir essen oder trinken oder was auch immer wir tun, es entspringt der Liebe Gottes und der Menschen oder führt zu ihr.

Diese Worte bewegten Kate bis ins Innerste; Ein plötzlicher Gefühlsschwall trieb ihr Tränen in die Augen und sie war im Begriff, sich in die Arme von Frau Ede zu werfen.

Die Versuchung, laut zu weinen, war nahezu unwiderstehlich und die Last ihrer aufgestauten Gefühle war mehr, als sie ertragen konnte. Aber sie redete die ganze Zeit schnell über sich selbst und zögerte, bis ihr plötzlich plötzlich klar wurde, dass sie zum Narren gehalten wurde – dass sie ein vollkommenes Recht hatte, ihre Bücher und Gedichte durchzusehen, und dass Henders höhnische Bemerkungen es waren nicht mehr, als sie verdiente, weil sie sich von ihrer Schwiegermutter schikanieren ließ. Dann wurden die Tränen der Trauer zu Tränen des Zorns, und sie bemühte sich, so unhöflich wie möglich zu sprechen, und sagte:

„Ich rede nicht so viel über Christus wie du, aber er beurteilt uns nach unseren Herzen und nicht nach unseren Worten." Sie tun gut daran, sich zu demütigen, bevor Sie kommen, um anderen zu predigen.'

„Liebe Kate, weil ich sehe, dass du dich für Dinge interessierst, die nichts mit der Liebe Gottes zu tun haben, spreche ich so zu dir." Ein Mann, der nie einen Gedanken an Gott kennt, hat sich hier aufgehalten, und ich fürchte, er hat Sie geführt –"

Bei diesen Worten warf Kate die letzten Papiere in den Kofferraum, schob ihn weg und drehte sich heftig um.

„Hat mich wohin geführt? Wie meinst du das? Mr. Lennox war hier, weil Ralph wollte, dass er hier wäre. Ich denke, dass Sie es besser wissen sollten, als solche Dinge zu sagen. Ich verdiene es nicht.'

Daraufhin verließ Kate den Raum, ihr Gesicht war getrübt und zitterte vor einer Leidenschaft, die sie nicht ganz spürte. Sie war sich einigermaßen bewusst, dass es ihr bequem war, sich mit ihrer Schwiegermutter zu streiten. Sie war des Lebens, das sie führte, müde; ihr ganzes Herz galt ihren Romanen und Gedichten; und entschlossen, den *London Reader* oder *das Journal* zu lesen , rief sie Frau Ede zurück, dass sie Ralph in dieser Angelegenheit konsultieren würde.

Er war in prächtiger Stimmung. Die Geschäfte im Laden liefen zufriedenstellender als sonst, eine Tatsache, die er durchaus seinem überlegenen kaufmännischen Talent zuschrieb. „Ein Geschäft wie ihres ging den Bach runter", erklärte er, „wenn es keinen Mann gab, der sich darum kümmerte. Frauen ließen sich gern von einem Mann des anderen Geschlechts bedienen", und mit einem gekünstelten Lächeln maß der kleine Mann meterweise Bänder ab und meinte, „sie hätten ein ganz hervorragendes Ding in Sachen Unterröcke, das gerade aus Manchester kam." Auch sein Gesundheitszustand hatte sich deutlich gebessert, so sehr, dass ihm sein Asthmaanfall gut getan zu haben schien. Ein wenig Farbe färbte seine Wangen um die Ränder des dichten Bartes. Abends nach dem Abendessen, wenn der Laden geschlossen war, eine Stunde bevor sie zum Gebet gingen, sprach er von den Verkäufen, die er tagsüber gemacht hatte, und sprach mit Autorität über die Möglichkeiten, das Geschäft zu erweitern. Sein Ehrgeiz war es, jemanden in London zu finden, der ihnen die neuesten Moden zukommen ließ; jemand, der klug genug wäre, ein schickes, aber schlichtes Kleid auszusuchen und zu schicken, das Kate nachmachen könnte. Er würde die Anzeigen machen, und wenn die Artikel gut im Schaufenster platziert wären, würde er für den Rest aufkommen. Die größte Schwierigkeit war natürlich die Frage der Fassade, und Mr. Edes Gesicht wurde ernst, als er an seine kleinen Schaufenster dachte. „Ohne Glasscheiben geht nichts", sagte er; mit fünfhundert Pfund könnte man den Obsthändler auszahlen und das ganze Geschäft in einem einzigen zusammenlegen"; und Kate, die sich für alles Phantasievolle interessierte, würde ihre Augen von den Seiten ihres Buches erheben und fragen, ob es nicht möglich sei, diese großartige Zukunft zu verwirklichen.

Sie las einen Roman voller seltsamer und aufregender Szenen. Darin entdeckte sie eine Figur, die sie an ihren Mann erinnerte, einen Höfling am Hofe Ludwigs begann, in Ralph neue Qualitäten zu entdecken, von deren Existenz sie vorher nicht geahnt hatte. Manchmal kam ihr der Gedanke, dass sie ihn mehr geliebt hätte, wenn er immer so gewesen wäre, wie er jetzt ist, und als sie einem Streit zuhörte, der zwischen ihm und seiner Mutter über den Kauf des Grundstücks des Obsthändlers entstanden war, wurde ihr Lächeln tiefer, und dann Der Humor des Bildnisses kitzelte sie weiterhin, sie brach in Gelächter aus.

„Worüber lachst du, Kate?" sagte ihr Mann und blickte bewundernd auf ihr hübsches Gesicht. Frau Ede strickte streng weiter, aber Ralph schien so erfreut zu sein und bat so gutmütig darum, erzählt zu werden, was los sei, dass die Versuchung, es zu tun, unwiderstehlich wurde.

„Du wirst nicht böse sein, wenn ich es dir sage?"

„Wütend, nein. Warum sollte ich wütend sein?'

'Du versprichst?'

„Ja, das verspreche ich", antwortete Ralph äußerst neugierig.

„Na ja, da ist ein Cha-Cha-Ra-Ter so – so ähnlich –"

„Oh, wenn du es mir sagen willst, lache nicht so. Ich kann kein Wort hören, das du sagst.'

„Oh, es ist so – so – so ähnlich –"

„Ja, aber hör auf zu lachen und sag es mir."

Schließlich musste Kate aus Atemnot aufhören zu lachen und sagte mit immer noch zitternder Stimme:

„Nun, da ist ein Kerl in diesem Buch – du versprichst, nicht böse zu sein?"

„Oh ja, ich verspreche es."

„Nun, dann gibt es jemanden in diesem Buch, der mich so sehr an dich erinnert – das heißt, wenn du verärgert bist, nicht so, wie du jetzt bist."

Bei dieser Ankündigung schaute Mrs. Ede erstaunt auf und schien so verletzt zu sein, als hätte Kate ihr ins Gesicht geschlagen, während Ralphs Gesicht aufleuchtete und sein Lächeln durch den dicken Schnurrbart die Lücke zwischen seinen Vorderzähnen enthüllte, die gefüllt worden war etwas weiße

Substanz. Kate bemerkte es immer mit Abneigung, aber Ralph, der für weibliche Gefühlsabneigungen nicht empfänglich war, flehte sie an, die Passage zu lesen, und zwar mit einem Eifer, der seine Mutter überraschte. Ohne lange darüber nachzudenken, begann sie, aber sie hatte noch kein halbes Dutzend Wörter gelesen, als Frau Ede bereits ihre Strickwaren eingesammelt hatte und sich darauf vorbereitete, das Zimmer zu verlassen.

„Oh, Mutter, geh nicht! Ich versichere Ihnen, dass es nicht schaden wird.'

'Lass sie in Ruhe. Ich habe diesen ganzen Unsinn über Religion satt. „Ich würde gerne wissen, welchen Schaden wir anrichten", sagte Ralph.

Kate wollte aufstehen, aber er legte seine Hand auf ihren Arm, und einen Augenblick später war Mrs. Ede verschwunden.

„Oh, lass mich gehen und sie holen", rief Kate. „Ich sollte nicht – ich weiß, ich sollte diese Bücher nicht lesen." Es schmerzt sie so sehr, zu sehen, wie ich meine Zeit verschwende. Sie muss recht haben.'

„Es gibt kein Recht daran; Sie würde uns alle schikanieren, wenn es nach ihr ginge. Sei ruhig, Kate! „Tu, was ich dir sage, und lass uns die Geschichte hören."

Kate verzichtete auf einen weiteren halbherzigen Protest, der ihr über die Lippen kam, und begann zu lesen. Ralph war verzaubert, und die Vorstellung, dass er wie jemand in gedruckter Form aussah, erfreute ihn köstlich, und er kicherte leise. Bald kamen sie zu dem Teil, der Kate so besonders passend zu ihrem Mann gefunden hatte. Es handelte sich um eine Szene zwischen diesem asketischen Höfling und einer hübschen Witwe mittleren Alters, die ihm häufig zu verstehen gab, dass ihre Gefühle für ihn von der zärtlichsten Art seien; aber jedes Mal tat er so, als würde er sie missverstehen. Der Humor der ganzen Sache bestand in der Unschuld der Dame, die meinte, sie hätte sich nicht ausreichend erklärt; und von dieser Idee geplagt, verfolgte sie den Höfling vom Gerichtssaal in die beleuchteten Gärten und teilte ihm dort in einer Sprache, die keinen Zweifel zuließ, mit, dass sie ihn heiraten wollte. Der Höfling war empört und antwortete ihr so scharf, dass Kate, selbst als sie es ein zweites Mal las, sich ein Lachen nicht verkneifen konnte.

„Es ist – ist so – so ähnlich, wie du es sagen würdest, wenn dir eine Frau folgen würde", sagte sie, während ihr die Tränen über die Wangen liefen.

'Ist das wirklich?' fragte Ralph und stimmte in das Lachen ein, wenn auch auf eine Weise, die nicht sehr aufrichtig zu sein schien. Tatsache war, dass es ihn ein wenig pikierte, dass man ihn für so gleichgültig gegenüber den Reizen des anderen Geschlechts hielt, und dass er seine Frau einen oder zwei Augenblicke lang seltsam ansah und überlegte, wie er sich ausdrücken sollte. Schließlich sagte er:

„Ich bin sicher, wenn es meine eigene Kate wäre, die da wäre, würde ich nicht so verärgert antworten."

Kate hörte auf zu lachen und sah so plötzlich zu ihm auf, dass sie seine Verlegenheit noch verstärkte; Doch bald kam ihm die Erinnerung zu Hilfe, dass er doch nur mit seiner Frau sprach, und er setzte sich vertraulich neben sie auf das Sofa. Ihr erster Impuls war, sich von ihm zu entfernen – es war so lange her, dass er so mit ihr gesprochen hatte.

„Könntest du mich nie wieder lieben, wenn ich sehr nett zu dir wäre?"

„Natürlich liebe ich dich, Ralph."

„Es war nicht meine Schuld, wenn ich krank war – man hat nicht das Gefühl, jemanden zu lieben, der krank ist." Gib mir einen Kuss, Liebling.'

Eine Erinnerung daran, wie sie Dick geküsst hatte, schoss ihr durch den Kopf, aber augenblicklich war sie verschwunden; und sie neigte ihren Kopf und legte ihre Lippen auf die ihres Mannes. Es ekelte sie in keiner Weise, dies zu tun; Sie freute sich über die Gelegenheit und wunderte sich nur über die dumpfe und dumpfe Angst, die sie empfand. Sie sprachen dann über gleichgültige Dinge, doch der Gesprächsfluss wurde oft durch höfliche Floskeln unterbrochen. Während Ralph über den Unsinn seiner Mutter redete, die immer die Religion in alles hineinzog, gratulierte Kate ihm, dass er so viel besser aussah; und als sie ihm von der Arbeit erzählte, die sie um jeden Preis bis Freitag erledigen musste, drückte er entweder ihre Hand oder sagte, dass ihr Haar dicker, länger und schöner werde als je zuvor.

* * * * *

Am nächsten Morgen erhielt Kate einen Brief von Dick, in dem er ihr mitteilte, dass er zu Hanleys Gegenbesuch kommen würde und hoffte, dass er seine alten Zimmer zurückbekommen würde.

IX

Sie hätte gerne zuerst mit Hender gesprochen, aber Hender würde erst in einer Stunde eintreffen, und nichts war ihr jemals so wichtig vorgekommen, als dass Dick bei ihnen übernachten sollte. Deshalb wartete sie mit angehaltenem Atem darauf, dass Ralph etwas sagte. Sie könnten nicht hoffen, sagte er, einen netteren Untermieter zu finden; Das Wenige, das er von ihm gesehen hatte, weckte in ihm den Wunsch, die Bekanntschaft zu erneuern, und er fuhr während des gesamten Frühstücks damit fort, Mr. Lennox zu loben. Seine Mutter, deren Meinung angegriffen wurde, saß gleichgültig da und aß ihr Brot und Butter. Aber es war niemandem gestattet, Ralphs Wünschen gegenüber gleichgültig zu sein, und entschlossen, sich über die Unverschämtheit zu ärgern, fragte er seine Mutter spöttisch, ob sie irgendwelche Einwände hätte.

„Sie haben das Recht, mit Ihren Räumen zu machen, was Sie wollen; Aber ich würde gerne wissen, warum Sie diesen Schauspieler so besonders hier haben wollen. Wenn man Sie reden hört, könnte man denken, dass er ein guter Freund von Ihnen ist. Sind es die zehn Schilling pro Woche, die er für sein Zimmer bezahlt, und die wenigen Pence, die Sie mit seinem Frühstück verdienen, nach denen Sie sich sehnen?

„Natürlich möchte ich meine Zimmer vermietet behalten." Vielleicht möchten Sie sie selbst haben; Sie könnten alle Geistlichen der Stadt einmal in der Woche zu sich rufen und eine sehr schöne Teeparty im Wohnzimmer veranstalten. Das war noch nicht alles; Er belästigte seine Mutter weiterhin mit den bittersten Sticheleien, die er sich vorstellen konnte. Ganz ruhig beobachtete Kate, wie er sich zu einer Leidenschaft entwickelte, bis er erklärte, dass er andere, wichtigere Gründe als die zehn Schilling pro Woche für den Wunsch hatte, Mr. Lennox im Haus zu haben. Diese Aussage bereitete Kate einen Anflug von Unbehagen und sie bettelte um eine Erklärung. Zum Teil um sie dafür zu belohnen, dass sie ihn in der Diskussion unterstützt hatte, und um seine eigenen weitsichtigen Ansichten zur Schau zu stellen, erklärte er, dass Mr. Lennox ihnen in ihrem kleinen Geschäft von großem Nutzen sein könnte, wenn er dazu geneigt wäre. Kate konnte einen triumphierenden Blick nicht unterdrücken; Sie wusste jetzt, dass ihn nichts davon abhalten würde, Dick im Haus zu haben.

„Soll ich ihm dann heute schreiben und sagen, dass wir ihm die Zimmer ab nächsten Montag überlassen können?"

„Natürlich", antwortete Ralph, und Kate ging mit Hender, der gerade hereingekommen war, nach oben. Den kleinen Mädchen wurde gesagt, sie sollten zur Seite gehen; es gab viel zu schneiden; Dies wurde gesagt, um ihnen etwas später zu sagen, dass sie zu sehr im Weg seien und unter der Aufsicht von Frau Ede in der Vorderküche arbeiten müssten. Hender war an der Maschine, aber Kate, die einen Morgenmantel bestellt hatte, rollte die blaue Seide aus und rutschte um den Tisch herum, als hätte sie nicht genug Platz, um ihre Schnittmusterbögen auszubreiten. Hender bemerkte diese Manöver mit einiger Überraschung, und als Kate sagte: „Nun, meine lieben Kinder, ich fürchte, ihr steht mir sehr im Weg; „Du gehst besser nach unten", sie blickte mit dem Gesichtsausdruck von jemandem auf, der erwartet, dass man ihm ein Geheimnis verrät. Diese offensichtliche Gewissheit, dass etwas kommen würde, beunruhigte Kate, und sie dachte, es wäre doch besser, nichts über Mr. Lennox zu sagen, änderte aber erneut ihre Meinung und sagte mit gleichgültiger Miene:

'Herr. Lennox wird am Montag hier sein. Ich habe gerade einen Brief von ihm bekommen.'

„Oh, ich bin so froh; denn vielleicht wird es dieses Mal möglich sein, einen Ausflug mit dem strengen QT zu machen.

Kate dachte an genau das Gleiche, aber Miss Henders grober Gesichtsausdruck nahm ihr den Wunsch aus dem Herzen und sie schwieg.

„Ich bin sicher, dass er wegen dir kommt", sagte der Assistent. „Ich weiß, dass er dich mag; Ich konnte es in seinen Augen sehen. Ob ein Mann dich mag, kannst du immer an seinen Augen erkennen.'

Obwohl es Kate große Freude bereitete, dass Dick sie mochte, war es doch irritierend, seine Gefühle für sie besprechen zu hören; Sie konnte nicht vergessen, dass sie eine verheiratete Frau war, und sie begann zu bereuen, dass sie das Thema überhaupt jemals erwähnt hatte, als Miss Hender sagte:

„Aber was nützt es, wenn er kommt, wenn du nicht rauskommst? Ein Mann erwartet immer, dass ein Mädchen mit ihm ausgehen kann. Die „Hexe" ist sicher in der Nähe, und selbst wenn Sie es geschafft haben, ihr zu entgehen, ist da Ihr Mann. Herr! Daran hatte ich vorher nicht gedacht. Was für ein verdammtes Glück! Wünschst du dir nicht, dass er wieder krank wird? Ein weiterer Asthmaanfall würde uns bis auf den Grund passen.'

Das Blut schoss Kate ins Gesicht und sie schnappte nervös mit der Schere in der Luft und sagte:

„Ich weiß nicht, wie du dich dazu durchringen kannst, so zu sprechen. Wie können Sie denken, dass ich meinen Mann krank machen würde, damit ich mit Mr. Lennox ins Theater gehen könnte? Was glaubst du, was zwischen uns ist, das dich dazu bringt, so etwas zu sagen?'

„Oh, ich weiß es wirklich nicht", antwortete Miss Hender mit einer Kopfbewegung; „Wenn du hochmütig sein willst, habe ich es getan."

Kate empfand es als sehr provozierend, dass Hender nur grob sprechen konnte, und es hätte ihr Genugtuung gegeben, wenn sie etwas Scharfes gesagt hätte, aber sie hatte Hender in viele ihrer Geheimnisse eingeweiht, und es wäre höchst unbequem, wenn sie sich umdrehte auf ihr. Sie ging zwar nicht davon aus, dass sie böse genug wäre, so etwas zu tun, aber dennoch –

Und von diesen Überlegungen beeinflusst, beschloss Kate, nicht mit Hender zu streiten, sondern zu vermeiden, mit ihr über Dick zu sprechen. Sogar ihren eigenen Leuten gegenüber behielt sie eine schüchterne Zurückhaltung bei, bis Dick eintraf, und lehnte es bei jeder Gelegenheit ab, das Thema zu besprechen, sei es mit ihrem Ehemann oder ihrer Schwiegermutter. „Es ist mir egal, ob er kommt oder nicht; „Entscheide deine Streitigkeiten, wie du willst, ich habe genug davon“, war ihre unveränderliche Antwort. Diese Gleichgültigkeit ärgerte Ralph letztendlich, aber sie war bereit, das zu tun, wenn es sie davor bewahrte, gezwungen zu werden, eine Meinung zu äußern – das war der große Punkt; Denn mit dem Instinkt einer Frau hatte sie bereits geahnt, dass sie von den Ereignissen der kommenden Woche nicht ausgeschlossen werden würde. Aber es gab noch einen anderen Grund. Sie schämte sich ein wenig für ihren eigenen Verrat. Ansonsten störte sie ihr Gewissen nicht; es wurde unter der Last des Verlangens und der Erwartung erdrückt, und drei oder vier Tage lang wanderte sie im Traum im Haus umher. Als sie ihren Mann auf der Treppe traf und er sie über die Rosen auf ihren Wangen scherzte, lächelte sie neugierig und flehte ihn an, sie passieren zu lassen. Im Arbeitszimmer war sie glücklich, denn der mechanische Vorgang des Nähens ermöglichte es ihr, der Bahn ihrer Träume zu folgen und lenkte die Aufmerksamkeit der Anwesenden von ihr ab. Sie hatte es mit ihren Romanen versucht, doch die aufregendsten konnten ihre Gedanken nicht festigen. Die Seite schwamm vor ihren Augen, ein Durcheinander aus weißen und schwarzen Punkten, das Buch würde in wenigen Minuten auf ihren Schoß fallen, und sie würde wieder in Gedanken darüber verfallen, was Dick ihr sagen würde, und an die Stunden, die sie noch trennten . Am Sonntag bestand sie, ohne zu wissen warum, darauf, alle Gottesdienste zu besuchen. Ralph störte diese übertriebene Hingabe überhaupt nicht und er schlug vor, mit ihr am Nachmittag spazieren zu gehen, aber sie zog es vor, Frau Ede in die Kirche zu begleiten. Es lockerte die Spannung ihrer Gedanken, indem sie ihre Stimme in den Hymnen erhob, und das Gebrabbel der alten Frau war auf dem Heimweg angenehm anzuhören – eine Art bedeutungsloses Murmeln in ihren Ohren, während sie an Dick dachte, den sie vielleicht treffen würde die Haustür. Es war jedoch sein Koffer, den sie im Flur erblickten, als sie die Tür öffneten. Ralph hatte es aufgenommen; Lennox sagte, er habe viel mit dem amtierenden Manager zu tun und würde nicht zurückkehren, bevor sie zum Gebet gegangen seien. Dennoch verlor Kate nicht die Hoffnung, und für den Fall, dass er sich nach der Reise müde fühlte und früher als erwartet nach Hause kam, bemühte sie sich, das

Gespräch nach dem Abendessen zu verlängern. Abwechselnd sprach sie mit Frau Ede über die Predigten des Tages und mit Ralph über die Möglichkeiten, die Ladenfront zu vergrößern. Aber als sie sich anhören musste, wie der Schauspieler ihnen die neue Mode aus London schicken sollte, wurde die alte Dame unruhig, ebenso wie Ralph, als sich das Gespräch auf die relativen Vorzüge der Morgen- und Nachmittagspredigt drehte. Es war die alte Geschichte von der Ziege und dem Kohl – jeder fühlt sich unwohl in der Gesellschaft des anderen; und noch vor der üblichen Zeit waren sich Mutter und Sohn einig, dass es besser sei, zu beten und ins Bett zu gehen.

Kate hätte alles gegeben, um Dick an diesem Abend zu sehen, und sie lag stundenlang wach und lauschte auf das Geräusch der wohlbekannten schweren Schritte. Endlich kam es, trampeln, trampeln, ein dumpfes, schweres, lärmendes Flattern durch die Stille des Hauses. Sie zitterte, weil sie fürchtete, er könnte die Tür verwechseln und in ihr Zimmer kommen; Wenn er es täte, hätte sie das Gefühl, vor Scham sterben zu müssen. Die Schritte kamen immer näher; Ihr Mann schnarchte laut, und als sie einen Blick auf ihn warf, fragte sie sich, ob sie Zeit haben sollte, den Riegel zuzudrücken. Aber gleich darauf stolperte Dick die Treppe hinauf in sein Zimmer, und während sie den Gedanken umarmte, dass er wieder unter ihrem Dach war, träumte sie von ihrem Treffen am Morgen und fragte sich, ob es ihr widerfahren würde, ihn auf der Treppe zu treffen oder im Laden von Angesicht zu Angesicht, oder ob sie sehen würde, wie er aus der Tür huschte, um einen Termin einzuhalten, den er bereits verpasst hatte. Normalerweise nahm Mrs. Ede das heiße Wasser des Mieters auf, da es für Kate nicht ganz richtig war, in das Zimmer eines Herrn zu gehen, während dieser im Bett lag. Aber am nächsten Morgen war Frau Ede nicht da und Ralph schlief, also blieb uns nichts anderes übrig, als den Krug zu füllen.

Dick hörte, wie die Tür aufging, sah sich aber nicht um, da er dachte, es sei Mrs. Ede. Kate glitt zum Waschtisch und stellte den Krug ins Becken. Doch das Klirren des Delfs ließ ihn sich umdrehen.

„Oh, bist du das, Kate?“, sagte er und strich mit einer Handbewegung sein krauses Haar beiseite. „Ich hatte nicht erwartet, gleich morgens so einen schönen Anblick zu sehen. Und wie geht es dir?“

„Mir geht es sehr gut, danke, Sir“, antwortete Kate und zog sich zurück.

„Also, ich verstehe nicht, warum du so weglaufen solltest. Womit habe ich dich beleidigt? Weißt du“, sagte er und senkte seine Stimme zu einem vertraulichen Flüstern, „ich habe dir nicht wegen der Gedichte geschrieben, die du mir geschickt hast (zumindest nehme ich an, dass sie von dir waren, denn sie hatten den Poststempel von Hanley; wenn nicht, verbrenne ich sie), weil ich Angst hatte, dass deine alte Mutter oder dein Mann meinen Brief in die Hände bekommen könnten.“

„Ich muss jetzt gehen, Herr; „Ihr heißes Wasser ist da“, sagte sie und blickte zur Tür, die angelehnt war.

„Aber sag mir, warst du es nicht, der mir die Verse geschickt hat? Ich habe sie hier, und ich habe dir im Gegenzug eine Kleinigkeit – ich werde dir nicht sagen, was – mitgebracht.‘

„Ich kann jetzt nicht mit dir reden“, sagte Kate und warf ihm einen kurzen Blick voller Bewunderung und Liebe zu. Obwohl er etwas zur Korpulenz neigte, war er ein feiner Mann und wirkte wie ein Turm voller Kraft, als er zurückgeworfen auf den Kissen lag, seine großen Arme und seinen dicken braunen Hals entblößt. Als er sagte, dass er ihr eine Kleinigkeit mitgebracht hätte, stieg ihr die Röte in die Wangen; Trotzdem konnte sie jetzt nicht mehr aufhören, mit ihm zu reden, und in der Hoffnung, ihm ihren Standpunkt klarzumachen, sagte sie mit erhobener Stimme:

„Und was kann ich Ihnen zum Frühstück bringen, Sir? Möchten Sie ein Omelett?‘

„Oh, ich werde nicht auf das Frühstück warten können; Ich muss um neun Uhr bei unserem stellvertretenden Manager sein. Wie viel Uhr ist es jetzt?‘

„Ich glaube, es ist gerade mal die halbe Stunde, Sir.“

„Oh, dann habe ich noch viel Zeit“, antwortete Dick und setzte sich auf eine Weise nieder, die Kate alle Befürchtungen nahm, dass er vor ihr auf den Boden springen würde.

„Soll ich Ihnen dann Frühstück machen, Sir?“

„Nein, danke, dafür habe ich keine Zeit; Ich werde bei Hayes etwas zu essen haben. Aber sagen Sie mir, hört da jemand zu?‘ sagte er und senkte seine Stimme wieder. „Ich möchte jetzt besonders mit Ihnen sprechen, denn ich fürchte, ich werde den ganzen Tag draußen sein.“

Aus Angst, ihr Mann könnte sie belauschen, machte Kate ein verneinendes Zeichen und flüsterte: „Morgen beim Frühstück.“

Obwohl der Gedanke, dass er ein Geschenk für sie hatte, sie den ganzen Tag erfreute, war Kate nicht zufrieden; Denn mit dem Hineintragen seines Frühstückstabletts hatte sie etwas Hübsches, etwas Kokettes verbunden (zweifellos eine Erinnerung an die mit Bändern geschmückten Zimmermädchen, von denen sie in Romanen gelesen hatte), das bei dem untergeordneteren Amt, sein Frühstück zu sich zu nehmen, fehlte Wasser. Hatte er ihr außerdem nicht gesagt, dass er den ganzen Tag unterwegs sein würde? Montag, Dienstag und Mittwoch hatte sie mit kleinen Plänen übersät;

Von Donnerstag und Freitag wusste sie nichts. Samstag? Nun, es bestand nur die Möglichkeit, dass er sie küssen würde, bevor er ging. Sie ärgerte sich über diesen Gedanken, konnte sich aber nicht davon befreien; Ein bitteres Gefühl der Wollust brannte tief in ihrem Herzen, und sie schimpfte mürrisch über das Leben. Sie hatte ihn am Sonntag vermisst; Der Montag war so abrupt wie eine leere Nuss zu Ende gegangen, und Henders Fragen verärgerten und ermüdeten sie; Sie verzweifelte daran, ins Theater gehen zu können. Nichts schien richtig zu laufen. Sogar die kleinen goldenen Ohrringe, die Dick aus einem Samtetui nahm und ihr in die Ohren stecken wollte, fügten ihr nur einen bitteren Tropfen hinzu. Alles, was sie tun konnte, war, sie dort zu verstecken, wo niemand sie finden konnte. Es quälte sie, ihm sagen zu müssen, dass sie sie nicht tragen könne, und der Kuss, um den er bitten würde und den sie nicht ablehnen konnte, erschien ihr nur als Hohn. Er wollte am Sonntag verreisen, und dieses Mal wusste sie nicht, wann er zurückkommen würde. Zusätzlich zu all diesen Enttäuschungen sah sie sich gezwungen, am Dienstagnachmittag einen langen Spaziergang zu einer Dame zu machen, die ihr wegen eines Kleides geschrieben hatte. Sie kam erst nach sechs nach Hause, und dann erfuhr sie nur, dass Mr. Lennox den ganzen Tag im Haus gewesen war, faulenzte und sich mit Ralph im Laden unterhielt, und dass sie zusammen ins Theater gegangen waren. Frau Ede war mehr als empört, und als der kleine Mann nachts nach Hause gebracht wurde, erklärte sie, dass es ein Urteil über ihn sei, und sprach dabei schmerzhaft in kurzen, kurzen Keuchen.

Am nächsten Tag konnte er sein Zimmer nicht verlassen. Als Dick erzählt wurde, was passiert war, zeigte er sich sehr besorgt und bestand darauf, den Patienten zu sehen. Tatsächlich war das Mitgefühl, das er zeigte, so groß, dass Kate zunächst versucht war, an seiner Aufrichtigkeit zu zweifeln. Aber sie hatte Unrecht. Dick hatte wirklich Mitleid mit dem armen Ralph, und er saß lange Zeit bei ihm und überlegte, was er tun könnte, um ihn zu entlasten. Er schob die ganze Schuld auf seine eigene Tür. Er hätte niemals jemanden, der einer solchen Krankheit ausgesetzt war, so spät in der Nacht draußen halten dürfen. Es gab einen bestimmten Stuhl, auf dem Ralph immer saß, wenn er an Asthma litt. Es hatte eine Schiene, auf der er seine Füße abstellen und so ein Knie fast auf Brusthöhe heben konnte; und in dieser Position, den Kopf auf die Hand gestützt, verharrte er stundenlang stöhnend und keuchend. Dick beobachtete ihn mit einem Ausdruck echter Trauer auf seinem großen Gesicht; und es war so deutlich, dass er bedauerte, was er getan hatte, dass sogar Frau Edes Herz ihm gegenüber für einen Moment weicher wurde. Aber das Tauwetter war nur vorübergehend; Sie erstarrte wieder wie zu Stein, als er bemerkte, dass es schade sei, dass Mr. Ede krank sei, denn am Donnerstagabend würden sie *Madame Angot* spielen , und er würde es begrüßen, wenn sie alle kämen. Die Einladung schmeichelte Ralphs Eitelkeit, und da er entschlossen war, in der Höflichkeit nicht hinterherzuhinken,

erklärte er zwischen seinen Keuchen, dass niemand seinetwegen enttäuscht werden dürfe; er würde sich sehr geehrt fühlen, wenn Mr. Lennox Mrs. Ede zum Stück mitnehmen würde; und vor Ort wurde vereinbart, dass Kate und Miss Hender am Donnerstagabend gemeinsam zu *Madame Angot gehen sollten*
.

Kate murmelte, dass sie sich sehr freuen würde, und als sie auf eine Arbeit anspielte, die noch erledigt werden musste, kehrte sie ins Arbeitszimmer zurück, um Hender die Neuigkeit zu überbringen.

„Das ist die beste Neuigkeit, die ich seit einiger Zeit in diesem Haus gehört habe",
sagte Hender.

Kate fühlte, dass sie eine weitere Enttäuschung nicht ertragen konnte. Jetzt musste sie nur noch gleichgültig wirken und darauf achten, sich nicht vor Mrs. Ede zu verraten, von der sie vermutete, dass sie sie beobachtete. Aber ihre Aufregung machte sie nervös, und es fiel ihr schwer, die ruhige Fassade, die sie sich so gerne auferlegen wollte, aufrechtzuerhalten. Die Unsicherheit über die Laune ihres Mannes erschreckte sie. Sie konnte sich jeden Moment ändern, und am betreffenden Abend könnte er ihr befehlen, das Haus nicht zu verlassen. Wenn das der Fall war, fragte sie sich, ob sie den Mut haben würde, ihm nicht zu gehorchen. Die Antwort entglitt ihr: Es war ihr unmöglich, ihre Aufmerksamkeit auf irgendetwas zu richten; und obwohl sie viel zu tun hatte, nutzte sie jede Gelegenheit, um in die Küche zu flüchten, wo sie mit Lizzie und Annie über das Stück sprechen und ihnen die Bedeutung des Plakats erklären konnte, das sie jetzt vollkommen verstand. Ihre kindlichen Blicke und Fragen beruhigten die Gefühle, die in ihr brannten.

Vor allem der Donnerstagmorgen schien endlos zu sein, aber schließlich schlug die lange sehnsüchtig erwartete Uhr auf ihrer Treppe die ersehnte Stunde, und Kate und Hender schlenderten, immer noch ihre Haubenzüge glättend, in Richtung Theater. Der Abend war trocken und klar, und über einem Hügelvorsprung hinter Stoke ging die Sonne in einem roten und gelben Nebel unter. Die Straßen waren voller Menschen; und dort, wo Piccadilly in den Marktplatz mündet, unterhielten sich Gruppen und Paare von Fabrikmädchen eifrig, einige streckten sich in einer Pose nach vorne, die den Nacken und ein Ohr zeigte; andere mit ernsterem Gesicht gehen aufrecht wie Schilfrohr, die Hände in die Hüften gestemmt, die Handflächen flach und die Finger halb um die schmale Taille geschlungen.

„Sie müssen froh sein, rauszukommen." sagte Hender. „So eingesperrt zu sein, wie du bist! Ich konnte es nicht ertragen.'

„Na ja, sehen Sie, ich kann es umso mehr genießen, wenn ich rauskomme."

Kate hätte gern säuerlicher geantwortet, aber als sie es sich noch einmal überlegte, kam sie zu dem Schluss, dass es sich nicht lohnte. Es langweilte sie, an das eintönige Leben erinnert zu werden, das sie führte, und sie schämte sich, dass sie nur zweimal in ihrem Leben im Theater gewesen war, besonders als es in Dicks Gegenwart erwähnt wurde.

„Wir sind zu früh", sagte Hender und unterbrach sich unbeschwert in Kates Überlegungen; „Die Türen sind noch nicht geöffnet."

'Ich kann sehen, dass.'

„Aber warum bist du so verärgert?" fragte Hender, die nicht wusste, was in ihrem Arbeitgeber vorging.

„Ich bin nicht böse. Aber wie lange müssen wir warten? Mr. Lennox sagte, er würde uns hier treffen, nicht wahr?

„Oh, er kann jetzt nicht mehr lange bleiben, denn hier kommt Wentworth mit den Schlüsseln, um die Türen zu öffnen."

Die Straße, in der sie sich befanden, verzweigte sich rechtwinklig nach rechts und links; Gegenüber befanden sich große, flache Mauern, rot gefärbt und scheunenüberdacht, und vor einer schwarzen Tür hatten sich etwa fünfzig oder sechzig Menschen versammelt. Der Manager drängte sich durch die Menge, und bald darauf begann die Schlange wie eine Schlange in einem Loch zu verschwinden. Hender erklärte, dass dies der Weg zur Grube sei und dass Kate den Bühneneingang für einen Keller hielt. Ein junger Mann mit einer großen Nase, den sie als Mr. Montgomery erkannte, starrte sie an, als er vorbeikam; dann kamen zwei Damen – Miss Leslie und Miss Beaumont. Dick erschien einige Zeit später nicht, aber schließlich sah man den großen Hut vorbeikommen. Obwohl er wie immer in großer Eile war, freute er sich offenbar sehr, sie zu sehen, bot Kate seinen Arm an und führte sie über die Straße ins Theater.

„Du bist ein bisschen früh dran, weißt du? „Der Vorhang geht erst in einer halben Stunde auf", sagte er, als sie eine hohe Treppe hinaufstiegen, auf deren oberstem Ende eine Frau mit Eintrittskarten in der Hand saß.

„Wir hatten Angst, zu spät zu kommen."

„Es war sehr nett von dir, dass du gekommen bist. Ich wünsche Ihnen einen angenehmen Abend; Es wäre ein wahres Vergnügen, zu spielen, wenn man im Haus wäre.'

„Aber werden Sie nicht handeln, Sir?"

„Sie dürfen mich nicht Sir nennen; Jeder nennt mich Dick, und ich kenne niemanden, der das bessere Recht dazu hätte als Sie.'

„Aber willst du denn nicht schauspielern, Di...?" Ich kann es nicht sagen.'

„Ich nenne es nicht Schauspielerei. Ich bin im ersten Akt dabei. „Ich mache das nur, um das Gehalt zu sparen, denn du weißt ja, ich habe Interesse an der Tour."

Kate hatte keine Ahnung, was es bedeutete, „Interesse an der Tour" zu haben, und sie fragte nicht, weil sie fürchtete, ihr gegenwärtiges Glück mit Fragen zu verschwenden. Ihre Aufmerksamkeit war so auf den großen Mann an ihrer Seite gerichtet, dass sie kaum wusste, dass sie sich in einem Theater befand, und bisher weder das Sternenlicht noch den fallenden Vorhang wahrgenommen hatte. Dick sprach mit ihr über sich selbst und über sich selbst, aber er sagte nichts, was an die Realitäten ihres Lebens erinnerte, und als er plötzlich seine Hand von ihrer nahm und flüsterte: „Hier kommt Miss Hender: Wir dürfen vorher nicht zu intim wirken." „Sie" erlebte sie das Gefühl, als würde jemand aus einem köstlichen Traum erwachen.

Hender warf den beiden Männern, mit denen sie sich stritt, eine letzte Erwiderung zu, stieg zwischen den Stühlen hinab und sagte:

'Herr. „Lennox, du wirst hinter dir gesucht."

Dick versprach, sie wiederzusehen, wenn die Vorstellung vorbei sei, und eilte davon, und Hender, die sich in ihrem Stuhl niederließ, blickte Kate auf eine Weise an, die so deutlich wie Worte sagte: „Nun, meine junge Frau, wann machst du es doch?" Du bist auf freiem Fuß.' Aber sie scheute sich davor, ihre Gedanken in Worte zu fassen, möglicherweise weil sie Angst hatte, ihre Herrin von dem abzulenken, was sie für zu offensichtlich hielt, um den richtigen Weg zu gehen.

Sie saßen im Mittelteil einer dreigeteilten Galerie, wo das Zwielicht durch die gelb gestrichenen Rückenlehnen der Stühle unterbrochen wurde und wo eine Reihe von Spiegeln mit schwarzem Holzrahmen die Wände schmückten und eintönig verschiedene kleine Dinge reflektierten Ecken des Hauses.

Bisher waren nur ein Dutzend oder fünfzehn Leute hereingekommen, und sie bewegten sich wie melancholische Schatten; oder, wenn man still saß, wirkten sie wie Tintenflecken auf einem dunklen Hintergrund.

Die beiden Frauen blickten in die große Grube hinab, durch die die Menge in eine Richtung rollte, eine Art menschlicher Strom, ein vager Tumult, in dem kaum etwas zu erkennen war; Eine Glatze oder ein Strauß gelber Blumen in der Haube einer Frau blitzten für einen Moment wie ein Wellenkamm durch die Dunkelheit. Ein Dutzend blasser Strahlen einer elenden eisernen Gasarmatur, die aus dem Schatten des Daches hingen, kämpften in der Dunkelheit und ließen die Umrisse der Musen über dem Proszenium ebenso undefinierbar zurück wie die Silhouetten der

Ladenbesitzer in der Grube. Gegenüber den Ladenbesitzern hing der Vorhang, in dessen Mitte ein romantisches Bild hing, das die Zuschauer auf das bald beginnende Stück vorbereiten sollte. Kate bewunderte den See, und während der langen Zeit kam er ihr blauer und schöner vor als alles, was sie je gesehen hatte. Entlang der Küste lagen Boote mit Matrosen, die Segel hissten, und sie begann sich zu fragen, was das Ziel dieser Boote war, ob die Matrosen ihre Liebsten verließen oder sich auf den Weg machten, sie wiederzugewinnen.

Es kam Kate so vor, als würde das Stück nie beginnen, so lange hatte man sie warten lassen. Sie konsultierte Hender nicht, sondern ließ ihre Seele geduldig auf sich wirken, bis ein dünner junger Mann unter der Bühne hervorkam und seine Brille auf seiner schnabelähnlichen Nase höher schob. Er nahm seinen Platz auf dem hohen Hocker ein; er straffte seine Schultern; sah sich um; schwenkte seinen Stock. Der funkelnde Hochzeitschor mit den fantasievollen Bauern und dem noch fantasievolleren Bräutigam in Seide, das strahlende Erscheinen von Clairette am Fenster und die Sympathie, die ihre Liebe für den teuflischen Revolutionsdichter erweckte, verführten Kate wie ein sinnlicher Traum; und in allem, was sie sah und fühlte, lag ein gemischtes Gefühl von Nähe und Ferne, eine außergewöhnliche Konzentration und das Fehlen ihrer eigenen Individualität. Noch nie hatte sie solche Musik gehört. Wie sanft war es im Vergleich zu dem strengen und regelmäßigen Rhythmus der Kirchenlieder, die sie sang! Der fröhliche, anregende Takt des Liedes der Marktfrau erfüllte sie mit Visionen und Gelächter. In der Serenade lag ein unaufrichtiger Akzent, der sie beunruhigte wie eine plötzliche Wolke die Träume des trägesten *Lazzaroni*, aber die flehende Leidenschaft des Duetts offenbarte ihr Mitgefühl für trennende Liebende, zu dem selbst ihre Lieblingsdichtung nicht in der Lage gewesen war. Alle ihre musikalischen Empfindungen stiegen ihr zu Kopf wie Wein; Nur durch eine heftige Anstrengung, voller akuter Schmerzen, rettete sie sich davor, ihre Stimme mit denen der Sänger zu erheben, und aus Angst vor einem Schwindelgefühl, das sie in den Graben stürzen könnte, starrte sie blind auf die Bühne.

Ihr Glück wäre vollkommen gewesen, wenn solche heftigen Gefühle als Glück bezeichnet werden könnten, wenn Hender nicht gewesen wäre. Diese junge Person, die wahrscheinlich von dem Wunsch getrieben war, ihr Wissen zur Schau zu stellen, konnte nicht vom Reden abgehalten werden. Als jeder Schauspieler oder jede Schauspielerin eintrat, erläuterte sie ihre Stellung im Unternehmen und alles, was sie über ihre Gewohnheiten im Privatleben wusste. Mr. Mortimers Streit neulich Abend mit Bill, dem Szenenwechsler, erforderte eine ziemliche Schimpftirade gegen die Trunkenheit, und da es notwendig war, zu erzählen, was in der Damengarderobe gesagt worden war, gab es eine Beschreibung von Miss Beaumonts Unterwäsche eingeführt; es war sehr elegant – Seidenstrümpfe und spitzenbesetzte Hemden;

wohingegen das von Miss Leslie als viel schlichter erklärt wurde. Ein- oder zweimal wurde Hender gebeten, ruhig zu bleiben, aber Kate hatte nichts dagegen. Der donnernde Applaus, der aus einer Grube voller lärmender Fabrikjungen und -mädchen aufstieg, wurde in gutem Glauben angenommen, und er schwebte durch ihren Geist, steigerte und erregte ihre Gefühle wie das Brüllen der Brecher am Ufer die Träume eines Träumers. Doch der Stern, den sie erwartet hatte, war noch nicht erschienen. Sie hatte Miss Leslie, Miss Beaumont, Joe Mortimer und Frank Bret und unzählige andere Menschen gesehen, die in allen möglichen Kleidern erschienen waren und alle möglichen bezaubernden Lieder gesungen hatten, aber Dick war nirgends zu finden. Sie hatte in dem Labyrinth aus Farben, das vor ihren Augen aufblitzte, vergeblich nach ihm gesucht. Würde er als König, Mönch, Hirte auftreten oder würde er einen Dreispitz tragen? Sie wusste es nicht und war zu verwirrt, um darüber nachzudenken. Sie hatte eine vage Ahnung, dass er etwas Wunderbares tun würde, alles in Ordnung bringen würde, dass sie sich alle vor ihm verneigen würden, wenn er eintrat, und sie beobachtete jede Bewegung der Menge und erwartete jeden Moment, dass sie ihm Platz machen würde. Aber er erschien nicht, und schließlich gingen sie alle singend davon. Ihr Herz sank in sich zusammen, aber gerade als sie begann, die Hoffnung zu verlieren, stürmten zwei Männer über die Bühne und begannen, herumzuspionieren und Pläne zu schmieden. Zuerst erkannte Kate ihren Geliebten nicht, so vollständig war er verkleidet, doch schon bald dämmerte ihr die schreckliche Wahrheit. Oh, Elend! Oh, Horror! Wie konnte das sein? Und sie schloss die Augen, um ihre schreckliche Enttäuschung auszudrücken. Warum hatte er das getan? Sie hatte einen König erwartet und einen Polizisten gefunden.

„Da ist er, da ist er!“ flüsterte Hender. „Verstehst du nicht, dass er es ist, der den Polizisten macht?“ Ein französischer Polizist! Er schleppt die Braut am Ende des Aktes weg, wissen Sie?

Die arme Kate fühlte sich wirklich sehr unglücklich. Ihr fantasievolles Kartenhaus war eingestürzt und hatte sie in Schutt und Asche gelegt. Sie hatte das Gefühl, dass sie sich für nichts mehr interessieren konnte. Der Rest der Tat war für sie eine Folter. Welche Freude könnte es für sie bereiten, zu sehen, wie ihr scheußlich aussehender Liebhaber eine Braut von ihrer Verlobten wegzerrt?

Kate wünschte, ihr Geliebter hätte sich nicht für eine solche Rolle entschieden, und sie spürte, vielleicht schwach, aber doch intensiv, dass es unpassend von ihm war, sich ihr gegenüber als Polizist darzustellen, der am Ende der Vorstellung die Braut wegzerrte von ihr beabsichtigt. Und sie konnte nicht verstehen, warum er sich, wenn er sie liebte, dazu entschlossen hatte, sich in solch unangebrachte Kleidung zu kleiden. Sie dachte, sie würde das Theater am liebsten verlassen, aber das war unmöglich. Aber als Dick beim Fallen des Vorhangs zu ihr kam und sich neben sie setzte, vergaß sie den ausländischen Polizisten ganz; er war wieder Dick.

„Wie hat dir das Stück gefallen, Liebes?“

'Sehr viel.' Es lag ihr auf der Zunge, ihn zu fragen, warum er sich entschieden hatte, den Polizisten zu spielen, aber das war alles vorbei; Warum sollte sie ihn mit Fragen belästigen? Doch die Frage in ihrem Kopf verriet sich, denn er legte liebevoll seine Hand auf ihre und sagte, er habe das Gefühl, dass etwas passiert sei. Hender, der gesehen hatte, wie Dick Kates Hand nahm, dachte, dass dies ein Moment für sie sei, zu fliehen, aber Kate flehte sie an, zu bleiben. Hender war jedoch der Meinung, dass ihre Abwesenheit ihrer Gesellschaft vorzuziehen sei, und erwähnte, dass sie gehen müsse; Sie musste mit dem Manager über ein Geschäft sprechen, das sie bisher vergessen hatte.

„Warum wolltest du, dass sie bleibt?“ sagte Dick, „magst du es nicht, mit mir allein zu sein?“ Kate antwortete ihm mit einem Blick und fragte sich die ganze Zeit, was ihn dazu bewogen haben könnte, die Rolle dieses hässlichen Polizisten zu spielen. „Ich bin mir sicher, dass Ihnen das Stück nicht gefallen hat“, fuhr er fort, „und dennoch muss ich sagen, dass es von hinten betrachtet sehr gut zu laufen schien; Aber andererseits gibt es so viele Dinge, die man in den Flügeln vermisst.'

Kate verstand nichts von dem, was er sagte, aber als sie sah, dass er furchtbar aufrichtig war und fürchtete, ihn zu verletzen, beeilte sie sich, dem Stück ihre uneingeschränkte Zustimmung zu geben.

„Ich versichere Ihnen, mir hätte nichts besser gefallen können – die Musik war so schön.“

„Und wie hast du gedacht, dass ich aussehe? Es ist nur eine kleine Rolle, wissen Sie, aber gleichzeitig muss sie gespielt werden. Wenn nichts hineingesteckt wird, landet alles im Topf.'

Jetzt war Kate sicher, dass er sie befragte, und schließlich sagte sie, wobei der Wunsch, ihre Meinung zu äußern, über ihre Schüchternheit triumphierte: „Aber warum hast du dich so verhalten?“ Es war kein schöner Teil, oder?'

„Es ist zwar nur ein Scherzartikel, aber es ist besser für mich, ihn anzunehmen, als ein anderes Gehalt auf der Liste zu haben.“ Im nächsten Akt, wissen Sie, spiele ich die Rolle des Hauptmanns der Garde.'

„Und wird das schön sein?“ „fragte Kate, ihr Gesicht errötete bei dem Gedanken, ihren Geliebten in einem roten Mantel zu sehen.

„Oh ja, es sieht ganz gut aus, aber es ist keine Schauspielrolle.“ Ich bin nur ein paar Minuten dran. Ich soll nur auf die Suche nach den Verschwörern gehen. Ich mache ein oder zwei Runden Walzer mit Miss Beaumont, die

Lange spielt, und alles ist vorbei. Hast du jemals den Walzer gehört?' Kate hatte es nie getan; Also zog er sie an sich und sang ihr die sanft fließende Melodie ins Ohr. In ihrer Nervosität drückte sie leidenschaftlich seine Hand, und das ermutigte ihn zu sagen: „Wie ich wünschte, du wärst es, mit dem ich tanzen müsste!" Wie schön wäre es, dich in meinen Armen zu halten! Möchtest du in meinen Armen sein?'

Kate sah ihn bittend an; aber es wurde nichts mehr gesagt, und bald fiel Dick ein, dass er die Bühne für den zweiten Akt vorbereiten musste. Als er davoneilte, erschien Hender. Sie war in der „Kneipe" gewesen. um mit Bill etwas zu trinken, und war zurückgeblieben, um mit ihren Damen zu reden, die, wie sie sagte, „alle voll von Dicks neuem Brei waren".

„Sie haben dich gesehen und sind genauso eifersüchtig wie viele Katzen."

„Es ist sehr böse von ihnen zu sagen, dass zwischen Mr. Lennox und mir irgendetwas ist", antwortete Kate wütend. „Ich nehme an, sie denken, jeder sei wie er selbst – viele Schauspielerinnen!"

Hender gab keine Antwort, rümpfte jedoch die Nase über das, was ihrer Meinung nach eine verdammte Beleidigung des Berufsstandes darstellte.

Doch nach ein paar Minuten verflog ihre Empörung und sie machte Kate darauf aufmerksam, was für ein prächtiges Haus es sei.

„Ich kann dir was sagen; Mit einer Schilling-Grube, einer Six-Penny-Galerie und ziemlich gut gefüllten Mittel- und Seitenkreisen läuft es bald nach oben. Es müssen fast siebzig Pfund drin sein – und das für Donnerstagabend!'

Sie waren jetzt schon weit im zweiten Akt. Die Brillanz des „Choeur des Merveilleuses", das flehende Mitleid von „Sie ist so ein einfaches kleines Ding", die drollige Komik der Verschwörer ließ Kate die Verleumdungen vergessen, die über Clairettes Charakter geäußert wurden. Die leichte Musik schäumte in ihrem Kopf wie Champagner, und in einem wirbelnden Gefühl der Berauschung ging eine Vision von Dick in einem roten Mantel vor ihr vorbei und wieder vorbei. Darauf musste sie lange warten, aber schließlich hörte man Trompetenklänge, und die Leute auf der Bühne riefen, dass die Soldaten kämen. Kates Herz pochte, ein Nebel schwamm vor ihren Augen, und sofort danach kam ein Gefühl strahlender Ruhe; denn in all der Pracht der Uniform trat Dick ein, groß und stattlich, an der Spitze eines Regiments Mädchen in roten Strumpfhosen. Die eng anliegende Jacke hatte seine Größe reduziert, die Stulpenstiefel verliehen seinen Beinen Würde. Er war zweifellos ein feiner Mann; für Kate war er mehr als göttlich. Dann begann die süße, wogende Melodie, die er ihr ins Ohr gesungen hatte, und er warf einen erklärenden Blick in Richtung der Galerie und legte seinen Arm um Miss Beaumonts Taille. Die Handlung verursachte Kate einen Herzschmerz, aber die Seltsamkeit der Szene, der sie beiwohnte, lenkte ihre Gedanken ab. Denn sofort wählten die anderen Schauspieler und Schauspielerinnen in ihren auffallenden Kleidern Partner, und die Bühne schien sich in einen wunderbaren Garten aus Farben zu verwandeln, der zur Musik eines Springbrunnens schwang, der im Mondlicht seinen monotonen Gesang in rhythmische Variationen verwandelte. Dick drehte sich wie eine große Tulpe in seiner roten Uniform in der Mitte, und Miss Beaumont in ihrem langen gelben Kleid lag ausgestreckt auf ihm. Ihr Kleid war an beiden Seiten offen, und jedes Mal, wenn sie vor ihm vorbeiging, bemühte sich Kate voller Ekel, die dicken rosa Beine nicht zu sehen, die bis zu den Knien sichtbar waren. Miss Leslie erblühte in ihrem Brautkleid in einem Lilienweiß, als sie mit einem Mann tanzte, dessen rote Waden und Schenkel bis in seine Brust hinein zu reichen schienen. La Rivodière warf Lange verzweifelte Blicke zu, der arme Pomponet versuchte, zu seiner Braut zu gelangen, und all die blonden Perücken und schwarzen Kragen der Verschwörer mischten sich unter die merkwürdigen Spitzhauben der Damen, und die langen, fast bis zum Boden reichenden Frackmäntel flatterten um die Beine der Soldatinnen. Kate lächelte matt und sog die Musik des Walzers in sich auf. Er wurde immer wieder gespielt, wie der Gesang eines Kanarienvogels im Käfig geisterte er um Clairettes Orangenblüten, wie das wollüstige Summen einer Nachtigall in einem Rosengarten umströmte er Langes schwere Draperien und ihre schimmernde Brust, wie der abwechslungsreiche Gesang des Spottvogels kam er unter Ange Pitous Dreispitz hervor. Er wurde einzeln und im Chor gesungen, und indem er sich wand und wieder abwandte, drang er in die tiefsten Winkel von Kates Geist. Er verführte wie ein tiefes, langsames Parfüm, es streichelte mit den langen Wellen einer schönen Schlange und dem Geheimnis einer anmutigen Katze; es flüsterte von schönen Vergnügungsorten, wo Duft, Musik und Liebe eins sind, wo Liebende nie müde werden und wo Küsse ewig währen. Sie war sich tiefer Selbstzufriedenheit bewusst, verträumter Untätigkeit, trauriger Mattigkeit, und der Zauber, dem sie sich hingab, ähnelte der Entnervung eines schönen Klimas, der Sanftheit einer Kirche; sie sehnte sich nach ihrem Geliebten und dem phantasievollen Leben, dessen Mittelpunkt er war, wie man sich nach einem idealen Vaterland sehnt. Der Strom der Musik trug sie weit fort, weit über die großen Berge hinaus in ein Land des Schlafes, der Träume und des Dunstes, und eine wunderbare Zärtlichkeit schwamm in ihr, so locker und trüb wie die grünen Tiefen des Meeres, die sich nie von einer Welle rühren. Sie kämpfte, aber nur, wie jemand im Traum versucht, sich aus der Macht zu erheben, die ihn festhält; und als der Dirigent zum letzten Mal seinen Stock schwang und der Vorhang unter ohrenbetäubendem Applaus fiel, wich sie gereizt und entnervt vor Hender zurück, als hätte sie Angst, ganz aufgeweckt zu werden.

Der dritte Akt verging, ohne dass sie wusste, wie. Sie war überfordert und überfordert; Ihr ganzes Blut schien in ihrem Kopf und Herzen zu sein, und von Zeit zu Zeit wurde sie von schnellen Schaudern geschüttelt.

Als Dick sie besuchte, verstand sie kaum, was er ihr sagte, und es ärgerte sie, ihm nicht antworten zu können. Als das Wort „Liebe" ausgesprochen wurde, lächelte sie, aber es war ein Lächeln voller Schmerz, und sie konnte sich nicht aus einer Art trauriger Ekstase erwecken. So fröhlich die Melodien auch waren, in jedem steckte eine Art Traurigkeit, die sie verspürte, aber Dick nicht erklären konnte, der anfing zu denken, dass sie von dem Stück enttäuscht war.

'Enttäuscht! „Oh nein", sagte sie, und sie standen lange da und starrten auf einen großen goldenen Mond, der die Straße wie ein Volltreffer erleuchtete.

„Wie schön ist es, aus diesem heißen, stickigen Theater hier zu sein!" sagte Dick und legte seinen Arm um sie.

„Oh, denkst du? Ich könnte diese Musik ewig hören.'

„Es ist hübsch, nicht wahr?" Ich bin so froh, dass es dir gefallen hat. Ich habe dir gesagt, der Walzer war herrlich.'

'Schön! Das sollte ich denken. Ich werde es nie vergessen.'

Sie verlor ihre gewohnte Schüchternheit in ihrer Begeisterung und sang die ersten Takte mit dem Gesicht ihres Geliebten zugewandt; Dann schöpfte sie durch seinen erstaunten und erfreuten Blick Mut und gab alle Modulationen mit ihrer vollen Stimme vor.

'Von Jove! Du hast eine verdammt nette Sopranistin und auch ein teuflisch gutes Ohr. „Pon meine Seele, du singst diesen Walzer genauso gut wie Beaumont."

„Oh, Dick, du darfst mich nicht auslachen."

„Ich schwöre, ich lache nicht. Singe es noch einmal; niemand hört zu.'

Sie standen im Schatten eines großen Lagerhauses; die Schieferreihe bildete eine Sichel aus dem Vollmond, und inmitten der hallenden Höfe und Ziegelsteine klang Kates Stimme so durchdringend und direkt wie eine Flöte. Die außerordentliche Genauigkeit ihres Gehörs ermöglichte es ihr, jeder Note den richtigen Wert zu verleihen. Dick war erstaunt und sagte, als sie fertig war:

„Ich möchte Ihnen wirklich nicht schmeicheln, aber mit ein wenig Unterricht würden Sie viel besser singen als Beaumont. Dein Ohr ist perfekt; es ist die Produktion der Stimme, die man anstreben will;' und er erzählte ihr von den verschiedenen Melodien, hörte zu, was sie zu sagen hatte, und ermutigte sie, sich an die Musik zu erinnern, die sie gehört hatte. Er würde sie bitten, ihm einen Satz nachzusprechen; Er lehrte sie, den Rhythmus zu betonen, und wollte, dass sie die Legende von Madame Angot lernte.

„Jetzt", sagte Dick, „singe ich die Symphonie, und wir gehen sie mit allen Effekten durch – eins, zwei, drei, vier, ta ra ta ta ta ta ta."

Doch als Kate die erste Bar angriff, wurde sie von drei oder vier Männerstimmen überwältigt, deren Besitzer, dem Klang nach zu urteilen, nicht weiter als vierzig oder fünfzig Meter entfernt sein konnten.

„Hier sind Montgomery, Joe Mortimer und all diese Leute." Ich würde um keinen Preis hier mit dir erwischt werden.'

„Wenn wir diesen Gang hinaufgehen, können wir in zwei Minuten nach Hause kommen."

'Können wir? Nun, lasst uns schneiden; aber nein, sie sind zu nah an uns. Gehst du, Liebling? Ich werde bleiben und ihnen sagen, dass es eine Dame war, die aus dem Fenster sang. Hier, nimm meinen Hausschlüssel. Es kann losgehen.'

Ohne ein weiteres Wort floh Kate die Gasse hinunter, und Dick blieb nichts anderes übrig, als alles Mögliche über die mythische Dame zu erzählen, der er, wie er erklärte, ein Ständchen vorgetragen hatte.

Als Kate an diesem Abend nach Hause kam, lag sie stundenlang wach und wälzte sich ruhelos hin und her, während ihr der Kopf voller Melodien und Melodieteile schwirrte. Der Chor der Verschwörer, das Walzerlied, die Legende und ein Dutzend zusammenhangloser Fragmente der Oper klangen alle gleichzeitig in ihren Ohren, und in ihrer Schlaflosigkeit nahm sie weiterhin Gesangsunterricht bei Dick. Sie war überzeugt, dass er sie liebte, und der Zauber ihres Glaubens murmelte die ganze Nacht in ihren Ohren; und als sie am nächsten Morgen Hender traf, brannte der Wunsch, von Dick zu sprechen, wie ein großer Durst in ihr, und erst als Hender sie verließ, um ins Theater zu gehen, begann sie in all seiner unmittelbaren Brutalität die Tatsache zu begreifen, dass sie sich am nächsten Tag von ihm verabschieden musste, vielleicht für immer.

Ihr Mann keuchte auf dem Sofa, ihre Schwiegermutter las in der Bibel, saß kerzengerade im Sessel, und die abgeschirmte Lampe bedeckte den Tisch mit Licht, und aus Angst, sie könnte zu Schreien oder einer heftigen Wutausbrüche provoziert werden, stürzte sie ging so früh wie möglich zu Bett. Aber dort wurden ihre Qualen noch unerträglicher. Alle möglichen Ideen und Halluzinationen, vergrößert und verzerrt, erfüllten ihr Gehirn und wurden durch die Auswirkungen der Schlaflosigkeit erstaunlich deutlich. Sie sah die Morde, von denen sie in ihren Romanen gelesen hatte, noch einmal durch und ihre Fantasie lieferte Einzelheiten, von denen die Autorin nicht einmal geträumt hatte. Die Elopements mit all ihren Utensilien aus Mondlicht und Rosen kamen zu ihr zurück … Aber wenn sie ihn nie wieder sehen würde – wenn es ihr Schicksal wäre, immer an der Seite ihres Mannes zu liegen, bis ans Ende ihres Lebens! Sie vergrub ihren Kopf in den Kissen in der Hoffnung, das Geräusch seines Schnarchens zu übertönen.

Endlich spürte sie, wie er sich bewegte, und einen Moment später hörte sie ihn sagen: „Da ist Mr. Lennox an der Tür. Er kommt nicht herein. Gehen Sie doch runter und machen Sie ihm auf.“

„Warum gehst du nicht alleine?“, antwortete sie und richtete sich auf.

„Wie soll ich denn gehen? Du willst doch nicht, dass ich an der Haustür sterbe?“,
erwiderte Ralph wütend.

Kate antwortete nicht, sondern band sich rasch einen Unterrock um, hüllte sich in ihren Morgenmantel und ging die Treppe hinunter. Es war ganz dunkel, und sie musste sich den Gang entlangtasten. Doch schließlich fand sie den Riegel und zog ihn zurück, und als der weiße Schimmer des Mondlichts hereinfiel, zog sie sich schüchtern hinter die Tür zurück.

„Es tut mir so leid“, sagte Dick und versuchte zu erkennen, wer die versteckte Gestalt war, „aber ich habe meinen Hausschlüssel vergessen.“

„Das ist egal“, sagte Kate.

„Oh, du bist es, Liebes. Ich habe den ganzen Tag versucht, nach Hause zu kommen, um dich zu sehen, aber es hat nicht geklappt. Warum bist du nicht ins Theater gekommen?“

„Du weißt, dass ich nicht tun kann, was ich will.“

„Na, das ist doch egal, sei nicht böse, gib mir einen Kuss.“

Kate wich zurück, aber Dick nahm sie in die Arme. „Du warst also im Bett?“, sagte er kichernd.

„Ja, aber du musst mich gehen lassen.“

„Ich möchte dich nie wieder gehen lassen.“

„Aber du fährst morgen.“

„Nicht, es sei denn, du wünschst es, Liebling.“

Kate dachte nicht lange darüber nach, dass er sein Versprechen nicht erfüllen konnte, und ging mit klopfendem Herzen nach oben. Auf dem ersten

Treppenabsatz hielt er sie an, legte seine Hand auf ihren Arm und sagte: „Und wärst du wirklich sehr froh, wenn ich bei dir bleiben würde?"

„Du weißt, dass ich das tun würde, Dick."

Sie konnten sich nicht sehen, und nach langem Schweigen sagte sie: „Wir dürfen hier nicht aufhören zu reden." Frau Ede schläft, wissen Sie, im hinteren Teil des Arbeitszimmers, und vielleicht hört sie uns."

„Dann kommen Sie ins Wohnzimmer", sagte Dick, nahm ihre Hände und zog sie zu sich.

'Ich kann nicht.'

„Ich liebe dich mehr als jeden anderen auf der Welt."

„Nein, nein; Warum solltest du mich lieben?'

„Lasst uns einander unsere Liebe beweisen", murmelte er und erschrocken, aber gleichzeitig erfreut über die Worte, ließ sie zu, dass er sie in sein Zimmer zog.

„Mein Mann wird mich vermissen", sagte sie, als sich die Tür schloss, aber sie konnte nicht mehr an ihn denken; er wurde in einem plötzlichen Sinnesrausch vergessen; und Ralph wartete, wie es ihm vorkam, eine halbe Stunde lang und fragte sich, was seine Frau die ganze Zeit über machen mochte, weil er dachte, dass es vielleicht doch nicht Lennox war, sondern irgendein herumschweifender Landstreicher, der an die Tür geklopft hatte, und das hatte er getan Gehen Sie besser hinunter und retten Sie seine Frau. Er hätte es getan, wenn er keine Angst vor einem plötzlichen Luftzug gehabt hätte, und während er sich fragte, was los war, döste er ein, um wenige Minuten später von Stimmen auf dem Treppenabsatz geweckt zu werden.

„Lass mich gehen, Dick, lass mich gehen; „Mein Mann wird mich vermissen." Sie verließ ihn und betrat das Zimmer ihres Mannes, und Ralph sagte: „Nun, wer war das?"

'Herr. „Lennox", antwortete sie.

„Unser Untermieter", murmelte Ralph und schlief wieder ein.

X

„Ist das der Bühneneingang?“

„Ja, gnädige Frau; Sie sehen, während der Aufführung wird die echte Bühnentür als Eingang zum Zuschauerraum genutzt, und wir gehen unter der Bühne hindurch.'

Diese Erklärung wurde abgegeben, nachdem man eine überhebliche Haltung eingenommen hatte und seinen Kumpels ein wissendes Augenzwinkern, das Gegenzeichen für „Jetzt werde ich etwas für Ihre Unterhaltung tun“, gegeben hatte. Der Redner, ein rauer Mann mit Bart und Fez-Mütze, wurde zur prominenten Figur einer Gruppe, die vor einem quadratischen Loch mit erdabgewandtem Ende herumlungerte, das in die Wand des Hanley Theatre gehauen war.

Kate war zu sehr mit ihren eigenen Gedanken beschäftigt, um zu bemerken, dass sie ausgelacht wurde, und sagte sofort: „Ich möchte Mr. Lennox sehen; sagst du ihm, dass ich hier bin?'

'Herr. Lennox ist auf der Bühne; Es sei denn, Sie sind in dem Stück dabei, ich sehe nicht, wie es gemacht werden soll.

Bei dieser Zurückweisung schaute Kate sich in den grinsenden Gesichtern um, aber in diesem Moment stieg ein grob aussehender Bursche von der gleichen Klasse wie der Sprecher aus der kellerähnlichen Öffnung, und nachdem er seinen „Kumpel“ angestoßen hatte, berührte er seine Mütze und sagte mit „ Höflichkeit von jemandem, dem man ein Trinkgeld gegeben hatte: „Hier entlang, Marm.“ Mr. Lennox ist auf der Bühne, aber wenn Sie eine Minute warten, sage ich Ihnen, dass Sie hier sind. Pass auf dich auf, du verstörst, sonst rutschst du aus; Sehr abgelegener Ort zum Absteigen, mit all den Körben im Weg. Dieses Unternehmen reist mit viel Gepäck. Das ist das von Mr. Lennox – das, wie Sie es nennen.

„Oh, tatsächlich!“ Sagte Kate und blieb auf dem Weg stehen, um Mr. Lennox' Namen auf dem Korb zu lesen.

„Wir stapeln sie vor der Tür, damit wir sie morgen früh zum Bahnhof schicken können.“ Aber wenn du einen Moment hier bleibst, Marm, renne ich auf die Bühne und schaue, ob ich ihn sehen kann.

Die Erwähnung der bevorstehenden Entfernung von Dicks Korb durch den Szenenwechsler machte ihr Angst, und sie erinnerte sich, dass sie seit letzter Nacht kaum mit ihm gesprochen hatte. Er war gezwungen gewesen, morgens vor dem Frühstück auszugehen; und obwohl er sich im Laufe des Tages sehr bemüht hatte, sie kennenzulernen, schien das Schicksal gegen sie zu sein.

Sie befand sich in einem großen Lagerraum mit niedrigem Dach und Lehmboden. Die Holzdecke wurde von unzähligen aufrechten Pfosten getragen, die dem Raum das Aussehen eines Schiffes verliehen. Am anderen Ende führten zwei Steintreppen zu gegenüberliegenden Seiten der Bühne. Vor ihr standen eine Trommel und ein Fass, und das Halbdunkel dahinter war mit dem Glitzern des vergoldeten Lametta-Stoffs übersät, der in Pantomimen verwendet wurde; ein Paar Gitterfenster, ein Bündel Degen, eine Wiege und ein Brustpanzer bildeten eine Gruppe in der Mitte; Zu ihren Füßen lag eine kaputte Posaune. Der Geruch der Größe, den die Landschaft ausströmte, erinnerte sie an Ralphs Zimmer; und sie fragte sich, ob die Schwerter echt wären und für welche unterschiedlichen Verwendungszwecke das Lamettapapier verwendet werden könnte; bis sie aus ihrem Traum erwachte und sich bitter fragte, warum er nicht heruntergekommen war, um sie zu sehen. In der Pause, die auf die Frage folgte, wurde sie von einem langen Ruf des Refrains erschreckt. Das Orchester schien verrückt zu werden; die Trommel wurde geschlagen, die Becken klirrten, und die lärmenden Füße schossen hin und her, erst in die eine, dann in die andere Richtung; Einen Moment lang war eine Sopranstimme klar und deutlich zu hören, die gleich darauf in einem allgemeinen Schrei unterging. Was könnte es bedeuten? Hatte es dort Feuer gegeben? fragte sich Kate wild.

„Das Finale des Aktes" wie begonnen, Marm; Mr. Lennox wird direkt von der Bühne kommen.'

„Ist nichts passiert? Ist der-?'

Der erstaunte Blick des Szenenschiebers zeigte Kate, dass sie sich geirrt hatte, aber bevor sie Zeit hatten, viele Worte zu wechseln, verstummte das Trampeln und Singen über ihnen plötzlich, und in der Ferne war das gedämpfte Geräusch von Klatschen und Applaus zu hören.

„Da ist die Tat." sagte Bill; „er wird jetzt sofort unten sein; Er nimmt den Ruf des Perliceman nicht entgegen", und einen Augenblick später kam ein Mann in Kniebundhosen und mit einer riesigen Krawatte, die mehrmals um den Hals geschlungen war, die Steintreppe hinuntergerannt. „Oh, da ist er", sagte Bill. „Ich verlasse dich jetzt, Marm."

„Und so hast du deinen Weg gefunden, Liebes?" sagte Dick und streckte seinen Arm aus, um Kate zu sich zu ziehen.

Aber er sah mit den großen groben roten Flecken auf seinen Wangen und den tiefschwarzen Linien um seine Augen so seltsam aus, dass sie ihren Abscheu nicht verbergen konnte, und als er den Grund für ihre Verlegenheit erriet, sagte er lachend:

'Ah! Ich sehe, du kennst mich nicht! Ein gutes Make-up, nicht wahr? Ich habe mir viel Mühe damit gemacht.'

Kate gab keine Antwort; aber der Klang seiner Stimme beruhigte sie und sie stützte sich auf seinen Arm.

„Gib mir einen Kuss, Liebes, bevor wir hochgehen", sagte er überredend.

Kate sah ihn neugierig an und sagte dann, über ihre eigene Dummheit lachend: „Warten Sie, bis Sie das Soldatenkleid anhaben."

Am oberen Ende der Treppe bildeten die aufgetürmten Nebenszenen so viele Wege und Winkel, dass Kate aus Angst, sich zu verlaufen, in der Nähe von Dick bleiben musste. Doch schließlich kamen sie in den Flügeln an, wo an den weißgetünchten Wänden Gaslichter hell brannten. Eine Schar lautstarker, schwitzender Mädchen in kurzen, schicken Unterröcken und mit nackten Hälsen und Armen drängte sich zu den geheimnisvollen und leiterartigen Treppen hinauf und kletterte sie hinauf. Ange Pitou hatte seinen Dreispitz abgenommen und trank ein Glas Bier mit Clairette. Als sie nun an der Reihe war zu trinken, sagte sie:

„Nein, halte meine Röcke fest, da ist ein Schatz; „Dieses Bier spielt den Teufel mit weißem Satin."

„Es ist nicht an deinen Röcken, es wird verschwinden, wenn du es verschüttest", antwortete Ange, „sondern in deinen Busen." Halten Sie kurz inne und ich wische den Boden des Topfes ab, dann ist alles in Ordnung.'

Inzwischen waren Pomponet und La Rivodière in einen heftigen Streit verwickelt.

„Nur verstehen Sie", rief Mortimer, „wenn Sie Clowns machen wollen, füllen Sie Ihre Perücke besser mit Sägemehl." Es sollte besser mit etwas gefüllt sein.'

Dieser Ausfall wurde von einem Kreis von Vorgesetzten, die darauf warteten, einen lebhaften Dialog zu hören, mit einem Hauch von Zustimmung aufgenommen.

„Clownen! Und was können Sie tun? Ich nehme an, Ihr Satz ist der legitime. Gehen Sie und spielen Sie noch einmal Don John, und Sie werden uns morgen früh die Bekanntmachungen vorlesen.'

„Kündigungen … Apropos Kündigungen, Sie hatten nie eine, außer einer, die Sie Ihrer Vermieterin aushändigen konnten, die arme Frau!" antwortete Mortimer mit seinem nasalsten Tonfall.

Entzückt über diesen Witz lachten die Vorgesetzten, und der arme Dubois wäre völlig erledigt gewesen, wenn Dick sich nicht eingemischt hätte.

„Was denkst du, Liebes?" sagte er und zog sie beiseite; „Soll ich jetzt gehen und mein Wechselgeld machen?" Ich komme erst am Ende des Auftritts, und bis dahin können wir uns ohne Unterbrechung unterhalten.'

Sie hatte erwartet, dass er die Vor- und Nachteile dieses schrecklichen Streits erklären würde, der so glücklicherweise ohne Blutvergießen verlaufen war, und er schien alles vergessen zu haben.

„Aber diese beiden Herren – die Schauspieler – was wird passieren? Werden sie verschwinden?'

„Herr, nein! „Natürlich ist es ärgerlich, wenn ein Kerl mit seiner Perücke hinter einem überfällt, während man spricht, aber am Samstagabend muss man sich auf ein bisschen mehr Clownerie einlassen."

Für sie kam das alles griechisch vor, und bevor sie Dick um eine Erklärung bitten konnte, war er schon durch einen Gang gestürmt. Als er bei ihr war, ging es ihr gut, aber in dem Moment, als ihm sein Schutz entzogen wurde, kehrten all ihre alten Ängste zu ihr zurück. Sie wusste nicht, wo sie stehen sollte. Die Szenenschieber waren gekommen, um die in ihrer Ecke gestapelten Szenen wegzutragen, und einer der riesigen Zettel wäre fast auf sie gefallen. Eine Schar Mädchen in einfarbigen Kleidern und Mützen war stehengeblieben und starrte sie an. Sie erinnerte sich an ihr Aussehen vom Donnerstag, aber ihre vulgären, alltäglichen Augen hatte sie bis jetzt nicht gesehen, noch hatte sie ihr grobes, alltägliches Lachen und ihre Witze gehört. Inmitten dieser Gruppe Lange, fett und klumpig, durchbohrt.

„Der schrecklichste Ort, an dem ich je war, mein Lieber." Ich fürchte mich immer vor der Woche hier. Schauen Sie sich einfach im Haus um. Ich glaube nicht, dass vorne ein Mann steht, der ein Pfund in der Tasche hat. Jetzt gibt es in Liverpool viele nette Männer. Sie hätten die Dinge sehen sollen, die ich mir geschickt hatte, als ich mit Harringtons Begleitung dort war – und die Blumensträuße! Es waren jeden Tag Blumen für mich übrig.'

Was das alles bedeutete, wusste Kate nicht und wollte es auch nicht erraten. Für einen Moment hatte die seltsame Welt, in der sie sich befand, ihre Gedanken abgelenkt, doch das gelang ihr nicht mehr; Nein, nicht, wenn es zehnmal so seltsam wäre. Was kümmerten sie diese Schauspielerinnen? Was ging es ihr an, was sie sagten oder was sie über sie dachten? Sie war gekommen, um sich um ihren Geliebten zu kümmern; das war ihre Sache, und nur das. Er wollte morgen verreisen, und sie hatten nichts arrangiert! Sie wusste nicht, ob er bleiben würde oder ob er erwartete, dass sie ihm folgen würde. Sie hasste die Menschen um sie herum; sie hasste sie wegen ihres Lachens, wegen ihrer schönen Kleidung; Sie hasste sie vor allem, weil sie alle nach ihm riefen. Es war Mr. Lennox hier und Dick dort. Was wollten sie von ihm? Konnten sie ohne ihn nichts tun? Es schien ihr, als würden sie sich alle über sie lustig machen, und sie hasste sie dafür.

Die Bühne war jetzt voller Frauen. Die Männer standen in den Kulissen oder liefen ans Ende entfernter Gänge und riefen: „Dick, Dick, Dick!"

Das Orchester hatte aufgehört zu spielen, und der Lärm vor dem Vorhang wurde von Minute zu Minute wütender und lauter.

Endlich erschien Dick, der in seinen roten Strumpfhosen und Jutestiefeln prächtig aussah. Er packte zwei oder drei Mädchen, wechselte ihre Plätze, spähte, ob es Montgomery gut ging, und gab das Signal zum Anrufen.

Doch als sich der Vorhang öffnete, war er von einem halben Dutzend Personen umringt, die alle mit ihm sprechen wollten. Er befreite sich von ihnen und schaffte es, an Kates Seite zu gelangen, aber sie hatten noch kein halbes Dutzend Worte gewechselt, als der Wirt sie fragte, ob er „einen Moment Zeit haben" dürfe. Dann tauchte Hender auf und bat Kate, sich die Umkleidekabinen anzusehen, aber aus Angst, ihn zu vermissen, erklärte sie, sie ziehe es vor, dort zu bleiben, wo sie war. Dennoch fiel es ihr schwer, den Erklärungen ihrer Freundin über das, was auf der Bühne vor sich ging, nicht zuzuhören, und in einem dieser unbewachten Momente verschwand Dick. Es war herzzerreißend, aber sie konnte nichts anderes tun, als zu warten, bis er zurückkam. Wie ein Eisen drang der Gedanke, dass sie dabei war, ihren Geliebten zu verlieren, tiefer in ihr Herz ein. Das Schicksal ihres Lebens hing in der Schwebe, und die wenigen Worte, die darüber entscheiden sollten, wurden immer wieder durch unwichtige Dinge hinausgezögert. Dick war inzwischen zurückgekehrt und unterhielt sich mit dem Gasmann, der wissen wollte, ob die zusätzliche „Hand", die er engagiert hatte, von der Firma oder der Geschäftsleitung bezahlt werden sollte. Hin und wieder stürzte eine Schauspielerin oder ein Schauspieler durch die Kulissen und starrte sie an; manchmal war es der ganze Chor, angeführt von Miss Beaumont, dessen unhöfliche Bemerkungen ihr häufig zu Ohren drangen.

Sie versuchte sich zurückzuziehen, aber die unhöflichen Blicke und Worte folgten ihr. Gelegentlich war die Stimme des Souffleurs zu hören: „Nun, meine Damen, bitte schweigen Sie; „Ich kann nicht hören, was auf der Bühne gesagt wird." Niemand hörte auf ihn, und wie Tiere auf einem Jahrmarkt drängten und drängten sie sich weiter in den Durchgang zwischen den Flügeln und der weiß getünchten Wand. Ein großes, dickes Mädchen stand in der Nähe; Ihre Hand lag auf ihrem Schwert, das sie langsam gegen ihre Schenkel schlug. Der Geruch von Haaren, billigem Parfüm, Hälsen, Brüsten und Armen war überwältigend, und für Kates Sinn für Bescheidenheit hatte diese laute Zurschaustellung ihres Körpers etwas Abstoßendes. Bald ertönte im Orchester ein Signalhorn, und dies war das Signal für großen Lärm und Trubel. Die Verschwörer stürmten von der Bühne, warfen ihre Mäntel beiseite, und gleich darauf erklangen die leisen, sich kräuselnden Klänge des Walzers; Dann ertönte erneut das Signalhorn und die Mädchen begannen zu trampeln.

„Stichwort für den Eintritt der Soldaten", rief der Souffleur.

„Also, meine Damen, seid ihr bereit?" rief Dick, als er sich an die Spitze der Armee stellte.

„Ja", wurde überall gemurmelt, und als sie sah, wie ihr Held an der Spitze so vieler Frauen, von denen er jede hätte haben können, davonmarschierte, kam ihr der Gedanke, dass es für ihn unnatürlich war, sich zu ihm zu beugen sie, eine arme kleine Schneiderin aus Hanley, die nichts außer vielleicht wusste, wie man die Nähte eines Rocks näht. Aber nach dem, was ihr letzte Nacht widerfahren war, schien es nicht möglich, dass sie ihr Schicksal hinter sich ließ und neben Hender und den beiden kleinen Mädchen Annie und Lizzie stand. Bis ans Ende ihrer Tage nähte sie Mieder für Mieder, Rock für Rock und erinnerte sich immer an etwas, das plötzlich in ihr Leben gekommen und plötzlich wieder wieder verschwunden war. „Das kann nicht sein", rief sie sich selbst zu, „das kann nicht sein!" Und sie erinnerte sich, dass er gesagt hatte, dass ihr Ohr wahr und ihre Stimme so rein sei wie die von Leslie. „Ein bisschen kehlig", hatte er gesagt, „aber das lässt sich verbessern." Was er mit kehlig meinte, wusste sie nicht, aber egal; und um sich davon zu überzeugen, dass er die Wahrheit gesagt hatte, sang sie den Refrain des Walzers, bis der Gasmann an einem Seil zog und den Vorhang herunterzog. Sie wollte gerade auf die Bühne rennen, um mit Dick zu sprechen, aber der Gasmann hielt sie auf.

„Sie müssen einen Moment warten, es gibt einen Anruf", sagte er. Der Vorhang ging auf; Das Haus brach in lauten Applaus aus. Der Vorhang ging herunter; rauf ging es wieder. Diesmal traten nur die Hauptdarsteller auf, und während sie sich verneigten und dem Publikum zulächelten, strömte eine große Herde Frauen durch die Flügel, und Kate fand sich wieder inmitten von Kurtisanen, Verschwörern, Verführern und umherziehenden Minnesängern wieder.

'Wer ist sie?' fragten sie im Vorbeigehen. Und Kate hörte, wie jemand antwortete: „Einen Löffel Dick's", und da sie die rauen, spöttischen Gesichter, die die seltsamen Kostüme noch zu betonen schienen, nicht ertragen konnte, nutzte sie einen plötzlichen Bruch in den Reihen und rannte durch die Flügel in Richtung Rückseite des Gebäudes Bühne.

'Was ist das Problem Liebling?' sagte er und zog sie zu sich.

„Oh, Dick, du solltest mich nicht so vernachlässigen!" Ich habe hier zwischen diesen schrecklichen Mädchen fast eine Stunde auf dich gewartet, und du redest mit jedem außer mir.'

„Es war nicht meine Schuld, Liebes; Ich war im letzten Akt dabei. Ohne mich hätten sie es nicht fertigstellen können.‘

„Ich weiß es nicht, ich weiß es nicht; aber du gehst morgen weg, und ich werde dich nie wieder sehen. Es ist sehr hart für mich, dass diese letzte Nacht – Nacht – diese –“

„Jetzt weine nicht so, mein Lieber. Ich sage dir was. Es ist unmöglich, hier zu reden; Alle sind hinter mir her. Ich ziehe diese Sachen aus und wir machen einen Spaziergang durch die Stadt – reicht das? Ich weiß, wir haben viel zu besprechen.‘

Die ernste Art, mit der er diesen letzten Satz aussprach, machte Kate Mut und sie bemühte sich, sich zu beruhigen, aber sie schluchzte so heftig, dass sie nicht antworten konnte.

„Nun, du wirst hier warten, mein Lieber; Niemand wird Sie stören, und ich werde nicht länger als zwei Minuten bleiben.'

Kate nickte als Antwort und fünf Minuten später gingen sie zusammen die Straße entlang.

„Wie bist du rausgekommen, Liebes? Haben sie dich gesehen?'

'NEIN; Ralph hat schweres Asthma und seine Mutter sitzt oben bei ihm. Ich sagte, ich hätte etwas zu nähen…. „Oh, Dick, ich kann den Gedanken nicht ertragen, dass du weggehst und dass ich dich nie wieder sehen werde.“

„Ja, das wirst du, Liebes“, antwortete er fröhlich. „Jetzt frage ich mich, ob Ihr Mann damit einverstanden wäre, dass Sie auf die Bühne gehen?“

„Wer würde die Schneiderei für ihn übernehmen?“ Sie fragte. „Er spricht über das Geschäft, aber wir würden verhungern, wenn wir uns auf das verlassen würden, was wir verkaufen.“ Und von Zeit zu Zeit hielten sie inne, während ihr Gespräch ernster wurde, und schlenderten durch die überfüllten Straßen, Kate an Dicks Arm hängend, und ihr Gesicht löste den Spott der Fabrikmädchen aus.

„Ich würde sie an deiner Stelle nicht küssen“, sagte der Unverschämteste.

„Würdest du das nicht wirklich?“ riefen zwei Jugendliche, schlichen sich von hinten heran, packten zwei der Mädchen an der Taille und küssten sie trotz Schlägen und Gelächter.

Die darauf folgenden Kämpfe zwangen Kate und Dick auf die Straße. „Wir können hier nicht reden“, sagte Dick; „Gibt es nicht eine ruhige Straße in der Nähe?“

„Da ist die Market Street; Erinnerst du dich nicht, Dick, wo du mich an dem Tag getroffen hast, als du mich in die Töpferei mitgenommen hast?‘

„Ja", sagte er, „ich erinnere mich an diesen Tag." Was für ein Absturz! und das alles nur, weil du nicht zulassen wolltest, dass ich dich küsse; genau wie diese Jungen und Mädchen. Du warst entschlossener als diese Mädchen, denn ich glaube, sie wollten, wie wir bei Shakespeare sagen, geküsst werden; aber das hast du damals nicht getan.'

„Das war der Tag", antwortete sie, „an dem ich Mrs. Barnes' Kleid fertig gemacht habe, nachdem ich die ganze Nacht wach geblieben war." „Hier ist die Market Street", und sie gingen auf das Himmelsquadrat zu, das am Ende der Straße eingerahmt war, und redeten von dem Glück, das sie genau in dem Moment zusammengeführt hatte, als sie dachten, der Zufall hätte sie für immer getrennt.

„Es war ein Absturz!" Dick wiederholte, und sie gingen um die grasbewachsenen Aschehaufen herum.

„Aber Dick, du wirst mich nicht im Stich lassen", sagte sie. „Sag mir, dass du mich von Hanley wegbringen wirst." Ich konnte es nicht ertragen, wenn du weg warst – ich würde lieber sterben.'

„Natürlich werde ich dich mitnehmen, meine Liebe", sagte Dick, mit einer deutlichen Vision des Scheidungsgerichts im Kopf; „Aber du weißt, das würde bedeuten, alles aufzugeben und mit mir durch das Land zu reisen; Ich weiß nicht, ob es dir gefallen wird.'

„Du meinst, dass du mich nicht genug liebst, um mich mitzunehmen."

„Ich nehme dich mit, Liebling, wenn du kommst." Ich habe noch nie eine Frau so gemocht wie dich. Der Zugruf ist für zehn Uhr. Wir müssen etwas erfinden. Wie treffen Sie mich am Bahnhof?

Dann war es an Kate zu zögern. Sie hatte die Potteries noch nie in ihrem Leben verlassen; Sie war hier geboren, aufgewachsen und verheiratet. Und nun ging sie weg, ohne Hoffnung, jemals zurückkehren zu können, sie begab sich in eine unbekannte Region, um herumzustreifen, von der sie nicht wusste, wohin – treibend und hilflos wie ein zahmer Vogel, der befreit und den Feinden eines unbekannten Landes ausgeliefert wurde. In diesem Moment dämmerte ihr die halbe Wahrheit, und als sie den Blick hob, sagte sie:

„Schwanz! Du verlangst viel von mir. Was soll ich tun? Nie, nie, nie Hanley wiedersehen!'

„Ich wusste nicht, dass Hanley dir so am Herzen liegt. Und du hast mir gerade vorgeworfen, dass ich dich nicht genug liebe, um dich mitzunehmen. Ich glaube, du bist es, der mich nicht liebt.'

„Dick, du weißt, dass ich dich mehr liebe als alles andere auf der Welt!" Aber alles aufzugeben, nie wieder zu sehen, was man sein ganzes Leben lang gesehen hat.'

„Ich glaube nicht, dass du es bereuen wirst, mein Lieber; wir werden uns sehr freuen. „Wir fahren von hier nach Derby und von dort nach Blackpool, einem sehr lustigen Ort am Meer." Und er erzählte ihr vom Bootfahren und Picknicken, wobei er immer mehr von ihrem hübschen Gesicht überzeugt wurde, und seine Erinnerung an ihre hübsche Stimme wurde in ihm aktiv, als er sie in die Arme nahm und sagte: „Du darfst nicht mehr denken." darüber, Liebes; Ich könnte diesen Ort nicht ohne dich verlassen. „Blackpool wird Ihnen gefallen, wenn Sie gerne Boot fahren."

„Ich weiß es nicht", sagte sie; „Ich habe noch nie das Meer gesehen."

„Nun, jetzt können Sie es sehen", antwortete er. „Schau da draußen; „Das Tal zwischen uns und den mit Nebel gefüllten Hügeln ähnelt mehr dem Ozean als alles, was ich je gesehen habe."

„Das Meer", wiederholte Kate. 'Warst du schon in Amerika?'

„Ja", antwortete er, „ich lebe dort seit mehreren Jahren." „Vielleicht bringe ich das Unternehmen dorthin – wahrscheinlich nächstes Jahr, wenn alles gut geht."

„Und nimmst du mich mit?"

„Ja", sagte er, „aber du musst morgen früh wegkommen." Warum zögerst du?'

„Ich zögere nicht", antwortete sie, „aber diese Hügel jenseits des Tals kamen mir immer sehr wundervoll vor; „Seit ich ein kleines Kind war, habe ich mich gefragt, was hinter diesen Hügeln liegt."

Als Antwort küsste Dick sie, und sie verfielen wieder ins Nachdenken.

Die hohen Schornsteine der Fabriken, die flaschenförmigen Töpferöfen und die komplizierten Schächte der Zechen waren im Nebel verborgen, und die durch den Nebel aufblitzenden Ofenfeuer verstärkten das Aussehen des Hanley Valley wie ein Meer aus Sternen. Wie Sterne flammten diese Öfen mal hier, mal dort über den unteren Hängen der Hügel, bis schließlich einer hoch in den Hügeln aufflammte, so hoch, dass er sich am untersten Rand befunden haben musste. Für Kate schien es, als würde in einem fernen Land ein Herd der Freude und des Trostes auf sie warten, und alle ihre Fantasien konzentrierten sich auf dieses ferne Licht, bis ein anderes Licht, das plötzlich weiter oben in den Hügeln aufbrach, sie anzog und sie glaubte, es würde drin sein oder über dieses Licht, dass sie ihr Glück finden würde. Sie musste von einem Licht zum nächsten aufsteigen, aber das Licht, auf das ihr Blick gerichtet war, war kein Ofenlicht, sondern ein Stern. Würde sie dann in dieser Welt nie ihr Glück finden? Sie fragte. Würde Dick sie verlassen? Und ohne ihm zu sagen, dass sie ein irdisches mit einem himmlischen Licht verwechselt hatte, warf sie ihre Arme um ihn.

„Natürlich, Dick, ich gehe mit dir; Ich werde Ihnen folgen, wohin auch immer Sie gehen, und die Arbeit erledigen, die Sie mir auftragen. Du hast gut über meine Stimme gesprochen. Oh ja, Dick, ich komme mit dir. Warum sollte ich nicht? Du bedeutest mir alles! Ich wusste nie, was Glück ist, bis ich dich sah; Ich hatte nie Vergnügen, ich hatte nie Liebe; es war nichts als Plackerei von morgens bis abends. Es ist besser, tot zu sein, als so weiterzuleben. Sag mir, Dick, du bringst mich mit.'

Dick hörte diesen leidenschaftlichen Bitten ruhig und ruhig zu, nahm sie in die Arme und küsste sie inbrünstig, wenn auch etwas mit der Miene eines Menschen, der weitere Erklärungen für unnötig hält. Doch als er sein Gesicht zurückzog, fuhr Kate zunächst klagend, dann aber mit mehr Leidenschaft fort:

„Es ist sehr böse – ich weiß, dass es so ist –, aber ich kann nicht anders. Ich wurde religiös erzogen, niemand war religiöser, aber ich konnte nie wie meine Mutter und Frau Ede an Gott denken und diese Welt vergessen. Früher habe ich immer gerne Geschichten über Liebende gelesen, und ich fühlte mich immer elend, wenn sie am Ende nicht heirateten und glücklich lebten. Aber dann waren diese Menschen gut und rein und ihnen wurde geboten, einander zu lieben, während ich sündig bin und für meine Sünde bestraft werden muss. Ich weiß nicht, wie das sein wird; Vielleicht wirst du aufhören, mich zu lieben und mich verlassen. Wenn du aufhörst, mich zu lieben, hoffe ich, dass ich sterben werde. Aber das wirst du nie tun, Dick; Sag mir, dass du es nicht tun wirst. Du wirst dich erinnern, dass ich viel für dich aufgegeben habe; dass ich mein Zuhause für dich verlassen habe; dass ich alles verlassen habe.'

Ihre Schwäche zog ihn ebenso an wie ihr hübsches Gesicht, und er wusste, dass sie ihn liebte; und sie gingen zusammen weg; So viel war entschieden, und soweit er sehen konnte, war die Sache damit erledigt. Außerdem war es schon sehr spät; Der dritte Akt musste jetzt fast vorbei sein, und er hatte noch eine Menge Geschäfte zu erledigen. Aber es war schwer vorzuschlagen, dass sie nach Hause gehen sollten, denn Kate war in Tränen ausgebrochen und konnte sich nicht länger beherrschen. Er muss sie trösten.

„Du darfst nicht weinen, Liebes“, sagte er leise; „Morgen werden wir weit weg von hier sein, und dann wirst du erfahren, wie sehr ich dich liebe.“

„Aber liebst du mich wirklich? Wenn ich nur sicher wäre, dass es so ist!'

„Wenn ich dich nicht liebte, warum sollte ich dich dann bitten, mit mir wegzugehen?" Wenn ich dich nicht lieben würde, könnte ich dich dann so küssen, wie ich es tue?'

„Natürlich waren wir sehr böse", fuhr sie fort, als hätte sie ihn nicht gehört, „und du kannst mich nicht besonders respektieren; Aber dann hast du mich so geliebt, und die Musik hat mich alles vergessen lassen. Es war nicht alles meine Schuld, denke ich, und du warst so anders als alle anderen Männer, die ich gesehen habe – so viel mehr wie das, was ich mir von einem Mann vorgestellt habe, so viel mehr wie die Helden in den Romanen. Wie Sie wissen, gibt es in den Büchern immer einen Tenor, der im Mondlicht unter dem Fenster singt und der Dame, die er liebt, Rosen schickt. Du hast mir nie Rosen geschickt, aber in Hanley gibt es auch keine Rosen. Aber du warst so freundlich und nett und hast so anders gesprochen, und als ich in deine blauen Augen schaute, konnte ich nicht anders, als das Gefühl zu haben, dass ich dich liebte. Ich glaube wirklich, dass ich es wusste – zumindest konnte ich mit dir nicht' auf die gleiche Art und Weise reden wie mit anderen Männern. Du erinnerst dich, wie du, als ich dir die Räume zeigte, stehen bliebst, um mit mir über die frommen Karten zu sprechen, die Frau Ede an die Wand gehängt hatte – nun, seitdem hatte ich das Gefühl, dass du mich mochtest. Und es war so anders, seit du in dem Haus wohnst. Ich habe nicht viel von dir gesehen, du warst immer so beschäftigt, aber ich lag nachts wach, um dich kommen zu hören.'

„Schau her, Liebes, ich weiß, dass du mich sehr magst – ich auch von dir –, aber ich muss zurück ins Theater. Sie haben keine Ahnung von dem Geschäft, das ich heute Abend zu erledigen habe, und da wir zusammen weggehen, müssen wir uns nach einer Unterkunft umsehen.'

Diese Notwendigkeit sofortigen Handelns erschreckte und erschreckte sie zugleich, und sie brach erneut in einen leidenschaftlichen Schluchzer aus und rief:

„Oh, Dick, das ist eine schreckliche Sache, die du von mir verlangst!" Oh, was wird aus mir? Aber liebst du mich? Sag mir noch einmal, dass du mich liebst und mich nicht verlassen wirst.'

Dick zog sie näher an sich heran, um eine Antwort zu erhalten. „Wir dürfen nicht länger hier bleiben", sagte er.

„Aber ich kann nicht nach Hause gehen, Dick – zu diesem Haus."

„Du wirst bei mir schlafen, Liebes, im Gasthaus."

'Mit dir schlafen?' wiederholte sie und ließ sich führen.

Die Feuer in den Öfen hatten um Dutzende zugenommen; jede schillernde Linie war nun mit anderen Linien gekreuzt und verwoben; und durch die

Tränen, die ihre Augen blendeten, sah Kate ein riesiges Feuermeer und dahinter nichts als unergründliches Grau.

XI

Am nächsten Morgen war der Himmel tief und grau, und die Dächer der Häuser erschienen undeutlich durch den Nebel. Wenig später begannen sich die Wolken zu verdichten, und es schien, als würde es regnen, doch hin und wieder fiel ein Sonnenstrahl auf eine Ecke des Tisches, nur wenige Zentimeter von Kates ungeduldig bewegten Fingern entfernt. Sie hatte kein Frühstück zu sich nehmen können – sie hatte nur ein Stück Brot zerkrümelt, eine Tasse Tee getrunken und Dick gebeten, sich zu beeilen. Es schien, dass er keinen Gedanken an sie hatte und nicht daran dachte, was ihr Schicksal sein würde, wenn sie den Zug verpassten. Sie konnte keine weitere Nacht in Hanley verbringen.

„Dick, mein Lieber, beeil dich. Wir werden den Zug verpassen.'

„Wir haben noch viel Zeit", antwortete er, und sie las in seinem Gesicht den Wunsch nach einem weiteren Teller Fladenbrot, und sie betete, dass er nicht um ein weiteres Ei bitten würde.

„Dick, es ist zehn Minuten vor zehn."

„Ich glaube nicht, dass es so viel sein kann, Liebes." Er drehte sich um und blickte auf die Uhr, die hinter ihm stand.

„Oh, Dick, Dick! Beeilen Sie sich, ich flehe Sie an; Du weißt nicht, was ich leide. Angenommen, mein Mann käme jetzt herein und würde uns hier finden?'

„Er darf nicht wissen, dass wir hier sind; der Bahnhof ist der erste Ort, den er aufsuchen würde; Es hat keinen Sinn, länger dort herumzuhängen, als wir helfen können.'

„Oh je, ich würde zehn Jahre meines Lebens opfern, wenn wir einmal im Zug wären."

„Es hat keinen Sinn, sich selbst so zu erregen, Liebes; Ich werde dafür sorgen, dass du niemanden triffst.'

„Wie schaffen Sie das?"

„Das erzähle ich dir im Taxi." Ich denke, im Großen und Ganzen sollten wir jetzt besser anfangen. Zum Glück haben wir nicht viel Gepäck, das uns aufhalten könnte. „Herr Kellner, bringen Sie die Rechnung mit und rufen Sie mir ein Taxi."

„Und wie willst du mich davor bewahren, ihn zu treffen, wenn er vor uns da ist?" sagte sie zu Dick, als sie wegfuhren.

„Ich lasse dich im Taxi und schneide ab, um zu sehen, ob er da ist."

„Er könnte kommen und mich suchen, wenn du weg bist, und das wäre schlimmer als alles andere." Er könnte mich töten, und ich hätte niemanden, der mich rettet.'

Tatsächlich war er ein wenig verwirrt, denn es ließ sich nicht leugnen, dass es nur allzu möglich, um nicht zu sagen wahrscheinlich war, dass sie Mr. Ede vorfinden würden, der auf sie wartete. Er dachte an Verkleidungen und Geheimtüren, an Masken und Perücken, an die Kleiderkörbe, aber ein kurzer Moment des Nachdenkens überzeugte ihn davon, dass es undurchführbar wäre, Kate in einem dieser Körbe zu verstauen. Dann dachte er daran, eine Eisenbahndecke um seine frischgewonnene Frau zu wickeln und sie so verborgen in seinen Armen zu tragen; aber das ginge auch nicht. Herr Ede würde ihn bestimmt fragen, was er da habe.

„Oh, Dick, mein Lieber, was sollen wir tun, wenn wir ihn auf dem Bahnsteig wartend finden?" Du wirst mich beschützen, nicht wahr? Du wirst mich nicht im Stich lassen! Ich konnte nicht zu ihm zurückkehren.'

'Natürlich nicht. Lass ihn dich von mir wegnehmen? Nicht ich! Wenn du nicht mehr mit ihm zusammenleben willst, hast du das Recht, ihn zu verlassen. Ich werde ihn niederschlagen, wenn er mir etwas von seiner Wange gibt.'

„Das wirst du nicht tun, oder, mein Lieber?" Denken Sie daran, wie klein und schwach er ist; du würdest ihn töten.'

„Das stimmt, das würde ich auch tun." Nun, ich bin verdammt, wenn ich weiß, was ich tun soll; Du musst mit mir kommen, auch wenn er einen Streit auslöst. Es wird unangenehm sein, und zwar vor der ganzen Firma. Glaubst du nicht, dass du einen Moment im Taxi warten könntest, während ich mich umschaue – ich werde nicht weit gehen.'

„Oh, ich hätte zu viel Angst! Könntest du nicht jemanden bitten, für dich zu gehen?'

„Ich werde sehen, wer da ist", sagte Dick und drehte den Hals, um um die Ecke zu schauen. 'Von Jove! Sie sind alle da – Beaumont, Dolly Goddard. Ich denke, ich werde Montgomery fragen; Er ist ein verdammt guter Kerl. Wir sollten das Taxi besser hier anhalten und ich rufe ihn."

Kate stimmte zu und einen Moment später steckte die riesige Nase und das Vogelscheuchengesicht des Musikers durch das Fenster.

„Hey, alter Kumpel, was ist los? Ich warte – aber – ich bitte –'

„Macht dir nichts", sagte Dick und legte seine Hand auf den Arm des jungen Burschen; „Ich möchte, dass du mir einen Gefallen tust." Laufen Sie auf den Bahnsteig hinunter und sehen Sie nach, ob sich irgendwo ein kleiner, dürrer

Mann von der Größe von Dubois herumtreibt. Man kann ihn nicht verwechseln; Er hat einen schmutzigen dunklen Bart, der wie ein Grasbüschel auf seinem Gesicht wächst, und er hat keine Brust, kleine, dünne Schultern, und er hätte …"

„Eine graue Hose und eine rote Wolldecke um seinen Hals", flüsterte Kate und fühlte sich bitter beschämt.

„In Ordnung", sagte Montgomery, „ich werde ihn entdecken, wenn er da ist." Aber Sie wissen, dass der Zug in zehn Minuten oder weniger fährt, und Hayes sagt, dass er die Fahrkarten nicht nehmen kann; Du hast die ganze Münze.'

'Also habe ich; Ich habe gestern Abend vergessen, es ihm zu schicken. Bitten Sie ihn, hierher zu kommen, das ist ein guter Kerl.'

„Ich wette, Hayes wird es nicht schaffen, die richtigen Tickets zu bekommen. Er ist völlig nutzlos, immer besoffen – naschend, wissen Sie."

Kate antwortete nicht und es entstand eine unruhige Stille, die schließlich durch das Erscheinen eines Schluckaufs und eines Mannes mit langem Schnurrbart unterbrochen wurde.

„Wie geht es dir, alter Mann?" Äh! Wer ist-? Ich glaube nicht, dass ich das Vergnügen habe, diese Dame kennenzulernen.'

'Frau. Ede – Herr. Hayes, unser stellvertretender Manager. Schauen Sie mal, Hayes, gehen Sie und holen Sie sich die Tickets. Ich kann diese Dame nicht verlassen. Fünfunddreißig reichen aus.'

„Wie fünfunddreißig? Wir reisen einundvierzig.'

„Du weißt ganz genau, dass wir immer fünfunddreißig bekommen." Verdammt, Mann, beeil dich!'

„Verdamm mich nicht. Neues Mitglied der Com-Firma, was?'

„Das erzähle ich dir später alles, alter Mann", sagte Dick, beugte sich vor und tat so, als würde er vertraulich flüstern.

Damit war der Trinker zufrieden, der, nachdem er seinen seidenen Schnurrbart gezogen und Kate erneut betrunken angestarrt hatte, mit der schwarzen Tasche in der Hand davoneilte.

„Verdammt lästig, mit so einem Kerl zu tun zu haben; Er denkt, er sei ein echter Hingucker im Geschäft und trägt zur Schau die schwarze Tasche.'

Zwei Minuten vergingen, vielleicht drei; es kam ihr wie eine Ewigkeit vor, und dann hörte sie Montgomerys Stimme rufen:

„Es ist alles in Ordnung, da bin ich mir sicher."

„Dann geh raus, mein Lieber“, sagte Dick, „wir haben keinen Moment zu verlieren.“

Sie sprang heraus, war aber noch kein Dutzend Meter gelaufen, als sie panisch stehen blieb.

'Frau. Ede – meine Schwiegermutter – vielleicht ist sie da! Oh, Dick, was soll ich tun?'

„Sie ist nicht da“, antwortete Montgomery; „Ich kenne sie vom Sehen“, und dass Montgomery ihre Schwiegermutter vom Sehen kennen sollte, bedeutete für Kate genauso viel wie ein Fußabdruck für eine verlorene Person in der Wüste. Denn der Anblick der Kompanie auf dem Asphalt und all des Gepäcks, der Koffer und der riesigen weißen Körbe mit der Aufschrift „Morton and Cox’s Operatic Company“ und des Zuges, der darauf wartete, sie an ein unbekanntes Ziel zu bringen, löste in ihr intensivere Gefühle aus als je zuvor dass sie in einer Strömung trieb, die sie tragen würde, wusste sie nicht wohin. All diese seltsamen Menschen versammelten sich fortan zu ihrer Welt. Sie war nicht unnatürlich verängstigt, aber vor allem der Gepäckmann versetzte sie in Angst und Schrecken, so allmächtig wirkte er, stürmte auf dem Bahnsteig auf und ab, schrie die Gepäckträger an und warf den Damen der Kompanie wie er Informationen zu ging an ihnen vorbei.

„Wir werden in einer Minute weg sein, Liebes“, flüsterte Dick ihr leise ins Ohr, „und dann –“

„In wessen Kutsche gehst du, Dick?“ sagte ein kleiner, kräftiger Mann, der stolzierte und einen Hut wie der eines Bischofs trug.

„Ich weiß es wirklich nicht; Es macht mir nichts aus; Überall, außer bei den Pfeifenrauchern.
Ich kann so viel nicht ertragen.'

„Vielleicht nimmt er ein First-Class-Abteil mit Heißwasserpfannen“, bemerkte Mortimer, und die kleine Gruppe von Bewunderern lachte alle ausgelassen. Als Dick die Bemerkung hörte, sagte er zu Kate: „Man darf nicht darauf achten, was er sagt; Ich hätte ihn vor etwa sechs Monaten beinahe ins Orchester von Halifax geworfen. Aber welches Abteil sollen wir nehmen? Gehen wir mit Leslie und Dubois und Montgomery; sie sind die leisesten. Darf ich Ihnen Miss Leslie vorstellen? Miss Leslie – Mrs. Ede, eine Dame, die ich nach Blackpool begleite; Ihr zwei unterhaltet euch miteinander. Ich bin in einer Minute zurück. Ich muss Hayes verfolgen; Wenn ich es nicht tue, vergisst er vielleicht alles über die Tickets.'

„Ich fürchte, Sie werden uns sehr laut finden, Mrs. Ede“, sagte Miss Leslie und zwar auf eine Weise, die Kate sofort das Gefühl gab, mit ihr vertraut zu sein.

Miss Leslie hatte ein strahlend lächelndes Gesicht mit klaren blauen Augen, und ein Schopf gefärbter Haare lugte unter einer hübschen, mit Bändern verzierten Haube hervor, und Kate bemerkte, wie schön geschnitten ihre Kleidung war. Miss Beaumont trug große Diamanten in ihren Ohren und einen etwas ausgefransten gelben französischen Umhang, der, wie sie den Mädchen in ihrer Nähe, insbesondere ihrer Freundin Dolly Goddard, erklärte, für Reisen völlig ausreichend war. Niemand im Unternehmen konnte die Freundschaft zwischen diesen beiden verstehen; die Wissenden erklärten, Dolly sei Beaumonts Tochter; andere, die behaupteten, wissender zu sein, vertraten andere Ansichten. Dolly war ein kleines Mädchen mit zerknitterten Gesichtszügen, das Kleider trug, die aus den abgelegten Kleidungsstücken der großen Frau neu angefertigt waren. Sie sang im Chor, erhielt ein Gehalt von fünfundzwanzig Schilling pro Woche und war bei allen beliebt. Um sie herum stand eine Gruppe Mädchen; Sie bildeten eine schwarze Masse aus Baumwolle, Alpaka und schmutzigem Stoff. In ihrer Nähe redete ein halbes Dutzend Chorsänger über die Möglichkeit, noch etwas zu trinken, bevor der Zug einfuhr. Ihre ausgefransten Stiefel und abgewetzten Gehröcke hätten dazu geführt, dass man sie für Straßenmüßiggänger gehalten hätte, aber ein oder zwei von ihnen trugen Lackleder und eine schick gemachte Krawatte der neuesten Mode. Dubois' Hut verlieh ihm das Aussehen eines Bischofs, seine engen Hosen ließen ihn mit einem Stallknecht verwechseln; und Joe Mortimer machte den Schauspieler, dessen Freunde einst glaubten, er sei ein Genie, sehr gut wett.

Es hatte sich herumgesprochen, dass Dick mit einer verheirateten Frau durchbrennen würde und dass der Ehemann jede Minute erscheinen würde, um sie aufzuhalten; Es hatte sogar die Ohren der Chorsänger im Erfrischungsraum erreicht, und sie stürzten ihr Bier hinunter und eilten zurück, um sich das Spiel anzusehen. Mortimer erklärte, dass sie Dick zum ersten Mal in einem echten Drama sehen würden und dass er es um keinen Preis verpassen würde. Der Witz wurde in der Gruppe wiederholt, und bevor das Gelächter aufhörte, kam die grün gestrichene Lokomotive in Sichtweite, und im selben Moment sah man Dick, wie er aus dem Erfrischungsraum auf sie zukam und den betrunkenen Mr. Hayes mit sich zog.

Dann war Kate froh und wischte fast triumphierend die Tränen aus ihren Augen. Niemand konnte sie jetzt aufhalten. Sie wollte mit Dick weggehen, um geliebt zu werden und für immer glücklich zu leben. Beaumont war vergessen, und die heftige Sehnsucht nach Veränderung, die sie so lange gehegt hatte, überwältigte sie völlig, und mit kindlichem Ungestüm stürzte sie auf ihren Geliebten zu, stützte sich auf seinen Arm und versuchte zu sprechen.

'Was ist los, Liebes?' sagte er und beugte sich zu ihr. „Warum weinst du?"

„Oh, nichts, Dick. Ich bin so glücklich. Oh, wenn wir nur außerhalb dieser Station   wären! Wo soll ich einsteigen?'

Selbst wenn ihr Mann käme und sie zurückgebracht würde, dachte sie, dass sie zumindest gerne in einem Eisenbahnwaggon gewesen wäre.

'Komm hier rein. Wo ist Montgomery? Lasst uns ihn haben.'

„Und, oh, fragen Sie Miss Leslie! Sie war so nett zu mir.'

„Ja, sie reist immer mit uns", sagte Dick, der an der Kutschentür stand. „Komm, steig ein, Montgomery; Beeilen Sie sich, Dubois.'

„Aber wo ist Bret?" schrie jemand.

„Ich habe ihn nicht gesehen", antworteten mehrere Stimmen.

„Wird eine Dame vermisst?" fragte Montgomery.

„Nein", antwortete Mortimer mit der tiefsten nasalen Stimme, die er sich vorstellen konnte, „aber mir ist gestern Abend im Theater ein Verwandter des Chefbankiers der Stadt aufgefallen." Vielleicht wurde der Scheck unseres Freundes einbehalten.'

Dieser Ausfall wurde von schallendem Gelächter begrüßt, dessen Relevanz niemand auch nur annähernd erraten konnte; und der Wachmann lächelte, als er zum Portier sagte:

„Das ist Mr. Mortimer." „Amüsant, sind das Theatermänner?" Dann wandte er sich an Dick: „Ich muss den Zug starten." „Dein Freund wird zu spät kommen, wenn er nicht schnell hochkommt."

„Ist es nicht außergewöhnlich, dass Bret nie auf dem Laufenden sein kann? „Jeden Abend wartet eine Bühne darauf, dass er zur Serenade kommt", sagte Dick und zog seinen Kopf vom Fenster zurück. „Hier ist er, Sir", sagte der Wachmann.

„Komm schon, Bret; „Du kommst zu spät", schrie Dick.

Ein großer, dünner Mann in einem Samtmantel wurde gesehen, wie er, von zwei Trägern vorangetrieben, mit offenbar schmerzhafter Geschwindigkeit den Bahnsteig hinunterlief.

„Hier drin", sagte Dick und öffnete die Tür.

Sie verließen den düsteren Bahnhof und gingen in die helle Luft, begleitet von langen Wagenreihen, beladen mit Schornsteinen und Dachziegeln, den Erzeugnissen von Hanley. Die Zechen dampften über ihren Aschehügeln, die Fabrikschornsteine brodelten, und als Kate auf diese Arbeitswelt blickte, die sie für immer verlassen wollte, lauschte sie auf die unsicheren Probleme, die sich in ihrem Kopf auftürmten, und auf die Stimmen der Schauspieler sprechen über komische Lieder und Tänze.

Sie streckte instinktiv ihre Hand aus, um Dicks Hand zu finden; er saß neben ihr und sie fühlte sich wieder glücklich.

Über diese Intimitäten war niemand außer Frank Bret überrascht, und das Lachen, das Kate erröten ließ, wurde durch den dummen, fragenden Blick des Tenors ausgelöst: Es war das erste Mal, dass er sie sah; Er hatte die Geschichte der Flucht noch nicht gehört, und sein Blick wanderte von einem zum anderen, vergeblich verlangte er nach einer Erklärung, und um die Heiterkeit noch zu steigern, sagte Dick:

„Aber übrigens, Bret, warum bist du heute Morgen so spät dran? Warst du unten bei der Bank und hast einen Scheck eingelöst?'

'Über was denkst du nach? „Am Sonntagmorgen sind keine Banken geöffnet", sagte Bret, der natürlich nicht die geringste Ahnung hatte, was gemeint war.

Die Antwort löste bei allen, außer Miss Leslie, schallendes Gelächter aus, und es wurden alle möglichen Änderungen an dem Witz vorgenommen, bis er dem Rest der Gesellschaft ebenso übel wurde wie dem verwirrten Tenor, der die Spreu mit der würdevollen Dummheit guten Aussehens trug .

Die Mummers reisten in der dritten Klasse. Kate saß neben dem Fenster, mit dem Rücken zum Motor; Dick war neben ihr und Miss Leslie stand ihr gegenüber; dann kamen Dubois und Bret, mit Montgomery am anderen Ende.

Das Gespräch war ins Stocken geraten, und Dick legte seinen Arm um Kates Taille und flüsterte ihr und Leslie zu:

„Ich möchte, dass ihr beide Freunde seid." Lucy ist eine meiner ältesten Freundinnen. Ich kannte sie, als sie so high war, und ich war es, der ihr ihre erste Rolle gab, nicht wahr, Lucy?'

'Ja. Erinnerst du dich nicht, Dick, an den ersten Abend, an dem ich Florette in „ *Die Briganten"gespielt habe* ? Hatte ich nicht Angst? „Ich hätte mich nie auf die Bühne gewagt, wenn du mich nicht von den Kulissen aus angefeuert hättest."

Kate dachte, sie hätte noch nie jemanden so nett gesehen oder jemanden so freundlich sprechen hören. Tatsächlich gefiel sie ihr abseits der Bühne besser als auf der Bühne. Leslie hatte die Angewohnheit, beim Sprechen die Stimme zu erheben, bis sie in einem Lachen und dem Zurschaustellen weißer Zähne endete. Die anderen der Gesellschaft kannte sie noch nicht. Sie waren immer noch bei ihren Gestalten, die sich durch einen aufgeregten Traum bewegten. Leslie war der Erste, der zum Leben erwachte.

Dicks Gespräch neigte dazu, abzuschweifen, aber nachdem er sich eine Zeit lang den Freuden der Rückschau hingegeben hatte, kam er auf das Thema zurück:

„Nun, es ist ein bisschen schwierig zu erklären", sagte Dick, „aber sehen Sie, diese Dame, Frau Ede, war zu Hause nicht sehr glücklich und hatte eine schöne Stimme – Sie müssen sie etwas *Angot singen hören* – und So ein Ohr! Sie hat den Walzer nur einmal gehört und kann ihn Note für Note wiedergeben. Nun, um es kurz zu machen: Sie dachte, sie würde es lieber lassen und versuchen, was sie mit uns machen könnte.'

„Ihr seid alle sehr nett zu mir, aber ich fürchte, ich war sehr böse."

'Oh mein!' sagte Miss Leslie lachend, „so dürfen Sie nicht reden; du wirst uns alle zum Erröten bringen.'

„Ich frage mich, wie solche Theorien zu Beaumonts Buch passen würden", sagte Dick.

„Sehen Sie", fuhr Dick fort, „sie hat Hanley ohne Kleidung zurückgelassen, außer denen, die sie trägt, und wir müssen alles in Derby kaufen", und er flehte Bret an, ein wenig nach unten zu rücken und ihm zu erlauben, den Sitz daneben einzunehmen Leslie.

Der Tenor, der Dirigent und der zweite Low-Comedian hatten eine Decke über ihre Knie ausgebreitet und machten Mittagsschlaf. Sie schrien, lachten und sangen Teile ihrer Abendmusik, wenn sie Argumente vorbrachten oder erwarteten, etwas zu sagen, und Kate war daher sich selbst überlassen und schaute aus dem Fenster.

Sie fuhren durch die schönsten Teile von Staffordshire, und zum ersten Mal sah sie die Orte, die ihr genauso vorkamen wie die Stelle, an der die Dame mit dem ovalen Gesicht dem hübschen Baronet Shelley vorgelesen hatte, wenn ihr Mann unterwegs war, um die Krankheit zu behandeln Landvolk.

Der Tag war voller Nebel und Sonne. Entlang der Waldränder hingen die weißen Dämpfe und verdeckten halb die Gestalt der grasenden Kühe; und die hellen Schatten schwebten lang und lang auf dem Gras, genau wie die Erinnerungen, die jetzt den Geist dieser sentimentalen Arbeiterin erfüllten. Es schien ihr, als stünde sie nun an der Schwelle zu einem neuen Leben – dem Leben, von dem sie so lange geträumt hatte. Ihr Geliebter war in ihrer Nähe, aber in einem mit Rauch gefüllten Eisenbahnwaggon und mit verschiedenen Männern und Frauen; und es kam ihr so vor, als ob sie auf sonnigen Wiesen neben Hecken spazieren gehen sollten. Die Vögel sangen in den Schalen; Aber in ihrer Fantasie vermischten sich das Klicken der

Nadeln und das Rascheln der Seide mit dem Gesang der Vögel, und als sie die Landschaft vergaß, dachte sie mit einem Seufzer darüber nach, was man zu Hause über sie sagen würde.

Sie wusste, dass Mrs. Ede die ganze Stadt durchsuchen lassen würde, und wenn es nicht mehr möglich war, einen Zweifel zu hegen, würde sie sagen, dass Kates Name nie wieder in ihrer Gegenwart erwähnt werden dürfe. Ein Brief! Es gab viel zu sagen, aber keiner wollte es verstehen. Die alte Frau, die sie einst so sehr geliebt hatte, würde sie für immer hassen und verabscheuen. Und Ralph? Kate kümmerte sich nicht so sehr darum, was er von ihr hielt; sie stellte sich vor, wie er fluchte und fluchte und die Polizei hinter ihr herschickte; und dann erschien er ihr als eine mürrische, mürrische Gestalt, die im Laden umherging, gelegentlich seine Mutter anknurrte und von Zeit zu Zeit murmelte, dass er teuflisch froh sei, dass seine Frau weggegangen sei. Sie hätte sich gewünscht, dass er sie bereuen würde; und als sie sich an die kleinen Mädchen erinnerte, spürte sie, wie ihr die Tränen in die Augen stiegen. Welche Erklärung würde man ihnen geben? Würden sie lernen, sie zu hassen? Sie dachte nicht; Trotzdem mussten sie auf den Besuch des Ladens verzichten, denn es gab niemanden mehr, der ihnen das Nähen beibringen konnte. Ihre Abwesenheit würde alles verändern. Mrs. Ede würde nie in der Lage sein, mit Hender klarzukommen, und selbst wenn sie es täte, wusste keiner von beiden genug vom Schneidern, um das Geschäft am Laufen zu halten, und sie fragte sich traurig: „Was wird aus ihnen werden?" Von dem, was sie im Laden verkauften, würden sie nicht leben können – das war nichts. Die Träume des armen Ralph von Glas und Lampen! Wo waren sie jetzt? Mit den dreißig Pfund im Jahr, die Mrs. Ede verdient, konnte sie kaum die Miete decken. Eine Vision von Zerstörung und Maklern huschte vor ihrem geistigen Auge vorbei, und ihr wurde zum ersten Mal bewusst, wie enorm wichtig der Schritt war, den sie unternommen hatte. Nicht nur ihre eigene Zukunft war verborgen, sondern auch die Zukunft derer, die sie zurückgelassen hatte. Die Langeweile ihres Lebens in Hanley war vergessen, und sie erinnerte sich nur noch an das ruhige, sichere Leben, das sie hätte führen können, vom Laden und zurück in die Küche und hinauf in ihr Arbeitszimmer – das Leben, in das sie hineingeboren worden war. Jetzt hatte sie nichts anderes als die Liebe dieses Mannes. Wenn sie es verlieren würde!

Leslie lächelte die Liebenden an, ging auf die Kartenspieler zu, legte ihren Arm um Brets Schultern und untersuchte seine Hand. Dann hoben die drei Männer ihre Köpfe. Dubois kicherte, grinste und zeigte über seine Schulter mit dem Zynismus des hässlichen kleinen Mannes, der jemals die Rolle des verachteten Liebhabers spielen musste, sei es im echten oder im fiktiven Leben. Auch Montgomery lächelte, aber ein genauer Beobachter würde in ihm die Sehnsüchte eines jungen Mannes erkennen, aus dessen schlichtem Gesicht die fallenden Früchte immer unsichtbar gehoben werden. Bret schaute sich ebenfalls um, aber sein Blick war der gleichgültige Blick von jemandem, dem die Liebe schon oft widerfahren ist, und er warf einen ebenso müßigen Blick auf das Bild, wie ein erschöpfter Feinschmecker es tun würde, wenn er die Speisekarte eines Table d'hôte-Dinners betrachtet.

Einen Moment später waren alle Augen wieder auf das Spiel gerichtet, und Dick begann mit Kate über die Kleidung zu sprechen, die sie in Derby kaufen musste.

„Ich kann dir zwanzig Pfund geben, damit du fit bist." Glaubst du, dass du damit zurechtkommst?'

„Ich fürchte, ich belaste dich zu sehr, Liebes."

„Nicht mehr, als du wert bist." Sie wissen nicht, was für eine angenehme Zeit unsere Reise sein wird; Es ist so ermüdend, immer allein zu sein. In diesen Landstädten gibt es keine Gesellschaft, aber ich werde jetzt keine Gesellschaft wollen.'

„Und denkst du, dass du meiner nicht überdrüssig wirst? Werden Sie sich nie wieder für eine dieser feinen Damen interessieren?' und ihre leuchtenden Augen zogen Dicks Lippen herab, und als sie einen Tunnel betraten, war die Versuchung, den Kuss zu wiederholen, groß, aber dank Dubois' Versuch, Streichhölzer anzuzünden, scheiterte er. Dick stieß mit dem Kopf gegen das Holz der Kutsche; Kate hatte das Gefühl, dass sie den kleinen Komiker hasste, und bevor sie sich wieder beruhigte, verlangsamte der Zug die Geschwindigkeit, und aus den Fenstern der verschiedenen Abteile ertönten häufig Rufe nach Dick.

„Wird die Eisenbahngesellschaft es ertragen, dass wir diese Reise übernehmen?"   schrie Mortimer.

„Ja", antwortete Dick und steckte den Kopf heraus, „sieben das letzte Mal und sieben dieses; wir sollten mehr als ein paar Pfund haben.'

Als der Zug anhielt und eine Stimme zu hören war: „Alle Fahrkarten hier!" Er sagte zu Dubois, Bret und Montgomery: „Nun, ihr Leute, schneidet ab; Bringen Sie Mortimer und ein paar der Chorsänger dazu, sich Ihnen anzuschließen. Uns fehlen noch sieben.'

Als sie wegliefen, fuhr er zu Leslie fort: „Ich hoffe, Hayes wird es nicht vermasseln; Er hat heute die Karten bekommen.'

„Du hättest nicht zulassen sollen, dass er sie dir nimmt; Du weißt, er ist immer mehr oder weniger betrunken und antwortet vielleicht mit zweiundvierzig.'

„Ich kann nichts dagegen tun, wenn er es tut; Ich würde mich bei Hanley um etwas anderes kümmern müssen.'

„Tickets!" sagte der Wächter.

„Unser amtierender Manager hat sie; er ist im letzten Wagen.'

„Du weißt, ich möchte nicht, dass etwas darüber gesagt wird; Hayes und ich sind alte Freunde; Aber es ist verdammt lästig, einen Schauspielmanager zu haben, der immer betrunken ist. Ich muss mich um alles kümmern, sogar um die Rückerstattung. „Aber ich muss nachsehen, wie er mit dem Wachmann zurechtkommt", sagte Dick, sprang auf und steckte den Kopf aus dem Fenster.

Nach einem oder zwei Augenblicken zog er es heraus und sagte hastig: „Bei Jupiter! Es gibt einen Streit. Ich muss gehen und sehen, was los ist. Ich wette, dieser Idiot hat etwas getan.'

Eine Minute später hatte er die Wagentür geöffnet und eilte den Bahnsteig hinunter.

„Oh, was ist los? – sagen Sie es mir doch", sagte Kate zu Miss Leslie. „Ich hoffe, er gerät nicht in Schwierigkeiten."

„Es ist überhaupt nichts." Wissen Sie, wir nehmen nie die volle Anzahl an Eintrittskarten, denn es ist für den Wachmann unmöglich, uns alle zu zählen; und außerdem gibt es einige Mitglieder, die immer die Plattform hinunterrennen; und auf diese Weise sparen wir eine Menge Geld, das rundherum für Getränke ausgegeben wird.' Aber Leslie ahnte, was Kate durch den Kopf ging, und sagte: „Es ist kein Betrug." Die Firma stellt uns eine Kutsche zur Verfügung, und es ist ihnen egal, ob wir fünfunddreißig oder zweiundvierzig fahren.

XII

Der Rest der Reise verlief eintönig, das Gespräch mündete in einer Diskussion, in deren Verlauf von Schauspielern, Sängern, Theater, Eintrittspreisen, „Make-ups", Bühnenmanagement und Musik die Rede war. In Birmingham sang Ashton, Leslies Zweitbesetzung, im ersten Akt der *Cloches die Musik des Tenors anstelle ihrer eigenen* : und der arme So-und-so, der die Grenicheux spielte – wie er aussah, als er sein B hörte geh los!

„Flach", murmelte Montgomery traurig, „ist nicht das richtige Wort." Ich versichere Ihnen, es hat jeden Zahn in meinem Kopf gelockert. Ich habe meinen Stock gebrochen, als ich versuchte, sie aufzuhalten, aber es hat nichts genützt.'

Dann wurden freiwillige Erklärungen abgegeben, wie die verschiedenen Stücke in Paris produziert worden waren, und die Talente der verschiedenen Komponisten wurden besprochen; und alle hielten ihre Seite und brüllten, als Dubois, der, wie Kate zu erkennen begann, das Gespött der Gesellschaft war, erklärte, dass er Offenbach für zu polkaisch halte.

Schließlich rollte der Zug in Derby ein, und Dick fragte einen roten Mann mit pickeligem Gesicht und rundem Hut, ob er sich gute Plätze für seine Plakate gesichert habe.

„Spiffing", antwortete der Mann und grüßte Leslie. „Aber ich konnte dir die Zimmer nicht besorgen. Sie sind vermietet; Und unter uns gesagt: Sie werden Schwierigkeiten haben, das zu finden, was Sie wollen. Dies ist die Woche der Viehschau. Am besten kommst du sofort zu mir. Ich kenne ein Hotel, das nicht schlecht ist, und Sie können die erste Wahl haben – Beaumonts alte Zimmer; aber du musst sofort kommen.'

Kate war froh zu sehen, dass Mr. Bill Williams, der Agent im Vorfeld, sich nicht an sie erinnerte. Sie erkannte ihn jedoch sofort als den Mann, der Dick zu ihrem Haus geschickt hatte.

„Woche der Viehschau!" Alle Zimmer in der Stadt vermieten!' rief Leslie, die einen Teil von Mr. Williams' Flüstern mitgehört hatte. 'Oh je! Ich hoffe, dass meine Zimmer nicht vermietet werden. Ich hasse es, in ein Hotel zu gehen. Lass mich raus; Ich muss mich sofort um sie kümmern. „Hier, Frank, nimm diese Tasche."

„Es hat keinen Sinn, so in Eile zu sein; Wenn die Zimmer vermietet sind, werden sie vermietet. Wie heißt das Hotel, von dem Sie gesprochen haben, Williams?'

„Ich habe den Namen vergessen, aber wenn Sie keine Unterkunft finden, hinterlasse ich Ihnen die Adresse im Theater", sagte der Agent im Voraus und zwinkerte Dick zu.

„Du bist verdammt schlau, Williams; Du wirst eines Tages jemandes Vermögen machen.'

Kate hatte einige Schwierigkeiten, dicht bei Dick zu bleiben, denn er war in dem Moment umzingelt, als er den Bahnsteig betrat. Der Gepäckmann hatte ihm eine Menge Fragen zu stellen, und Hayes wollte unbedingt noch einmal erklären, wieso der Fahrkartenkontrolleur ihn missverstanden hatte. Der amtierende Manager zog seinen langen Schnurrbart, ging umher und murmelte: „Blöder Idiot!" 'Dummer, verdammter Idiot!' Und da waren etwa zwanzig junge Frauen, die abwechselnd flehten und ihre kleinen Hände auf den Arm des beliebten dicken Mannes legten.

'Ja, Liebes; das ist es", antwortete er. „Ich werde mich morgen darum kümmern." Ich werde versuchen, Sie nicht in Miss Crawfords Umkleidekabine zu stecken, da Sie damit nicht einverstanden sind.'

„Und, Mr. Lennox, Sie werden dafür sorgen, dass ich nicht von Miss Dacre in die hintere Reihe gedrängt werde, nicht wahr?"

„Ja, mein Lieber – ja, mein Lieber; Ich werde auch dafür sorgen; aber ich muss jetzt weg; und Sie sollten sich besser um die Unterkunft kümmern; Ich habe gehört, dass sie sehr selten sind. Wenn Sie keines bekommen können, kommen Sie zum Hen and Chickens; Ich habe gehört, dass sie dort Zimmer zu vermieten haben. Arme kleine Mädchen!' „ flüsterte er Williams zu, als sie in ein Taxi stiegen. „Sie haben nur fünfundzwanzig Bob pro Woche; Man kann sich nicht vorstellen, dass sie von Wirtsfrauen ausgeraubt werden, die ihre Zimmer dreimal vermieten können.'

„Ganz wie Sie möchten", sagte Williams, „aber Sie werden das Hotel voll davon haben."

Während sie durch die Stadt fuhren, machte Dick auf die lebhafte Erscheinung der Menge aufmerksam, und Williams erklärte die Vorteile der von ihm gewählten Ecken; und schließlich hielt das Taxi am Gasthaus, oder vielmehr vor dem Torbogen eines etwa vier bis fünf Meter breiten Steingangs.

„Hier gibt es kein Gasthaus!"

„Oh ja, das gibt es, und auch ein sehr schönes Gasthaus; Der Eingang liegt etwas weiter oben im Gang.'

Es war ein altmodischer Ort – wahrscheinlich war es zu Beginn des Jahrhunderts ein beliebter Ferienort für sportliche Gutsbesitzer gewesen. Die

Halle war mit gelb gestrichenem Holz getäfelt; Auf der rechten Seite befand sich eine große braune Presse mit Glastüren und darüber ein Paar Büffelhörner. an der gegenüberliegenden Wand hing ein Barometer; und die breite, langsam abfallende Treppe mit ihrem niedrigen, dicken Geländer führte vor der Straßentür hinauf. Allerdings waren die Wohnungen nicht archäologisch korrekt ausgestattet.

Eine Tapete in antikem Design kontrastierte mit einer modernen Tischdecke, und die düsteren roten Vorhänge passten schlecht zu den Glasscheiben, die die schmalen Fenster früherer Zeiten ersetzt hatten. Dick gefiel weder der Staub noch der Schmutz, aber da kein anderes Bett und kein anderes Wohnzimmer verfügbar war, wurde bald ein Handel geschlossen, und der Besitzer, der hoffte, dass sich seine Gäste wohl fühlen würden, teilte ihnen mit, dass dies in seinem Haus die Regel sei Die Straßentür wurde um elf Uhr verriegelt und verschlossen und durfte für niemanden wieder geöffnet werden.

Er war ein ruhiger Mann, der für ein ordentliches Haus sorgte, und wenn es den Leuten nicht gelang, vor Mitternacht da zu sein, kümmerte er sich nicht um ihre Sitten. Nachdem er ein wenig gemurrt hatte, fiel Dick ein, dass die Kneipen um elf schlossen, und da er niemanden in der Stadt kannte, würde es keine Versuchung geben, draußen zu bleiben.

Williams, der Kate aufmerksam untersucht hatte, sagte, dass er ins Theater gehen würde, und fragte, ob er das Gepäck hochschicken lassen sollte.

Dies war eine unbequeme Frage, und da eine Erklärung vor dem Hotelbesitzer unmöglich war, war Dick gezwungen, Kate vorerst zu verabschieden und Williams ins Theater zu begleiten.

Sie nahm mechanisch ihre Haube ab, warf sie auf den Tisch, setzte sich in einen Sessel am Fenster und ließ ihre Gedanken zu den Daheimgebliebenen schweifen.

Was auch immer zunächst Zweifel gewesen sein mochten, jetzt wussten sie, dass sie sie verlassen hatte – und zwar für immer.

Die letzten drei Worte kosteten sie einen Seufzer, aber sie musste es zugeben. Ralph und seine Mutter konnten sich jetzt nicht mehr darüber im Klaren sein, dass sie mit Mr. Lennox durchgebrannt war. Ja, sie war durchgebrannt; Daran konnte kein Zweifel bestehen. Sie hatte getan, wovon sie so oft in Romanen gelesen hatte, aber irgendwie schien es überhaupt nicht dasselbe zu sein.

Das war eine verblüffende Entdeckung, aber sie war sich des Geheimnisses ihrer Enttäuschung kaum bewusst; Sie erwachte aus der Erstarrung, in die sie geraten war, und hoffte, dass Dick nicht lange aufhören würde. Das Warten war so ermüdend. Aber bald kam Miss Leslie die Treppe hinaufgerannt.

„Das Abendessen ist für fünf Uhr bestellt, und wir haben eine Gruppe von vier Personen zusammengestellt – Sie, Dick, ich und Frank."

„Und wie spät ist es jetzt?"

'Ungefähr vier. Glaubst du nicht, dass du bis dahin durchhalten kannst?'

„Oh mein Gott, ja; Ich bin nicht sehr hungrig.'

„Und ich leihe dir für heute Abend alles, was du willst."

„Danke, das ist sehr nett von dir." Kate begann sich zu fragen, ob ihre Freundlichkeit etwas mit Dick zu tun hatte, und um ihr Geheimnis zu lüften, wenn sie eines hatten, beobachtete sie sie während des Abendessens und war froh zu sehen, dass Mr. Frank Bret die gesamte Aufmerksamkeit der Primadonna in Anspruch nahm .

Bald nach dem Abendessen löste sich die Party auf.

„Du wirst heute Abend nichts kaufen können", sagte Dick und Kate antwortete:

„Leslie sagte, sie würde mir ein Nachthemd leihen."

„Und morgen kaufst du dir eine komplette Ausrüstung", und er gab ihr fünfundzwanzig Pfund und sagte ihr, sie solle sich mit Leslie anfreunden, sie sei die Beste von allen. Es schien ihr ein recht kleines Vermögen zu sein, und da Dick am nächsten Morgen nach London musste, schickte sie Leslie eine Nachricht und fragte, ob sie mit ihr zum Einkaufen kommen würde. Der Gedanke, ihren Geliebten so bald zu verlieren, machte ihr Angst, und wenn sie nicht durch den Kauf von Kleidung abgelenkt worden wäre, wäre die Woche, die sie in Derby verbrachte, unerträglich gewesen. Es stimmt, dass Leslie oft zu Kate kam und mehr als einmal mit ihr spazieren ging. Aber es gab lange Stunden, die sie allein in der Düsternis des Hotelzimmers verbringen musste, und wenn sie da saß und sich ein Reisekleid machte, war sie bedrückt und zitternd vor Gedanken oft gezwungen, ihre Arbeit niederzulegen. Sie musste zugeben, dass nichts so gelaufen war, wie sie es erwartet hatte; Sogar ihre eigene Liebeskraft schien schwach im Vergleich zu der Fülle an Zuneigung, die sie sich vorgestellt hatte, als würde sie Dick überschütten. Etwas schien sie zu trennen; selbst als sie sich zurücklehnte und er sie in seinen Armen hielt, war sie ihm nicht so nahe, wie sie es sich erträumt hatte; Und so sehr sie sich auch bemühte, es gelang ihr unmöglich, das Haus in Hanley aus ihrem Gedächtnis zu löschen. Es erhob sich vor ihr, ein dunkler Hintergrund mit klaren Farbtupfern: die kleinen Mädchen, die an dem leuchtenden Fenster mit den Musselinvorhängen und dem hängenden

Topf mit Grünzeug arbeiteten; die steifbeinige Frau, die sich mit Tellern und Schüsseln in den Händen bewegt; der Kranke keuchte auf dem kleinen roten Kattunsofa. Die Vergangenheit war noch Realität und die Gegenwart eine Fabel. Es schien nicht wahr zu sein: mit einem Mann zu liegen, der ihr immer noch fremd war; stand auf, wenn es ihr gefiel; Sie bekam sogar ihre Mahlzeiten, wann immer sie wollte. Sie konnte sich nicht darüber im Klaren sein, dass sie ihr ruhiges Zuhause in den Töpfereien für immer verlassen hatte und mit einer Gruppe von Wanderschauspielern durch das Land reiste. Die Spinne, die sich von der Decke gesponnen hatte, schien nicht an einem weniger sichtbaren Faden als sie selbst im Leben zu hängen. Angenommen, Dick würde niemals zurückkehren! Der Gedanke war entsetzlich, und mehr als einmal fiel sie auf die Knie, um zu beten, dass sie vor solch einem schrecklichen Unglück bewahrt werde.

Doch ihre Stunden der Einsamkeit waren nicht das Schlimmste, was sie ertragen musste. Angetrieben von der Neugier, alle Einzelheiten der Flucht zu erfahren, und angetrieben von dem ständigen Wunsch, unangenehme Dinge zu sagen, stattete Miss Beaumont Kate viele Besuche ab und saß mit gekreuzten Beinen da und unterstellte alles, was sie wagte. Sie wagte es nicht, eine direkte Aussage zu treffen, aber mit Hilfe eines Lächelns und einer indirekten Anspielung konnte man leicht andeuten, dass die Liebe im Herzen eines Schauspielers nur von kurzer Dauer ist. Solange Miss Beaumont anwesend war, unterdrückte Kate ihre Gefühle, doch als sie allein war, liefen ihr Tränen über die Wangen, und Schluchzen hallte durch das staubige Wohnzimmer.

In einer dieser Trancezustände fand Dick sie bei seiner Rückkehr vor und begleitete ihn an diesem Abend ins Theater. Das gespielte Stück war *Les Cloches de Corneville*. Miss Beaumont als Germaine enttäuschte sie und konnte nicht verstehen, warum der Marquis nicht in Serpolette verliebt war. Aber die Realität, die ihrer Idee am krassen Widerspruch gab, war, dass Dick die Rolle des Baillie spielen sollte; Und als sie ihren Helden mitten auf der Bühne fallen sah und hörte, wie alle über ihn lachten, empfand sie gleichzeitig Scham und Beleidigung. Der romantische Charakter ihres Geistes setzte sich durch und zwang sie gegen ihren Willen, den in Purpur gekleideten Marquis zu bewundern. Dann dachte sie darüber nach, ob sie in der Lage wäre, so gut zu spielen wie irgendeine der Damen auf der Bühne. Es schien ihr nicht sehr schwierig zu sein, und Dick hatte ihr gesagt, dass sie mit ein wenig Unterricht genauso gut singen könnte wie Beaumont. Der traurige Ausdruck, den ihr Gesicht trug, verschwand und sie wurde ungeduldig, bis das Stück zu Ende war, damit sie mit Dick über den Unterricht sprechen konnte. Sie befanden sich nun im dritten Akt, und als der Vorhang herunterfiel, eilte sie fort und fragte, während sie zum Bühneneingang ging. Es war keineswegs leicht zu finden. Sie verirrte sich ein- oder zweimal in den Seitenstraßen, und als sie endlich den richtigen Ort fand, verweigerte ihr der Diener den Zutritt.

„Gehören Sie zur Firma?"

Nach kurzem Zögern antwortete Kate, dass sie es nicht täte. Doch dieses kurze Zögern genügte dem Gepäckträger und er sagte sofort: „Gehen Sie weiter. Sie finden Mr. Lennox auf der Kutsche."

Schüchtern ging sie einen schmalen Gang entlang, in dem sich lauthals redende Männer drängten, und begab sich von dort in die Kulissen. Dort wurde ihr gesagt, dass Mr. Lennox oben in seinem Zimmer sei, aber gleich wieder herunterkäme.

Einen Moment lang konnte Kate nicht erkennen, wo sie war, so anders war die Bühne jetzt als jedes Mal, wenn sie sie zuvor gesehen hatte. Der gegenwärtige Anblick war ein völlig neuer.

Es war dunkel wie in einem Keller, und im gleißenden Licht, das aus einem eisernen Gasrohr strömte, trug der Bühnenschreiner schaukelnde Bühnenbilder hin und her. Der Zuschauerraum war ein runder, leerer Raum, der in tiefes Zwielicht gehüllt war, durch das Kate die lange Gestalt einer grauen Katze sah, die sich langsam um den Rand der oberen Logen bewegte.

Sie ging in eine Ecke, um den Leuten, die auf der Bühne auf und ab gingen, aus dem Weg zu gehen, reifte ihre Pläne für die Kultivierung ihrer Stimme und wartete geduldig darauf, dass ihr Geliebter mit dem Ankleiden fertig war. Dafür brauchte er einige Zeit, und als er endlich die Treppe hinunterkam, war er natürlich umzingelt; Jeder wollte wie immer mit ihm sprechen, aber er bot ihr galant seinen Arm an, neigte den Kopf und fragte flüsternd, wie ihr das Stück gefalle, und bestand darauf, zu hören, was sie von diesem und jenem Teil halte, bevor er irgendjemandem antwortete einer aus der Schar von Freunden, die wiederum danach strebten, seine Aufmerksamkeit zu erregen. Das war zwar sehr schmeichelhaft, aber sie musste dennoch ihren Plan aufgeben, ihm gleich zu erklären, und dann ihren Wunsch, Gesang zu lernen. Er konnte sich nicht auf das konzentrieren, was sie sagte. Mortimer erzählte eine Geschichte, bei der alle schrien, und direkt neben ihr waren Dubois und Montgomery in einen heftigen Streit über die Verwendung aufeinanderfolgender Quinten verwickelt. Aber abgesehen von diesen Ablenkungen gab es da noch einen großen, dünnen Mann, der ständig an Dicks Ellbogen drückte, ihn anflehte, zu ihm nach Hause zu kommen, und sagte, er würde ihm ein so gutes Glas Whisky geben, wie er noch nie getrunken hatte. Niemand wusste, wer der Mann war, aber Dick glaubte, ihn irgendwo oben im Norden getroffen zu haben.

„Ich war in Amerika und in Frankreich unterwegs, meine Herren, und ich führe ein Junggesellenleben." Mein Haus liegt auf der anderen Straßenseite, und wenn Sie mir die Ehre erweisen würden, hereinzukommen und ein Glas mit mir zu trinken, werde ich mich sehr geehrt fühlen. Wenn es eine Sache gibt, die mir mehr Spaß macht als die andere, dann sind es die Gespräche intellektueller Männer, und nach der Aufführung von heute Abend sehe ich nichts Besseres, als dafür zu Ihnen zu kommen. Aber", fuhr er galant fort, „wenn ich gerade gesagt habe, dass ich Junggeselle bin, dann, das versichere ich Ihnen, nicht, weil ich den Sex nicht mag." Mein einsamer Zustand ist mein Unglück, nicht meine Schuld, und wenn diese Damen Sie begleiten, meine Herren, muss ich dann sagen, dass ich entzückt und geehrt sein werde?'

„Wir werden die Ehrungen übernehmen und die Damen werden die Bezauberung übernehmen", sagte Mortimer, und mit diesen Worten folgte die ganze Gesellschaft dem großen, dünnen Mann zu seinem Haus, einem kleinen Gebäude mit einer Veranda und grünen Jalousien, wie man es mieten könnte ein wohlhabender Geschäftsreisender.

Die Möbel bestanden aus Mahagoni und Leder, und als man die Anrichte öffnete, verbreiteten sich der beißende Geruch von Tee und die widerlichen Gerüche von abgestandenem Brot und schlechter Butter im Raum; aber diese wurden schnell von den Dämpfen des Malzes dominiert. Für die Damen wurde eine Flasche Portwein dekantiert. Für den Gastgeber war nichts zu viel Mühe; Seine Gäste mussten sowohl essen als auch trinken, und er ging in die Küche und half der Magd, alle Esswaren herbeizuschaffen, die es im Haus gab — etwas kaltes Rindfleisch und Käse — und nachdem sie davon gegessen hatten, streckte sich die Gesellschaft aus auf ihren Stühlen. Hayes trank schweigend seinen Whisky, während Montgomery, die Beine über die Armlehne seines Stuhls geworfen, versuchte, ein Wort über den Refrain eines komischen Liedes zu sagen, das er gerade fertig komponiert hatte; Aber da das Lied in keinem der Stücke, mit denen sie auf Tour waren, gesungen werden sollte, interessierte sich niemand dafür, und Mortimers Vortrag über die Erneuerung des Theaters wurde so langweilig, dass Leslie und Beaumont begonnen hatten, an Schlafenszeit zu denken, und hätten sie vielleicht verlassen, wenn Dubois nicht gesagt hätte, dass alle großen französischen Schauspielerinnen Liebhaber hätten und dass die Engländer gut daran täten, ihrem Beispiel zu folgen. Verschiedene Meinungen kamen zum Vorschein, und alle schienen aufzuwachen; Es wurden Anekdoten erzählt, die Kate Farbe in die Wangen brachten und ihr Unbehagen bereiteten. Dubois hatte viel in Frankreich gelebt; Es war nicht sicher, ob er nicht auf Französisch gespielt hatte, und als er mit dem Bischofshut auf dem Hinterkopf saß, erzählte er, dass Agar George Sand als eine Art schlagartige Krankheit beschrieben hatte, die ihre Gesundheit stärker beeinträchtigt hatte als alle anderen Liebende zusammen. Dubois wurde vorgeworfen, den Berufsstand beleidigt zu haben; Dick stimmte zu, dass Dubois nicht wusste, wovon er sprach – George Sand war eine Frau, kein Mann – und Montgomery, der eine Schwägerin hatte, die in Schottland die Hauptrolle spielte, ließ sich nicht besänftigen, bis er gebeten wurde, Leslie zu begleiten und Bret im Duett. Der dünne Mann, wie ihn jetzt alle nannten, sagte, er sei noch nie in seinem Leben so berührt worden, eine Aussage, die Beaumont nach besten Kräften zu rechtfertigen versuchte, indem sie sich ans Klavier setzte und drei Lieder nacheinander sang. Der dritte war das Signal zum Aufbruch, und während Montgomery leise schwor, dass es völlig ausreiche, während der Geschäftszeiten Beaumont zuhören zu müssen, versuchte Dick, Hayes zu wecken. Er war fest eingeschlafen. Ihr freundlicher Gastgeber sagte, er würde ihn für die Nacht unterbringen, aber die Mummer dachten, sie könnten ihn nach Hause bringen. Also verabschiedeten sie sich freundlich von ihrem Gastgeber, den sie hoffentlich am nächsten Abend im Theater wiedersehen würden, und stolperten auf die Straße, den betrunkenen Mann zwischen sich schiebend und tragend. Es war sehr schwer, Hayes durchzubringen; Alle zehn oder ein Dutzend Meter bestand er darauf, mitten auf der Fahrbahn anzuhalten, um über den Wert und die Aufrichtigkeit der Freundschaft zu streiten, die seine Kameraden für ihn hegten. Mortimer bemühte sich, ihn zu beruhigen, indem er sagte, dass er die ganze Nacht in einer Pfütze stehen würde, wenn er dadurch beweisen könnte, dass er ihn liebte, und Dubois bat ihn, ihm zu glauben, als er das sagte, und mit ihm unter dem kalten Septembermond zu sitzen und darüber zu reden die lieben toten Tage würden eine Seligkeit sein, auf die er nicht verzichten konnte. Doch bald wirkten die Witze des Komikers müßig und flach, und die Damen schlugen vor, voranzugehen und es den Herren zu überlassen, ihre Freundin so gut sie konnten nach Hause zu bringen.

„Du denkst an deine Betten“, rief Dick, und das erinnerte ihn daran, dass der Hotelbesitzer ihm gesagt hatte, dass er seine Türen um elf Uhr schloss und sie vor dem Morgen für niemanden öffnen würde.

„Was sollen wir tun?“ fragte Leslie; 'Es ist sehr kalt.'

„Wir werden ihn anrufen“, sagte Dubois.

„Aber wenn er nicht antwortet?“ schlug Bret vor.

„Ich werde ihn bald antworten lassen“, sagte Dick. „Na dann, Hayes, wach auf, alter Mann, und mach weiter.“

„Pou-sh-al-long! Wie kannst du so mit mir reden? „Du – du – schiebst mich – mich – für einen dieser anderen Kerle.“

„Darüber reden wir morgen früh, alter Mann.“ Jetzt, Mortimer, ergreifst du seinen anderen Arm und wir führen ihn weiter.'

Herr Hayes kämpfte und erklärte, dass er inzwischen nicht mehr an die Freundschaft in der Welt glauben würde; aber als Montgomery von hinten drängte, waren die letzten hundert Meter bald geschafft, und die betrunkene Last wurde an der Wand des Durchgangs abgeworfen.

Dick zog an der Klingel; Die ganze Gesellschaft lauschte dem fernen Klingeln, und nach ein oder zwei Minuten der Spannung sagte Mortimer:

„Das geht nicht, Dick; noch einmal klingeln. Wir werden die ganze Nacht hier sein.'

Klingel, klingel, klingelte die Glocke, und eine heisere Stimme, die aus dem dunklen Schatten der Mauer drang, sagte:

„Ich habe noch nach einem Whisky geklingelt, Kellner, das ist alles.“

„Das Stillzimmermädchen ist eingeschlafen, Sir“, antwortete Mortimer; und die Glocke wurde immer wieder geläutet, und während einer aus der Gesellschaft am Draht zog, hämmerte ein anderer mit dem Klopfer. Trotzdem konnte keine Antwort erhalten werden, und die Mummer konsultierten Leslie und Bret, die vorschlugen, sie sollten sich in einem anderen Hotel um Aufnahme bemühen; Dubois, dass sie die anderen Mitglieder der Gesellschaft um Gastfreundschaft bitten sollten; Montgomery, dass sie zurück ins Theater gehen sollten. Aber der Hotelbesitzer hatte kein Recht, sie auszusperren, und sie hatten ein vollkommenes Recht, in sein Haus einzubrechen, und die Chancen, dass sie „eine Woche lang durchhalten“ würden, wurden ängstlich diskutiert, während sie nach einem Stück Holz suchten, als das sie dienen könnten ein Widder. Es konnte keines von ausreichender Größe gefunden werden, sehr zur Erleichterung der Damen und von Dubois, der Dick dringend riet, auf dieses Türeinschlag-Experiment zu verzichten.

„Oh, Dick, bitte tu es nicht“, flüsterte Kate. 'Was macht es aus; In ein paar Stunden wird es hell sein.'

„Das ist alles schön und gut, aber ich sage Ihnen, er hat kein Recht, uns auszusperren; Er ist ein lizenzierter Hotelier. Bist du bereit, Mortimer? „Wir können mit unseren Schultern durch die Tür stürmen.“

'Spiel!' sagte Mortimer mit einem nasalen Ton, der durch den Hof hallte; „Im September haben Rebhühner Saison.“ Hier geht!' Er rannte und sprang mit seinem ganzen Gewicht gegen die Tür.

„Aus dem Weg“, rief Dick, löste sich von Kate und schleuderte seinen riesigen Körper ein wenig näher an die Schleuse, als es der Komiker getan hatte.

Da die Aufregung jetzt auf dem Höhepunkt war, wurde mit der Arbeit wirklich begonnen, und als sie in regelmäßiger Folge aus dem Schatten des Pfeilers über den klaren Mondlichtstrahl schossen, der über die Steinplatten floss, wirkten sie wie eine Prozession von aufgeworfenen Figuren ein Tuch neben einer Zauberlaterne. Der weiße Strumpf von Mr. Hayes diente als Leine, und bumm, bumm, rannten sie gegen die Tür. Jeder Versuch wurde von den Damen mit unterschiedlichem Interesse verfolgt . Als der kleine Dubois vorwärts trottete und mit dem kleinen Schwung, den seine kurzen Beine ihm geben konnten, in die Höhe sprang, fiel es ihm schwer, nicht zu lachen, und als man Montgomerys rohrähnliche Schenkel vorbeiziehen sah, klammerte sich Kate an Miss Leslie, aus Angst, er würde ihn zerquetschen Körper gegen die Tür; Aber als einer der Großen an die Reihe kam, war die Aufregung groß. Mortimer und Bret wurden aufmerksam beobachtet, aber das meiste Vertrauen wurde auf Dick gesetzt, nicht nur wegen seines größeren Gewichts, sondern auch wegen seiner überlegenen und mutigeren Art zu springen. Er sprang aus der Mitte des Flurs, den Kopf nach hinten und die Schulter nach vorn, und prallte wie ein Blitz gegen die Tür. Es schien wunderbar, dass er nicht die Mauer und das Holzwerk zum Einsturz brachte, und jede Anstrengung wurde mit Applaus belohnt. Hayes, der sich einbildete, er liege im Bett und dass der Kellner ihn zu einer seltsamen Morgenstunde rufe, schrie gelegentlich aus seiner dunklen Ecke die furchterregendsten Flüche. Der Lärm war gewaltig, und das Händeklatschen, Gelächter und aufmunternde Schreie hallten durch den hallenden Gang und das stille Mondlicht.

Endlich war Dick wieder an der Reihe, und erzürnt über vergangene Misserfolge setzte er seine ganze Kraft ein und sprang aus dem weißen Strumpf mit seinem ganzen Gewicht gegen die Tür. Es gab krachend nach, und in diesem Moment erschien der Besitzer, eine Kerze in der Hand haltend.

Alle rannten los, und sie hoben Dick auf, der nicht im Geringsten verletzt war, zündeten Streichhölzer an der Wand an und tasteten sich zu ihren Zimmern hinauf, ohne Rücksicht auf die Anschuldigungen des erzürnten Besitzers, der erklärte, dass er etwas unternehmen würde gegen sie alle. In seinem Schlafrock und beim Licht seiner Kerze betrachtete er seine abgebaute Schwelle und überlegte, wie er sein Haus für die Nacht befestigen könnte. Der erste Gegenstand, den er erblickte, war der weiße Strumpf von Mr. Hayes. Während er das tat, glänzte ein böses Licht in seinen Augen, und nachdem er einige Versuche unternommen hatte, den Trunkenbold zu wecken, ging er zum Tor und blickte die Straße hinauf und hinunter, um zu sehen, ob ein Polizist in Sicht sei. In Wirklichkeit hatte er Zweifel an seinem Recht, Besucher aus ihrem Hotel auszusperren, und war nicht geneigt, die Frage vor einem Richter zu besprechen. Aber was könnte man gegen ihn sagen, wenn er die Entfernung eines betrunkenen Mannes forderte? Er wusste nicht, wer er war, und er musste es auch nicht herausfinden. So argumentierte der Besitzer des Hen and Chickens, und Mr. Hayes, der immer noch beteuerte, dass er nicht vor zehn gerufen werden wollte, wurde zum Bahnhof geschleppt.

Am nächsten Morgen bestritt der Hotelbesitzer, überhaupt etwas über die Angelegenheit gewusst zu haben. Zwar hatte er den Polizisten darauf aufmerksam gemacht, dass unter dem Torbogen ein Mann schlief, aber er wusste nicht, dass es sich bei dem Mann um Mr. Hayes handelte. Diese Geschichte wurde von der Firma zurückgewiesen, und sie schworen, dass sie sich nie wieder auf eine Meile von seinem Laden begeben würden, und machten sich alle auf den Weg, um zu sehen, wie der arme Hayes vor dem Schnabel herausgezogen wurde. Es war eine Angelegenheit von vierzig Schilling oder die Option einer Woche, und aus Rache lud Dick die Party von gestern Abend zum Abendessen in ein Restaurant ein. Sie würden ihr Geld nicht in die Tasche dieses Idioten von einem Gastwirt stecken. Hayes war der Held der Stunde, und er brachte alle zum Lachen, als er seine Erlebnisse erzählte. Aber nach einer Weile rückte Dick, der immer ein Auge fürs Geschäft hatte, zu Mortimer und bat ihn, sich einige Anspielungen auf die Abenteuer auszudenken, die in das Stück eingearbeitet werden könnten. Die Frage war ernst, und bis es Zeit war, ins Theater zu gehen, wurde heftig über die Kunst des Würgens gestritten. Dubois vertrat die liberalsten Ansichten. Er meinte, dass man nach einer gewissen Anzahl von Nächten die Worte des Autors gänzlich außer Acht lassen und stattdessen aktuelle Bemerkungen machen sollte. Bret, der einen langsamen Witz hatte, behauptete, dass die Würde eines Stücks nur gewahrt werden könne, wenn man sich an den Text halte, und führte Beispiele an, um seine Meinung zu untermauern. Schließlich einigte man sich jedoch darauf, dass Mortimer jedes Mal, wenn er die Bühne betrat, sagen sollte: „Derby ist kein sicherer Ort, um sich zu betrinken", und dass Dubois antworten sollte: „Eher nicht."

Dank dieser kleinen Korrekturen lief das Stück mit Bravour, die Einnahmen beliefen sich auf über hundert, und nachdem die Opernkompanie von Morton and Cox ein sehr zufriedenstellendes Wochengeschäft abgeschlossen hatte, versammelte sie sich am Sonntagmorgen auf dem Bahnhof in Richtung Blackpool.

Kate und Dick sprangen in ein Abteil mit denselben Leuten wie zuvor, plus einer Sängerin, die sich auf dem Weg nach Montgomery befand, in der Hoffnung, beim Eintreten des Herzogs sagen zu dürfen: „Oh, was für ein lustiger Kerl er ist!" ' Mortimer rief Hayes zu, der immer mit den Pfeifenrauchern ging, und Dick sprach von der Möglichkeit, in Liverpool ein neues Stück zu produzieren. Dubois, Mortimer, Bret und die Chorsängerin machten es sich zu einem Nickerchen gemütlich. Dick, Leslie und

Montgomery sangen einander Melodien oder Fragmente davon vor und sprachen über „Effekte", die in das neue Stück einfließen könnten. Aber würde Dick ein neues Stück produzieren?

Das Gespräch änderte sich, und es wurde gefragt, ob man auf dieser Reise nicht Geld sparen könne, indem man die Tickets kaufte, und Dick wurde eingehend befragt, wann es seiner Meinung nach sicher sei, ihre kleine Pflanze noch einmal auszuprobieren. Anstatt zu antworten, lehnte er sich zurück und allmählich begann ein angenehmes Lächeln über sein breites Gesicht zu rieseln. Er war offensichtlich dabei, einen Plan auszuarbeiten. „Was ist los, Dick? „Sag doch wie ein guter Kerl", wurde viele Male wiederholt, aber er weigerte sich, eine Antwort zu geben. Dies weckte die Neugier der Gruppe und steigerte sich zu brennendem Pech, als der Zug an einem Bahnhof anhielt und Dick mit dem Wachmann ein Gespräch darüber begann, wie lange sie in Preston bleiben würden und wo sie den Zug finden würden, der dort war um sie nach Blackpool zu bringen.

„In Preston müssen Sie eine Viertelstunde warten. Sie werden dort um 4.20 Uhr ankommen und um Viertel nach fünf Uhr wird der Zug nach Blackpool auf der rechten Seite des Bahnhofs stehen.

„Vielen Dank", antwortete Dick, als er dem Wachmann ein Trinkgeld gab; und dann drehte er seinen Kopf zu seinen Freunden und flüsterte: „Es ist so richtig wie ein Untersetzer; Ich bin in einer Minute zurück.'

„Wohin geht er?" fragte alle.

„Er ist gerade ins Telegrafenbüro gegangen", sagte Montgomery, der am Fenster stand.

Einen Moment später sah man Dick den Bahnsteig hinaufrennen, wobei ihm sein großer Hut das Aussehen eines Amerikaners verlieh. Als er an jedem Abteil ihres Wagens vorbeikam, flüsterte er etwas durch das Fenster.

„Was kann er sagen? Was könnte er arrangieren?' fragte Miss Leslie.

„Es ist mir egal, wie er es arrangiert, solange ich in Preston günstig etwas zu trinken bekomme", sagte Mortimer.

„Das ist der Hauptpunkt", antwortete Dubois.

„Nun, Dick, was ist denn?" riefen alle, als der große Mann sich neben Kate setzte.

„Sobald der Zug in Preston ankommt, müssen wir alle zu den Erfrischungsräumen eilen und nach Mr. Simpsons Mittagessen fragen."

„Wer ist Mr. Simpson?" Welches Mittagessen? Oh, sag es uns doch! Was für ein geheimnisvoller Kerl du bist!' wurden die Ausrufe während der gesamten

Strecke wiederholt. Aber die einzige Antwort, die sie erhielten, war: „Was spielt es nun für eine Rolle, wer Mr. Simpson ist?“ Iss und trink so viel du kannst, und frag beim besten Willen nicht, wer Mr. Simpson ist, sondern nur für sein Mittagessen.‘

Und sobald der Zug anhielt, stürmten Schauspieler, Schauspielerinnen, Chormädchen und -männer, Schaffner, Souffleur, Manager und Gepäckträger wie eine Schule auf die Glastüren des Erfrischungsraums zu, wo sie eine hübsche Zusammenstellung vorfanden vierzig Leute.

„Wo ist Mr. Simpsons Mittagessen?“ schrie Dick.

„Hier, Herr, hier; „Alles ist bereit“, antworteten zwei zuvorkommende Kellner.

„Wo ist Mr. Simpsons Mittagessen?“ wiederholten Dubois und Montgomery.

„Hier entlang, Herr; Was werden Sie nehmen, Sir? Kaltes Rindfleisch, Hühnchen und Schinken oder eine kleine Suppe? fragte ein halbes Dutzend Kellner.

Die Damen scheuten sich zunächst, sich selbst zu helfen, und hielten sich ein wenig zurück, aber Dick trieb sie weiter, und als sie den ersten Schritt getan hatten, aßen sie alles auf. Aber Kate klammerte sich schüchtern an Dick und lehnte alle Angebote von Hühnchen, Schinken und kaltem Rindfleisch ab.

„Aber ist das bezahlt?“ sie flüsterte ihm zu.

'Natürlich ist es das. Mr. Simpsons Mittagessen. Pass auf, was du sagst. Genießen Sie diesen Hühnchenteller; Willst du ein bisschen Zunge dabei haben?' Da Kate jedoch nicht den Mut hatte, sich zu weigern, gehorchte sie schweigend. Dick stopfte ihre Taschen mit Kuchen voll. Doch schon bald wunderten sich die Kellner über die Abwesenheit von Mr. Simpson und begannen bereits mit ihren Nachforschungen.

Der Oberkellner näherte sich Mortimer und fragte diesen, ob Mr. Simpson im Zimmer sei.

„Er ist gerade zum Bücherstand geschlichen, um eine Sonntagszeitung zu holen. Er wird in einer Minute zurück sein, und wenn Sie mir in der Zwischenzeit noch ein Stück Hühnchen besorgen, fühle ich mich verpflichtet.

Fünf Minuten später war der Tisch abgeräumt, und alle machten Anstalten, sich zurückzuziehen, und zu diesem Zeitpunkt begannen die Leute im Erfrischungsraum, ein sehr aufrichtiges Interesse an der Person von Mr. Simpson zu zeigen. Ein Kellner bat Dick, ihm den Herrn zu beschreiben, ein anderer bat Dubois, ihm zu sagen, an welchem Ende des Tisches Mr. Simpson zu Mittag gegessen hatte. Sie appellierten abwechselnd an die

Damen und an die Herren, erhielten aber immer die gleiche Antwort. „Ich habe ihn erst vor einer Minute gesehen, als er zum Bahnhof ging; Wenn du ihm nachläufst, wirst du ihn sicher fangen.' 'Herr. Simpson? Er war vor einer Minute hier; Ich glaube, er sprach davon, ein Telegramm zu verschicken; Vielleicht ist er oben im Büro.' Dann läutete die Zugglocke und wie eine Herde in Bewegung drängte sich die ganze Gesellschaft zum Zug. Der Wachmann schrie, die panischen Kellner fielen über das Gepäck und rannten von Waggon zu Waggon und flehten darum, über Mr. Simpsons Aufenthaltsort informiert zu werden.

„Er ist im letzten Waggon, das sage ich Ihnen, dort hinten, direkt am anderen Ende des Zuges.“

Dann sah man die schäbigen schwarzen Mäntel die Fahnen herabeilen, kam aber kurz darauf atemlos zurück, um weitere Informationen zu holen. Aber das konnte nicht ewig so bleiben, und der Wachmann pfiff, die Schauspieler begannen zu würgen. Und, oh, der Gesang, das Pfeifen, der Jubel der Mumien, als der Zug ins Land rollte, jetzt glänzt alles im Sonnenuntergang! Mit Stöcken wurden Tätowierungen gegen die Holzarbeiten jedes Fachs geschlagen. Dick, der mit dem Körper halb aus dem Fenster stand und seine Locken im Wind wehten, schrie Hayes an. Montgomery stritt mit Dubois um den Besitz des anderen Fensters, und drei Chorsängerinnen kicherten, aßen gestohlene Kuchen und versuchten, mit Kate ins Gespräch zu kommen. Aber obwohl die Liebe sie für ihre Tugend entschädigt hatte, konnte nichts ihren Verlust an Ehrlichkeit wiedergutmachen. Sie könnte ein moralisches Gesetz mit weniger Leiden brechen, als man von ihrer Erziehung erwarten würde, aber das charakteristischste und natürlichste Gefühl der Mittelklasse ist der Respekt vor dem Eigentum anderer; und sie hatte von gestohlenem Brot gegessen. Bedrückt und angewidert von dieser Vorstellung zog sie sich in ihre Ecke zurück und entfernte sich instinktiv von Dick, erfüllt von einem bitteren Ekel vor sich selbst.

In Blackpool begrüßte sie als Erstes Mr. Williams' pickeliges Gesicht. Es gab die übliche Schar von Vermieterinnen, die ihre Visitenkarten präsentierten und den Komfort und die Sauberkeit ihrer Zimmer lobten. Eine dieser Frauen wurde von Herrn Williams vorgestellt und besonders empfohlen. Er erklärte, dass ihr Zuhause ein kleines Paradies sei, und eine Stunde später saß Kate in einem rosafarbenen Zimmer und nippte an ihrem Tee, immer noch in Gewissensbissen darüber versunken, ein Mittagessen eingenommen zu haben, für das sie nicht bezahlt hatte.

XIII

Aber am nächsten Morgen wachte Kate in Blackpool träge auf, und als sie Dick tief und fest schlief, dachte sie, es wäre schade, ihn zu wecken, und sie drehte ihre hübschen Beine aus dem Bett und ging ins Wohnzimmer, um sich um ihn zu kümmern Dicks Frühstück, und fand es auf dem runden Tisch im rosafarbenen Wohnzimmer ausgelegt, dessen Bettdecke von überaus weißer Farbe war. Die beiden Sessel, die vor dem leise brennenden Feuer standen, lösten Trägheit aus, und die Frische ihres Morgenmantels und die Wärme des Zimmers verlockten sie zugleich, und sie verfiel in eine Art glücklicher Träumerei, aus der sie nach wenigen Minuten erwachte der Wunsch, Dick zu sehen; ihn schlafen zu sehen; um ihn zu wecken; mit ihm reden; um ihm seine Faulheit vorzuwerfen. Der Raum voller Intimität ihres Lebens bezauberte sie, und halb beschämt, halb entzückt tat sie so, als würde sie die Kissen ordnen, während er seinen Kragen zuknöpfte. Als dies erledigt war, führte sie ihn triumphierend zum Frühstückstisch und beobachtete, einen Arm auf seinen Knien ruhend, die weißen Formen der Eier, die durch das sprudelnde Wasser zu sehen waren. Das war das große Geschäft des Morgens. Er zahlte zwei Pence pro Stück für frische Eier und legte großen Wert darauf, dass sie drei Minuten lang gekocht wurden und nicht eine Sekunde länger. Die Wirtin brachte das Beefsteak und die heiße Milch für den Kaffee herbei, und wenn ein Freund vorbeikam, wurden sofort Bestellungen nach unten geschickt, um mehr Essen zu bestellen. Diese Extravaganz überraschte Kate unweigerlich, da sie von klein auf an eine strenge und strenge Lebensweise gewöhnt war. Oft flehte sie Dick an, sparsamer zu sein, aber da er immer wie ein Boheme von dem leicht verdienten Geld lebte, schenkte er ihren Worten kaum Beachtung, außer dass er ihr riet, mehr Steak zu essen und ihr Farbe in die Wangen zu zaubern. Und als das Eis der Gewohnheit gebrochen war, begann sie, sich ganz den Genüssen dieses reichhaltigen, warmen Frühstücks hinzugeben und sich auf die müßigen Stunden der Verdauung zu freuen, die folgten, und auf die glücklichen Träume, denen man sich dann hingeben konnte. Vorher Das Teegeschirr wurde entfernt. Dick schlug die Morgenzeitung auf und las von Zeit zu Zeit Auszüge aus den Nachrichten vor, die er interessant fand. Dabei handelte es sich im Allgemeinen um die neuesten in London hergestellten Stücke; und als wüsste er nicht, dass sie nichts von dem wusste, wovon er sprach, erklärte er ihr seine Ansichten zu diesem Thema – warum diese und jene Stücke für das Land nützlich wären und andere nicht. Kate hörte mit gefesselter Aufmerksamkeit zu, obwohl sie nur die Hälfte von dem verstand, was ihr gesagt wurde, und die Schmeichelei, in sein Vertrauen gezogen zu werden, war eine sanfte und flatternde Freude. In diesen Augenblicken verebbte alle Angst, dass er sie eines Tages verlassen würde, wie ein hässlicher Wind; und während der Lärm der Stadt in der Ferne schwach trommelte, gaben sie sich dem Vergnügen hin, aneinander zu denken. Dick gratulierte sich selbst zu der Wahl, die er getroffen hatte, und versicherte sich, dass er nie wieder die Langeweile des Alleinlebens erleben würde. Sie war eine der hübschesten Frauen, die man sehen konnte, und zum Glück nicht zu anspruchsvoll. Tatsächlich hätte sie nichts auszusetzen, wenn ihr nicht ein bisschen kalt gewesen wäre, und er konnte nicht verstehen, wie das kam; Frauen waren ihm gegenüber im Allgemeinen nicht kalt. Die Frage interessierte ihn zutiefst, und während er darüber nachdachte, wanderte sein Blick von den losen blauen Haarsträhnen zu dem weißen Satinschuh, den sie an die rote Flamme hielt.

„Dick, denkst du, dass du mich immer so lieben wirst wie jetzt?"

„Da bin ich mir sicher, mein Lieber."

„Mir scheint, wenn man einmal wirklich liebt, muss man immer lieben." Aber ich weiß nicht, wie ich so mit dir reden kann, denn wie kannst du mich respektieren? Ich war so böse.'

„Was für ein Unsinn, Kate! Wie kann man so reden? Ich würde dich nicht respektieren, wenn du weiterhin mit einem Mann zusammenleben würdest, der dir egal ist.'

„Nun, ich mochte ihn ganz gut, bis du kamst, Liebes, aber damals konnte ich es nicht – es war nicht alles meine Schuld; aber wenn du aufhören würdest, dich um mich zu kümmern, denke ich, dass ich sterben würde. Aber das wirst du nicht; Sag mir, dass du es nicht tun wirst, lieber Dick.'

In diesem Moment öffnete sich die Tür; es war Montgomery, der sie besuchen wollte. Kate sprang von Dicks Knien auf, strich mit der hübschen Bewegung einer überraschten Frau ihre Röcke zurecht und warf sich auf einen Stuhl auf der gegenüberliegenden Seite des Kamins. Der Musiker war gekommen, um über seine Oper zu sprechen, insbesondere über den Eröffnungschor, über den er sich nicht entscheiden konnte.

„Mein Junge", sagte Dick, „habe keine Angst, es zu lang zu machen." Es gibt nichts Schöneres, als eine gute, starke Startnummer zu haben – etwas mit Grip, wissen Sie."

Montgomery blickte vage ins Leere; Er hörte offensichtlich nicht zu, sondern versuchte, einem musikalischen Plan zu folgen, der ihm im Kopf herumschwirrte. Nach langem Schweigen sagte er:

„Ich kann mich nicht entscheiden, ob ich die erste Nummer konzertieren oder im Unisono singen lassen soll. Hör zu. Der Schauplatz sind die Hochzeitsfeierlichkeiten von Prinz Florimel, der im Begriff ist, Eva zu heiraten, die Tochter des Herzogs von Maybeburg – ein teuflisch guter Name, wissen Sie. Na dann, die Blumenmädchen kommen zuerst und streuen Blumen; Sie gehen zu zweit vor und stellen sich auf beiden Seiten der

Bühne in einer Reihe auf. Ihnen folgen Trompeter und ein Herold; dann kommen die Hofdamen, die Pagen, die Höflinge und die Palastdiener. Sehr gut; die ersten vier Zeilen, wissen Sie – „Gegrüßet seist du! der festliche Tag" – die natürlich von den Sopranistinnen gesungen werden."

„Das willst du bestimmt nicht konzertieren, oder?" unterbrach Dick.

'Natürlich nicht; Sie müssen mich für einen Ignoranten halten. Die ersten vier Zeilen werden natürlich im Einklang gesungen; dann gibt es eine Wiederholung, bei der die Tenöre und Bässe gegen die Frauenstimmen singen. Zu diesem Zeitpunkt wird die Bühne voll sein. Nun , wenn ich zum zweiten Teil komme, wissen Sie: „Mögen die Sterne dir viel Vergnügen bereiten, mögen Romantik und Liebe dich begleiten", dann ist es, „Mögen die Sterne" zu wiederholen.

„Oh, ich verstehe, was Sie meinen", sagte Dick, der zunehmend Interesse weckte. „May the Stars" sagst du zuerst den Sopranistinnen und wiederholst es dann mit den Tenören und Bässen?'

'Das ist es. „Ich zeige es dir", antwortete Montgomery und eilte zum Klavier. „Hier singen die Sopranistinnen in G: „Mögen die Sterne"; Tenöre, „Mögen die Sterne"; Tenöre und Soprane: „Viel Vergnügen sende Dir"; Bässe eine Oktave tiefer: „Mögen die Sterne – mögen die Sterne." Jetzt werde ich sie zusammenfügen – „May the Stars."

Montgomery drehte sich schnell auf dem Klavierhocker um, schob seine Brille hoch auf seine schnabelartige Nase und verlangte eine Meinung. Doch bevor Dick ein Wort sagen konnte, brachte ein Tritt der langen Beine den Musiker wieder mit dem Gesicht zur Tastatur, und mehrere Minuten lang stürzte er davon, wobei er gelegentlich eine erklärende Bemerkung hervorrief oder eine Entschuldigung murmelte, wenn es ihm nicht gelang, die hohen Soprannoten zu erreichen . Das Liebeslied war jedoch zu viel für ihn, und er lachte über seinen eigenen Zusammenbruch, wandte sich vom Klavier ab und stimmte zu, das unterbrochene Gespräch fortzusetzen. Anschließend wurde die Handlung und der musikalische Rahmen von Montgomerys neuem Werk besprochen. Die Namen Offenbach und Hervé wurden erwähnt; beide galten als Genies, letzterer aber, so hieß es, wäre größer gewesen, wenn er über eine musikalische Ausbildung verfügt hätte. Es gab verschiedene Anekdoten darüber, wie letzterer seine ersten Erfolge erzielt hatte, und Montgomery, der die Möglichkeit in Frage stellte, dass ein Mann, der die Noten nicht aufschreiben konnte, in der Lage sein könnte, die gesamte Partitur einer Oper zu komponieren, hielt es für lächerlich, darüber zu sprechen ein Finale diktieren.

Kate fragte sich oft, ob sie jemals an diesen künstlerischen Diskussionen teilnehmen könnte; sie fürchtete nicht. Auch wenn es ihr gelang, den Faden einer Idee wieder aufzunehmen, verhedderte er sich bald mit einer anderen, und sie fürchtete, sie würde nie erfahren, warum Hervé ein besserer Komponist als Offenbach war und warum ein bestimmtes Quintett nach klassischen Grundsätzen und dergleichen geschrieben war -wie. Sie bat Montgomery, ihr die Dinge zu erklären, aber er wollte lieber über seine eigene Musik sprechen, und als die Namen der Damen der Gesellschaft auf der Suche nach einer Person durchsucht wurden, die die Rolle eines Pagen übernehmen könnte, mit einem Mit einem Lied und zwanzig Dialogzeilen sagte Dick:

„Nun, vielleicht ist es nicht meine Aufgabe, es zu sagen, aber ich versichere Ihnen, dass ich keine schönere Sopranstimme kenne als die von Frau Ede."

„Ho, ho!" rief Montgomery und drehte seine Beine über die Armlehne des Stuhls, „wie kommt es, dass ich noch nie davon gehört habe?" Aber würden Sie nicht etwas singen, Frau Ede? Wenn Sie eines Ihrer Lieder hier haben, probiere ich die Begleitung noch einmal aus.'

Kate, die die Viertelnote nicht von einer Sechzehntelnote unterscheiden konnte, bekam bei diesem Gerede über das Ausprobieren von Begleitungen Angst und versuchte, ein paar Entschuldigungen und Ausreden hervorzustottern.

„Oh, wirklich, Mr. Montgomery, ich versichere Ihnen, Dick macht nur Witze. „Ich singe überhaupt nicht – ich habe keine Ahnung von Musik."

„Kümmere dich nicht um sie; Es ist wie gesagt: Sie hat eine sehr schöne Sopranstimme; und was ein Ohr angeht, ich habe nie in meinem Leben ein besseres gekannt. Da gibt es keine Gesangswohnung, das kann ich dir sagen. Aber im Ernst", fuhr er fort und hatte Mitleid mit Kate, deren Gesicht den Schmerz der Scham ausdrückte, unter der sie litt, „natürlich weiß ich genau, dass sie nicht weiß, wie sie ihre Stimme hervorbringen soll; Sie hatte nie in ihrem Leben Unterricht, aber ich denke, Sie werden mir zustimmen, wenn Sie es hören, dass die Orgel da ist. Sing etwas, Kate.'

Kate warf ihrem Geliebten einen flehenden Blick zu und murmelte einige unverständliche Worte, aber sie retteten sie nicht. Montgomery bekreuzigte sich über dem Stuhl und sagte, nachdem er mit den Fingern über die Tasten gefahren war:

„Jetzt sing mir die Tonleiter nach – do, re, mi, fa, sol, la, la – das ist der Ton; Versuchen Sie, das klarzustellen – sol, tun Sie es!' und Kate, die Dick nicht entgegentreten wollte, sang die Tonleiter zunächst nach Montgomery und gab sie dann, ermutigt durch ihren Erfolg, alleine vor, zuerst in einer Oktave und dann in der anderen. „Nun, stimmst du mir nicht zu?" sagte Dick. „Die Orgel ist da, und es gibt kein Durcheinander bei den Noten; Sie kommen deutlich heraus, nicht wahr?'

„Das tun sie tatsächlich“, antwortete Montgomery und warf Kate einen warmen, bewundernden Blick zu; „Aber ich würde Frau Ede so gerne ein Lied singen hören.“

„Oh, ich konnte wirklich nicht –“

'Unsinn! „Singt das Lied ‚The Bells‘ in the *Cloches* “‘, sagte Dick und nahm sie am Arm. Sie flehte und argumentierte, aber es nützte nichts, und als schließlich entschieden wurde, dass sie singen sollte, hielt Montgomery, der sich in der Zwischenzeit auf verschiedene Weise am Finale seines ersten Aktes versucht hatte, inne und sagte plötzlich:

„Oh, ich bitte um Verzeihung; Du wirst das Lied „The Bells“ singen. Ich sage Ihnen, wann Sie anfangen sollen – jetzt, „Obwohl sie uns oft von unseren alten Meistern erzählen.“

Als Kate mit dem Singen fertig war, drehte sich Montgomery um, stellte sich Dick gegenüber und sprach professionell:

„Mein Wort, es ist außergewöhnlich. Natürlich ist es eine Kopfstimme, aber sobald wir ein paar Brustnoten bekommen – wissen Sie, ich behaupte nicht, Gesang unterrichten zu können, aber nach einem Jahr Ausbildung bei meinem Großvater wäre Beaumont nicht mehr in der gleichen Straße mit dir.'

„Ja, aber da er nicht hier ist“, antwortete Dick, der immer das Mögliche im Auge hatte, „glaubst du nicht, dass es für sie besser wäre, ein wenig Musik zu lernen?“

„Es wird mir eine große Freude sein, Frau Ede das Wenige beizubringen, was ich selbst weiß.“ Ich komme morgen früh und wir werden am Klavier arbeiten; Und wissen Sie“, fuhr Montgomery fort, der das Geständnis, dass er nicht in der Lage war, Gesang zu unterrichten, zu bereuen begann, „obwohl ich nicht vorgebe, mit einer Stimme das tun zu können, was mein Großvater konnte, weiß ich dennoch etwas darüber.“ Ich habe alle seine Gesangskurse besucht und bin mit seiner Methode ziemlich gut vertraut, und – und – wenn Frau Ede möchte, werde ich nur allzu gern mit ihr singen; Und unter uns gesagt, ich denke, dass ich in ein paar Stunden diese Kehligkeit loswerden und ihr zeigen könnte, wie man ein oder zwei Noten aus der Truhe bekommt.'

„Ich bin sicher, das könntest du, mein Junge; und wenn du willst, werde ich mich über dich freuen. Natürlich müssen wir es als eine Geschäftssache betrachten.'

„Oh, Unsinn, Unsinn, unter Freunden!“ rief Montgomery, der die Aussicht auf lange Stunden in der Gesellschaft einer hübschen Frau sah – ein Luxus, den er sich aufgrund seiner langen Nase und seiner dürren Figur nicht so oft gönnen konnte, wie er wollte.

Nach einigen weiteren Diskussionen wurde vereinbart, dass Montgomery einige Zeit nach dem Frühstück vorbeikommen sollte und dass Dick sie dann zusammen zurücklassen sollte, um an do, re, mi, fa zu arbeiten. Hamiltons System wurde gekauft und es überraschte und amüsierte Kate, als sie erfuhr, dass die Notizen zwischen den Leerzeichen „Gesicht" bedeuteten. Am meisten interessierte sie sich jedoch für den Gesangsunterricht, und schon bald begann sich ihre Stimme sowohl an Kraft als auch an Qualität zu verbessern. Sie sang die Tonleitern täglich eine Dreiviertelstunde lang, und noch vor Ende der Woche überzeugte sie Montgomery mit der Darbietung einer Ballade, die er für sie gekauft hatte, so sehr, dass er Dick anflehte, ein paar von der „Co" zu fragen. Kommen Sie nächsten Sonntagabend zum Tee. Der Glanz würde Beaumont genommen werden, erklärte er mit Nachdruck. Allerdings wollte Kate vorerst nichts davon hören, vor irgendjemandem zu singen, und sie gab es auf, abends ins Theater zu gehen, um zwei oder drei Stunden Ruhe zu haben und sich selbst mit dem Notenlesen zu beschäftigen. Als sie am Morgen aufwachte, erzählte sie von Montgomery, der gewöhnlich hereinkam, während sie beim Frühstück waren; und wenn der Unterricht zu Ende war, blieb er oft stehen, bis sie am Nachmittag weit fortgeschritten waren; und indem sie sich von Zeit zu Zeit ansahen, sprachen sie von der nächsten Stadt, in die sie gehen würden, und spielten auf die Ereignisse ihrer letzten Reise an. Kate hätte gerne viel über Dick gesprochen, aber sie schämte sich und hörte mit Interesse zu, was Montgomery ihr über sich selbst, über die Schwierigkeiten, mit denen er zu kämpfen hatte, und über seine Hoffnungen für die Zukunft erzählte. Er sprach viel über seine Oper und sprang oft mitten im Satz auf, um seine Bedeutung auf dem Instrument praktisch zu veranschaulichen. Doch diese musikalischen Abschweifungen ermüdeten Kate nicht, und so gut sie konnte, beurteilte sie die verschiedenen Versionen des Finales. „Geben Sie der Öffentlichkeit, was sie will", war sein Motto, und er wollte diesem Motto gerecht werden. Er hatte zwei oder drei komische Lieder geschrieben, die große Erfolge gefeiert hatten, ganz zu schweigen von der Menge an Pantomimemusik, die er komponiert hatte, und er wusste, dass er es in Angriff nehmen würde, wenn er ein gutes Buch in drei Akten ergäbe. Was er jetzt tat, war nicht viel mehr als ein Auftakt; Aber egal, das war der Anfang. Sie können nicht erwarten, dass ein Manager Ihnen den Teil des Abends anvertraut, bis Sie bewiesen haben, dass Sie das Publikum für kleinere Arbeiten interessieren können. An diesem Punkt der Auseinandersetzung sprach Montgomery im Allgemeinen von Dick, den er für einen lieben, guten Kerl hielt, der nur allzu gerne einen Kumpel mitnehmen würde, wenn die Zeit gekommen wäre. Kate ihrerseits sehnte sich danach, etwas von außen von ihrem Geliebten zu hören. Alles, was sie über ihn wusste, hatte sie aus seinen eigenen Lippen erfahren. Montgomery, in dessen Kopf alle möglichen Träumereien über Kate schwebten, brannte darauf, mit ihr von ihrem Geliebten zu sprechen und aus ihren eigenen Lippen von dem Glück zu hören, das er sich als wahre und vollkommene Zuneigung vorstellte, die dem menschlichen Leben zuteil wird. Kate hatte zu diesem wichtigen Thema nicht gesprochen; und Montgomery hatte es aus Angst, ihre Gefühle zu verletzen, vermieden; aber sie waren sich bewusst, dass die Zurückhaltung ihre Intimität beeinträchtigte. Eines Nachmittags stürmte Dick plötzlich zu ihnen und teilte ihnen nach einiger Einleitung mit, dass er dort ein Treffen mit einem Herrn vereinbart habe, mit dem er wichtige Geschäfte abzuwickeln habe. Montgomery nahm seinen Hut und machte sich bereit zu gehen, und Kate bot an, bei der Wirtin in der Küche zu sitzen.

„Ich fürchte, du wirst dich langweilen, Liebes“, sagte Dick nach einer Pause. „Aber ich sage Ihnen, was Sie tun könnten – ich kann Sie heute nicht ausführen. Warum nicht mit Montgomery spazieren gehen?

„Ich werde begeistert sein; „Ich nehme Sie mit auf einen bezaubernden Spaziergang den Hügel hinauf und zeige Ihnen die ganze Stadt.“

Kate hatte keine Einwände und kehrte früher als erwartet ins Wohnzimmer zurück. „Ein Verwandlungskünstler“, sagte Dick.

Sie trug ein braunes Kostüm, das mit passenden Federn besetzt war; Eine kleine Haube krönte ihren Kopf, und ihr Gesicht sah zwischen den großen Schleifen, zu denen sie die Schnüre gebunden hatte, bezaubernd kokett aus. Ihr Begleiter war sich dieser Tatsache sehr bewusst und drehte gelegentlich mit stolzem Herzen den Kopf herum, um die Passanten zu beobachten, wobei er gleichzeitig bezweifelte, ob jemand so glücklich war wie er.

Es war eine große Freude, mit Kate allein im Freien zu sein, an ihrer Seite zu gehen, sie zu begleiten und ihr beim Gehen alles zu erzählen, was er über Blackpool wusste: dass es die gleiche Beziehung zu den anderen Städten von Lancashire hatte wie die siebte Der Tag verhält sich zu den anderen sechs der Woche. dass es der große Lancashire-Sonntag war, an den die Arbeiterklassen von Accrington, Blackburn, Preston und Burnley eine Woche oder zwei Wochen im Jahr gehen, um sich zu erholen.

„Die Straßen sind mit großen Gehwegen angelegt“, sagte er ihr, „damit Gedränge vermieden werden können, und es gibt viele freie Plätze, wo Menschen herumlungern und sich versammeln können; Wie Sie sehen, sind die Hauben, die in den Glasfenstern ausgestellt sind, offensichtlich für den Urlaub gedacht.“ Sie blieb stehen, um sich diese anzusehen. „Keiner“, sagte er, „ist so hübsch wie der, den du trägst.“

„Es ist ein hübscher kleiner Hut", antwortete sie, und er zeigte auf die spinnenbeinigen Piers und eine hohe Landzunge, eine Art grüne Kappe über dem Ozean.

„Wussten Sie, dass der Kerl, dem dieses Gebäude gehört, ein Vermögen gemacht hat?", sagte Montgomery und deutete auf die Dächer, die über dem Rand der Allmende aufzutauchen begannen.

„Hat er das wirklich?", antwortete Kate und versuchte, interessiert zu wirken.

„Ja, er begann mit einer Art Hütte, in der er Ingwerbier und Limonade verkaufte. Es wurde Mode, dorthin zu gehen, und jetzt hat er Speisesäle und eine Schanklizenz. Wir waren letzte Woche dort, viele von uns, und wir hatten so viel Spaß; wir gingen Esel reiten, und Leslie hatte einen Sturz. Hat sie dir davon erzählt?"

„Nein, ich habe in den letzten Tagen kaum mit ihr gesprochen."

„Wie ist das? Ich dachte, ihr wärt so gute Freunde."

'Ich mag sie sehr; Aber sie steht abends immer auf der Bühne, und ich mag es nicht – ich meine, ich hätte es gern –, aber ich weiß nicht, ob sie möchte, dass ich sie besuche.'

„Und warum nicht, bitte?"

„Nun, ich dachte, sie möchte vielleicht nicht, dass ich sie besuche, weil ich – nun ja, wegen Dick."

„Es gibt jetzt nichts mehr zwischen ihnen; Das ist schon ewig her, und sie ist total verrückt nach Bret.'

Kate war fast vierzehn Tage lang bei den Mummers gewesen, hatte aber fast abseits gelebt. Sie hatte noch nicht begriffen, dass in der Gesellschaft, in der sie sich befand, die Tatsache, dass eine Frau einen Liebhaber hatte, nicht verabscheut wurde, und sie nahm immer noch an, dass Leslie, weil sie ihren Mann verlassen hatte, vielleicht nicht gern mit ihr verkehren wollte. Zu erfahren, dass sie in Dicks Zuneigung nur eine andere Frau ersetzt hatte, war ein Schock für sie, und gerade die Plötzlichkeit des Schlags bewahrte sie vor der Hälfte des Schmerzes; denn es war unmöglich für eine Frau, die in der Welt nichts anderes sah als das Opfer, das sie für den Mann gebracht hatte, den sie liebte, zu erkennen, dass Dicks Liebe zu ihr ein Spielzeug war, das man ihr weggenommen hatte, so wie die Liebe zu Miss Leslie ein Spielzeug war, das man weggelegt hatte. Es kam ihr nicht in den Sinn, dass der Mann, mit dem sie zusammenlebte, sie verlassen könnte, und sie empfand auch keine besonders grausamen Eifersuchtsgefühle; mehr als alles andere erschrak sie über das Auftauchen einer dritten Person auf der Welt, die ihr in der letzten Woche so ganz und gar zu eigen erschienen war.

'Wie meinst du das?' sagte sie und stoppte abrupt. „War Dick in Miss Leslie verliebt, bevor er mich kannte?“

Montgomery wurde rot und bemühte sich, Ausreden zu improvisieren.

„Nein“, sagte er, „natürlich war er nicht wirklich in sie verliebt; aber wir ärgerten ihn immer über sie; das ist alles.'

„Warum solltest du das tun, wenn sie in Bret verliebt ist?“ sagte Kate barsch.

Montgomery, der einen Streit mit Dick ebenso fürchtete wie den Tod, ergriff ein Stück Wahrheit, um ihm aus seinen Schwierigkeiten zu helfen.

„Aber ich versichere Ihnen, dass die Affäre zwischen Bret und Leslie erst vor ein paar Monaten begann, als wir zum ersten Mal auf Tour gingen. Wir haben Dick über sie gescherzt, um ihn zu ärgern, das ist alles. Wenn Sie mir nicht glauben, können Sie den Rest des Unternehmens fragen.'

Darauf antwortete Kate nicht, und den Blick auf den Boden gerichtet, dachte sie noch einige Augenblicke nach. Die leichte und selbstverständliche Art, in der ihr Begleiter von den Zuneigungen sprach, beunruhigte sie außerordentlich, und ganz naiv fragte sie sich, ob die Gesellschaft nicht auch die Unzucht unter den Sünden zuließe.

„Es ist zu schade, um so behandelt zu werden“, sagte er. „Es gibt immer ein bisschen Spreu; aber wenn das alles für die Wahrheit des Evangeliums gehalten würde, wüsste ich nicht, wo wir sein sollten. Ich gebe Ihnen mein Ehrenwort: Ich glaube nicht, dass er sie jemals zweimal angesehen hat. jedenfalls hat er zwischen euch nicht gezögert; Er konnte es auch nicht, denn natürlich weißt du, dass du eine fünfzigmal hübschere Frau bist.'

Kate antwortete auf die Schmeichelei mit einem entzückenden Lächeln und Montgomery glaubte, er hätte sie überzeugt. Doch der junge Mann ließ sich vom Schein täuschen. Es war ihm mehr gelungen, ihren Gedankengang umzulenken, als sie zu überzeugen.

„Du scheinst über solche Dinge sehr leichtfertig zu denken“, sagte sie und hob ihre braunen Augen mit einem Blick, der ihr Gesicht zu einer himmlischen Weichheit werden ließ.

Montgomery verstand es nicht und musste es erklären. Das war schwierig, aber nach kurzem Zögern sagte sie:

„Dann glauben Sie wirklich, dass Miss Leslie und Mr. Bret ein Liebespaar sind?“

„Oh, ich weiß es wirklich nicht", sagte er hastig, denn er sah sich in eine neue Komplikation hineingezogen; „Ich mische mich nie in die Angelegenheiten anderer Leute ein." Sie scheinen sich zu mögen, das ist alles."

Nun war Kate an der Reihe, zu erkennen, dass indiskrete Fragen zu Streitigkeiten führen könnten, die sie am liebsten vermeiden wollte, und sie gingen schweigend über die luftige Gemeinde entlang und sahen das Meer unter sich und in der Ferne die mit Unkraut gefüllte Steinwüste voller Weiß Möwenflügel, hier und da berührt mit den schwarzen Rücken der Krabbenfischer.

„Wie seltsam es ist, dass das Meer so geht und kommt!" So wie es jetzt ist, hatte ich es bis vorgestern noch nie gesehen, und Dick war so amüsiert, denn ich dachte, es würde austrocknen. Am Morgen nach unserer Ankunft setzten wir uns an die Badeboxen am Strand und lauschten den Wellen. Sie brüllten am Ufer entlang. Es ist ganz wunderbar. Meinst du nicht auch?'

„Ja, das tue ich tatsächlich. Als ich schon einmal hier war, habe ich einen ganzen Morgen damit verbracht, den Wellen zu lauschen, und ihr Rauschen erinnerte mich an einen Walzer. „So ging es", und Montgomery sang seine unveröffentlichte Komposition, an den rauen Zaun gelehnt, der den steilen Abhang schützte. „Ich bin nie weitergekommen", sagte er und brach mitten im zweiten Teil ab. „Irgendwie habe ich den Charakter der Sache verloren; aber mir gefällt der Anfang.'

„Oh, das tue ich auch. Ich frage mich, wie man auf solche Melodien kommen kann." Wie schlau du sein musst!'

Montgomery lächelte nervös und schlug vor, dass sie ins Hotel gehen sollten, um etwas zu trinken.

„Oh, ich gehe nicht gern da hinauf", sagte sie, nachdem sie diesen Barraum am Hang eine Weile untersucht hatte. „Es sind zu viele Männer."

'Was macht es aus? Wir werden einen Tisch für uns allein haben. Außerdem solltest du besser etwas essen, denn jetzt, wo wir draußen sind, können wir genauso gut draußen bleiben. Es hat keinen Sinn, noch eine Weile zurückzugehen;' und er redete so schnell von seinem Walzer – ob er ihn „Welle", „Küste" oder „Klippe" nennen sollte, dass er ihr keine Zeit ließ, ihre Gedanken zu sammeln.

„Ich kann da nicht rein", sagte sie; „Warum, es ist doch nur ein Wirtshaus."

„Jeder kommt hierher, um etwas zu trinken." Es ist ziemlich in Mode.'

Die Männer am Eingang starrten sie an, und als sie einige der Chorsängerinnen sah, die von der Station der Esel in Begleitung junger

Männer mit hohem Kragen und engen Hosen kamen, rannte sie fast in die Bar.

„Jetzt siehst du, in was für eine missliche Lage du mich gebracht hast. Ich hätte diese Leute um keinen Preis kennengelernt."

'Was macht es aus? Glaubst du, wenn es falsch wäre, würde ich dich hierher bringen?
„Du fragst Dick, wenn du nach Hause kommst."

Der Zweifel an der Möglichkeit, dass Dick etwas Falsches denken könnte, trübte Kates Verstand, und Montgomery bestellte Sandwiches und zwei Brandys-and-Limonaden. Die Sandwiches waren ausgezeichnet, und Kate, die in ihrem Leben kaum etwas anderes als Bier probiert hatte, fand den Brandy-and-Soda sehr erfrischend. Dann stellte sich die Frage, wie sie aus dem Ort herauskommen könnten, und nach langem Zögern und Grübeln schlüpften sie durch den Hinterhof und die Ställe hinaus.

Vor ihnen verlief ein sehr steiler Pfad, der zum Meeresstrand führte. Große Erdmassen waren nachgegeben und es bildeten sich Felsvorsprünge, die wiederum irgendwie miteinander verbunden waren und von denen man herunterklettern konnte.

„Glaubst du, dass du es schaffst?" sagte er und streckte seine Hand aus.

'Ich weiß nicht; hältst du es für gefährlich?'

„Nein, nicht, wenn du aufpasst; aber die Klippe ist ziemlich hoch; es würde nicht genügen, umzufallen. Vielleicht solltest du besser über die Straße an der Straße zurückkommen.'

„Und all diese Mädchen kennenlernen?"

„Ich verstehe nicht, warum Sie Angst davor haben sollten, sie zu treffen", sagte Montgomery, der insgeheim darauf bedacht war, dem Chor zu zeigen, dass er mit dieser hübschen Frau, auch wenn er nicht der Besitzer war, zumindest eine innige Freundschaft pflegte.

„Nein, ich würde sie lieber nicht treffen, und wenn ich aus einem Wirtshaus komme; Ich verstehe nicht, warum wir nicht hierher kommen sollten. Ich bin mir sicher, dass ich es schaffe, wenn du mir deine Hand gibst und zuerst gehst.'

Dann begann der Abstieg. Es war schwer, in Kates hochhackigen Stiefeln zu laufen, und hin und wieder versagten ihre Füße, und sie stieß kleine Angstschreie aus und lehnte sich an die Klippenwand. Es war eine Freude, sie zu beruhigen, und Montgomery nutzte diese Gelegenheit, um ihr die Hände auf die Schultern zu legen und ihre Arme in seinen Händen zu halten. Kein menschliches Wesen war zu hören oder zu sehen, und die Einsamkeit schien sie zu vereinen, und die nachahmende Gefahr des Abstiegs schien sie einander sympathisch zu machen. Die Stille und der Zauber von Erde und Luft verschmolzen mit ihren Gedanken, bis sie die vollkommene Glückseligkeit unvernünftiger Gefühle genoss. Auch er war sich des Tages bewusst, und sein Glück, begleitet von einem diffusen Gefühl des Verlangens, war intensiv, sogar mit einem Hauch von Bitterkeit. Wie alle jungen Männer sehnte er sich danach, seine Jugend durch eine große Leidenschaft zu vervollständigen, aber aus Abscheu vor den groben Sinnlichkeiten, von denen er immer umgeben war, flüchtete sich seine zarte künstlerische Natur in eine halbplatonische Zuneigung zur Geliebten seines Freundes. Es war ein unendliches Vergnügen, und hätte es ewig dauern können, wäre er nicht auf die Idee gekommen, es zu ändern. Um sie bei der Hand zu nehmen und ihr zu helfen, die unkrautigen Steine zu überqueren; ihren hübschen, verwunderten Blick zu beobachten, als er erklärte, dass der Fluss und der Rückfluss der Gezeiten vom Mond gesteuert würden; Sie von Liebe sprechen zu hören und zu träumen, was diese Liebe sein könnte, war genug.

Entlang der Küste erstreckten sich kilometerlange Abschnitte, und um das Meer zu erreichen, mussten sie viele Umwege machen. Manchmal stießen sie auf lange Sandstrände, die durch etwas getrennt waren, das ihnen wie ein Fluss vorkam, und Montgomery schlug oft vor, Kate über das Bächlein zu tragen. Aber sie wollte nichts davon hören, obwohl sie einmal nicht ablehnte, bis er seine Arme um ihre Taille gelegt hatte. Sie entkam ihm und rannte am Ufer entlang, wobei sie sagte, sie würde eine Überfahrt finden. Montgomery verfolgte sie, amüsiert über das Flattern ihrer Unterröcke; aber nach einem Rennen von zwanzig oder dreißig Metern stellten sie fest, dass der von ihnen entdeckte Fluss nur ein langer Teich war, der keinen Abfluss zum Meer hatte, und sie blieben beide stehen wie enttäuschte Kinder.

„Na, egal", sagte Kate. „Hast du jemals so schönes, klares Wasser gesehen? Ich muss etwas trinken."

„Du hast keine Tasse", sagte er und wandte sich ab, damit sie ihn nicht lachen sah. „Vielleicht schaffst du es, in deinen Händen ein wenig aufzustehen."

„Das könnte ich auch tun. Oh, was für ein Spaß! Sag mir, wie ich es machen soll.‘

Er sagte ihr, wie sie ihre Hände hohlen sollte, und wartete darauf, das Ergebnis zu genießen, und da sie vergaß, dass das Meer aus Salz bestand, hob sie die Salzlake an ihre Lippen; Aber als sie den schrecklichen Bissen ausspuckte und ihm ein fragendes Gesicht zuwandte, antwortete er nur, dass sie sein Tod wäre, wenn sie sich nicht darum kümmern würde.

„Und wussten die Ähms nicht, dass das Meer aus Salz besteht, und fanden die Ähms es sehr eklig und nicht halb so schön wie ein Brandy-and-Soda?"

Kate beobachtete ihn einen Moment lang, dann verfinsterte sich ihr Gesicht und sie schmollte mit ihren hübschen Lippen und sagte:

„Natürlich behaupte ich nicht, so schlau zu sein wie du, aber wenn du bis vor einer Woche noch nie das Meer gesehen hättest, könntest du es vergessen."

„Ja, ja, vergiss es – es war nicht so lecker wie Brandy-and-Soda", rief Montgomery und hielt sich die Seiten.

„Das wollte ich nicht sagen, und es war sehr unhöflich von dir, mich auf diese Weise zu unterbrechen."

„Jetzt komm, sei nicht böse. „Du solltest einen Witz besser verstehen", antwortete er, denn als er die Tränen in ihren Augen sah, begann er zu befürchten, dass er ihnen die Freude dieses Tages verdorben hatte.

„Ich finde es unfreundlich von dir, mich so auszulachen und mir einen Streich zu spielen", sagte Kate und versuchte, ihre Gefühle zu beherrschen; und während sie im Sonnenuntergang spazieren gingen, brach Montgomery das lange und irritierende Schweigen, indem er sich für seine Indiskretion entschuldigte, aber Kate antwortete ihm erst, als sie an einem Ort ankamen, an dem ein kleiner Junge und ein kleines Mädchen Garnelen fischten. Hier gab es einen ziemlich kleinen See, und zwischen den Felsen und Unkrautsteinen floss das klare Wasser wie in einem Aquarium, die flüssige Oberfläche reflektierte so perfekt wie jeder Spiegel das Blau des Himmels, mit vorbeiziehenden Wolken und vielen zarten Opaltönen und die Formen der dicken Gliedmaßen der Kinder.

„Oh, wie schön sie aussehen! Was für kleine Lieben!' rief Kate, aber als sie sich vorwärts drängte, um die Kinder zu beobachten, löste ihr Fuß einen jungen Hummer aus der Felsecke, in der er sich versteckt hatte.

„Das ist ein Hummer", rief Montgomery.

'Ist es?' rief Kate und verfolgte das ungelenke Ding, das vergeblich nach einer Spalte suchte.

Nach einer lebhaften Verfolgungsjagd fing sie es mit Hilfe ihres Sonnenschirms ein und wollte es gerade mit den Fingern aufnehmen, als Montgomery sie aufhielt.

„Du solltest besser aufpassen; Es wird dir ganz schön die Finger abzwicken.'

„Du machst keine Witze?" sie fragte unschuldig.

„Nein, das bin ich tatsächlich nicht; aber ich hoffe, es macht Ihnen nichts aus, wenn ich es Ihnen erzähle.'

In diesem Moment trafen sich ihre Blicke, und als Kate merkte, wie dumm sie gewesen war, brach sie in schallendes Gelächter aus.

„Nein, nein, nein, ich – es macht mir nichts aus, wenn du mir erzählst, dass – dass ein Hummer beißt, aber –"

„Aber wenn es darum geht zu sagen, dass Meerwasser nicht so gut ist wie Brandy mit Soda", antwortete er und brach in schallendes Gelächter aus, „dann sind wir doch ziemlich sauer, oder?"

Die Kinder kletterten auf die Felsen, um sie anzuschauen, und es dauerte eine Weile, bis Kate die richtigen Worte fand, um sie aufzufordern, ihnen zu zeigen, was sie gefangen hatten.

Der kleine Junge war besonders geschickt bei seiner Arbeit, und obwohl er sich nicht nass machte, stürzte er sich in die tiefsten Teiche und fing mit seinem Netz auf Schritt und Tritt die Garnelen ab, die vergeblich versuchten, ihm zu entkommen. Auch seiner kleinen Schwester mangelte es nicht an Geschicklichkeit, und zusammen hatten sie einen ziemlich großen Korb gefüllt. Kate untersuchte alles mit fast fieberhaftem Interesse. Sie riss lange, klebrige Seetangmassen von den Felsen und bestand darauf, sie nach Hause zu tragen; die Muscheln, die sie auf den Felsen fand, interessierten sie; Sie befragte die kleinen Garnelenfischer mehrere Minuten lang über einen toten Seestern, und sie starrten mit offenen Augen und fanden es sehr seltsam, dass eine erwachsene Frau solche Fragen stellen sollte. Schließlich zeigte ihr der kleine Junge, was sie mit dem Hummer machen sollte. Er verkeilte die Klauen mit zwei Holzstücken und befestigte eine Schnur, damit sie sie in der Hand tragen konnte, und in Schweigen, das nur durch gelegentliche Worte unterbrochen wurde, bahnten sie sich ihren Weg entlang der Schnur.

Kate dachte an Dick – an das, was er tat, an das, was er sagte. Sie sah ihn von Männern umgeben; Auf dem Tisch standen Gläser. Sie schaute in seine großen, melancholischen blauen Augen und träumte von der Zeit, als sie wieder auf seinen Knien sitzen und ihm zum hundertsten Mal erklären würde, dass die Liebe alles genügt und dass der, der sie besitzt, nichts mehr besitzen kann. Montgomery dachte auch an Dick, und für die Eroberung einer so hübschen Frau betrachtete der verträumte Musiker seinen Manager mit Bewunderung. Die Moral dieser Frage gefiel ihm nicht, und seine einzige Angst war, dass Kate eines Tages im Stich gelassen werden würde. „Wenn ja, muss ich sie unterstützen." Er dachte an die Musik, die er komponieren musste – Lieder, die alle ihr gewidmet sein würden.

„Kennst du Dick", fragte sie plötzlich, „schon lange?"

„Zwei oder drei Jahre oder so", antwortete Montgomery, ein wenig beschämt über eine Frage, die in diesem Moment wie ein entferntes Echo seiner eigenen Gedanken klang. 'Warum fragst du?'

„Ohne besonderen Grund, nur ihr scheint so tolle Freunde zu sein.“

„Ja, ich mag ihn sehr; Er ist ein lieber Kerl, er würde seinen letzten Lebensunterhalt mit einem Kumpel teilen.‘

Dann kam das Gespräch ins Stocken. Beide erinnerten sich plötzlich daran, wie sie sich auf den Weg gemacht hatten, um sich gegenseitig über bestimmte Themen zu informieren.

Montgomery wollte von Kate hören, wie Dick sie überredet hatte, mit ihm durchzubrennen; Kate wollte von Montgomery etwas über das Privatleben ihres Geliebten erfahren – ob er einer Frau treu blieb, wenn er sie liebte, ob er schon in viele Frauen verliebt gewesen war.

Als sie darüber nachdachte, wie sie ihre Fragen stellen würde, zog eine graue Wolke über ihr Gesicht und sie dachte an Leslie. Doch gerade als sie etwas sagen wollte, unterbrach Montgomery sie. Er sagte:

„Sie kannten Dick nicht, bevor er in Ihr Haus in Hanley einzog, oder?“

Kate blickte schnell und erschrocken auf, aber da sie darauf bedacht war, zu dem Thema zu sprechen, antwortete sie sehr leise:

„Nein, und vielleicht wäre es gut gewesen, wenn er nie zu mir nach Hause gekommen wäre.“

Der Satz enthielt nicht so viel Unaufrichtigkeit, wie es auf den ersten Blick erscheinen mag. Fast alle Frauen halten es für notwendig, sich selbst und anderen gegenüber zu betonen, dass sie ihre Sünde zutiefst bereuen. Der Wahn gefällt und tröstet sie zugleich, und sie klammern sich bis zuletzt daran fest.

„Ich denke oft an dich“, sagte Montgomery. „Deine Geschichte scheint mir eine so romantische Geschichte zu sein … du, die du den ganzen Tag gesessen hast und mi-mi-“, wollte er sagen, während er sich um einen kranken Ehemann kümmerte, aber aus Angst, ihre Gefühle zu verletzen, änderte er den Satz in „und nie oder kaum jemals.“ „Du hast Hanley in deinem Leben gelassen und solltest mit uns durch das Land reisen.“

Kate, die erraten hatte, was er sagen wollte, antwortete:

„Ja, ich fürchte, ich war sehr böse. Ich denke oft daran und du musst mich verachten. Deshalb schäme ich mich, mit dem Rest der Firma weiterzumachen. Ich frage mich immer, was sie von mir denken. Sag mir, sag mir die Wahrheit; Es macht mir nichts aus, es zu hören. Was sagen sie über mich? Beschimpfen sie mich sehr?‘

'Dich misshandeln? Sie beschimpfen dich, weil du eine hübsche Frau bist, nehme ich an; aber was alles andere angeht, mein Gott! Sie würden gut aussehen! Nun, Sie sind bei weitem der angesehenste von allen. Weißt du das nicht?'

„Ich vermutete vielleicht, dass Beaumont nicht ganz recht hatte; Aber Sie wollen nicht sagen, dass es keine gibt? Nicht das kleine Ding mit dem blonden Haar, das im Refrain singt?'

„Nun ja, sie sagen, dass es ihr gut geht. Es gibt vielleicht ein oder zwei; Aber wenn es darum geht, mich zu fragen, ob Beaumont und Leslie dich verärgert haben – na ja!' Montgomery brach in Gelächter aus.

Diese entschiedene Meinungsäußerung entsprach Kates Gefühlen, und das Gespräch hätte mit Vorteil fortgesetzt werden können, doch als sie eine Gelegenheit sah, über Dick zu sprechen, sagte sie:

„Aber Sie haben mir gesagt, dass zwischen Mr. Bret und Miss Leslie nichts läuft."

„Ich habe dir gesagt, dass ich nicht weiß, ob es eine Beziehung gibt oder nicht, aber ich bin ganz sicher, dass es zwischen ihr und Dick nie eine gab. Ich kann mir denken, worauf du hinauswillst."

„Ich kann es kaum glauben. Wenn ich jetzt darüber nachdenke, fällt mir ein, dass sie in der Nacht des Streits in seinem Zimmer war, als er mich hinauswarf."

„Ja, ja, aber wir waren viele. Die Chefs einer Firma halten normalerweise zusammen. Es ist erstaunlich, wie ihr Frauen immer wieder an einer Sache herumnörgelt. Ich schwöre euch, so sicher wie ich hier stehe, ist mir klar, dass nie etwas zwischen ihnen war. Lasst uns doch über etwas anderes reden."

Sie waren inzwischen zum schönen Kieselstrand zurückgewandert, bis auf hundert Meter an den Pier heran, und über der hohen Klippe konnten sie gerade noch die roten Schornsteine der Stadt erkennen.

Montgomery sang seinen Walzer leise dazu, aber bevor er zum zweiten Teil kam, wanderten seine Gedanken ab und er sagte:

„Haben Sie etwas von Ihrem Mann gehört, seit Sie Hanley verlassen haben?"

Die Plötzlichkeit der Frage ließ Kate zusammenzucken; aber sie war nicht beleidigt und antwortete:

„Nein, das habe ich nicht. Ich frage mich, was er tun wird.'

„Vielleicht die Scheidung beantragen." Wenn er es tut, kannst du Dick heiraten.'

Eine Röte der Freude huschte über Kates Gesicht, und als sie den Blick hob, schien ihr Blick etwas von der Helligkeit des Sonnenuntergangs eingefangen zu haben. Doch es verstummte in grauer Düsternis, genau wie das Licht oben, und sie sagte seufzend:

„Ich glaube nicht, dass er mich heiraten würde.“

„Nun, wenn er es nicht tun würde, gibt es viele, die es tun würden.“

'Wie meinst du das?' fragte Kate einfach.

'Oh nichts; „Nur ich glaube, dass jeder gerne dich heiraten würde“, antwortete der junge Mann und hoffte, dass sie das Gespräch mit ihrem Geliebten nicht wiederholen würde.

„Ich hoffe, er wird es tun; denn wenn er mich verlassen würde, denke ich, dass ich sterben würde. Aber sag es mir – das wirst du, nicht wahr? Denn du bist mein Freund, nicht wahr?'

„Das hoffe ich“, antwortete er zurückhaltend.

„Nun, sagen Sie mir die Wahrheit: Glauben Sie, dass er einer Frau gegenüber beständig sein kann? Wird er schnell müde? Mag er Veränderungen?'

Kate legte ihre Hand auf Montgomerys Schulter und sah ihm flehend ins Gesicht.

„Dick ist ein schrecklich guter Kerl, und ich bin sicher, er konnte nicht anders, als sich jedem gegenüber gut zu benehmen, den er mochte – um nicht zu sagen geliebt; und ich weiß, dass er sich nie um irgendjemanden so gekümmert hat wie um dich; Er hat es mir so gut wie gesagt.'

Kates Lächeln drückte Freude und Müdigkeit aus und nach einer Pause sagte sie:

„Ich hoffe, dass das, was Sie sagen, wahr ist; Aber ich glaube nicht, dass Männer jemals so lieben wie Frauen. Wenn wir einem Mann unser Herz schenken, können wir einen anderen nicht lieben. Ich weiß nicht warum, aber ich glaube nicht, dass ein Mann einer Frau ganz treu sein kann.“

„Das ist alles Unsinn.“ Ich bin sicher, wenn ich eine Frau lieben würde, würde es mir nicht in den Sinn kommen, an eine andere zu denken.'

„Vielleicht vielleicht“, antwortete sie; und indem sie sie unbewusst mit Dicks fröhlichen Gesichtszügen verglich, untersuchte sie aufmerksam die riesige Nase und die hohlen, eingefallenen Wangen. Montgomery fragte sich, woran sie dachte, und er vermutete halb, dass sie darüber nachdachte, ob es möglich wäre, dass sich irgendeine Frau um ihn kümmern könnte. Zu sterben, ohne jemals Zuneigung zu erwecken, war für ihn eine gewohnheitsmäßige Angst, und oft lag er nachts wach, geplagt von dem Gedanken, dass seine

Hässlichkeit ihn jemals daran hindern würde, dieses sehnlich ersehnte Ziel zu erreichen.

„Warst du jemals in jemanden verliebt?" fragte sie nach langem Schweigen.

'Ja einmal.'

„Und hat sie sich um dich gekümmert?"

„Ja, ich glaube, das hat sie zuerst getan. Wir trafen uns jeden Tag zum Abendessen; Aber dann verliebte sie sich in einen Akrobaten – man würde ihn wohl einen Akrobaten nennen –, ich meine einen dieser Guttapercha-Männer, die ihre Beine über dem Kopf zu einem Knoten zusammenbinden. Das Kind war deformiert. Ich war damals furchtbar zerrissen darüber, aber jetzt ist alles vorbei.'

Dann kam das Gespräch ins Stocken. Kate wollte keine weiteren Fragen stellen, aber während sie vage auf den blassen Sonnenuntergang starrte, fragte sie sich, wie der Akrobat wohl war und wie ein Mädchen einen Guttapercha-Mann dem Musiker vorziehen konnte. Je mehr Minuten vergingen, desto irritierender wurde die Stille und der Abend wurde kälter.

„Ich fürchte, wir bekommen eine Erkältung, wenn wir noch länger hier bleiben",   sagte
Montgomery, der wieder begonnen hatte, seinen Walzer zu singen.

„Ja, ich denke, wir sollten besser nach Hause kommen", antwortete Kate verträumt.

Nach einigem Suchen fanden sie an der Seite der Klippe eine riesige Treppe, die den Badegästen zur Verfügung stand, und Montgomery half Kate vorsichtig und liebevoll diesen fußquälenden Pfad hinauf.

XIV

Von Blackpool aus reiste Mortons und Cox' Opernensemble weiter nach Southport und besuchte weiter nach Norden Newcastle, Durham, Dundee, Glasgow und Edinburgh. Aber in keiner Stadt blieben sie länger als eine Woche. Jeden Sonntagmorgen trafen sie sich wie Schwalben läutender Kirchenglocken am Bahnhof und wurden, so schnell der Dampf nur konnte, durch neue Straßen, Herbergen und Theater geschleudert. Für Kate war dieser ständige Wandel ermüdend und verwirrend zugleich, und sie fürchtete oft, dass sie sich nie an ihre neue Lebensweise gewöhnen würde. Aber auf der Grundlage des Grundsatzes, dass man kaum sagen kann, dass wir uns bewegen, wenn sich alles um uns herum im gleichen Verhältnis bewegt, lernte Kate, den Ort als bloßes Nichts zu betrachten und ihren Schwerpunkt auf die vierzig Menschen zu legen, die mit ihr umherwanderten , an sie gebunden durch die leichten Bande der *Opéra Bouffe* .

Wohin sie auch ging, ihr Leben blieb dasselbe. Sie sah dieselben Gesichter, hörte dieselben Worte. Ob sie gute Geschäfte machen würden, wurde diskutiert, als sie aus dem Zug stiegen; dass sie gute Geschäfte gemacht hatten oder nicht, wurde bestätigt, als sie in den Zug sprangen. Bald überraschte sie sogar der Wohnungswechsel nicht mehr, und sie fand nichts Überraschendes daran, dass ihre Kommode eine Woche rechts und die nächste Woche links von ihrem Bett stand. Auch nach zwei oder drei Monaten Reisen fiel ihr nicht mehr auf, ob Wachsblumen die Ecken ihres Wohnzimmers schmückten oder nicht, und es schien ihr gleichgültig, ob die Jalousien grün oder braun waren. Die Abendessen, die sie einnahm, waren an einem Ort genauso gut wie an einem anderen; die Familienähnlichkeit, die Sklaven untereinander haben, befriedigte ihre Augen, und der Unterschied in Breiten- und Längengrad zwischen Glasgow und Aberdeen, den sie feststellte, änderte nicht im Geringsten ihre täglichen Beschäftigungen.

Montgomery kam jeden Morgen zu ihr, und die Melodien des Klaviers waren eigentlich alles, was sie an ihren Wohnortwechsel erinnerte. Von zwölf bis drei Jahren beschäftigten sie sich mit Musik, sowohl mit Gesang als auch mit Instrumenten. Dick suchte nach Ausreden, um fernzubleiben, aber als er zurückkam, bestand er immer darauf, dass Montgomery zum Abendessen bleiben sollte. Alle Formalitäten zwischen ihnen wurden abgeschafft, und Kate zögerte nicht, in Gegenwart ihres Musiklehrers auf den Knien ihres Geliebten zu sitzen. Aber es schien ihm egal zu sein, er lachte nur ein wenig nervös. Kate fragte sich manchmal, ob es ihm wirklich nicht gefiel, Zeuge solcher Vertrautheiten zu werden. Tief in ihrem Herzen war ihr bewusst, dass zwischen ihnen gefühlsmäßige Gemeinsamkeiten bestanden, und während des Musikunterrichts sprachen sie ständig von Liebe. Der Anblick von Montgomerys schlaksigem Gesicht unterbrach oft ihre emotionale

Stimmung, aber sie erlangte sie wieder, als er dasaß und sie ansah und mit ihr
über seine Musik sprach. Auf diese Weise wurde er zu einer Notwendigkeit
für ihre Existenz, zu einer Art spirituellem Licht. Sie wurden nie müde, über
Dick zu reden; zwischen ihnen hieß es immer Dick, Dick, Dick! Er erzählte
ihr Anekdoten über ihn – wie er bestimmte Rollen gespielt hatte; wie er
bestimmte Stücke inszeniert hatte; von Abendessenpartys; von Abenteuern,
die sie erlebt hatten. Diese Geschichten amüsierten Kate, obwohl der
Frauengeruch, in dem sie gebadet waren, wie in einer Atmosphäre, sie ärgerte
und beunruhigte. Als wollte sie sich für seine Freundlichkeit rächen, wurde
sie vertraulich und erzählte ihm eines Tages die Geschichte ihres Lebens.

Wenn es entfernt würde, würde es, sagte sie, das wundervollste Märchenbuch
ergeben, das je geschrieben wurde; und von Anfang an erzählte sie schnell
von ihrer Kindheit und betonte dabei die religiöse und strenge Art und
Weise, in der sie erzogen worden war, bis sie und ihre Mutter die Edes
kennenlernten. Da musste man zögern. Sie wollte nicht völlig lügen, wollte
aber dennoch den Eindruck erwecken, dass ihre Ehe mit Herrn Ede ihr
aufgezwungen worden war; aber Montgomery hatte es bereits als
ausgemachte Sache akzeptiert. Mit den Fingern durchs Haar gewunden und
den Kopf nach vorn gereckt in der Haltung, in der wir es gewohnt sind,
inspirierende Komponisten dargestellt zu sehen, hörte er mit
leidenschaftlichem Interesse zu. Und als es darum ging, von dem mentalen
Kampf zu erzählen, den sie durchgemacht hatte, als sie zwischen ihrer Liebe
zu Dick und ihrer Pflicht gegenüber ihrem Ehemann kämpfte, straffte sich
Montgomerys Gesicht unter dem Einfluss vieler Emotionen und zog sich
zusammen. Er stellte hundert Fragen und wollte unbedingt wissen, was sie
von Dick gehalten hatte, als sie ihn zum ersten Mal sah. Sie erzählte ihm alles,
woran sie sich erinnern konnte. Ihr Bericht über den Besuch in den
Töpfereien erwies sich als sehr amüsant, aber bevor sie ihm von ihrem
Untergang inmitten der Tassen und Untertassen erzählte, ließ sie
Montgomery schwören, dass er niemals ein Wort von sich geben würde.
„Oh, der Teufel! War das die Art, wie er sich die Beine aufgeschnitten hat?
Er erzählte uns, dass er seinen Hausschlüssel vergessen hatte und dass er es
getan hatte, als er über die Gartenmauer gelangte.

Montgomery ließ seine Hand über das Klavier gleiten und flehte Kate an,
ihre Geschichte fortzusetzen. doch als sie mit der Analyse ihrer Leidenschaft
fortfuhr, wurde es immer schwieriger, die Ereignisse zu erzählen; und sie
wusste nicht, wie sie die Geschichte erzählen sollte, wie ihr Mann sie eines
dunklen Abends hinunterschickte, um Dick die Tür zu öffnen; aber sie muss
alles erzählen, damit nicht die ganze Schuld auf ihn fällt. Sie spielte vage auf
Gewalt und Zwang an; Montgomerys Gesicht verfinsterte sich und er
protestierte gegen das Verhalten seines Freundes.

Für Kate war es ein Trost, jemanden zu treffen, der glaubte, nicht allein die Schuld zu tragen, und das Gespräch brach ab.

„Und jetzt reise ich mit euch allen durchs Land und überlege, auf die Bühne zu gehen.“

„Und es wird auch ein Erfolg – das verwette ich mein Leben.“

'Denkst du das wirklich? Sagen Sie mir bitte die wahre Wahrheit. Glaubst du, ich werde jemals singen können?'

'Ich bin mir sicher.'

„Nun, ich freue mich, das zu hören, denn es ist jetzt notwendiger denn je.“

'Wie meinen Sie? Ist etwas Neues passiert? Du hast kein schlechtes Verhältnis zu
Dick, oder? Sag mir.'

„Oh, nicht das Geringste! Dick ist sehr gut zu mir; aber wenn ich dir etwas erzähle, versprichst du, es nicht zu erwähnen?'

'Das verspreche ich.'

„Nun, wir wurden – ich weiß nicht, wie Sie das nennen – von einem Mann vorgeladen, bevor wir Blackpool verließen, um vor dem Scheidungsgericht zu erscheinen.“

Fast eine halbe Minute lang sahen sie einander schweigend an; dann sagte Montgomery:

„Ich nehme an, dass es letztlich das Beste war, was passieren konnte.“

Diese Antwort überraschte Kate. „Warum“, sagte sie, „glauben Sie, dass es das Beste ist, was mir passieren konnte?“

„Denn wenn Sie sich scheiden lassen und Ihre Karten gut ausspielen, können Sie Dick dazu bringen, Sie zu heiraten.“

Kate antwortete nicht und beide dachten einige Zeit schweigend über die Frage nach. Sie fragte sich, ob Dick sie genug liebte, um ein solches Opfer für sie zu bringen: Montgomery überlegte, wie er seinen Freund am besten davon überzeugen könne, „das Richtige gegen die Frau zu tun“. Schließlich sagte er:

„Aber was meinten Sie gerade, als Sie sagten, es sei notwendiger denn je, dass Sie auf die Bühne gehen?“

„Ich weiß es nicht, aber wenn ich mich scheiden lasse, sollte ich wohl besser schauen, was ich tun kann, um meinen Lebensunterhalt zu verdienen.“

„Nun, es ist nicht meine Schuld, wenn Sie noch nicht auf der Bühne stehen. Ich habe im letzten Monat versucht, Sie dazu zu bringen, sich zu entscheiden."

„Oh, der Chor! Dieser schreckliche Chor! Ich könnte nie in diesen roten Strumpfhosen vor einem ganzen Theater voller Leute herumlaufen."

„Es ist nichts Unanständiges daran, Strumpfhosen zu tragen. Unsere Hauptdarstellerinnen spielen in Travestie. In Faust trägt Trebelli Bettini Strumpfhosen, und ich bin sicher, niemand kann etwas gegen sie sagen."

Strumpfhosen waren ein ständiges Diskussionsthema zwischen den dreien, Freundin, Geliebte und Liebhaberin. Alle möglichen Argumente waren vorgebracht worden, aber keines davon hatte Kates unbegründete Überzeugung in diesem Punkt erschüttert. Ein über Generationen vererbtes Gefühl der Bescheidenheit stieg in ihr auf, und ein Gefühl des Widerwillens, das fast unbesiegbar schien, verbot ihr, sich auf diese Weise vor den Augen eines starrenden Publikums zu entblößen. Aber obwohl angeborene Tendenzen nicht ausgerottet werden können, kann der Wille, der sie aufrechterhält, durch die Gewalt der Umstände gebrochen werden, und ihre Vorsätze begannen zu scheitern, als Dick erklärte, dass die dreißig Schilling pro Woche, die sie so verdienen würde, eine echte Hilfe für sie sein würden.

In Wirklichkeit hatte der Manager keinen unmittelbaren Bedarf an Geld, aber es widersprach seinen Gefühlen, zuzulassen, dass Prinzipien und vor allem Prinzipien, die er zwangsläufig für absurd hielt, ihn daran hinderten, ein bisschen Geld herauszugeben. „Außerdem sagte er: ‚Wie kann ich Sie auf einmal in ein führendes Unternehmen bringen?' Egal wie gut Sie Ihre Worte kannten, Sie würden versiegen, wenn Sie im Rampenlicht standen. Im Refrain müssen Sie Ihr Lampenfieber überwinden. Beim ersten Mal gebe ich Ihnen eine Redezeile, dann zwei oder drei, und wenn Sie dann gelernt haben, ohne zu zögern damit herauszuplatzen, werden wir uns um einen Teil kümmern.'

Diese und ähnliche Sätze wurden ihr in die Ohren gehämmert, bis sich die Sache schließlich irgendwie entschied und sie telegrafisch an den Londoner Kostümbildner rief, um ein neues Kleid zu bestellen. Als es einige Tage später ankam, sorgte das Öffnen des Pakets für große Heiterkeit. Dick hielt Montgomery die langen roten Strümpfe, wie Kate die Strumpfhosen nannte, hin. Jetzt war es zu spät, um einen Rückzieher zu machen. Das Kleid sah wunderschön aus, und da sie von allen Seiten verlockt war, willigte sie ein, an diesem Abend in *Les Cloches aufzutreten* . Und so ging sie um halb sieben mit ihrem Bündel unter dem Arm hinunter zum Theater. Dick hatte ihr kein Ankleidezimmer zugeteilt, und um Miss Beaumont aus dem Weg zu gehen, die immer unhöflich war, ging sie von sich aus in Nummer sechs. Eine alte Frau öffnete ihr die Tür, und als Kate erklärt hatte, weshalb sie gekommen war, sagte sie:

„Sehr gut, Ma'am. Ich bin mir sicher, dass es mir nichts ausmacht; Aber wir sind schon zu acht in diesem Raum und haben nur ein Waschbecken und einen Spiegel dazwischen. Ich fürchte, Sie werden sich nicht sehr wohl fühlen.'

'Oh! das wird keine Rolle spielen. Vielleicht ist es nur für heute Abend. Wenn ich zu sehr im Weg bin, werde ich Mr. Lennox bitten, mich woanders unterzubringen.'

Daraufhin trat Kate ein. Es war ein langer, schmaler, weiß getünchter Raum, der stark nach Veilchenpulver und Kleidung roch. Noch war niemand angekommen und die Kleider lagen ausgebreitet auf Stühlen und warteten auf ihre Träger. Eines davon war das Kleid eines Bauernmädchens – ein kurzer Kattunrock mit Kränzen aus wilden Blumen, und sie bedauerte, dass sie die Kleidung des Pagen nicht gegen eines davon eintauschen konnte.

„Und was die Strumpfhosen angeht", fügte die alte Frau hinzu, „müssen Sie sie genauso zu Bauernmädchenkitteln tragen wie zu diesen Unterhosen, denn wie Sie sehen, reichen die Röcke nur knapp bis über die Knie." .'

In diesem Moment wurde das Gespräch durch das Klappern von Füßen auf der wackligen Treppe unterbrochen und zwei Mädchen traten laut redend ein; Kate hatte oft hinter den Kulissen mit ihnen gesprochen. Dann kamen weitere Frauen, und Kate rückte ihren Stuhl so weit wie möglich aus der Reichweite der fliegenden Unterröcke und der verstreuten Stiefel und Schuhe zurück. Eine Dame konnte ihre Strumpfhose nicht finden, eine andere bestand darauf, das Oberteil ihres Kleides sofort zu schnüren; Drei Stimmen riefen gleichzeitig nach der Kommode, und draußen war der Callboy zu hören:

'Damen! Damen! Mr. Lennox wartet; der Vorhang geht auf.'

'In Ordnung! in Ordnung!' schrie eine Oktave aus hohen Stimmen, und diejenigen, die bereit waren, stolperten über ihre Schwerter und eilten die Treppe hinunter. Die anderen schrien die Kommode an, die vergeblich versuchte, den Raum aufzuräumen.

Als Kate die Bühne betrat, war die erste Person, die sie sah, Montgomery, genau die Person, der sie am liebsten aus dem Weg gegangen wäre. Nachdem er die Ouvertüre dirigiert hatte, war er heraufgekommen, um den Grund für das „Warten" herauszufinden. Dick eilte umher und erklärte, dass, falls dies jemals wieder geschehen sollte, von allen Gehältern eine halbe Krone gestrichen würde.

'Oh! Wie schön sehen wir aus! Und sie sind nicht dünn", rief Montgomery und schob seine Brille auf die Nase. Und wie von Zauberhand vergaß Dick seine Schwierigkeiten und lächelte vor Freude, während er sie auf Armeslänge von sich weghielt und sie kritisch ansah.

„Charmant, meine Liebe! Es wird keinen Mann geben, der sich nicht in dich verliebt. Aber ich muss sehen, wo ich dich unterbringen kann.'

Der Rest verging so schnell wie in einem Traum, und bevor sie wieder klar denken konnte, lief sie in Gesellschaft von zwanzig anderen Mädchen über die Bühne. Im Takt der Musik stellten sie sich in Reihen auf und machten Platz für Leslie, die zum Rampenlicht lief. Es gab keine Zeit zum Nachdenken; sie wurde herumgewirbelt. Zwischen den Akten musste sie nach oben eilen, um ein anderes Kleid anzuziehen; Zwischen den Szenen musste sie zuschauen, um zu wissen, wann sie weitermachen musste. Manchmal sprach Dick mit ihr, aber im Allgemeinen war er weit weg, und erst als der Vorhang zum letzten Mal heruntergezogen worden war, bekam sie Gelegenheit, mit ihm zu sprechen.

Als sie, nachdem alles vorbei war, die dunkle Straße entlang nach Hause gingen, legte sie liebevoll ihre Hand auf seinen Arm:

„Sag mir, Dick, bist du mit mir zufrieden? Ich habe mein Bestes getan, um Ihnen zu gefallen.'

„Zufrieden mit dir?" antwortete der große Mann und drehte sich in seiner freundlichen, salbungsvollen Art zu ihr um: „Das denke ich: Du sahst hübsch aus, und deine Stimme war besser zu hören als alle anderen." Ich wünschte, Sie hätten gehört, was Montgomery gesagt hat. Ich gebe Ihnen eine Redezeile, wenn Sie ein wenig Selbstvertrauen haben. „Du bist ein bisschen schüchtern, das ist alles." Und erfreut, dass Kate Dick zuhörte, der begonnen hatte, eine Karriere für sie zu entwerfen. Ihre Stimme, sagte er, würde sich verbessern. In einem Jahr würde sie die doppelte Stimme haben, und mit der doppelten Stimme könnte sie nicht nur Clairette in *Madame Angot singen* , sondern alle großartigen Rollen von Schneider.

Er redete weiter und weiter, und in den frühen Morgenstunden erzählte er, wie *die Briganten* im Globe gescheitert waren, wobei die Bedingungen seines Kapitalisten darin bestanden, dass seine Geliebte eine der Hauptrollen für ein hohes Gehalt spielen sollte, und das auch er sollte die Bars übernehmen. Das waren dreißig Pfund pro Woche; und die Frau sang so fürchterlich verstimmt, dass sie ausgezischt wurde – schade, denn das Stück enthielt einige der besten Musikstücke Offenbachs. Eine beiläufige Erwähnung der Kleider führte zu einem detaillierten Bericht darüber, wie er den Satin unten an den Docks zum außergewöhnlich niedrigen Preis von zwei Schilling pro Yard gekauft hatte, und dieser Handel bereitete den Weg für eine lange Geschichte über ein Mädchen, das ihn getragen hatte eines dieser identischen Kleider. Mittlerweile war sie eine der führenden Londoner Schauspielerinnen und hatte jeden Schritt ihrer Aufstiegskarriere hinter sich. Dann folgten mehrere Biografien. Charlie sang im Chor und war nun ein führender Tenor. Fräulein – hatte einen reichen Mann an der Börse geheiratet; und so weiter. Tatsächlich schien es allen bis auf den Manager selbst gelungen zu sein, dieses unglückliche Stück zu machen. Aber solche Kritik kam Kate nicht in den Sinn. Ihr Herz schwoll vor Bewunderung für den Mann an, der einst an der Spitze all dieser Talente gestanden hatte, und die farbenprächtige Zukunft, die er für sie gestalten würde, ging ihr verschwommen durch den Kopf.

Und Kate wurde mit den Tagen immer glücklicher, bis sie anfing zu glauben, sie müsse die glücklichste Frau der Welt sein. Ihr Leben hatte nun eine Beschäftigung, und keine Stunde drückte schwerer auf sie als der Flügel eines Schmetterlings. Die Morgen, an denen Dick bei ihr war, waren immer herrlich gewesen; und die Nachmittage waren mit ihrem Musikstudium in Anspruch genommen worden. Es waren die langen Abende, vor denen sie sich immer gefürchtet hatte; Jetzt waren sie zu einem festen Bestandteil ihrer täglichen Freuden geworden. Sie aßen gegen vier Uhr zu Abend, und als das Abendessen vorbei war, war es Zeit, darüber zu reden, was für ein Haus sie haben würden, auf der Suche nach Bürsten und Kämmen, dem Lockenstab, herumzufummeln und darüber nachzudenken, welche kleinen Notwendigkeiten sie besser hatte Bring sie mit ins Theater. Zuerst kam es ihr sehr seltsam vor, zu einer bestimmten Stunde durch diese engen Gassen zu stolpern – Straßen, die voller Menschen waren, denn Bühne und Grubeneingang liegen immer nur wenige Meter voneinander entfernt, und die Passanten zu hören – im Vorbeigehen flüsterte sie: „Sie ist eine der Schauspielerinnen." Eines Tages fand sie einen Brief, der unter dem Namen, den Dick gewählt hatte, an sie adressiert war – ein malerischer Name, der seiner Meinung nach gut auf Plakaten stand –, und ohne zu ahnen, was darin stand, riss sie den Umschlag im Beisein von einem halben Dutzend Sängerinnen auf , der sich im Durchgang versammelt hatte. Ein Diamantring fiel auf den Boden und Kate las erstaunt:

„Sehr geehrte Frau D'ARCY, in Anerkennung Ihrer Schönheit und der anmutigen Art und Weise, wie Sie Ihre Rolle spielen, lege ich Ihnen einen Ring bei, den ich hoffentlich heute Abend an Ihrem Finger sehen werde. Wenn Sie es an der rechten Hand tragen, verstehe ich, dass Sie mir erlauben, am Bühneneingang auf Sie zu warten. Wenn Sie jedoch entscheiden, dass meine kleine Gabe besser zu Ihrer linken Hand passt, werde ich verstehen, dass ich Pech habe.

„(Unterzeichnet) EIN BEWUNDER."

„Wer hat das hier gelassen?" fragte Kate den Türhüter.

„Ein großer junger Herr – seinem Aussehen nach ein Londoner, glaube ich, aber er hat keinen Namen hinterlassen."

„Jedenfalls ein sehr hübscher Ring", sagte ein Mädchen und hob ihn auf.

„Nicht schlecht", sagte ein anderer; „Ich habe letztes Jahr in Sheffield so eins bekommen."

„Aber was soll ich damit machen?" fragte Kate.

„Tragen Sie es natürlich", antworteten zwei oder drei Stimmen gleichzeitig.

'Trage es!' „Wiederholte sie sich und fühlte sich ganz wie jemand, der im Besitz von Diebesgut war", eilte sie auf die Bühne und wollte Dick fragen, was sie mit dem Ring machen sollte. Sie fand ihn im Streit mit dem Grundstücksverwalter, und es dauerte einige Zeit, bis er den Ärger vergessen konnte, den ihm der Mangel an Dolchen bereitet hatte. Schließlich nahm er ihr jedoch mit heftiger Willensanstrengung den Zettel aus der Hand und las ihn durch. Als er den Inhalt verstanden hatte, erhellte ein gutmütiges Lächeln sein pausbäckiges Gesicht und er sagte:

„Na, was willst du sagen? Ich finde den Ring sehr schön; Mal sehen, wie es auf deiner Hand aussieht",

„Du meinst nicht, dass ich es tragen soll?"

„Und warum nicht? Ich finde, es ist ein sehr schöner Ring", sagte der Geschäftsführer ungekünstelt. „Tragen Sie ihn erst an der einen Hand und dann an der anderen, Liebling. Das wird ihn verwirren."

„Aber angenommen, er kommt mir am Bühneneingang entgegen?"

„Na, was macht das schon? Wir gehen zusammen aus. Ich werde dafür sorgen, dass er Abstand hält. Aber jetzt lauf hoch und zieh dich an."

„Nun komm rein", rief Dolly, die in blauen Strümpfen herumlief. „Du bist so schüchtern wie eine Studentin."

Dieser Ausfall wurde mit schallendem Gelächter begrüßt und sie begann sich gedemütigt anzuziehen.

„Sie haben Dollys Geschichte über die Studentin noch nicht gehört?", rief ein Mädchen vom anderen Ende des Raumes.

„Nein, und ich will auch nicht", antwortete Kate empört. „Das Gespräch in diesem Raum ist absolut schrecklich." Ich werde Herrn Lennox bitten, mich zu ändern. Und wirklich, Miss Goddard, ich denke, Sie könnten es schaffen, sich etwas anständiger zu kleiden.'

„Nun, wenn Sie dieses Kleid nennen", rief Dolly und fächelte sich Luft zu. „Ich nehme an, man muss seine Strümpfe ausziehen, um Ihnen zu gefallen." „Du bist so schlimm wie –"

Dolly war der Witzbold in der Umkleidekabine Nr. 6, und nachdem sie ihr Lachen erlangt hatte, versuchte sie, Kate zu versöhnen. Um dies zu erreichen, zog sie zunächst ihre Strumpfhose an.

„Nun, Mrs. Lennox“, sagte sie, „seien Sie nicht böse; Wenn ich eine gute Figur habe, kann ich nicht anders. Und ich möchte wirklich etwas über den Diamantring hören.‘

Das war so merkwürdig und, wie die Amerikaner sagen würden, so schlau gesagt, dass Kate ein Lächeln nicht unterdrücken konnte. Sie ließ ihre Hand los und erlaubte Dolly, den Ring zu untersuchen.

„Ich habe in meinem Leben noch nie etwas Schöneres gesehen. Es war kein Untergra—?“, sagte das Mädchen, das im Herzen eine minderwertige Komikerin war und den Wert der Wiederholung kannte.

„Ich muss auf sein Wohl trinken. Wer hat Alkohol? Und du, Vincent?“

„Nur noch ein Abfluss übrig“, sagte ein dickes Mädchen und zog eine flache Flasche aus einem schmutzigen schwarzen Rock, „aber ich werde sie für das Ende des zweiten Aktes aufbewahren.“

„Egoismus wird Ihr Verderben sein“, sagte Dolly. „Lassen Sie uns auf die Gesundheit des Herrn trinken“, fügte sie hinzu und zwinkerte der Schar der Mädchen zu, die mit den Händen in den Hüften warteten. Und da Kate unmöglich missverstehen konnte, was von ihr erwartet wurde, sagte sie:

„Ich werde mich sehr gerne behandeln lassen. Was soll es sein?‘

Nach einiger Diskussion war man sich einig, dass es nichts Besseres als eine Flasche Whisky geben konnte. Der heruntergekommenen Kommode wurde das Geld ausgehändigt, mit der strikten Anweisung von Dolly, die Flasche nicht zu entkorken. „Das können wir selbst machen“, fügte das Mädchen scherzhaft hinzu; und es zeigte sich ein lautes Interesse am Ring, am Absender und am Brief. Kate sagte, Dick habe ihr geraten, den Ring zuerst an der einen und dann an der anderen Hand zu tragen.

„Um es ständig von einer Hand in die andere zu wechseln“, rief Dolly; 'keine schlechte Idee; und nun auf die Gesundheit und den Erfolg des Absenders des Rings.“

„Ich kann auf diesen Toast nicht trinken“, antwortete Kate und stellte ihr Glas beiseite.

„Dass das Wort „Erfolg“ aus dem Trinkspruch weggelassen wird!“ rief Dolly, und die Fröhlichkeit hörte nicht auf, bis man den Callboy rufen hörte: „Meine Damen, meine Damen!“ Mr. Lennox wartet auf der Bühne.' Dann gab es ein Gerangel um das Glas und die Kommode, und man hörte Dollys Stimme schreien:

„Nun, Mutter Hubbard, haben Sie das süße Zeug, das ich Ihnen besorgen soll? Ich möchte nicht nach unten gehen und nach rohem Alkohol stinken.'

„Ich konnte keines bekommen", sagte die alte Frau, „aber ich habe zwei Scheiben Brot mitgebracht; das geht auch.'

„Du bist ein wissender alter Hase", sagte Dolly. „Iss ein oder zwei Bissen, das vertreibt den Geruch, Mrs. Lennox", und die Mädchen ratterten die Treppe hinunter und kamen gerade rechtzeitig zu ihrem Stichwort auf der Bühne an.

„Stichwort für den Auftritt der Soldaten", rief der Souffleur, und sie gingen weiter, wobei Montgomery die Musik etwas schneller als sonst spielte, bis Kate, die jetzt in der großen Acht war, völlig vergaß, wie oft sie ihren Ring an der linken Hand gewechselt hatte Nach rechts. Aber sie trug es an verschiedenen Händen, und am Bühneneingang kam kein Bewunderer auf sie zu und sprach sie an. Dick wartete dort auf sie; Sie fühlte sich an seinem Arm ganz sicher, und sobald sie den Bissen zu Abend gegessen hatten, begannen sie mit dem wöchentlichen Packen.

Am nächsten Morgen hieß es Zug und Bahnhof, Bahnhof und Zug, aber trotz vieler Verspätungen gelang es ihnen, den Zug zu erreichen, und am Montagabend überzeugte ihre Anmut ihre neuen Bewunderer: In jeder Stadt, die die Gesellschaft besuchte, erhielt sie Briefe und Geschenke; Es gelang jedoch niemandem, ihre Liebe zu schwächen oder sie von Dick abzubringen.

„Dennoch seufzen die Liebhaber um sie herum", kicherte Montgomery, und Dick begann ernsthaft darüber nachzudenken, welche Mittel ergriffen werden sollten, um Kates Aufstieg in ihrem neuen Beruf zu sichern. Eines Abends kehrte Montgomery nach der Aufführung mit ihnen nach Hause zurück und brachte das Drehbuch mit, und bis ein Uhr morgens saßen die beiden zusammen und versuchten, sich ein paar zusätzliche Zeilen für die erste Szene in *Les Cloches auszudenken* .

„Die Szene", sagte Dick, „ist an der Küste." „Die Mädchen sind auf dem Weg zum Markt."

„Angenommen, sie würde so etwas sagen, was? „Mr. Baillie, mögen Sie braune Augen und kirschrote Lippen?" Und dann antwortete ein anderer: „Am liebsten Kirschbrand."

„Nein, ich glaube nicht, dass die Öffentlichkeit den Punkt erkennen würde; Sie müssen bedenken, dass wir nicht vor einem Londoner Publikum spielen. Ich denke, wir sollten besser etwas Breiteres haben.'

'Also was?'

„Erinnern Sie sich an die Szene in *Chilpéric* , als —"

Die Unterhaltung schweifte ab; und Mr. Diproses Version der Oper und sein üblicher schändlicher Geschmack in der Bühnenführung wurden streng kommentiert. Mit solch angenehmer Unterhaltung verbrachten sie eine angenehme Stunde; doch schließlich erinnerte sie das plötzliche Auslöschen einer Zigarette daran, dass sie sich getroffen hatten, um einen Dialog zu schreiben. Nach einer langen Stille sagte Dick:

„Angenommen, sie würde sagen: ‚Mr. Baillie, Sie haben einen schönen Kopf.‘ Sie wissen, dass ich etwas möchte, worüber sie lachen kann.“

„Wenn sie die Wahrheit sagen würde, würde sie sagen: Dickkopf“, antwortete Montgomery lachend.

„Und warum sollte sie nicht? Genau das ist es. Damit wird sie bestimmt lachen: „Mr. Baillie, Sie haben einen dicken Kopf.“ Lassen Sie uns das zuerst klären. Aber was soll sie danach sagen?' Und schweigend durchsuchten sie ihre Erinnerungen nach einem Witz, der zu dem passte, den sie gerade entdeckt hatten.

Nach etwa fünf Minuten tiefer Überlegung und erschöpft von der ungewohnten geistigen Belastung, die auf seinem Geist lastete, sagte Dick:

„Kennen Sie die Musik von *Trône d'Écosse* ? Teuflisch gut. „Wenn das Buch besser gewesen wäre, wäre es ein großer Erfolg geworden.“

„Der Walzer ist so ziemlich das Schönste, was Hervé je gemacht hat.“

Diese Meinungsäußerung führte zu einer lebhaften Diskussion, in der die konkurrierenden Ansprüche von Hervé und Planquette energisch diskutiert wurden. Es wurden viele Zigaretten geraucht, und erst als die Packung geleert war, fiel ihnen auf, dass nur eine „pfeifende“ Zigarre gefunden worden war.

„Ich kann nie etwas ohne Zigarette machen; Versuchen Sie doch, im Nebenzimmer eines für mich zu finden, Kate, Liebes. Hör zu, Montgomery, wir haben „Baillie, du hast einen dicken Kopf.“ Das wird für den Anfang sehr gut tun; aber ich bin nicht gut darin, pfeifende Atemgeräusche zu finden.'

„Und dann kann ich sagen: „Baillie, du hast einen tollen Kopf“, sagte Kate, die schon lange verträumt zugehört hatte und Angst hatte, sie zu unterbrechen.

„Keine schlechte Idee“, sagte Dick. „Lass es uns runterholen.“

„Und dann“, schrie Montgomery, als er beide Beine über die Armlehne seines Stuhls legte, „kann sie sagen: „Ich meine einen tollen Kopf, Mr. Baillie.“

Für einen Moment blitzten Bewunderung in Dicks Augen auf, und er schien darüber nachzudenken, ob es nicht seine Pflicht wäre, den Dirigenten darauf hinzuweisen, dass sein Talent eher im Dialog als in der Musik liege. Doch seine Gefühle, welche auch immer sie gewesen sein mochten, verschwanden in dem Inspirationsschub, auf den er so lange gewartet hatte.

„Wir können die ganze Liste der Köpfe durchgehen", rief er triumphierend. „Fettkopf, feiner Kopf, breiter Kopf, dicker Kopf, massiver Kopf – ja, massiver Kopf." Die Baillie wird darüber erfreut zu sein scheinen, den Satz wiederholen und dann „Dunderhead!" sagen. Er wird wütend und sie wird weglaufen. Das wird ein großartiger Abgang sein – sie wird unter lautem Gebrüll herauskommen.'

Dick notierte die Sätze auf einem Blatt Papier, um sie anschließend in das Drehbuch einzufügen. Als dies erledigt war, sagte er:

„Meine Liebe, wenn du mit diesen Zeilen keinen Aufruhr bekommst, kannst du   mich   einen   ——   nennen. Und wenn wir das Stück in Hull spielen, sollte es mich nicht wundern, wenn Sie in der Zeitung auffallen würden. Aber Sie müssen Ihren Mut fassen und den Baillie überprüfen. Wir müssen morgen eine Probe für diese Zeilen veranstalten. Jetzt hör zu, Montgomery, und sag mir, wie es lautet.

XV

„Morgen um zwölf ist die Probe für alle, die vorne in den *Cloches* sitzen", rief der Bühnentürwächter einem halben Dutzend Mädchen zu, als sie sich an ihm vorbeidrängten.

'Nun, ich nie! „Und ich wollte mir die Burg und die Stadtmauer ansehen", sagte ein Mädchen.

„Ich frage mich, wofür es ist", sagte ein anderer; „Es ist alles gut gelaufen, dachte ich – nicht wahr?" Haben Sie einen Grund gehört, Mr. Brown?'

„Ich habe gehört, dass neue Zeilen hinzugefügt werden sollen", antwortete der Bühneneingangswärter mürrisch, „aber ich weiß es nicht." Stören Sie mich nicht.'

Bei der Erwähnung der neuen Zeilen hellten sich die Gesichter der Mädchen auf, doch sofort bemühten sie sich, die Hoffnung und Besorgnis zu verbergen, die die Ankündigung in ihnen ausgelöst hatte, und in der darauffolgenden Stille überlegte jede, wie sie mit Mr. Lennox sprechen könnte . Schließlich sagte einer, der unternehmungslustiger war als die anderen:

„Ich muss zurücklaufen. „Ich habe mein Taschentuch vergessen."

„Sie brauchen sich nicht um Ihr Taschentuch zu kümmern, Sie werden Mr. Lennox heute Abend nicht sehen", rief Dolly, die die Illusionen anderer Menschen immer ebenso bereitwillig mit Füßen trat wie sie es selbst tat. „Die Zeilen sind weder für dich, noch für mich, noch für irgendeinen von uns", fuhr sie fort. „Du kleiner Dummkopf, kannst du nicht erraten, für wen sie sind?" Für sein Mädchen natürlich!'

Auf diese Aussage folgte zustimmendes Murmeln, und Dolly blickte triumphierend, die Hände in die Hüften gestemmt, ihren Zuhörern entgegen.

„Es ist verdammt schwer, aber man kann nicht erwarten, dass der Mann sie umsonst aus ihrem Leinenvorhang holt."

Der alte Türsteher, der seine Aufmerksamkeit auf das gerichtet hatte, was er gerade aus einem Marmeladentopf aß, erwachte nun plötzlich und stellte fest, dass der Durchgang versperrt war und eine Gruppe Musiker mit Kisten in der Hand auf ihn wartete durchkommen.

„Nun, meine Damen, muss ich Sie bitten, weiterzugehen. Hinter Ihnen sind viele Leute."

„Ja, macht weiter, Mädchen. Diesmal sind wir alle in einer Sackgasse, und die Moral davon ist, dass wir noch nicht gelernt haben, uns in die Managerin zu verlieben. Die Frau mit dem Papierkragen hat uns mit unseren eigenen Waffen geschlagen."

Auf diese Bemerkung folgte schallendes Gelächter, das jeder hören konnte, und Dolly schubste die Mädchen vor sich her und machte den Weg frei.

Diese Mädchen, deren Lebensambitionen zunächst darin bestanden, eine Zeile zu erhalten – das heißt die Erlaubnis, in ihren roten Strumpfhosen zu schreien, wenn der niederträchtige Komiker auf der Bühne erscheint: „Oh, was für ein toller Kerl ist der Herzog!" – zweitens, von jemandem zum Abendessen eingeladen zu werden, von dem sie glauben, dass er wie ein Gentleman aussieht, der sich dagegen auflehnt, diese Bürodame, wie sie sie jetzt nannten, die lang ersehnten, lange beschriebenen Phrasen sprechen zu hören; und nachts taten sie alles, was sie wagten, um ihre Szene „queer" zu machen. Sie drängten sich um sie, überfielen sie und versuchten, die Aufmerksamkeit des Hauses von ihr abzulenken.

Sie musste sagen: „Mr. „Baillie, du hast einen tollen Kopf." *Baillie (klopft sich auf die Krone)* : „Ja, ein schöner Kopf!" *Kate* : „Ein dicker Kopf." *Baillie (empört)* : „Ein dicker Kopf!" *Kate (eilig)* : „Ich meine einen breiten Kopf." *Baillie* : „Ja, ein breiter Kopf." *Kate* : „Ein dicker Kopf." *Baillie (empört)* : „Ein dicker Kopf!" *Kate* : „Nein, nein; ein fester Kopf.' Und so weiter nach *Belieben*. für zehn Minuten.

Die Szene verlief prächtig. Das Parkett schrie, die Galerie war in Aufruhr, und am nächsten Tag hörte man auf der Straße nichts als ironische Anspielungen auf dicke und stämmige Köpfe. Den Mädchen war es nicht gelungen, die Szene zu verderben, denn Kate hatte, durch den Applaus ermutigt, den Baillie so gewinnend gehänselt und verspottet, dass sie sofort die Sympathie des Hauses gewann. Aber am folgenden Abend kam ein großes, sauer dreinblickendes Mädchen, das Binden trug und mit dem Kate wegen ihrer derben Ausdrucksweise ein paar Worte gewechselt hatte, auf eine raffinierte Idee, um „die Szene zu verunstalten". Ihr Trick bestand darin, in schallendes Gelächter auszubrechen, kurz bevor sie Zeit hatte, „Ein dicker Kopf" zu sagen. Die anderen verstanden den Trick bald, und nach ein oder zwei Abenden arbeiteten sie so gut zusammen, dass Kate nervös wurde und ihren Text nicht mehr sprechen konnte. Das machte sie sehr unglücklich; Da ihre Bühnenerfahrung begrenzt war, schrieb sie ihren Misserfolg ihrer eigenen Schuld zu, bis Dick eines Abends, kaum dass der Vorhang gefallen war, auf die Bühne stürmte, mit einer ausladenden Geste die Arme in die Luft streckte und die Truppe zurückrief.

„Meine Damen und Herren", sagte er, „mir ist aufgefallen, dass die Hauptszene in diesem Akt nicht mehr so gut läuft wie früher." Ich möchte nicht, dass mir jemand sagt, warum das so ist; Der Grund liegt auf der Hand, zumindest für mich. Ich erwarte daher, dass die Damen, die diese

Angelegenheit betrifft, morgen um zwölf zur Probe kommen, und wenn mir danach auffällt, was ich heute Abend getan habe, werde ich die Straftäter sofort aus der Gesellschaft entlassen. Ich hoffe, dass ich mich verständlich mache.'

Nach dieser Erklärung war eine weitere Einmischung in Kates Szene natürlich ausgeschlossen, und das Urteil jeder neuen Stadt bestätigte ihren Erfolg mehr und mehr. Aber während Dicks Präsenz die Mädchen auf der Bühne kontrollierte, reichte seine Autorität nicht bis in die Umkleidekabinen. Kates besondere Feindin war Dolly Goddard. Es verging keine Nacht, in der dieses Mädchen nicht auf die Scheidungsfälle Bezug nahm, von denen sie in der Zeitung gelesen hatte, oder vorgab, davon gehört zu haben. Ihr natürlicher Scharfsinn ermöglichte es ihr, dies mit beträchtlicher Säure zu tun. „So etwas habe ich noch nie in meinem Leben gehört, Mädels", begann sie. „Sie reden von uns, aber was wir tun, ist im Vergleich zu den Taten der angesehenen Leute ein Kinderspiel ." „Die Frau eines Bäckers in dieser gesegneten Stadt ist gerade mit dem Herausgeber einer Zeitung durchgebrannt und hat ihre sechs kleinen Kinder zurückgelassen, von denen eines ein Baby ist, das nicht älter als einen Monat ist."

„Was wird der Ehemann tun?"

'Scheiden lassen.' (Chor: „Er wird sich scheiden lassen, natürlich, natürlich, natürlich!")

Auf diese zarte Ironie war keine Antwort möglich, und Kate konnte sich nur auf die Lippen beißen und so tun, als würde sie es nicht verstehen. Aber manchmal war es schwierig, nicht blass zu werden und zu zittern, so quälend waren die Anekdoten, die Dollys aktives Gehirn über die Gräueltaten heraufbeschwor, die verfolgende Ehemänner mit Messer und Pistole an den Verrätern ihres Glücks verübt hatten. Und wenn diese Vogelscheuchen scheiterten, gab es immer Geschichten, auf die man zurückgreifen konnte. Ein Wort genügte, um die ganze Bande dazu zu bringen, ihre Erfahrungen zu erzählen und ihre Erfahrungen zu vergleichen. Kates Mundwinkel verzogen sich oft zu einem höhnischen Grinsen, aber sie wusste, dass ein Protest nur dazu führen würde, dass sie sich einer unhöflichen Antwort aussetzte, und dass ein Appell an Dick nur noch mehr Feindschaft gegen sie hervorrufen würde. Außerdem, was konnte er tun? Wie konnte er definieren, was richtige Gespräche für die Umkleidekabinen waren und was nicht? Aber vielleicht würde sie ihn bitten, sie mit den Schulleitern zu verkleiden, und sie beschloss, dies eines Abends zu tun, als die in Nr. 6 verwendeten Worte ungewöhnlich warmherzig gewesen waren.

Dick hatte keine Einwände, und mit Leslie und Beaumont kam Kate besser zurecht.

„Ich bin so froh, dass Sie gekommen sind", sagte Leslie, als sie sich bückte, damit die Kommode ihr einen Kranz aus Orangenblüten auf den Kopf legen konnte. „Ich frage mich, dass Sie nicht schon früher daran gedacht haben, Mr. Lennox zu bitten, Sie bei uns unterzubringen."

„Das gefiel mir nicht. „Ich hatte Angst, dir im Weg zu stehen", antwortete Kate. „Ich hoffe, dass es Beaumont nichts ausmacht, wenn ich hier bin."

„Was macht es, wenn sie es tut? Beaumont ist gar kein schlechter Mensch, wenn man sie einmal zu verstehen beginnt. Lass sie einfach mit dir über ihre Diamanten und ihre Männer reden, und alles wird gut."

„Aber warum warst du in letzter Zeit nicht bei mir? Ich möchte, dass du nächste Woche eines Tages mit mir einkaufen kommst. Wir werden in York sein. Ich habe gehört, dass es dort ein paar gute Geschäfte gibt.'

„Ja, das gibt es, und ich hätte schon früher bei dir sein sollen, aber Frank hat gerade ein paar neue Partituren aus London bekommen und wollte, dass ich sie mit ihm durchprobiere. Da ist eines, das gerade in Paris produziert wurde – die schönste Musik, die Sie jemals in Ihrem Leben gehört haben. Kommen Sie morgen zu mir nach Hause und ich spiele es Ihnen vor. Aber wenn wir gerade von Musik sprechen, ich höre, dass ihr euch gut versteht."

„Ich glaube, ich verbessere mich; „Montgomery kommt jeden Morgen mit mir zum Training."

„Er ist ganz gut für das Klavier, aber er kann dir nicht beibringen, deine Stimme hervorzubringen." Was weiß er? Dieser Bengel von einem Jungen! „Ich sage dir, was ich tun werde", rief Leslie und stellte Kate plötzlich zur Rede: „Nächste Woche fahren wir nach York." Nun, ich werde Ihnen einen erstklassigen Mann vorstellen. Er würde in sechs Unterrichtsstunden mehr mit dir machen als Montgomery in fünfzig. Und in der darauffolgenden Woche werden wir in Leeds sein. Ich kann Ihnen dort einen anderen vorstellen.'

„Der Vorhang geht gerade auf, Miss Leslie", rief der Callboy.

„Also gut", rief die Primadonna und warf den Hasenfuß zur Frisierkommode. „Ich muss jetzt los. Wir reden morgen darüber."

Unmittelbar danach trat Beaumonts stattliche Gestalt ein. Sie stellte ihre schwarze Tasche mit einem Knall auf den Tisch und rief:

„Du meine Güte! Noch nicht angezogen! Mein Gott! Du kommst zu spät."

„Zu spät wofür?", fragte Kate erstaunt.

„Hat Mr. Lennox Ihnen nicht gesagt, dass Sie im ersten Akt mein Lied, das Lied der Marktfrau, singen müssen?"

„Nein, ich habe nichts davon gehört.“

„Dann beeilen Sie sich um Himmels willen.“ Hier, strecken Sie Ihr Gesicht raus. Ich mache dein Make-up, während die Kommode dich schnürt. Aber mit dem Song wirst du schon klarkommen, oder? Es ist für mich völlig unmöglich, mich rechtzeitig anzuziehen. „Ich kann nicht verstehen, dass Mr. Lennox es Ihnen nicht gesagt hat.“

„Oh ja, ich werde es schaffen – zumindest hoffe ich es“, antwortete Kate und zitterte angesichts der plötzlichen Aufregung über die Nachricht. „Ich glaube, ich kenne alle Wörter außer der Zugabe-Strophe.“

„Oh, das werden Sie nicht brauchen“, sagte Beaumont, verraten von einem Anflug beruflicher Eifersucht. „Jetzt halte die andere Wange hin.“ Von Jove! wir haben keine Zeit zu verlieren; Sie beenden gerade den Hochzeitschor. Wenn du zu spät kommst, ist es nicht meine Schuld. Ich schickte eine Nachricht ans Theater und fragte, ob Sie mein Lied im ersten Akt singen würden, da einige Freunde aus London gekommen waren, um mich zu sehen. Sie wissen, der Marquis von Shoreham ist seit Jahren ein Freund von mir. Das reicht für das linke Auge.'

„Wenn du dein Bein noch ein bisschen weiter ausstreckst, ziehe ich dir den Strumpf aus, und dann ist alles in Ordnung“, sagte die Kommode und blieb nur einen Moment stehen, um in einer Art nervöser Trance ihre Strapse hochzuziehen, dann stürzte sie los auf die Bühne, gefolgt von Beaumont, der gekommen war, um zu hören, wie das Lied ausgehen würde.

Sie war ein voller Erfolg und bekam von einem enthusiastischen Publikum eine doppelte Zugabe. Aber in „*Madame Favart*“ hatte sie nichts zu tun und war es leid, im Refrain auf eine weitere Chance zu warten, die sich jedoch nie ergab, denn nach ihrem Erfolg mit dem Lied der Fischfrau in „ *Madame Angot*“ achtete Beaumont sorgfältig darauf, ihr keine weitere Chance zu geben. Was war zu tun? Dick sagte, er könne die Direktoren nicht entlassen.

„Kate könnte Serpolette spielen, wie es noch nie zuvor gespielt wurde“, rief Montgomery, „und ich sehe keinen Grund, warum sie Leslie nicht als Zweitbesetzung übernehmen sollte.“

„Aber Wie heißt sie?“

„Warum sollte es nicht zwei Zweitstudierende geben?“

Dick konnte keine Begründung vorbringen, und sobald sie einmal begonnen hatten, gingen die Studien fröhlich voran. Offenbar tief interessiert lehnte sich Dick im Sessel zurück und rauchte ständig Zigaretten. Montgomery hämmerte mit nervöser Kraft auf das Klavier, und Kate stand an seiner Seite, ihre Seele brannte in der Glut ihrer Aufgabe. Sie hätte die Rolle von Germaine vorgezogen; es hätte besser zu ihrem sanften Gemüt gepasst als die verspielte Serpolette; aber es schien vergeblich zu hoffen, dass eine Krankheit oder ein Unfall Beaumont am Spielen hindern würde. Allerdings war Leslie oft unvorsichtig und betete um eine Bronchialvisitation, sodass sie nachts zusahen, wie sie verpackt war.

Sobald Kate die Musik kannte, wurde eine Probe für sie einberufen, um das Geschäft durchzugehen, und da brach die schon lange schwelende Empörung gegen sie aus. Erstens brach das Mädchen, dem bisher die Zweitbesetzung anvertraut worden war und das ebenfalls in der Hoffnung auf Husten und Erkältungen gelebt hatte, in Fluten leidenschaftlicher Tränen und Stürme heftiger Worte aus. Sie griff Kate heftig an, und die Szene war doppelt unangenehm, da sie sich in Anwesenheit aller abspielte. Es wurden bittere Anspielungen auf sterbende und verlassene Ehemänner gemacht, und die ganze Schärfe der Chorsängerin wurde in Anspielungen auf das Scheidungsgericht gepresst. Das war für Dick ebenso unangenehm wie für Kate. Die Probe musste abgebrochen werden und die betreffende Dame wurde nach London zurückgeschickt. Das Mitgefühl war zunächst sehr stark auf der Seite der Schwachen, und die Damen des Theaters waren sich einig in ihren Bemühungen, es Kate so unangenehm wie möglich zu machen. Aber sie hielt mutig durch, und nach einiger Zeit löste ihre ständige Weigerung, die Rolle noch einmal zu proben, eine positive Reaktion aus; und als Miss Leslies Erkältung schlimmer wurde und klar wurde, dass jemand Serpolette unterstützen musste, fiel die Rolle ohne Widerstand gegen ihren Anteil.

Und nun war jede Minute des Tages damit verbracht, in ihrem inneren Bewusstsein einen Teil ihrer Rolle zu lernen oder auszudenken. Mitten in ihrem Frühstück stellte sie hastig ihre Tasse ab, während die Untertasse klirrte, und sagte: „Schau her, Dick; Sag mir, wie ich diesen Einlauf machen soll – mein erster Auftritt, wissen Sie?

„Was sind deine Worte, Liebes?"

„Wer spricht schlecht über Serpolette?"

Dann wurde der Frühstückstisch zur Seite geschoben und der Einzug geprobt. Dick schien nie müde zu werden und der Lauf wurde immer wieder geübt. Wenn man abends vom Theater nach Hause kam, ging es immer um diesen und jenen Effekt; darüber, ob Leslie nicht vielleicht einen Punkt erzielt hätte, wenn sie in dem berühmten Lied das Hochziehen ihres Rocks betont hätte.

Das war, wie Dick erklärte, die „Anzahl der Griffigkeit"; und oft begann Kate um zwei Uhr morgens, gerade wenn sie ins Bett ging, in ihrem Hemd zu singen:

„Schau mich hier an! Schau mich dort an!
Kritisiere mich überall! Von Kopf bis Fuß bin ich überaus süß und
vollkommen und vollkommen."

Es gab eine Szene im ersten Akt, in der Serpolette schreiend vor Lachen von
ihrem verärgerten alten Onkel Gaspard weglaufen und ihm ausweichen
musste, indem sie sich hinter dem Baillie versteckte, und um dies effektiv zu
tun, war ein gewisser *Chic*, eine Fröhlichkeit erforderlich, die Kate schien
nicht in der Lage zu sein, aufzurufen; und das war die Schwachstelle in ihrer
Darstellung der Rolle. „Für eine Minute geht es dir gut, und dann wirst du
nüchtern und zu einem Germaine", sagte Dick am Ende eines langen und
kritischen Gesprächs. Das Geschäft, das sie nachplappern lernte. Dick
brachte ihr die Gesten und den Tonfall der Stimme bei, und als sie diese
beherrschte, sagte Dick, er würde ihr dabei helfen, die Rolle genauso gut zu
meistern wie Leslie.

Leslie! Das Wort war nun ständig in ihren Gedanken. Würde sich ihre
Erkältung verschlimmern oder bessern? war die Frage, die zwischen Dick,
Kate und Montgomery am häufigsten diskutiert wurde. Manchmal war es
besser, manchmal schlechter; Doch im Moment ihrer größten Verzweiflung
kam die willkommene Nachricht, dass sie die Treppe hinuntergerutscht war
und sich den Fuß schwer verstaucht hatte.

„Oh, das arme Ding!" sagte Kate; 'Es tut mir so leid. Hätte ich gewusst, dass
das —"

„Hätte passieren können, hättest du die Rolle nicht gelernt", rief
Montgomery mit seinem lauten, ausdruckslosen Lachen.

Sie schlug ungeduldig mit dem Fuß auf den Boden und sagte nach langem
Schweigen: „Ich werde gehen und sie sehen."

„Es wäre viel besser, mit Montgomery die Musik durchzugehen und nicht zu
vergessen, mit der Kommode über Ihr Kleid zu reden." Und versuchen Sie
um Himmels willen, der Rolle ein wenig Fröhlichkeit zu verleihen.
„Serpolette ist ein ziemlicher Spaß, wissen Sie."

„Versuchen Sie, der Rolle etwas Fröhlichkeit zu verleihen", klang es
unaufhörlich in Kates Ohren. Es verfolgte sie, als sie die Taille von Leslies
Kleid betrachtete, während sie sich über Montgomerys Schulter am Klavier
lehnte oder seiner Unterhaltung zuhörte. Er war begeistert und sie fand es
sehr hübsch von ihm zu sagen: „Ich bin froh, an deinem ersten Erfolg
teilhaben zu dürfen." Niemand vergisst das jemals – daran wird man sich
bestimmt erinnern.'

Es kam einem Liebesbekenntnis, das er je gemacht hatte, am nächsten, aber sie war mit anderen Gedanken beschäftigt und musste ihn ein letztes Mal wegschicken, um den Dialog vor dem Glas zu studieren.

„Versuchen Sie, ein wenig Fröhlichkeit in die Rolle zu bringen." „Serpolette ist ein toller Kerl, wissen Sie."

„Ja, ein Toben; aber was ist ein Toben?' Kate fragte sich; und sie bemühte sich, das, was sie bisher in groben Zügen akzeptiert hatte, im Detail zu verwirklichen.

XVI

„Meine Damen und Herren", sagte Mr. Hayes, der gegen seinen Willen vor dem Vorhang des Theatre Royal in Bristol dazu gedrängt worden war, die folgende Erklärung abzugeben: „Es tut mir leid, Ihnen das aufgrund einer Unwohlseins mitteilen zu müssen." – das heißt, die versehentliche Verstauchung ihres Knöchels – Miss Leslie wird heute Abend nicht erscheinen können. Wir bitten daher um Ihre freundliche Nachsicht für Miss D'Arcy, die kurzfristig zugestimmt hat, die Rolle der Serpolette zu spielen.'

„Haben Sie jemals gehört, dass sich jemand absichtlich den Knöchel verstaucht hat?" fragte ein Szenenwechsler.

'Stille!' sagte der Gasmann, „er wird dich hören."

Unter lautem Applaus wich Mr. Hayes hinter die Kulissen.

„Na, war alles in Ordnung?" fragte er Dick.

„Richtig, mein Junge, ich glaube, das war es; Es war ein Hauch von Gladstone in deinem versehentlich verstauchten Knöchel."

'Wie meinst du das?' sagte der verunsicherte amtierende Manager.

„Ich habe jetzt keine Zeit, es dir zu sagen." Also, Mädels, seid ihr bereit?' sagte er, stürmte auf die Bühne und wechselte hastig die Plätze der Chorsänger. Er legte seine Hand auf die Schulter eines Mädchens und bewegte sie nach rechts oder links, je nach Geschmack. Dann zog er sich abrupt zurück und rief: „Na, dann geh doch mal hoch!" und gleich darauf sangen dreißig Stimmen in einem Klang:

„Auf Cornevilles großen Marktplätzen
warten süße Dienstmädchen mit rosigen Gesichtern hier, warten hier."

„Also, komm schon. Du kommst von oben links rein."

„Ich glaube nicht, dass ich diesen Lauf jemals schaffen werde."

„Fangen Sie gar nicht an, über irgendetwas nachzudenken. Wenn Ihnen der Lauf nicht gefällt, werde ich Ihnen sagen, wie Sie ihn machen sollen", sagte Dick, und sein Gesicht strahlte vor plötzlicher Eingebung. „Machen Sie ihn mit frechem Stolzieren, gehen Sie sehr langsam, so, und wenn Sie dann ein Viertel der Bühne hinunter sind, bleiben Sie einen Moment stehen und singen: ,Wer spricht schlecht über Serpolette?' Verstehen Sie?"

„Ja, ja, das passt mir besser, ich verstehe."

Dann standen sie beide unter dem schrägen Flügel und warteten gespannt auf das Stichwort.

„Sie liebt Grenicheux."

„Da ist dein Stichwort." Weiter geht's; gib mir deinen Schal.'

Das Rampenlicht blendete sie; Ein Applausstoß erschreckte sie eher, als dass er sie beruhigte, und als Opfer einer Art langweiligem Traum sang sie ihre ersten Zeilen. Aber sie war ein wenig hinter dem Takt. Montgomery ließ wütend seinen Stock fallen, die *Repliquen* der Mädchen schlugen ihr an die Ohren wie Handflächen, und erst als sie mitten in den geschwätzigen Versen war, sah sie, wie Montgomerys Arm friedlich über den gebeugten Profilen der Musiker hin und her schwang Sie erlangte ihre Geistesgegenwart einigermaßen wieder. Dann kam die kleine Szene, in der sie vor ihrem Onkel Gaspard davonläuft und sich hinter dem Baillie versteckt. Und sie wich dem alten Mann mit solcher Lebhaftigkeit von einer Seite der Bühne zur anderen aus, dass ein Murmeln der Bewunderung über den Graben schwebte und in Echos fast so lange anhielt, bis sie ans Rampenlicht trat, um die Legende von Serpolette zu singen .

Die urigen, mitreißenden Kadenzen der Melodie und der Humor der Worte, die eher gesagt als gesungen werden mussten, wurden perfekt wiedergegeben. Es war unmöglich, sie nicht zu mögen, als sie sagte:

„Ich weiß nicht viel über meine Verwandten,
ich habe nie das Gesicht meiner Mutter gesehen; und von früheren
Generationen habe ich nie eine einzige Spur gefunden."

„Vielleicht bin ich vom Himmel gefallen
oder in einer süßen Rosenknospe aufgeblüht; aber ich weiß nur, dass mich
Gaspard in seinem Weizen gefunden hat."

Ein Lächeln der Freude erfüllte das Theater, und Kate spürte, wie das eisige Gefühl der Trennung, das zwischen dem Publikum und einer Debütantin herrscht, allmählich von einer köstlichen, aber fast unverständlichen Vorstellung von Kontakt erfüllt wurde – ein Gefühl, das zarter ist als die Berührung des Atems eines Liebhabers dein Gesicht. Dies erreichte seinen Höhepunkt, als sie die dritte Strophe sang, und wenn die Etikette es nicht verboten hätte, hätte sie allein dafür eine Zugabe bekommen.

„Ich denke oft, dass ich vielleicht
die Erbin eines Königreichs sein könnte, aber da ich an diesem Tag keine
Kleidung trug, brachte ich keine Papiere mit."

Diese Worte, die in Leslies Mund oft grob gewirkt hatten, schienen in Kates Mund bezaubernd einfach zu sein. Das Lächeln war so gewinnend und sie schien sich der kompromittierenden Natur ihrer Aussage so kokett bewusst zu sein, dass das gesamte Theater von dem Impuls eines Gedankens bewegt wurde: Oh! Was für ein kleiner Schatz musst du im Weizenfeld gelegen haben! Die Persönlichkeit der Schauspielerin verschwand in den rosigen Schenkeln und pummeligen Armen des Findelkindes, und trotz der Länge des Liedes musste sie es zweimal singen. Dann gab es einen Ausgang für sie und sie stürzte in die Kulissen. Mehrere der Mädchen sprachen mit ihr, aber es war ihr unmöglich, ihnen zu antworten. Alles verschwand wie Umrisse im Nebel, und sie konnte nur die stämmige Gestalt ihres Geliebten erkennen. Er wickelte einen Schal um sie, und ein Murmeln liebenswürdiger Worte folgte ihr, und während ihre Gedanken wie Champagner sprudelten, versuchte sie, seinem Lob zu lauschen.

Dann folgten Momente, in denen sie gespannt auf ihre Signale wartete. Sie hatte große Angst, ihren Auftritt zu verpassen, und sie fürchtete, ihr Erfolg könnte durch einen Fehler zunichte gemacht werden. Doch erst am Ende des Aktes, als sie aus der Menge der Dienstmädchen hervortrat, um das berühmte kokettierende Lied zu singen, erreichte sie den Höhepunkt ihres Triumphs.

Kate war etwa mittelgroß, knapp über 1,60 Meter. Als sie beim Betreten der Bühne ihr Kleidchen schwang, erinnerte sie einen sofort an eine Taube. In ihrer scheinbaren Schlankheit offenbarte sich von Zeit zu Zeit eine überraschende Fülle.

Zum Beispiel nahm ihr Busen in einem Gehkleid, das nur ein Hinweis war, in einem niedrigen Körper die Rundung eines Vogels an, und die weißen Linien ihrer fallenden Schultern schwebten in langen Wellen in den blauen Massen ihres Haares. Die nervöse Sensibilität ihres Berufes hatte ihr Gesicht geweckt, und nun lachten die braunen Augen mit der geistigen Boshaftigkeit, mit der wir gerne die Züge einer guten Fee ausstatten. Die Hüften waren weiblich, der Knöchel nur ein Hauch von Strumpf, und das ganze Haus erhob sich zu einem Mann und brüllte, als sie kokett den Rock hochhob, sie sang:

„Schau mich hier an! Schau mich dort an!
Kritisiere mich überall! Von Kopf bis Fuß bin ich überaus süß und
vollkommen und vollkommen.“

Das Publikum, das hauptsächlich aus Matrosen bestand – Männern, die von Monaten voller Wassermüdigkeit, Nächten voller Mühe und Dunkelheit nach Hause kamen und vom irritierenden Charme der Musik und der köstlichen Modernität von Kates Figur und Kleidung verrückt geworden waren –, sah aus, als würden sie gleich davonstürzen die Galerien. War sie nicht die lebendige Realität der über den Hängematten in ölriechenden Hütten postierten Figuren, der Prototyp der kurzrockigen Mädchen, die die leeren Streichholzschachteln schmückten, die sie aufbewahrten und im Licht der Sterne betrachteten?

Ihr Erfolg war enorm und sie wurde gezwungen zu singen

„Schau mich hier an!"

fünfmal, bevor ihre Freunde zuließen, dass das Stück weiterging. Am Ende des Auftritts erhielt sie Ovationen. Zwei Reporter der Lokalzeitungen erhielten die Erlaubnis, vorbeizukommen, um sie zu sehen. Von London-Engagements wurde gesprochen, und in der allgemeinen Begeisterung sprach jemand von der großen Oper. Sogar ihre Künstlerkollegen vergaßen ihre Eifersüchteleien und machten ihr in der nervösen Aufregung des Augenblicks große Komplimente. Beaumont, die ihre Rivalin unbedingt niederwerfen wollte, erklärte: „Das war, gelinde gesagt, eine bessere Darstellung der Rolle als die von Leslie." Und als Bret das hörte, dessen Stärke nicht darin bestand, schlagfertig zu sein, entfernte er sich; Mortimer sagte in seiner am wenigsten künstlichen Art, dass es für den Anfang nicht schlecht sei und dass sie weiterkommen würde, wenn sie daran arbeiten würde. Dubois stolzierte und sprach gelehrt darüber, wie die Rolle in Frankreich gespielt worden war, und er war erfreut, anhand einer Analyse, die schwer zu verfolgen war, eine Ähnlichkeit zwischen Kate und Madame Judic festzustellen.

Der zweite Akt verlief ebenso gut. Und nachdem sie die Geister gesehen hatte, wurde ihr ein Blumenstrauß zugeworfen, so frech sang sie den Refrain:

„Denn ein Regiment Soldaten würde mir keine Angst machen."

Sie musste also nur noch ihr Prestige bis zum Schluss bewahren, und als sie ihre Zugabe für das Apfelweinlied bekommen hatte und am Ende des dritten Akts vor den Vorhang zurückgerufen worden war, schlenderte sie mit entspannten Nerven in ihr Ankleidezimmer , während er darüber nachdachte, was Dick sagen würde, wenn sie nach Hause kamen. Aber die Freuden des Abends waren noch nicht vorbei: Es gab das Abendessen, und als sie aus ihrer Garderobe herunterkam, flüsterte sie Montgomery in den Kulissen zu, dass sie hofften, ihn später bei sich zu sehen. Er bedankte sich bei ihr und sagte, dass er sehr gerne später wiederkommen würde, aber er habe jetzt ein paar Noten zu kopieren und müsse weg, und ein wenig enttäuscht darüber, dass er gehen musste, ging sie auf und ab über die rauen Dielen aus dem Weg der Szenenwechsler. „Mit Ihrer Erlaubnis, Ma'am", riefen sie und gingen mit den langen, schwingenden Flügeln an ihr vorbei. Sie war jetzt froh, dass Montgomery sie verlassen hatte, denn allein konnte sie jeden Moment der Aufführung noch einmal genau durchleben.

Als die Chorsängerinnen die Bühne überquerten, blieben sie stehen, um ihr mit ein paar mechanischen Worten und einem harten Lächeln ein Kompliment zu machen. Kate dankte ihnen und kehrte strahlend und versunken in Erinnerungen an ihren Erfolg in ihren Traum zurück. Das Wort

„Erfolg" kam ihr wieder in den Sinn wie der Refrain eines Liedes. Ja, es war ihr gelungen. Wohin sie auch ging, sie wurde bewundert. Endlich gab es etwas, wofür es sich zu leben lohnte.

Das T-Licht flackerte auf, und sie blieb stehen und begann, sich über die Erfindung zu wundern, so absurd kam sie ihr vor; Und als sie spürte, dass solche Gedanken Zeitverschwendung waren, nahm sie den Faden ihrer Erinnerungen wieder auf und erfreute sich gerade wieder an einem gewissen Applaus, als Beaumont und Dolly Goddard sie mit der Frage weckten: Hatte sie Dick gesehen? Kate versuchte sich zu erinnern. Ein vorbeigehender Szenenschieber sagte, er habe Mr. Lennox vor etwa zwanzig Minuten das Theater verlassen sehen.

„Ich nehme an, er wird zurückkommen, um mich zu holen", sagte Kate; „Oder vielleicht sollte ich besser weitermachen? Kommst du zu mir?'

Beaumont und Dolly bejahten dies und schlugen vor, noch vor Ladenschluss in einem Pub vorbeizuschauen. Kate zögerte, die Einladung anzunehmen, aber Beaumont bestand darauf, und da es darum ging, auf den Erfolg des Abends zu trinken, stimmte sie zu, sie zu begleiten.

„Nein, nicht hier", sagte Beaumont und schob die Schwingtüren etwa einen Zentimeter auseinander: „Es ist zu voll." „Ich zeige dir den Weg durch den Seiteneingang."

Und kichernd schlüpften die Mädchen in die Privatwohnung.

„Was willst du haben, Liebes?" fragte Beaumont mit einem entschuldigenden Flüstern.

„Ich glaube, ich trinke einen Whisky."

„Bekommst du das Gleiche, Dolly?"

„Scotch oder Irish?" fragte der Barmann.

Die Mädchen überlegten einen Moment und entschieden sich für Irish.

Mit Nicken und Blicken wurde die Gesundheit von Serpolette betrunken, und dann bestand Kate aus Angst, so auszusehen, als würde sie einen Schwamm machen, auf einem ebenfalls stehenden Leckerbissen. Glücklicherweise verkündete der Mann in den Hemdsärmeln, als die zweite Runde ausgetrunken war, die Schließungszeit, und als sie sich von ihren Freunden verabschiedete, stand Kate auf der Straße und überlegte, ob sie ins Theater zurückkehren sollte, um sich um Dick oder ... zu kümmern Geh nach Hause und finde ihn dort.

Sie entschied sich für die letztere Alternative und ging langsam die Straße entlang. Ein kalter Wind wehte vom Meer herauf, und der plötzliche Wechsel von der heißen Atmosphäre der Bar brachte den Rauch des Whiskys in ihren Kopf und ihr wurde etwas schwindlig. Der Gedanke an Trunkenheit drängte sich auf; er ärgerte sie, und obwohl sie ihn heftig abwehrte, hefteten sich ihre Gedanken etwas wild an Dick als den Schuldigen. „Wo war er hin?", fragte sie, zunächst neugierig, aber bei jeder Wiederholung stellte sie sich die Frage mürrischer. Wäre er zurückgekommen, um sie abzuholen, wäre sie nicht dazu verleitet worden, mit Beaumont in die Kneipe zu gehen; und verärgert darüber, dass irgendein Schatten auf das Glück des Abends gefallen sein sollte, ging sie stur weiter, bis sie bei einer plötzlichen Wendung ihrem Geliebten von Angesicht zu Angesicht gegenüberstand.

„Oh!", sagte er erschrocken. „Bist du das, Kate? Ich wollte gerade zurück ins Theater, um dich abzuholen."

„Ja, es war schön, dass du mich warten ließest", antwortete sie; aber während sie sprach, erkannte sie die Straße, in der sie waren, als die, in der Leslie lebte. Das Blut schoss ihr ins Gesicht, und sie riss den Papierrand ihres Blumenstraußes auf und sagte: „Ich weiß sehr gut, wo du gewesen bist!" Ich will nichts sagen. „Du warst hier und hast deine Zeit mit Leslie verbracht."

„Nun", sagte Dick, verlegen über die Direktheit, mit der sie seinen Auftrag erahnte, „ich sehe nicht, was für ein Schaden das sein sollte; Ich dachte wirklich, ich sollte rennen und sehen, wie es ihr geht.'

Beeindruckt von der Vernünftigkeit dieser Antwort schwieg Kate einen Moment lang, aber eine plötzliche Erinnerung drängte den Zorn, der in ihr schlummerte, in ihren Kopf, und sie blickte ihn wieder an und sagte:

„Wie kannst du es wagen, mir so eine Lüge zu erzählen!" „Du weißt ganz genau, dass du sie besucht hast, weil du sie magst, weil du sie liebst."

Dick sah sie überrascht an.

„Ich versichere Ihnen, Sie irren sich", sagte er. Doch in diesem Moment kam Bret auf der Straße an ihnen vorbei und eilte auf Leslie zu. Das Treffen war unglücklich und löste in Kates Herzen einen tieferen Stich der Eifersucht aus.

„So", sagte sie, „habe ich nicht einen Beweis für deine Niedrigkeit?" Was sagen Sie dazu?'

„Wohin?"

„Gib nicht vor, unschuldig zu sein. Hast du Bret nicht vorbeigehen sehen? „Du wählst deine Zeit für Besuche gut aus – genau dann, wenn er draußen sein sollte."

'Oh!' sagte Dick, überrascht über die Genialität der Schlussfolgerung. „Ich gebe Ihnen mein Wort, dass mir eine solche Idee nie in den Sinn gekommen ist."

Doch bevor er mit seiner Erklärung weitermachen konnte, unterbrach Kate ihn erneut und erklärte ihm in leidenschaftlichen Worten, dass er ein Monster und ein Bösewicht sei. Er war so verblüfft über diesen plötzlichen Zornausbruch seitens einer Person, bei der er nicht vermutete, dass es sie gab, dass er innehielt, um sich zu vergewissern, dass sie keinen Scherz machte. Ein Blick genügte, um ihn zu überzeugen; und sie machten häufige kleine Pausen zwischen den Laternenpfählen, um die verschiedenen Punkte klarer zu besprechen, und gingen streitend nach Hause. Doch als Kate an der Tür ankam, erlebte sie einen Moment der Revolte, der sie selbst überraschte. Ihre Handflächen juckten, und von dem kindlichen Wunsch erfüllt, diesen großen Mann zu kratzen und zu schlagen, schlug sie mit ihren kleinen Füßen auf das Pflaster. Dick fummelte am Schloss herum. Die Verzögerung ärgerte sie noch mehr, und es schien ihr unmöglich, in dieser Nacht das Haus zu betreten.

„Kommst du nicht rein?" sagte er schließlich.

„Nein, ich nicht. Gehen Sie zurück zu Miss Leslie. Ich bin sicher, sie möchte, dass Sie sich um ihren Knöchel kümmern."

Das war zu absurd, und Dick protestierte sanft. Aber nichts, was er sagen konnte, half auch nur im Geringsten, und sie weigerte sich, die Türschwelle zu verlassen. Dann begann ein langer Streit; und in kurzen Sätzen, unter häufigen Unterbrechungen, wurde alles Mögliche besprochen. Der Wind wehte sehr kalt; Kate schien es nicht zu bemerken, aber Dick zitterte in seinem Fett; Und als sie sein Zittern bemerkte, verspottete sie ihn damit und riet ihm beleidigend, zu Bett zu gehen. Da er nicht wusste, was er darauf antworten sollte, ging er ins Wohnzimmer und setzte sich ans Feuer. Wie lange würde sie vor der Haustür bleiben? fragte er sich demütig, bis seine Überlegungen durch das Geräusch von Schritten unterbrochen wurden. Es war Montgomery, und lachend hörte Dick zu, wie er mit Kate argumentierte. Die Kälte war so stark, dass die Diskussion nicht lange fortgesetzt werden konnte; und als die beiden Freunde eintraten, war Dick auf eine Versöhnung vorbereitet. Aber darin war er enttäuscht. Sie willigte lediglich ein, im Sessel zu sitzen und ihren Geliebten böse anzustarren. Montgomery versuchte, mit ihr zu streiten, aber es gelang ihm kaum, sie zu einer Antwort zu bewegen, und erst als er anfing, Dick nach dem Grund des Streits zu befragen, stimmte sie zu, zu sprechen; und dann waren ihre Äußerungen eher leidenschaftliche Ablehnungen der Aussagen ihres Geliebten als irgendeine eindeutige Erklärung. Es herrschte auch langes Schweigen, während dessen sie wild dasaß und am Papier des Blumenstraußes zupfte, den sie immer noch in Händen hielt. Schließlich bemerkte Montgomery das Abendessen, das niemand anrühren wollte, und sagte:

„Nun, ich weiß nur, dass es sehr bedauerlich ist, dass Sie ausgerechnet diese Nacht, die Nacht ihres Erfolgs, für Ihren Streit gewählt haben. Ich hatte einen angenehmen Abend erwartet."

„Erfolg, in der Tat!", sagte Kate und sprang auf. „War es wegen eines solchen Erfolgs, dass er mich von zu Hause weggebracht hat? Oh, was war ich für ein Narr! Erfolg! Ich lege viel Wert auf Erfolg, wenn er den Abend mit Leslie verbracht hat." Und unfähig, sich länger zurückzuhalten, riss sie eine Handvoll Blumen aus ihrem Strauß und warf sie Dick ins Gesicht. Eine Handvoll folgte der anderen, jede wurde von einem Hagel heftiger Worte begleitet. Die beiden Männer warteten verwundert, und als leidenschaftliche Vorwürfe und Frühlingsblumen gleichermaßen verklungen waren, beendete eine Flut von Tränen und ein Hineinstürmen ins Nebenzimmer die Szene.

Siebzehntes Kapitel

Sobald bekannt wurde, dass Fräulein Leslie so sehr an ihrem Knöchel litt, dass sie nicht reisen konnte, rief die ganze Gesellschaft an, um den armen Kranken zu sehen; Der Chor hinterließ ihre Namen, die Hauptdarsteller setzten sich neben das Sofa und alle brachten ihr etwas: Beaumont, einen Obstkorb; Dolly Goddard, ein Blumenstrauß; Dubois, ein interessanter Roman; Mortimer, ein frischer Vorrat an Anekdoten. Um ihr Sofa herum wurde über Verstauchungen diskutiert. Dubois hatte eine *erste Tänzerin* im Opernhaus in Paris kennengelernt , aber das Herumreichen von Zigaretten verhinderte, dass seine Geschichte gehört wurde, und Beaumont erzählte stattdessen, wie Lord Shoreham sich in seiner Jugend auf der Jagd die Beine gebrochen hatte. Die Beziehung wäre an diesem Abend vielleicht nicht zu Ende gegangen, wenn Leslie Bret nicht gebeten hätte, ihre Position auf dem Sofa zu ändern, und als er und Dick das Zimmer verließen, warf ihnen ein fragender Blick zu.

„Sie brauchen sich keine Sorgen zu machen. Ich würde Bret um keinen Preis hier bleiben lassen. Ich werde mich hier sehr wohl fühlen. Meine Vermieterin ist so freundlich, wie sie nur sein kann, und die Zimmer sind sehr schön."

Auf diese Worte folgte ein zustimmendes Gemurmel, und Miss Leslie fuhr fort und legte ihre Hand auf Kates:

„Und mein Freund hier wird meine Rollen spielen, bis ich zurückkomme. Du musst heute Abend anfangen, meine Liebe, und versuchen, Clairette einzustudieren. Wenn du schnell lernst, kannst du es vielleicht am Mittwochabend spielen."

Das war zu viel; Die Tränen standen in Kates Augen. In ihrer Tasche trug sie ein kleines goldenes *Porte-Bonheur* , das sie an diesem Morgen gekauft hatte, um es ihrer einst verhassten Rivalin zu schenken, aber sie wartete, bis sie allein waren, um es der gutmütigen Primadonna ans Handgelenk zu stecken. Der Abschied zwischen den beiden Frauen war sehr rührend, und in einer schmelzenden Stimmung legte Kate ein umfassendes Geständnis über ihren Streit mit Dick ab und suchte, sich selbst überlassend, nach Trost. Leslie lächelte neugierig und sagte nach einer langen Pause:

„Ich weiß, was du meinst, Liebes, ich war selbst eifersüchtig; Aber du wirst darüber hinwegkommen und lernen, die Dinge genauso locker anzugehen wie ich. „Männer sind es nicht wert." Der letzte Satz schien ihr versehentlich entfallen zu sein, und als sie sah, wie sehr sie Kate schockiert hatte, beeilte sie sich hinzuzufügen: „Dick ist ein sehr guter Kerl und wird sich um dich kümmern; aber befolgen Sie meinen Rat, vermeiden Sie einen Streit; Wir Frauen haben dadurch nichts gewonnen.'

Die Worte blieben Kate lange im Gedächtnis, aber es fiel ihr schwer, die Fassung zu bewahren. Ihr Temperament überraschte sogar sie selbst. Es schien nachzugeben, und sie zitterte vor Wut über Dinge, die zuvor keinen unruhigen Gedanken in ihrem Kopf ausgelöst hätten. Erinnerungen an die Leidenschaften, die sie erschütterten, wenn ein Kind zu ihr zurückkehrte. Wie allgemein üblich, hatten beide Seiten Recht. Man muss zugeben, dass ihr Leben voller Versuchungen war. Dicks Charakter erregte leicht Misstrauen, und als das Studium der Rolle der Clairette beendet war, drang erneut das eiserne Misstrauen in ihr Herz ein. Die kleinste Kleinigkeit genügte, um sie zu erregen. Einmal, als sie von Bath nach Wolverhampton reiste, musste sie, dem Gesichtsausdruck des Mädchens nach zu urteilen, denken, dass Dick Dollys Fuß unter den Teppich drückte; Ohne ein Wort ging sie zum anderen Ende des Wagens und blickte für den Rest der Fahrt aus dem Fenster. Ein anderes Mal überkam sie ein Anfall wahnsinniger Wut, als sie Dick am Ende des zweiten Akts von *Madame Angot mit Beaumont tanzen sah* . Es gab Tränenfluten und eine deutliche Weigerung, „sich mit dieser Frau anzuziehen". Dick war verzweifelt! Was könnte er tun? Es gab keinen freien Platz, und er wusste nicht, was sie tun würde, wenn sie sich nicht mit dem Chor verkleiden würde.

'Mein Gott!' rief er Mortimer zu, als er hinter dem „verdammten Immobilienmakler" über die Bühne eilte: „Lass deine Frau niemals im selben Theater spielen wie du; es ist schrecklich!'

In den letzten paar Wochen schien alles, was er tat, falsch zu sein. Statt Kate zufrieden zu stellen, schien der Erfolg sie noch gereizter zu machen, und anstatt sich mit dem Lob zufrieden zu geben, das sie allabendlich überschüttete, war es ihre ständige Beschäftigung, herauszufinden, wo Dick war oder was er getan oder gesagt hatte. Wenn er hinaufginge, um etwas zu ändern, ohne es ihr zu sagen, würde sie sich einen Vorwand einfallen lassen, um nach ihm zu fragen; Wenn er den Mädchen an einem der oberen Eingänge Anweisungen gab, verließ sie den Flügel, wo sie auf ihr Zeichen wartete, um ihn zu fragen, was er sagte. Diese Wachsamkeit sorgte im Theater für große Heiterkeit, und in den Umkleidekabinen galt Mortimers Nachahmung des Katechismus, den der Intendant nachts absolvieren musste, als sehr amüsant.

„Meine Liebe, ich versichere dir, dass du dich irrst. Nach dem Mittagessen habe ich nur zwei Zigaretten geraucht und dann ein Glas Bier getrunken. Ich schwöre, ich verheimliche dir nichts.'

Und das ist kaum eine Parodie auf die strenge Überwachung, unter der Dick lebte, aber aufgrund einer Mischung aus Mattigkeit und Gutmütigkeit schien es ihn nicht allzu sehr zu stören, und er schien am meisten beunruhigt zu sein, als Kate murmelte, dass sie müde sei, das Sie hasste den Beruf und würde gerne auf dem Land leben. Im Moment klagte sie über Müdigkeit und Erschöpfung; Die Gesellschaft derjenigen, die ihr Leben prägten, interessierte sie nicht mehr, und sie empfand heftige und unbegründete Antipathien. Es kam nicht selten vor, dass Mortimer und Montgomery vereinbarten, bei den Lennoxes zu kochen, wann immer eine Wirtin zu finden war, die so viel kochen würde. Doch ohne erklären zu können, warum, erklärte Kate, dass sie es nicht ertragen könne, der schweren Leine gegenüberzusitzen. Sie sah und hörte im Theater genug von ihm, ohne sich tagsüber von ihm stören zu lassen. Dick erhob keine Einwände. Er gestand, und zwar bereitwillig, dass er die unzusammenhängenden Bemerkungen und den Witz der Belanglosigkeiten ein wenig satt hatte; und Mortimer, sagte er, fing an zu schmollen, wenn man nicht über seine Witze lachte. Montgomery wohnte weiterhin bei ihnen, der junge Mann war immer sehr unsicher, ob er ohne sie genauso unglücklich sein würde wie mit ihr. Er träumte oft davon, seinen Rücktritt einzureichen, aber er konnte die Firma nicht verlassen, da er begonnen hatte, sich selbst als ihren Schutzengel zu betrachten; und ohne sich mit Dick zu beraten, arrangierten sie geschickt, dass Dubois gebeten werden sollte, Mortimers Platz einzunehmen. Dick stimmte zu, als ihm das Projekt vorgestellt wurde. Das schicke Aussehen des kleinen Ausländers war eine willkommene Abwechslung nach Mortimers schleppender Genialität. Er konnte alles besser als jeder andere, aber das spielte keine Rolle, denn er war in seinen Beziehungen amüsant. Egal, ob Sie über Balzacs Stellung in der modernen Belletristik oder über das Drehen von Zigaretten sprachen, Sie wurden mit Sicherheit mit einem lautstarken „Ich versichere Ihnen, mein Lieber, Sie irren sich" unterbrochen. Was seine Bassstimme anging, konnte ihn ein Kind aus der Fassung bringen, und unter dem Vorwand, einen Vergleich zwischen ihm und einem der Basschöre anzustellen, gelang es Montgomery immer wieder, ihn dazu zu bewegen, dem Ensemble eine Vorstellung von seinem Register zu geben. Als sie sah, wie der kleine Mann das Doppelkinn an seine Brust presste, um an das tiefe D heranzukommen, schüttelte sie Kate zunächst vor Lachen, aber mit der Zeit wurde selbst das eintönig, und müde flehte sie Montgomery an, ihn in Ruhe zu lassen. „Jetzt scheint dich nichts mehr zu amüsieren", sagte er mit einer Mischung aus Zuneigung und Bedauern. Sie hielt ein Schulterzucken für eine ausreichende Antwort und sank zurück, als würde sie den Zug weitreichender Ideen bis ins Letzte verfolgen.

Und voller Staunen beobachteten diese Männer den Fortschritt von Kates Krankheit, ohne jemals zu ahnen, was wirklich mit ihr los war. Sie hatte Heimweh. Aber nicht für das Haus in Hanley und die Schneiderei von damals. Hanley, Ralph, Mrs. Ede, die Lehrlinge und Hender waren für sie ein vergangener Traum, zu dem sie nicht zurückkehren konnte und wollte. Ihr Heimweh bestand nicht darin, zu dem Punkt zurückzukehren, von dem sie angefangen hatte, sondern sich für eine Weile in einem Haus niederzulassen.

„Nicht lange, Dick“, sagte sie, „einen Monat; Selbst vierzehn Tage würden den Unterschied ausmachen. „Wir verbrachten vierzehn Tage in Blackpool, aber seitdem waren wir nie wieder zwei Wochen am selben Ort.“

„Ich weiß, was mit dir los ist, Kate“, antwortete er; „Du willst einen Urlaub; Ich auch; wir alle wollen einen Urlaub. Eines Tages werden wir eines bekommen, wenn die Tour zu Ende geht.'

Es kam Kate nicht so vor, als würde die Tour jemals zu Ende gehen: Sie würde sich immer wie ein Rad drehen.

Dick flehte sie an, Geduld zu haben, und sie nahm sich vor, Geduld zu haben, doch eines Samstagabends, mitten beim Packen, kam ihr plötzlich die Vision der langen Eisenbahnreise in den Sinn, die sie am nächsten Tag erwartete, und sie konnte nichts anderes tun Dann sprang sie auf und stand über dem halbvollen Kofferraum und sagte:

„Dick, ich kann nicht, ich kann nicht; Frag mich nicht.'

'Frage dich was?' er sagte.

„Morgen früh mit dir nach Bath gehen“, antwortete sie.

„Du wirst nicht nach Bath kommen!“ er weinte. „Aber wer wird Clairette spielen?“

„Das werde ich natürlich.“

„Ich verstehe nicht, Kate“, antwortete Dick.

„Ich möchte nur einen Tag frei haben.“ Warum sollte ich den Sonntag nicht in Leamington verbringen und in die Kirche gehen? Ich möchte ein wenig Ruhe. Ich kann nicht anders, Dick.'

'Nun, ich nie! Du scheinst von Tag zu Tag launischer zu werden.'

„Dann lässt du mich nicht?“ sagte Kate, während ihre olivfarbenen Wangen rot wurden.

„Das lasse ich nicht! Warum solltest du nicht bleiben, wenn es dir gefällt, Liebes? Montgomery bleibt auch; Er möchte eine Tante von ihm sehen, die in der Stadt lebt.'

Dicks ungekünstelte Freundlichkeit berührte Kates Empfindungen so sehr, dass ihr Tränen in die Augen stiegen und sie sich hysterisch schluchzend in seine Arme warf. Im Moment war sie sehr glücklich und blickte in den Traum von dem langen Tag, den sie mit Montgomery verbringen würde, aus Angst, dass irgendein ungünstiger Vorfall sie ihres Glücks berauben könnte. Aber nichts geschah, was ihre Hoffnungen zunichtemachen konnte, alles schien genau so zu geschehen, wie sie es vorhergesehen hatte, und zitternd vor angenehmer Aufregung eilten die beiden durch die Stadt und erkundigten sich nach dem Weg zur Wesleyanischen Kirche. Schließlich wurde es in einem entfernten Vorort gefunden, und von dem Moment an, als sie die Ruhe des Gebäudes betrat, wurde ihre Aufregung so unkontrollierbar, dass sie, um die Tränen auf ihren Wangen zu verbergen, gezwungen war, ihr Gesicht in ihren Händen und in den Händen zu vergraben Leises Schnarchen der Orgel, Erinnerungen an ihr Leben schäumen auf; Doch im Verlauf des Psalms ließ ihre Erregung nach, bis sie schließlich in einen Zustand träger Ekstase überging. Erst als die Gemeinde einmütig zu dem spontanen Gebet niederkniete, bat sie um Vergebung für ihre Sünden. „Aber wie könnte Gott ihr ihre Sünden vergeben, wenn sie darin beharrt?" fragte sie sich. „Wie konnte sie Dick verlassen und zu Hanley zurückkehren? Ihr Mann wollte sie nicht empfangen; Ihr Leben war aus den Fugen geraten und würde vielleicht nie wieder in Ordnung kommen. „Aber alles liegt in den Händen Gottes", und als sie an die Frau dachte, die einmal gewesen war, und an die Frau, die noch einmal war, betete sie zu Gott, er möge sie barmherzig betrachten. „Gott wird verstehen", sagte sie, „wie alles zustande kam; Ich kann nicht.'

Montgomery kniete in der Kirchenbank neben ihr und wunderte sich, sie so ins Gebet versunken zu sehen; Er wusste nicht, dass sie so fromm war, und dachte, dass eine solche Frömmigkeit nicht mit dem Leben, das sie begonnen hatte, und der Gesellschaft, mit der sie reisten, übereinstimmte. Aber vielleicht war es nur eine vorübergehende Emotion, ein plötzliches Wiederaufleben ihres früheren Lebens, das verblassen und nie wieder zurückkehren würde; er hoffte, dass dies der Fall sein würde, denn er glaubte an ihr Talent und dass ein Erfolg in London auf sie wartete. Er wandte den Blick von ihr ab, da er wusste, dass seine Beobachtung sie beunruhigen würde, und nach der Kirche sagte sie, sie würde gerne spazieren gehen, und er schlug den Fluss vor.

Im Schatten der weitläufigen Bäume beobachteten sie die vorbeifahrenden Boote und unterhielten sich im Laufe des Nachmittags über viele Dinge und über viele Menschen, und es freute und überraschte sie, festzustellen, dass ihre Ideen übereinstimmten, und in den Gesprächspausen wunderten sie sich warum sie noch nie zuvor so miteinander gesprochen hatten. Er war oft versucht, einen Erfolg in London in Aussicht zu stellen, um sie anzufeuern, aber er hatte das Gefühl, dass jetzt nicht der richtige Zeitpunkt dafür sei. Aber sie war etwas weniger taktvoll und erzählte ihm von seiner Musik, um ihm zu gefallen, aber er konnte seine Gedanken nicht von ihr lösen und ihr nur sagen, dass er ihre Stimme in der Musik hörte, als er sie komponierte.

„Der Nachmittag vergeht", sagte er; „Es ist Zeit, an Tee zu denken." Daraufhin standen sie auf und gingen einen weiten Weg ins Land auf der Suche nach einem Gasthaus, und als sie eines fanden, tranken sie Tee in einem Garten, und danach speisten sie in einem sandigen Wohnzimmer und genossen das kalte Rindfleisch, obwohl sie sich nicht davor verstecken konnten selbst die Tatsache, dass es ein wenig schwierig war. Aber was macht das Essen aus? Es war die enge Intimität und Atmosphäre des Tages, die ihnen wichtig war, und sie kehrten nach Leamington zurück und dachten an den vergangenen Tag, einen Tag, der für sie einzigartig war und der vielleicht nie wieder zu ihnen zurückkehren würde.

Die Wege waren voller Sonntagsspaziergänger – Mütter, die ein müdes Kind trugen, schritten stetig vorwärts; ein betrunkener Mann stolperte über einen Steinhaufen; Lieblinge jagten einander; Gelegentlich zerriss ein Mädchen, das von hinten geküsst wurde, während es sich streckte, um ein Geißblatt zu erreichen, den luftleeren Abend mit einem Schrei.

Kate hatte lange Zeit nichts gesagt und Montgomerys Befürchtungen wurden geweckt. Woran könnte sie denken? „Etwas ging ihr durch den Kopf", sagte er sich. „Etwas ging ihr den ganzen Tag durch den Kopf", fuhr er fort und begann sich zu fragen, ob er seinen Arm um sie legen und sie anflehen sollte, sich ihm anzuvertrauen. Er hätte es getan, wenn ihn nicht das Schlagen einer Uhr daran erinnert hätte, dass ihnen nur wenig Zeit blieb, wenn sie den Zug erreichen wollten, und so bat er sie, anstatt sie zu bitten, sich ihm anzuvertrauen, zu versuchen, etwas schneller zu gehen. Sie war müde. Er bot ihr seinen Arm an.

„Wir haben gerade noch Zeit, zum Bahnhof zu gelangen, und nicht mehr; Es ist ein Glück, dass wir unsere Tickets haben.'

Der Wächter auf dem Bahnsteig flehte sie an, sich zu beeilen und überall einzusteigen, wo sie konnten. Einen Augenblick später sprangen sie in den Waggon, und der Zug rollte mit leicht schwankender Bewegung aus dem Bahnhof ins freie Land. Düstere Baummassen, unterbrochen von Türmen und Dächern, waren auf einen riesigen orangefarbenen Himmel gemalt, der sie irgendwie an eine *Opéra Bouffe erinnerte* .

„Warum weinst du?" fragte Montgomery und beugte sich vor.

„Oh, ich weiß nicht! – nichts", rief Kate schluchzend; „Aber ich bin sehr unglücklich." Ich weiß, dass ich sehr böse war, und ich werde sicher dafür bestraft werden.'

'Unsinn! Unsinn!'

„Gott wird mich bestrafen – wisse, dass er es tun wird." Das alles habe ich heute in der Kirche gespürt. Ich bin erledigt, ich bin erledigt.'

„Sie haben auf der Bühne Erfolg gehabt. Ich habe noch nie jemanden gesehen, der in so kurzer Zeit so erfolgreich war. Und Sie werden geliebt", fügte er mit einer gewissen Bitterkeit hinzu, „so sehr, wie eine Frau nur geliebt werden kann."

„Das denkst du, aber ich weiß es besser. Ich sehe ihn jeden Tag mit verschiedenen Mädchen flirten."

„Stell dir das vor. Dick könnte mit niemandem grob reden, selbst wenn er es versuchte, aber er mag keine andere Frau als dich."

„Natürlich sagst du das. Du bist sein Freund."

„Ich versichere Ihnen mein Ehrenwort; wenn es nicht wahr wäre, würde ich es Ihnen nicht sagen. Sie sind genauso mein Freund wie er, nicht wahr?" Und dann, als fürchtete er, sie könnte seine Gedanken lesen, fügte er hinzu:

„Ich bin sicher, dass er niemanden geküsst hat, seit er dich kennt. Deutlicher kann ich es nicht ausdrücken, oder?"

„Ich freue mich, das zu hören. Ich glaube nicht, dass du mir eine Lüge erzählen würdest; Es wäre zu grausam, nicht wahr? Denn Sie wissen, in welcher Lage ich mich befinde: Wenn Dick mich morgen verlassen würde, was sollte ich tun?

„Du bist in einer traurigen Stimmung." Warum sollte Dick dich verlassen? Und selbst wenn er es täte, glaube ich nicht, dass es ein so schreckliches Schicksal wäre.'

Erschrocken hob Kate plötzlich den Blick und sah ihm direkt ins Gesicht.

'Wie meinst du das?' Sie sagte.

Die Plötzlichkeit ihrer Frage ließ ihn zögern. In einem Augenblick bereute er es, sich so weit gewagt zu haben, und machte sich Vorwürfe, seinem Freund gegenüber untreu gewesen zu sein; aber die Versuchung war unwiderstehlich und überwältigt von der Zärtlichkeit des Tages und gereizt von der Erinnerung an Jahre vergeblicher Sehnsucht, sagte er:

„Selbst wenn er dich verlassen hätte, könntest du jemanden finden, der besser ist – jemanden, der dich heiraten würde."

Kate antwortete nicht und sie saßen da und lauschten dem Rattern des Zuges. Schließlich sagte sie:

„Ich könnte nie jemanden außer Dick heiraten."

'Warum? Liebst du ihn so sehr?'

„Ja, ich liebe ihn mehr als alles andere auf der Welt; aber selbst wenn ich es nicht täte, gäbe es Gründe, die mich daran hindern würden, jemand anderen als ihn zu heiraten.'

„Welche Gründe?"

Der Wunsch, dass jemand von ihrem Problem erfahren sollte, verdrängte alle anderen Überlegungen, und nach einem weiteren Versuch, etwas zu sagen, verfiel sie wieder in Schweigen.

Montgomery versuchte sie aufzuwecken: „Sag mir", sagte er, „sag mir, warum du niemanden außer Dick heiraten konntest."

Der Klang seiner Stimme erschreckte sie, und dann antwortete sie in einem Moment plötzlicher Selbstverständlichkeit:

„Weil ich es der Familie zu verdanken habe."

„Dann bleibt ihm nichts anderes übrig, als dich zu heiraten."

Sie wusste, dass er in diesem Augenblick sein eigener Henker war, doch die Intensität ihrer eigenen Gefühle ließ ihr keine Zeit für Mitleid.

Warum sollte sie Dick nicht heiraten? Warum hatte sie nicht schon früher um diese Wiedergutmachung gebeten? „Ich glaube, du hast recht", sagte sie. „Wenn ich ihm sage –"

„Was? Hast du es ihm noch nicht erzählt?", rief Montgomery.

„Nein", antwortete Kate schüchtern. „Ich hatte Angst, dass es ihm nicht gefallen würde."

„Dann müssen Sie es sofort tun", sagte Montgomery, und der arme vagabundierende Musiker, den niemand jemals geliebt hatte, sagte: „Ich werde mit ihm darüber sprechen, wenn ich die erste Gelegenheit dazu bekomme." Es wäre böse von ihm, es nicht zu tun. Er könnte sich nicht weigern, selbst wenn er dich nicht lieben würde, was er auch tut.‘

Der letzte gelbe Streifen am Himmel war erloschen und kündigte den vergangenen Tag an, und in tiefer Seelenruhe atmete Kate die Süße ihres Glücks ein, so wie ein Rekonvaleszent einen Strauß frisch gepflückter Veilchen.

XVIII

Es regnet nie, aber es regnet in Strömen. Sie wurde nach jedem Akt in *Madame Angot* und *Les Cloches de Corneville vor den Vorhang gerufen* , und Dick sagte ihr, sie würde alle Londoner Primadonnen aus dem Rennen werfen und sich zu einer der großen Lieblinge der Metropole entwickeln, wenn er ein neues Werk aus Frankreich herüberbekommen könnte.

„Warum ein neues Werk?", fragte sie, und er sagte ihr, um die Aufmerksamkeit der Kritiker und des Publikums auf sich zu ziehen, müsse sie in einer neuen Titelrolle auftreten. Wenn sie abends vom Theater nach Hause kamen, saß er in seinem Sessel und dachte über viele Projekte nach, von denen das wichtigste darin bestand, ein neues Werk aus Frankreich zu bekommen. Aber welchen der drei berühmten Komponisten Hervé, Offenbach und Lecocq sollte er auswählen, um die Musik zu schreiben? Das Textbuch musste geschrieben werden, bevor die Musik komponiert wurde, und soweit er wusste, war Hervé der einzige französische Komponist, der englische Texte vertonen konnte.

Es kam Kate so vor, als würde er nie aufhören, ein Zigarettenetui hervorzuholen oder die Beine übereinander zu schlagen und wieder aufzumachen. Wollte dieser Mann nie ins Bett gehen? Sie hasste es, nach ein Uhr morgens aufzuhören. Da sie jedoch bestrebt war, ihm bei allen Gelegenheiten eine nützliche Begleiterin zu sein, kämpfte sie gegen ihre Schläfrigkeit an und hörte ihm zu, während er überlegte, ob ihre Stimme bei Offenbach oder bei Hervé am vorteilhaftesten gehört würde. Sie hatte die *Grande Duchesse* noch nicht gespielt und es gab Rollen in dieser Oper, die ihr sehr gut gefallen würden. Er würde sie gerne in *La Belle Hélène* und die *Prinzessin von Trapezunt* sehen , aber die letztgenannte Oper hatte in England nie einen Erfolg und er war sich nicht sicher, ob *La Périchole* das Publikum in der Provinz anlocken würde.

Für Kate war es angenehm, zu hören, wie ihr Talent in den Werken großer Männer besprochen, analysiert und dargelegt wurde, aber ihre Gedanken hatten sich nun von ihrer künstlerischen Karriere auf ihre häusliche Tätigkeit verlagert. Sie wollte heiraten.

Es war immer unklar gewesen, dass sie heiraten sollten, das heißt, man hatte davon ausgegangen, dass sie ihr Zusammenleben legalisieren würden, wenn sich ein passender Anlass dafür bot. Dieses Verständnis hatte sie bis jetzt zufrieden gestellt. In den ersten Monaten, im ersten Jahr nach der Flucht aus Hanley, war ihr Glück so groß gewesen, dass sie nicht daran gedacht hatte, die Dinge weiter voranzutreiben. Sie hatte gefürchtet, irgendetwas zu tun, damit sie ihr Glück nicht zerstören könnte, und Dick, der alles auf sich beruhen ließ, bis die Notwendigkeit ihn zum Handeln zwang, hatte sich um seine Heirat keine Sorgen gemacht, obwohl er fest davon überzeugt war, dass er am Ende Kate heiraten würde. Er hatte seine Ehe genauso behandelt wie seine theatralischen Spekulationen.

„Es besteht keine Eile", antwortete er ihr und schlug vor, dass sie in London heiraten sollten.

„Aber warum in London?"

Er sprach von seinen Verwandten und seinen Freunden. Er möchte, dass Kate seine alte Mutter kennenlernt.

„Aber, Dick, mein Lieber, warum nicht sofort?" „Wir leben in einem Leben voller Sünde, und manchmal macht mich der Gedanke an die Sünde unglücklich."

Aus seiner tierischen Ruhe heraus lächelte Dick über den religiösen Streit, und da er immer auf ein höhnisches Grinsen lauerte, schoss ihr sofort das Blut ins Gesicht und sie rief:

„Wenn du mich tatsächlich verführen würdest, wenn du mich tatsächlich aus meinem friedlichen Zuhause weggezerrt hättest, wenn du eine reisende Schauspielerin aus mir gemacht hättest, könntest du es zumindest unterlassen, meine Religion zu beleidigen."

Dick blickte überrascht auf. Kate hatte Messer und Gabel weggelegt und schenkte sich ein großes Glas Sherry ein. Offensichtlich würde sie sich in eine ihrer Wutanfälle versetzen.

„Ich versichere Ihnen, meine Liebe, ich hatte nie vor, Ihre Religion zu beleidigen; und ich wünschte, du würdest nicht den ganzen Wein trinken, er erregt dich nur.'

„Begeistert mich!" Was kümmert es dich, ob ich mich aufrege oder nicht?'

„Meine liebe Kate, das ist sehr dumm von dir. Ich verstehe nicht, warum – wenn Sie nur auf die Vernunft hören –"

„Hören Sie auf die Vernunft!" sagte sie und verschüttete den Sherry über den Tisch: „Ah!" Es wäre besser gewesen, wenn ich nie auf dich gehört hätte.'

„Du darfst wirklich keinen Wein mehr trinken; „Das kann ich nicht zulassen", sagte Dick, legte seinen Arm über sie und versuchte, ihr die Karaffe wegzunehmen.

Das war der Höhepunkt, und ihr hübsches Gesicht war seltsam verzerrt, sie schrie, während sie sich von ihm loskämpfte:

„Lass mich doch gehen! Lass mich doch gehen! Oh! Ich hasse dich!" Dann biss sie die Zähne zusammen und sagte noch wütender: „Nein, ich lasse mich nicht anfassen! Nein! Nein! Nein! Das werde ich nicht!"

Dick war von diesem Ausbruch der Leidenschaft so überrascht, dass er für einen Moment die Arme losließ, die er festhielt. Kate nutzte die Gelegenheit, packte ihn mit einer Hand an den krausen Haaren und zog ihm mit der anderen Hand die Nägel über das Gesicht.

In diesem Moment trat Montgomery ein. Er stand entsetzt da, und Kate, deren Wut sich nun verausgabt hatte, brach in heftiges Weinen aus.

„Was bedeutet das?", sagte Montgomery sehr langsam.

Keiner antwortete. Der Mann suchte nach Worten; die Frau ging schaukelnd im Zimmer umher; und als sie an ihm vorbeiging, hielt Montgomery sie an und bettelte um eine Erklärung. Sie warf ihm einen raschen, kummervollen Blick zu, löste sich von ihm und schloss sich im Schlafzimmer ein.

'Was bedeutet das?'

Dick sah sich vage um und war erstaunt über die verbindliche Art, wie die Frage gestellt wurde, aber ohne nachzufragen, antwortete er:

„Das ist es, was ich wissen möchte." So etwas habe ich noch nie in meinem Leben gesehen. Wir sprachen gerade davon, verheiratet zu sein, als Kate mich plötzlich beschuldigte, ihre Religion beleidigt zu haben, und dann – nun, ich erinnere mich nicht mehr. Sie verfiel in eine solche Leidenschaft – Sie haben es selbst gesehen.'

„Hast du gesagt, dass du sie nicht heiraten würdest?"

„Nein, im Gegenteil. Ich kann es nicht erkennen. Im letzten Monat waren ihre Launen, Fantasien und Eifersüchteleien etwas Schreckliches!'

Montgomery machte eine Bewegung, als wolle er antworten, aber er hielt sich zurück und schwieg. Sein Gesicht nahm dann den ruhigen Ausdruck eines Menschen an, der innerlich die verschiedenen Seiten einer komplexen Frage untersucht. Schließlich sagte er:

„Lass uns spazieren gehen, Dick, und wir besprechen die Sache."

„Glaubst du, ich kann sie verlassen?"

„Das ist das Beste, was du tun kannst." „Lass sie, damit sie schreit", und Dick nahm den Vorschlag an, nahm seinen Hut, und ohne weitere Worte gingen die Männer langsam Arm in Arm aus dem Haus.

„Ich kann nicht verstehen, was mit Kate los ist. Als ich sie kennenlernte, war sie nicht schlecht gelaunt.'

Darauf gab Montgomery keine Antwort. Er dachte.

Nach einer Pause fuhr Dick fort, als würde er zu sich selbst sprechen:

„Und die Art, wie sie mich mit ihren verdammten Eifersüchteleien belästigt; Ich habe jetzt Angst, einem Mädchen zu sagen, es solle auf der Bühne höher aufsteigen. Es gibt zu allem Erklärungen, und ich kann mir nicht vorstellen, worum es geht. Sie hat alles, was sie braucht. Sie steht noch kein Jahr auf der Bühne, spielt Hauptrollen und feiert auch Erfolge."

„Vielleicht hat sie Gründe, die Sie nicht kennen."

„Gründe, die ich nicht kenne? Wie meinst du das?'

„Nun, Sie haben mir noch nicht erzählt, worum es in dem Streit ging."

'Sage dir! Das ist genau das, was ich selbst wissen möchte."

„Wovon hast du gesprochen, als es begann?" fragte Montgomery, der immer noch seinen Weg tastete.

„Über unsere Ehe."

„Na, was hast du gesagt?"

'Was habe ich gesagt? Ich erinnere mich wirklich nicht; Der Streit hat mir alles aus dem Kopf geschlagen. Lass mich nachdenken. Ich sagte – ich meine, sie fragte mich, wann wir heiraten sollten.'

„Und was hast du dazu gesagt? Hast du einen Tag festgelegt?'

„Repariere einen Tag!" sagte Dick und sah seinen Freund erstaunt an. „Wie könnte ich einen Tag reparieren?"

„Ich denke, wenn ich eine Frau lieben würde und sie mich lieben würde, könnte ich es irgendwie schaffen, einen Tag zu organisieren."

Diese Worte wurden mit einem Ernst gesprochen, der Dicks Aufmerksamkeit erregte, und er blickte den jungen Mann fragend an.

„Du meinst also, ich sollte sie heiraten?"

„Meinst du, du solltest sie heiraten?" rief Montgomery empört aus; „Wirklich,
Dick, ich hätte nicht geglaubt, dass du … Denk nur daran, was sie für dich aufgegeben hat. Du bist es ihr schuldig. Du lieber Himmel!'

„Nun, Sie müssen nicht in Leidenschaft verfallen; Ich habe für einen Tag genug von Leidenschaften.'

Der Ungestüm des Jünglings hatte die fette Lässigkeit des Mannes durchdrungen, und er sagte nach einer Pause:

„Ja, ich schätze, ich bin es ihr schuldig."

Die entschuldigende, lockere Miene, mit der dieser Satz ausgesprochen wurde, machte Montgomery wahnsinnig; Er hätte seinem Freund mitten ins Gesicht schlagen können, aber um der Frau willen musste er seine Beherrschung bewahren.

„Abgesehen von der Frage, was Sie schulden und was nicht, möchte ich Sie fragen, wo Sie eine nettere Frau finden könnten?" Sie ist die hübscheste Frau in der Firma, sie verdient jetzt fünf Pfund pro Woche und sie liebt dich so sehr, wie jemals eine Frau einen Mann geliebt hat. Ich würde gerne wissen, was Sie mehr wollen.'

Es war sehr erfreulich, das zu hören, und nach kurzem Nachdenken sagte Dick:

„Das stimmt, mein Junge, und ich mag sie mehr als jede andere Frau." Ich glaube nicht, dass ich etwas Besseres bekommen könnte. Wenn da nicht diese höllische Eifersucht wäre. Ihr Temperament ist wirklich kein Scherz.'

„Ihr Temperament ist in Ordnung; Sie war mucksmäuschenstill, als man sie zum ersten Mal kannte. Glauben Sie mir, es gibt gute Gründe dafür, dass sie etwas verärgert ist.'

'Wie meinst du das?'

„Können Sie es nicht erraten?"

Die beiden Männer blieben stehen und sahen sich direkt ins Gesicht. Dann setzte Montgomery seinen Spaziergang fort und sagte:

„Ja, so ist es; „Sie hat es mir im Zug erzählt, der von Leamington heraufkam."

Tränen glitzerten in Dicks Augen, und in diesem Augenblick wurde er voller Mitleid, Freundlichkeit und Gutmütigkeit.

„Oh, der arme Schatz! Warum hat sie mir das nicht vorher gesagt? Und ich hatte sie wegen ihrer schlechten Laune ausgeschimpft.'

Seine Menschlichkeit war so groß wie sein Fett, und obwohl er nie an die Freuden der Vaterschaft gedacht hatte, verschmolz er nun in der Wärme seiner Gefühle in einem Gefühl der Verzückung. Nach einer Pause sagte er:

„Ich denke, ich gehe besser zurück und besuche sie."

„Ja, ich denke, es wäre besser für dich; Legen Sie einen Tag für Ihre Hochzeit fest.

'Natürlich.'

Es wurde nichts weiter gesagt; Jeder war in andere Gedanken vertieft, die beiden Männer gingen ihren Weg zurück, und als sie an der Tür ankamen, sagte Montgomery:

„Ich denke, ich wünsche dir besser Lebewohl."

„Nein, komm rein, alter Mann; Sie würde dich gerne sehen.'

Und als wollte er sich bis zum Letzten quälen, trat Montgomery ein. Kate war immer noch im Schlafzimmer eingesperrt, aber in Dicks Fingern und seiner Stimme lag so unverkennbar ein ängstlicher und besorgter Akzent, dass sie sofort öffnete. Ihr wunderschönes schwarzes Haar war offen und fiel in üppigen Locken um sie herab. Dick nahm sie in die Arme und hielt sie schluchzend an seiner Schulter. Er konnte nur sagen: „Oh mein Schatz, es tut mir so leid; Du wirst mir verzeihen, nicht wahr?'

XIX

„Nun, was wirst du ihr geben? Sehen Sie hier etwas, das Ihnen gefällt?‘

„Glauben Sie, dass dieser Papierschneider ausreichen würde?“

„Sie können nichts Passenderes finden, Ma'am.“ Dann gibt es diese Kartenetuis; Niemand kann sie mögen.'

„Was wirst du schenken, Annie?“

„Oh, ich werde ihr das Paar Ohrringe geben, die wir gestern gesehen haben; aber wenn ich du wäre, würde ich nicht mehr als einen halben Sovereign ausgeben: das ist völlig ausreichend.'

„Das glaube ich tatsächlich – ein Drittel einer Woche Schraube“, flüsterte Dolly, „aber sie ist keine schlechte, und Dick wird es mögen und mir vielleicht eine Zeile oder so in *Olivette geben* . “ Wie wird sie Ihrer Meinung nach in dieser Rolle abschneiden?‘

„Darüber reden wir ein andermal.“ Wirst du den Papierschneider kaufen?'

Dolly ließ ihren Blick verzweifelt an den Wänden des Galanterieladens umherwandern, um zu sehen, ob sie etwas Besseres finden könnte. Nach einem schwachen Verhandlungsversuch entschied sie sich für den Papierschneider und bezahlte das Geld.

Auf der Straße sahen sie Mortimer, der sein Haar inzwischen in langen, schlangenartigen Locken wachsen ließ, die ihm bis über die Schultern reichten.

„Um Himmels Willen, kommen Sie weg“, rief Beaumont. „Ich hasse es wirklich, auf der Straße mit ihm zu sprechen, alle starren mich so an.“

Die Mädchen wandten sich zum Fliehen, aber das schwere Blei war auf ihnen, und mit seiner nasalen Stimme sagte er:

„Nun, meine lieben jungen Damen, sind Sie mit der reizenden Beschäftigung beschäftigt, Hochzeitsgeschenke zu kaufen?“

„Wie schlau Sie sind, Mr. Mortimer“, antwortete Dolly in ihrer kecksten Art, „und was wollen Sie geben? Das würden wir so gern wissen.“

Nach einem Moment des Zögerns sagte er und hob sein Kinn wie ein Modell, das für ein Haupt Christi sitzt:

„Meine liebe junge Dame, Sie dürfen Ihre Neugier nicht auf diese Weise zeigen; es ist nicht bescheiden.'

„Aber sagen Sie es uns doch, Mr. Mortimer; Du bist ein Mensch mit so gutem Geschmack.'

Der komische Tragiker überlegte einen Moment, was er am bösartigsten sagen könnte, um sich so aus seiner Klemme zu befreien.

„Ich sage Ihnen, junge Dame, ich bin noch nicht entschieden, aber ich denke, dass eine Kopie von Wesleys Hymnen in Verbindung mit dem Buch der *Großherzogin* vielleicht nicht unangemessen ist.“

„Aber wie wird sie Ihrer Meinung nach die Gräfin spielen?“ fragte Beaumont.

„Oh, darüber dürfen wir nicht reden, jetzt, wo sie heiraten wird“, und da Mortimer dachte, dass er diese letzte Bemerkung nicht besser machen könnte, verabschiedete er sich von den Damen und ging davon, wobei Locken und Rockschöße gleichermaßen im Wind wehten . Weiter oben auf der Straße gesellten sich zu Beaumont und Dolly Leslie, Bret und Dubois, und die gleichen Themen wurden noch einmal besprochen. „Was wirst du geben?“ „Hast du dein Geschenk gekauft?“ „Hast du meine gesehen?“ „Weißt du, wer beim Hochzeitsfrühstück dabei sein wird? Sie können nicht mehr als ein Dutzend oder so verlangen.' „Hast du gehört, dass sich der Chor zusammengetan hat, um Dick eine Kette zu kaufen?“ „Das ist sehr nett von ihnen, aber sie werden sich verletzt fühlen, wenn sie nicht zum Frühstück eingeladen werden.“ „Was werden die Lennoxes tun?“ Diese und hundert andere Fragen ähnlicher Art wurden in den Umkleidekabinen, in den Kulissen und auf der Straße zu jedem verfügbaren Zeitpunkt gestellt, seit Morton und Cox' *Opéra Bouffe* Company in Liverpool angekommen waren. Jeder gab vor, das Ereignis für das glücklichste und glücklichste zu halten, das hätte passieren können, aber Mortimers Worte: „Zwischen dem Ring und dem Finger gibt es so manchen Ausrutscher“, kamen ihnen jedes Mal wieder in den Sinn, wenn das Gespräch ins Stocken geriet, und sie hofften, dass die Ehe klappen würde Doch sie ließen sich abwenden, selbst als sie eines strahlenden Sommermorgens versammelt auf der Bühne standen und auf die Ankunft des Brautpaares warteten. Der Name der Kirche war geheim gehalten worden, und alles, was man wusste, war, dass Leslie – die einer anderen Truppe in Liverpool beigetreten war – Bret, Montgomery und Beaumont als Zeugen anwesend waren und dass sie wieder im Theater sein würden um zwölf, um den dritten Akt von *Olivette* durchzuspielen, bevor er an diesem Abend produziert wurde.

Viele falsche Alarme wurden ausgelöst, aber als die Brautpartei schließlich von den Kulissen auf die Bühne ging, löste Dicks Erscheinen ein wenig gutmütiges Gelächter aus, so respektabel sah er in seinem blitzblanken neuen Gehrock aus hoher Hut. Kate sah nie hübscher aus; Mortimer sagte, ihr eigener Mann würde sie nicht kennen.

Sie trug vorne ein dunkelgrünes Seidenkleid mit Falten, unter dem beim Gehen ein Lackstiefel hervorschaute; Eine kurze Jacke zeigte die Zeichnung ihrer Schultern, die Zartheit ihrer Taille und den anmutigen Fall ihrer Hüften.

In ihrer Hand trug sie einen Strauß gelber und rosa Rosen, ein Geschenk von Montgomery.

„Nun, meine Damen und Herren, ich werde Sie nicht lange aufhalten, aber lassen Sie uns den dritten Akt durchgehen, damit es für die Nacht richtig ist. Montgomery, würden Sie mir den Gefallen tun, indem Sie diesen Matrosenchor überspielen?'

Dick nahm die Mädchen in Abschnitte und platzierte sie in den Positionen, die er von ihnen haben wollte.

'Nun dann; tritt die Gräfin ein. Wer ist in die Gräfin verliebt?'

„Nun, wenn Sie es nicht wissen, weiß ich auch nicht, wer es weiß", sagte Mortimer. „Ich habe gehört, dass du den ganzen Morgen geschworen hast: „Bis der Tod uns scheidet."“

Diese Höflichkeit wurde von viel Gelächter begleitet, und Dick selbst konnte nicht anders, als mitzustimmen. Schließlich sagte er:

„Nun, Kate, meine Liebe, hör auf zu lachen und singe dein Lied durch."

„Ich-kann-nicht-kann-nicht; du – du – bist – tt-zu lustig.'

„Diese Tat werden wir nie durchstehen", sagte Dick, der Miss Leslie gerade dabei erwischt hatte, wie sie mit Bret in den grünen Raum ging. „Nun, Miss Leslie, können Sie nicht warten, bis diese Probe vorbei ist?"

„Sie werden heute zu spät zur Kirche kommen; Sie können genauso gut warten.'

Auf diese Bemerkung folgte ein weiteres schallendes Gelächter, und Kate sagte:

„Du gibst es besser auf, Dick, mein Lieber; Nachts wird alles in Ordnung sein. Ich versichere Ihnen, dass meine Musik und meine Worte perfekt sein werden.'

„Ich muss auf frischer Tat ertappt werden." Die Hauptverantwortlichen sind für sich selbst verantwortlich, aber ich muss auf den Refrain achten. Wo ist dieser verdammte Grundstücksverwalter?'

Was die Proben anging, blieb Dick immer standhaft, und da er sah, dass er sich nicht entziehen konnte, riss sich der Refrain zusammen, und der Auftritt lief irgendwie durch. Dann wurden heimlich in den Ecken noch ein paar Einladungen geflüstert, und die Gruppe in Paaren und Gruppen begab sich zur Unterkunft der Lennoxes. Mortimer, Beaumont, Dick und Kate gingen zusammen und unterhielten sich über die Show des Abends. Dubois zog sich den Bischofshut über die Augen, setzte sich rittlings auf seine Pferdeknecht-Beine und diskutierte mit Montgomery und Dolly Goddard über Wagners

Position in der Musik. Der Enkel eines Baronets, ein Chorsänger, erzählte drei Damen in der gleichen Position im Theater wie er, wie sein Vorfahre vor einem halben Jahrhundert den Goodwood Cup gewonnen hatte. Bret und Leslie folgten sehr langsam, offenbar mehr denn je voneinander verzaubert.

Für das Hochzeitsfrühstück hatte die zuvorkommende Wirtin ihre eigenen Räume im Erdgeschoss zur Verfügung gestellt. Der Tisch erstreckte sich vom Kamin bis zum Schrank, dessen Paneele Mortimer respektvoll gebeten wurde, nicht zu zerbrechen, als er aufgefordert wurde, sich an das Fußende des Tisches zu setzen und den kalten Lachs zu servieren. Die Braut und der Bräutigam nahmen den Kopf und die Suppe wurde vor ihnen hingestellt; Denn dies war nicht, wie Dick erklärte, ein von Gunter serviertes Frühstück, sondern ein Abendessen, das für Leute geeignet war, die schon seit einiger Zeit verlobt waren. Bei diesem Witz wusste niemand, ob er lachen sollte oder nicht, und Mortimer lenkte die Aufmerksamkeit der Gesellschaft auf listige Weise auf Bret und Leslie, die den Kuchen untersuchten.

Dann sprachen alle gleichzeitig von den Geschenken. Sie waren aller Art und stammten aus verschiedenen Teilen des Landes. Mr. Cox hatte einen großen Diamantring geschenkt. Leslie hatte Kate ein hübsches Tintenfass geschenkt. Bret hatte ihr ein kleines goldenes Armband gekauft. Dubois, dessen Fantasien gering waren, bot einen Fächer an; Beaumont, ein Paar Ohrringe; Hayes, ein Zigarettenetui; Dolly Goddard, ein Papiermesser; Montgomery, eine Brosche, die ihn mindestens ein Monatsgehalt gekostet haben muss. Mortimer rief aus, dass sich seine Frau in letzter Zeit ziemlich schlecht benommen habe und dass er deshalb nicht in der Lage gewesen sei, etwas von ihr zu bekommen – was er nicht hatte bekommen können, hörte sich Dick nicht an. In diesem Moment fiel ihm die Goldkette ins Auge, das Geschenk des Chors. Die Freundlichkeit der Mädchen schien ihn zutiefst zu berühren, und er unterbrach Kate, die ihren Freunden für all ihre Zeichen des guten Willens dankte, und sagte:

„Ich muss den Damen des Chors wirklich für das sehr schöne Geschenk danken, das sie mir gemacht haben." Wie leid es mir tut, dass sie nicht alle hier sind, um meinen Dank entgegenzunehmen, kann ich nicht sagen; aber diejenigen, die hier sind, werden, so hoffe ich, ihren Kameraden erklären, wie sehr wir unter Platzdruck standen."

„Man könnte meinen, Sie würden den freien Eintritt verweigern", knurrte Mortimer.

„Was für ein Langweiler dieser Kerl ist!" flüsterte Dick Mr. Cox zu, dem Eigentümer der Firma, der aus London angereist war, um mit seinem Manager ein Geschäft zu vereinbaren.

„Ich bin sicher, Mr. Lennox, wir waren nur zu froh, Ihnen etwas geben zu können, um Ihnen zu zeigen, wie sehr wir Ihre Freundlichkeit schätzen“, sagte ein großes Mädchen im Namen des Chors.

„Nach der Show heute Abend auf der Bühne müssen wir etwas Schwung haben.“ Was denken Sie. Cox?' sagte Dick. „Und dann kann ich allen meinen Dank aussprechen.“

„Und wir müssen tanzen“, rief Leslie. „Meinem Fuß geht es jetzt gut.“

Aus dem Schlafzimmer und sogar aus der Küche mussten Stühle herbeigeholt werden, um den fünfzehn eingeladenen Personen Platz zu bieten. Die Damen saßen nicht gern zusammen und der Vorrat an Herren reichte nicht aus – Nachteile, die vergessen wurden, als die ersten Löffel Suppe gegessen waren und der Sherry probierte. Die Frauen musterten Mr. Cox mit forschenden Blicken, aber sein Gesicht verriet ihnen nichts; es war ernst und kommerziell, und er sprach kaum mit irgendjemandem außer Kate und ihrem Mann. Der Sohn des Baronets saß in der Mitte des Tisches mit den drei Sängerinnen, die er weiterhin mit Berechnungen quälte, wie viel er wert wäre, wenn sein Vorfahre nicht den Ehrgeiz gehabt hätte, mit Scotch Coast das Derby zu gewinnen. Leslie und Bret befanden sich auf der anderen Seite der Hochzeitstorte und beugten sich mit tausend kleinen verliebten Bewegungen zueinander. Beaumont sprach über die Aufführung des Abends und stellte Fragen an Montgomery, um die Aufmerksamkeit von Herrn Cox zu erregen.

„Glauben Sie, Mr. Montgomery, dass eine Zugabe für mein Lied das Stück beeinträchtigen würde?“

„Ich habe noch nie von einer Dame gehört, die sich das Stück vorlegt“, sagte Montgomery mit einem lauten Lachen, denn auch er war bestrebt, Mr. Cox' Aufmerksamkeit zu erregen, und nutzte Miss Beaumonts Frage als „Anleitung“. Er sagte: „Ich hoffe, dass ich bei der Produktion meiner Oper Künstler finden werde, die meine Interessen genauso sorgfältig vertreten.“

„Aber wann wird Ihre Oper fertig sein?“ fragte Kate.

„Meine Oper?“ sagte er, sobald sie die braunen Augen abwandte, die sich in seine Seele brannten. „Es ist alles fertig.“ Es ist bereit, auf die Bühne zu gehen, wann Dick es will.“

Der Trick erwies sich als erfolgreich, denn Mr. Cox beugte sich vor und sagte mit interessierter Stimme:

„Darf ich fragen, was das Thema Ihrer Oper ist, Mr. Montgomery?“

Das war bezaubernd, und der Musiker begann sofort mit einer komplizierten Erklärung, in der häufig auf einen König, eine Verschwörerbande, einen benachbarten Prinzen, eine schöne Tochter, die unglücklicherweise in einen Hirten verliebt war, und einen verräterischen Minister hingewiesen wurde . Beaumont hörte müde zu, und als sie merkte, dass ihr die Erwähnung ihres Gesangs nichts nützen würde, begann sie gedankenverloren mit einem ihrer großen Diamantohrringe herumzuspielen. In der Zwischenzeit nahmen Montgomerys Schwierigkeiten zu. Um die etwas verwickelte Geschichte des Königs, der Verschwörer und des verliebten Hirten erfolgreich verfolgen zu können, war eine anhaltende Anstrengung der Aufmerksamkeit erforderlich, und diese konnten Dick, Kate und Mr. Cox nur schwer gewähren; denn mitten in einer etwas verwickelten Angelegenheit – bei der nicht ganz klar war, ob der König oder der Minister verkleidet eingetreten war – bat die Wirtin um Entschuldigung – wenn sie nur ein wenig Platz machen würden, damit sie das Haus entfernen könnte Suppe.

Diese Dame mit ihrer Sonntagsmütze bemühte sich, unterstützt von der Dienstmagd, aus deren zerklüfteten Händen Seife und Wasser den Schmutz nicht zu entfernen vermochten, große Schüsseln mit Essen über die Köpfe der Gesellschaft zu heben . Es gab ein Rinderfilet, das Mortimer vorgelegt werden musste. Dann kamen zwei Hühnerpaare, deren Schnitzerei Dick selbst übernommen hatte. Ein Stück Speck mit Kohl und eine Taubenpastete schmückten die Seiten des Tisches. Die Schnitzel wurden herumgereicht; und für einige Zeit wich das Gespräch der notwendigeren Beschäftigung des Essens. Sogar Bret und Leslie hörten mit dem Schnäbeln und Gurren auf; Der Enkel des Baronets, der das Unglück seiner Familie auf dem Rasen vergaß, grub energisch in den Taubenkuchen und verteilte ihn großzügig. Das Klappern von Messern und Gabeln steigerte sich zu einem anhaltenden Geräusch, das nur durch Bemerkungen wie „Danke, Mr. Lennox, alles, was Sie zur Hand haben – bitte, ein Bein" unterbrochen wurde. „Darf ich Sie um ein Stück Speck bitten, Montgomery? Kein Kohl, danke.' 'Herr. Mortimer, etwas mehr und etwas Soße; das wird gut gehen.'

Erst als die erste Portion weggeräumt war und die Augen auf der Suche nach dem, was am besten wäre, zu wandern begannen, wurde das Gespräch wieder aufgenommen. Zu Mortimer, der große Probleme mit dem Rindfleisch hatte, sagte Dick: „Ich hoffe, du bist mit deinem Teil zufrieden, Mortimer, und wir werden ein paar gute Brüllen haben." Das Stück sollte mit einem Schrei einhergehen.'

„Ich glaube, dieses Mal werde ich sie umhauen, alter Junge", sagte der Komiker und ließ seine Worte langsam durch die Nase sprudeln. „Es hat mich ziemlich umgebracht, als ich es mir selbst vorgelesen habe, deshalb weiß ich nicht, was es sein wird, wenn ich es ihnen ausspucke."

Dies wurde als unnötig grob empfunden, und einen Moment lang befürchtete man, Mortimer sei ebenso betrunken wie Mr. Hayes, dessen

Augen nun erbärmlich zu blinzeln begannen. Er wachte jedoch erschrocken und lächelnd auf, als der erste Sektkorken losging, streckte ihm sein Glas hin und sagte: „Ich trinke gern auf Ihre Gesundheit, eine Hochzeit gibt es nur einmal im Leben."

Mortimer versuchte, die peinliche Pause, die dieser Bemerkung folgte, zu seinem Vorteil zu nutzen. Nachdem ihn der Streit zu Beginn des Abendessens zum Schweigen gebracht hatte, beschloss er nun zu beweisen, was für ein Humorist er war, und indem er seine Stimme erhob, versuchte er, die Aufmerksamkeit der Gesellschaft auf sich zu ziehen. Dies war jedoch nicht einfach zu bewerkstelligen. Dubois hatte begonnen, dem Dienstmädchen mit den Segeltuchhänden, das einen Teller mit Vanillesoße über seinen Kopf hob, in den Hintern zu kneifen; Diese Frivolitäten hielten ihn jedoch nicht davon ab, mit dem Sohn des Baronets zu seiner Linken über Carlyles Platz in der englischen Literatur zu diskutieren und von Zeit zu Zeit mit Montgomery zu seiner Rechten über bestimmte Effekte zu streiten, die Wagner in seiner Orchestrierung einsetzte. Kate legte ihren Löffel nieder, starrte vage ins Leere und legte erneut ihre Hand auf Dicks.

Die Vergangenheit schien nun völlig ausgelöscht zu sein. Was will sie mehr? Sie würde weiterhin schauspielern und Dick würde sie weiterhin lieben. Durch ein besonderes Eingreifen der Vorsehung waren alle Gefahren der Existenz, denen sie hätte unterliegen können, beiseite gefegt worden. Welchen breiteren Weg könnte eine Frau beschreiten als den, der in all seiner klaren und milden Gelassenheit vor ihr lag? Gott war gut zu ihr gewesen! und Er würde gut zu ihr sein. Was für eine Bindung wäre das Kind, was für ein Einfluss, was für eine Quelle zukünftigen Glücks! Sie würden für ihr Kind arbeiten; ein Junge oder ein Mädchen, welches? Würde es ihnen nicht Mut zur Arbeit machen? Würde es ihnen nicht die Kraft zum Leben geben? Es wäre etwas, auf das man hoffen kann. Oh, wie gut Gott zu ihr gewesen war; und wie böse war sie ihm gegenüber gewesen! Ihr Herz erfüllte sich mit einer Inbrunst des Glaubens, die sie noch nie zuvor gespürt hatte; Und angesichts der gnädigen Zukunft, die ihr ein Kind und ein Ehemann versprachen, dankte sie für ihr Glück, das sie als ewig annahm, so inhärent schien es ihr selbst zu sein.

„Oh, sieh ihn dir doch mal an!" sagte Kate und erwachte erschrocken aus ihren Träumereien. „Wie kann er so ein Biest aus sich machen?"

„Beachte ihn nicht, mein Lieber; Das ist der beste Weg.'

Aber Mortimer, der in den letzten fünf Minuten vergeblich darum gekämpft hatte, Beaumont aus der Erinnerung an einen Lord, Dubois aus seinem Wagner-Streit und Bret und Leslie aus ihrem Flirt herauszuholen, nutzte nun die Trunkenheit des armen Hayes als Netz, das er einfangen konnte alle. Er hob seine Stimme, um Stille zu gewährleisten, und sagte zu Mr. Cox am anderen Ende des Tisches: „Wie sehr berührend er jetzt ist, wie streng natürlich; Die Unschuld eines jungen Mädchens im Teenageralter ist meiner Meinung nach nicht annähernd so rührend wie die eines Alkoholikers. Haben Sie jemals gehört, wie er sich einbildete, der Kellner würde ihn morgens anrufen, als der Polizist ihn zum Bahnhof schleppte?

Mr. Cox hatte es nicht gehört; und die ganze Geschichte, wie sie in Derby die Hoteltür einschlugen, musste durchgegangen werden. Nachdem er die Gesellschaft auf diese Weise in den Griff bekommen hatte, zeigte Mortimer lange Zeit keine Anzeichen dafür, sie gehen zu lassen. Er ging gleich sein gesamtes Repertoire durch. Er erzählte von einem Mann, der einen Brief aufgeben wollte, aber den Briefkasten nicht finden konnte und sich an einen Polizisten wandte. Der Bobby zeigte ihm in der Ferne etwas Rotes und erklärte, dass das der Pfosten sei. „Behalte das Rot im Auge, mein Junge“, sagte der Trunkenbold; und das tat er, bis er sich in einer Gastwirtschaft wiederfand und versuchte, seinen Brief an den Kragen eines Soldaten zu stecken. Er hatte den roten Mantel mit der Säule verwechselt. Es folgte die Geschichte eines Mannes, der sich bei den Bäumen im St. James's Park entschuldigte und ihnen erklärte, dass er von einer kleinen Junggesellenparty gekommen sei, bis er sich schließlich hinsetzte und sagte: „Das ist nicht gut; Ich muss wohl warten, bis die verdammte Pro-Prozession vorüber ist.‘ Auf jedem Gesicht stand eine schwere verdauungsfördernde Gleichgültigkeit gegenüber allem; und in den schrägen Strahlen der untergehenden Sonne nahmen die sich kräuselnden Rauchschwaden die bläulichsten Farbtöne an. Spirituosenduft zog über die Tischdecke. Unzusammenhängende Gesprächsfetzen, die vor dem ununterbrochenen Murmeln von Mortimers Erzählungen zu hören waren, fielen mir ins Ohr. Der Sohn des Baronets erklärte nun seinen drei Damen, dass keine Frau erwarten könne, im Leben voranzukommen, wenn sie nicht sehr unmoralisch oder sehr reich sei; Dubois diskutierte am Tisch mit Leslie und Bret über die Stimmbildung: Beaumont warf Mr. Cox leuchtende und provokative Blicke zu und versuchte, ihn in ein Gespräch über die unkünstlerischen Methoden der meisten Bühnenmanager bei der Organisation der Prozessionen zu verwickeln.

„Dick, mein Lieber, der Kuchen ist noch nicht angeschnitten.“

„Das ist nicht mehr der Fall“, antwortete Dick, und als das weißgezuckerte Symbol der Liebe und Treue verteilt wurde, erwachte die Hochzeitsgesellschaft zu einem Ausbruch von Begeisterung. Jeder schlug etwas vor, und viel Whisky und Wasser wurde auf die Tischdecke verschüttet.

Doch obwohl die Angelegenheit schon ein ganzes Stück fortgeschritten war, schien sie nicht sehr beschleunigt zu sein. Die Gesundheit der Braut musste betrunken sein, und Dick musste sich bedanken. Er sagte nicht viel, aber seine Bemerkungen zu *Olivette* ließen eine Menge Kommentar vermuten. Mortimer vertrat eine andere Meinung zu dieser Frage und Dubois erläuterte ausführlich, wie das Stück in Frankreich entstanden sei. Leslie bestand darauf, dass Bret etwas sagen sollte; und sobald er auf den Beinen war, wurde der schweigsame Tenor zur Überraschung aller überraschend geschwätzig.

Es war jedoch Kate, die zuerst den Grund für Montgomerys Niedergeschlagenheit erriet, und aus Mitleid mit ihm gab sie den Damen ein Zeichen, und der Raum wurde den flachen Truhen und Tweedmänteln überlassen. Montgomery betete, dass diese Pause nach dem Abendessen nicht zu lang werden würde, denn er fürchtete sich vor den schmutzigen Geschichten. Der Sohn des Baronets ging mit deutlichem Vorsprung davon, beobachtet von Mortimer und Dubois. Anekdoten zufolge wären diese beiden Rivalen gewesen, wenn letzterer nicht Lust auf ernstere Diskussionen gehabt hätte. Dennoch nutzten beide die Energie und Geduld des Entomologen, um die Grausamsten zu erfinden und zu sammeln. Ein zufälliges Wort, aus dem sich eine anzügliche Geschichte ableiten ließe, wurde verfolgt wie eine seltene Motte oder ein Schmetterling. Die von Dubois waren subtiler, aber die von Mortimer waren, da sie auf den Punkt kamen, insgesamt wirksamer.

Sie warteten sehnsüchtig darauf, dass der Sohn des Baronets zu Ende ging, und kaum hatte er den letzten Satz ausgesprochen, als Mortimer eilig kam und mit „Das erinnert mich an …" die Führung übernahm. Dubois wirkte verunsichert und begann, auf eine weitere Chance zu warten . Dies geschah jedoch nicht sofort; Mortimer erzählte sechs Geschichten, eine schlimmer als die andere. Alle außer Montgomery und Dubois brüllten; Während der eine an seine Oper dachte, suchte der andere in seiner Erinnerung nach etwas, das Mortimer Mortimer übertreffen würde. Das war schwierig, aber als er an die Reihe kam, überraschte er das Unternehmen. Mr. Cox beugte sich mit einem Glas Whisky und Wasser in der Hand über den Tisch und erklärte, dass er noch nie in seinem Leben einen so angenehmen Tag verbracht hatte: und ermutigte damit Dubois, der gerade erst begonnen hatte, sich auf die Feinheiten einer neuen Geschichte einzulassen, als Montgomery Außer sich vor Verzweiflung sagte er zu Dick:

„Es wurde vereinbart, dass ich Mr. Cox die Musik meiner neuen Oper vorspielen   sollte . Wenn Sie dem nicht ein Ende setzen, wird es für immer so weitergehen.'

„Ja, mein Junge, es wird ein bisschen lang, nicht wahr: Lass Dubois einfach ausreden, dann gehen wir nach oben."

Die Geschichte erwies sich als ermüdend; aber wie eine lange Eisenbahnfahrt ging es schließlich zu Ende, und sie gingen nach oben. Dort fanden sie die Damen gähnend und die Geschenke betrachtend. Kate rannte zu Dick und bat ihn, die Musik zu arrangieren, aber Beaumont war ihr etwas voraus und hatte Mr. Cox auf den Balkon gebracht. Bret war nicht im Raum; Leslie kannte die Musik nicht, und angesichts so vieler Schwierigkeiten begann Dicks Aufmerksamkeit bald abzuschweifen, und Kate musste den enttäuschten Musiker trösten. Ein- oder zweimal versuchte sie, das Thema wieder aufzunehmen, aber man sagte ihr, dass sie alle in einer halben Stunde ins Theater gehen würden und dass es besser sei, es auf einen anderen Zeitpunkt zu verschieben.

Montgomery gab keine Antwort, aber er konnte den bitteren und bösartigen Gedanken nicht abschütteln, der ihn verfolgte: „Ich bin in der Kunst genauso unglücklich wie in der Liebe.“

XX

Der Rückgang des Wohlstands des Unternehmens begann mit Kates Heirat. Irgendwie schien es danach nicht mehr gut zu laufen. Erstens war die Produktion von *Olivette* kein Erfolg. Mortimer war betrunken, kannte seine Worte nicht und ging „im ganzen Laden herum". Kate, aufgeregt mit Champagner und Komplimenten, sang einmal die falsche Musik; Und um ihr Unglück zu vervollständigen, gefiel das Liverpooler Publikum überhaupt nicht der Darstellung der Heldin durch Miss Beaumont. Die Galerie hielt sie für zu dick, in den Zeitungen hieß es, sie sei nicht munter genug, und am Mittwochabend mussten die alten *Glocken* aufgehängt werden. Durch diesen Misserfolg erlitt das Management einen schweren Verlust. Sie hatten viel Geld für Kleider, Eigentum und Dekorationen ausgegeben, die ihnen nun alles nichts mehr nützten; und die anderen beiden Opern begannen zu versagen und ihre Anziehungskraft zu verlieren, da sie bereits seit drei Jahren auf Tournee waren. Auch das Land litt unter einer großen Wirtschaftskrise und niemand hatte Lust, ins Theater zu gehen. In vielen der Städte, die sie besuchten, kam es zu Streiks, und die Menschen waren von Diskussionen, Widerstandsprojekten und der Hoffnung auf eine Verbesserung ihrer Lage erschüttert. Große soziale Probleme, die Tyrannei des Kapitals und dergleichen beschäftigten die Köpfe der Menschen, und es gab natürlich wenig Geschmack für die lachende Lässigkeit von *La Fille de Madame Angot* oder die Narren der Baillie in den *Cloches* . Als vierzigtausend Männer ihre Arbeit gestreikt hatten, rollte unsere Truppe reisender Schauspieler aus Leeds, und sie hinterließen nur eine Erinnerung an leere Bänke und Straßenecken voller müßiger, mürrisch aussehender Männer. In Newcastle hatten sie nicht mehr Glück, in Wigan erging es ihnen noch schlechter, und in Hull war es genauso schlimm. Gaiety schien aus dem Norden geflohen zu sein; das Wirtshaus und die Plattform entfernten die Grube und die Galerie; Die Stammgäste der Logen und des Kleiderkreises blieben zu Hause, um an ihren Kaminen über ihr gefährdetes Vermögen zu sprechen. Wenn die Arbeiter der Arbeit überdrüssig werden, bricht für die Vergnügungsverkäufer eine harte Zeit an, und das Schicksal der Operngesellschaft von Morton und Cox war keine Ausnahme von der Regel. Nirgendwo wurde Geld verdient, und jeden Freitagabend musste ein Scheck über fünfundzwanzig Pfund aus London geschickt werden, um das Defizit in der Gehaltsliste auszugleichen. Dennoch verlief die Sache zwei Monate lang reibungslos. Die Erinnerung an die großen Gewinne der vergangenen Jahre war den Herren Morton und Cox noch frisch im Gedächtnis, und sie hatten noch nicht begonnen zu murren; aber ein ununterbrochener Abfluss von 25 bis 40 Pfund pro Woche hält einen Mann nachts vom Schlaf ab, und nach einem großen Misserfolg in der Stadt, bei dem Mr. Cox um ein paar tausend Pfund gemutet wurde, schrieb er zu Dick und meinte, er solle besser nach einer anderen Oper Ausschau halten. Das war eine willkommene Neuigkeit für Montgomery; Doch kaum hatte Dick ihn in den siebten Himmel der Glückseligkeit gehoben, musste er ihn schon wieder auf die Erde stoßen: Es traf ein Brief von Mr. Cox ein, in dem es hieß, dass keine Oper aufgeführt werden dürfe; dass es in solch schlechten Zeiten sinnlos wäre, etwas Neues auszuprobieren; Stattdessen sollten sie besser versuchen, die Ausgaben zu senken.

„Kosten reduzieren? Wie können wir die Ausgaben senken, außer durch Kürzungen der Gehälter?

„Ich weiß es sicher nicht", sagte Montgomery; „Und die Kosten für die Montage meines Stücks wären sehr gering."

Ohne den Versuch zu unternehmen, eine so vergebliche Frage zu diskutieren, sagte Dick: „Ich muss mit Hayes sprechen."

Aber Hayes zog nur seinen seidigen Schnurrbart, blinzelte mit seinen chinesischen Augen, trank drei Gläser Whisky und veränderte mehrmals die Position seiner schwarzen Tasche, und die Angelegenheit wurde erst in den folgenden zwei Wochen wieder erwähnt, als Dick sich zum Schreiben gezwungen sah an Mr. Cox, der einen Scheck über 35 Pfund verlangt, um die Samstagskasse und die laufenden Ausgaben der folgenden Woche zu decken. Der Scheck kam an, aber der dazugehörige Brief lautete wirklich sehr bedrohlich. Es lautete wie folgt:

'LIEBER HERR. LENNOX, ich lege Ihnen den erforderlichen Betrag bei; Aber natürlich werden Sie verstehen, dass es so nicht weitergehen kann. Ich habe vor, am Dienstagabend herunterzulaufen, um dich zu sehen. Bitten Sie die Gesellschaft, mich im Theater zu treffen, da ich ihnen eine wichtige Erklärung zu geben habe.'

Dick hatte zu viel Erfahrung mit Theaterspekulationen, um nicht zu wissen, dass dies entweder eine Kürzung der Gehälter oder einen Abbruch der Tournee bedeuten musste; aber da zwischen ihm und der bösen Stunde noch ganze zwei Tage lagen, kam er nicht auf die Idee, noch einmal darüber nachzudenken, und erst als sie nach dem Theater nach Hause zurückkehrten, um sich auf die Sonntagsreise vorzubereiten, sprach er zu ihnen Kate über den Brief, den er erhalten hatte.

Ihre Koffer waren vor ihnen ausgebreitet, und Kate zählte gerade ihre Unterröcke, als Dick sagte:

„Ich sage dir was, Kate, es würde mich nicht wundern, wenn die Firma bald auflöst und wir uns alle gezwungen sehen, nach neuen Liegeplätzen Ausschau zu halten."

'Wie meinst du das?' sagte sie mit einem erschrockenen Gesichtsausdruck.

„Nun, ich glaube nur, dass Morton und Cox es langsam leid werden, Geld zu verlieren. Wie Sie wissen, haben wir in letzter Zeit sehr schlechte Geschäfte gemacht, und ich denke, sie werden uns alle entlassen.“

„Gebt uns allen den Sack!“ wiederholte Kate.

„Ja“, sagte Dick und verfolgte seine eigenen Überlegungen. „Ich fürchte, es ist so.“ Es ist eine verdammte Langeweile, denn wir waren sehr angenehm zusammen. Aber ich glaube nicht, dass ich Ihnen den Brief gezeigt habe, den ich heute Morgen bekommen habe. Was ist das Problem Liebling?'

Blass wie der Unterrock zu ihren Füßen stand Kate mit hochgezogenen Augenbrauen und zuckenden Händen in den Falten ihres Kleides da.

„Oh, Dick! was sollen wir tun? Wir werden verhungern; Wir werden keinen Ort mehr haben, wohin wir gehen können!'

'Verhungern!' sagte Dick erstaunt. „Nicht, wenn ich es weiß. Wir werden leicht etwas anderes finden, was wir tun können. Außerdem ist es mir egal, ob er die Tour abbricht. Ich glaube, dass man mit dem Pier-Theater in Blackpool eine Menge Geld verdienen kann. Ich habe schon seit einiger Zeit darüber nachgedacht – mit einer guten Unterhaltung, wissen Sie; Und dann ist da noch das Drama, das Harding für mich gemacht hat – eine Version von Wilkie Collins' Geschichte – *Die gelbe Maske* –, die auch teuflisch gut ist. Ich habe es neulich gelesen. Wir könnten damit eine Firma ausschalten. Mal sehen, wen könnten wir dazu bringen, darin mitzuspielen?' Und während der Schauspieler über seinem Portmanteau saß, besetzte er das Stück, kommentierte dabei die Qualifikationen der Künstler und gab verbale Skizzen der Charaktere im Stück. „Beaumont würde Virginie erstklassig spielen, wissen Sie – eine starke, entschlossene, böse Frau, die vor nichts zurückschreckt.“ Ich würde gerne den Vater spielen; Mortimer wäre als Onkel sehr lustig. Wir müssen etwas für Sie schreiben. Du konntest das sympathische kleine Mädchen noch nicht ertragen; Du hast nicht genug Erfahrung.'

Die Kosten für Bühnenbild, Grundstücke und Posten wurden beziffert, und während Kate sich die verschiedenen Kostenvoranschläge anhörte, schaute sie ihren Mann vage an und versank in einer Art schmerzlicher Verwunderung, als sie sich fragte, wie er am Rande des Ruins ruhig Pläne schmieden konnte für die Zukunft. Aber für den Schauspieler, dessen Leben noch nie ein Jahr lang verlief, ohne dass er sich in irgendeinen schwierigen Knoten verwickelte, bereitete die gegenwärtige Panne nicht die geringste Beunruhigung. Eine fremde Stadt und eine halbe Krone in der Tasche mochten ihn vorübergehend in Verlegenheit bringen, aber hundert Pfund auf der Bank und der Ruf, zwei Jahre lang Leiter einer Reisegesellschaft gewesen zu sein, waren für Dick ein außergewöhnlich glänzender Anfang im Leben, und es kam ihm nicht in den Sinn, daran zu zweifeln, dass er in ein anderes Geschäft einsteigen würde, das genauso gut wäre wie das, das er verlassen hatte. Aber da die Frau keinen dieser ängstlichen Kämpfe ums Dasein geführt hatte, überkam sie die Nachricht vom drohenden Zusammenbruch ihrer Welt mit einem grausamen Schock, und sie erlebte in einer verstärkten Form den gleichen dumpfen nervösen Schrecken, den sie selbst empfand Sie hatte in den ersten Tagen gelitten, als sie zum ersten Mal in das Unternehmen eingetreten war, aber dann trug die Flut der Liebe und des Wohlstands ihr Schicksal weiter und beruhigte ihre Ängste. Aber jetzt, im ersten Windstoß des ersten Sturms, sah sie sich selbst wie eine Schiffbrüchige, die auf einer Spiere in einem weiten und unbekannten Meer von Unglück trieb. Sie saß auf dem Bett, wo sie nie wieder schlafen würde, und beobachtete, wie Dick an seinen Fingern zählte und verträumt in die Räume einer unmöglichen Zukunft blickte, und fragte sich, was aus ihnen werden sollte. Zum zwanzigsten Mal, seit sie sie angelegt hatte, fielen die Roben der Boheme von ihr, und sie wurde instinktiv und geschmacklich wieder zu einer Frau aus der Mittelschicht, die sich nach einem Zuhause sehnte, einem festen und greifbaren Kamin, an dem sie abends neben ihr sitzen konnte An der Seite des Mannes, der nach der Arbeit des Tages seine Hemden flickt. Ein bitterer Abscheu gegen ihr Wanderleben stieg in ihr auf, und sie sehnte sich danach, ihren Mann zu bitten, das Theater aufzugeben und zu versuchen, eine andere Beschäftigung zu finden; und am nächsten Tag schien es ihr mehr als sonst eine Sünde, zum Bahnhof zu fahren, während die Kirchenglocken läuteten, und die Stunden, die man hätte verbringen sollen, mit Beten, Nickerchenspielen, Zigarettenrauchen und dem Reden über Perücken zu verbringen. Make-ups, Refrains und dergleichen. Doch offenbar half es nichts, und am Montagabend konnte sie in ihrer Aufregung, die durch die Ankunft von Mr. Cox noch verstärkt wurde, nicht anders, als aus dem Bett zu steigen und Gott anzuflehen, er möge ihnen gnädig sein; Das schwere Atmen ihres Mannes unterbrach sie oft, aber es sagte ihr, dass er ihr Ehemann war, und das war ihr einziger Trost.

Es erstaunte sie, dass er so schlafen konnte, da er den schrecklichen Morgen vor sich hatte, an dem Mr. Cox sie vielleicht in die Irre führen würde; und sie zitterte in jeder Faser, als sie auf der Treppe stand, die zum Zimmer des Managers führte. Es war eine große Menge da: Die Chorsängerinnen drängten sich zu einer festen Masse und murmelten einander gute Morgen; Mortimer erzählte von der obersten Stufe aus eine lange Geschichte; Dubois versuchte, mit Montgomery über Balzac zu sprechen, der verwirrt und interessiert zuhörte und glaubte, es handele sich um ein Libretto; während Bret, der bis dahin schweigsam wie ein Toter war, plötzlich zu dem Schluss kam, dass alles wahrscheinlich mit einer Kürzung der Gehälter enden würde. Endlich erschien Dick und rief sie zu Mr. Cox. Whisky und Wasser standen auf dem Tisch, und während Mr. Hayes den seidigen Schnurrbart in der schwarzen Tüte verstaute, fummelte er ziellos an vielen Papieren herum. Der „Chef" sah sehr ernst aus und zuckte wegen seines dicken Schnurrbarts; und als sie sich alle um ihn versammelt hatten, erklärte er in seinem tiefsten und ernstesten Tonfall sein Unglück. In den letzten vier Monaten war er gezwungen gewesen, wöchentlich einen Scheck über nicht weniger als fünfundzwanzig Pfund zu schicken; manchmal belief sich der Betrag sogar auf vierzig Pfund. Das konnte natürlich nicht ewig so weitergehen, da er die Bank of England nicht hinter sich hatte. Apropos Banken: Obwohl es keinen Grund gab, warum er ihnen sein Pech zur Last legen sollte, konnte er nicht umhin zu sagen, dass er, wenn es nicht eine bestimmte Bank gegeben hätte, gezwungen sein müsste, von ihnen die Hälfte des Gehalts zu verlangen. Die Worte ließen Beaumonts Wangen vor Empörung erröten. Sie machte eine leichte Bewegung, als würde sie den Vorschlag gewaltsam zurückweisen, aber das Schweigen der Menschen um sie herum beruhigte sie und sie begnügte sich damit, Dolly zuzumurmeln:

„Das ist ein alter Trick."

„Ich werde Sie jetzt allein lassen", sagte Mr. Cox, „damit Sie untereinander beraten können, ob Sie meinen Vorschlag annehmen oder ob Sie es vorziehen, dass ich die Reise am Ende der Woche abbreche und Ihnen die Fahrtkosten nach London bezahle."

Als Mr. Cox den Raum verließ, erklang ein fragendes Gemurmel von den Chordamen, und ein oder zwei Stimmen übertönten die anderen, die sagten, sie wüssten nicht, wie sie mit weniger als fünfundzwanzig Schilling pro Woche auskommen könnten. Diese Einwände wurden bald von Dick zum Schweigen gebracht, der in einer überzeugenden kleinen Rede erklärte, dass die Gehaltskürzung nur für die Schulleiter gelte.

„Warum bringen Sie diese Damen und Herren dann durcheinander, indem Sie sie bitten, an diesem Treffen teilzunehmen?", sagte Mortimer.

Auf diese Frage antwortete Dick, indem er den Damen und Herren des Chores mitteilte, sie könnten sich zurückziehen, und die Diskussion wurde von denen, die davon betroffen waren, wieder aufgenommen. Beaumont widersprach allem. Bret sprach davon, nach Liverpool zurückzukehren. Dubois erläuterte seine Ansichten zum Management von Theatern im Allgemeinen, bis Dick ihn wieder auf den Punkt brachte. Wollten sie die Hälfte des Gehalts akzeptieren oder nicht? Schließlich wurde die Sache entschieden, indem Mortimer sich auf einen Stuhl setzte und durch seine Nase wie durch eine Pfeife schrie:

„Ich weiß nicht, ob Sie alle heißes Wetter mögen, aber wenn ja, werden Sie es in London nach Ihrem Geschmack finden; „Alle Theater sind geschlossen und die Katzen backen auf den Fliesen."

Dies brachte den Streit zu einer Pause, in der Beaumont sich daran erinnerte, dass im August Auerhühner geschossen wurden, und indem sie ihre Diamanten in ihre Ohren steckte, stimmte sie zu, dass die Tour fortgesetzt werden sollte. Es wurden noch ein paar Bemerkungen gemacht, und dann vertagte sich die Party in eine benachbarte „Kneipe". von *opéra bouffes und schlechten Geschäften* zu reden .

Die nächsten Orte, die sie besuchten, waren Huddersfield und Bradford, aber die Häuser, in denen sie spielten, waren so arm, dass Mr. Cox am Sonntagmorgen eine Generalversammlung einberufen und ihnen offen gesagt sagte, er könne nicht länger Geld verlieren; Er würde ihnen jedoch die Kleider leihen, und wenn sie wollten, könnten sie ein Gemeinwesen gründen. Nach langen Diskussionen wurde beschlossen, sein Angebot anzunehmen, und der Nachmittag wurde damit verbracht, zu entscheiden, wie das Geschäft weitergeführt werden sollte. Schließlich wurde ein Komitee bestehend aus Dick, Mortimer, Dubois, Montgomery, Bret und Mr. Hayes gebildet, und als sie mit einem Abendzug nach Halifax weiterfuhren, beschlossen sie, dass der Chor, ob Glück oder Misserfolg, bezahlt werden müsse Die Einnahmen werden dann im Verhältnis zum zuvor erhaltenen Gehalt unter den Auftraggebern aufgeteilt.

Angesichts der schlechten Zeiten war es ein riskantes Experiment, und Williams, der Agent im Voraus, wurde am Bahnhof besorgt erwartet. Was dachte er? Bestand die Chance, dass sie in der Stadt ein paar Geschäfte machen würden? Gab es in allen Gasthäusern Rechnungen? Williams verstand diese ungewöhnliche Zurschaustellung von Eifer zunächst nicht, aber als man ihm den Staat erklärte, nahm sein Gesicht einen so grauen Ausdruck an, wie die Pickel es zuließen. Er schob seinen staubigen Topfhut zur Seite, kratzte sich sein dünnes Haar und gab nach einigem Drängen zu, dass er nicht glaube, dass sie hier viel Gutes bewirken würden; soweit er sehen konnte, drehten sich alle Gedanken um Streiks und Politik; besonders die Parlamentswahlen spielten den Managern den Teufel an; zumindest sagte das die Firma, die gerade abgereist war.

Das waren erschreckende Neuigkeiten, und leider! Jeder weitere Abend bewies nur die Richtigkeit von Mr. Williams' Erwartungen. Sieben-Pfund-Häuser waren die Regel. Am Freitag und Samstag hatten sie zwei sehr schöne Gruben, aber diese konnten die vorangegangenen Verluste nicht ausgleichen, und am Ende, als alle Kosten bezahlt waren, blieben nur noch fünfunddreißig Schilling übrig, die unter den Auftraggebern aufgeteilt werden mussten. Ihr nächster Versuch war in Oldham, aber die Lage wurde schlimmer statt besser, und am Samstagabend wurden fünfundzwanzig Schilling traurigerweise zu gleichen Teilen aufgeteilt. Es betrug nicht viel mehr als eine halbe Krone pro Stück. Rochdale war jedoch nicht mehr weit entfernt, und in der Hoffnung, dass sich die Zeiten bessern würden, raste Mortons und

Cox' Truppe reisender Schauspieler weiter und träumte davon, wie sie ihrem Mumm neues Leben einhauchen und die abgestumpften Vergnügungsvorlieben wecken könnten der Bergleute. Aber im Moment erwiesen sich komische Lieder als schwache Hilfsmittel bei der Suche nach Erz, und das Komitee, das im grünen Raum saß, der den beiden Damen auch als Ankleidezimmer diente, zählte als Ergebnis einen erbärmlichen Betrag von vier und neun Pence aus eine Woche harte Arbeit.

Beaumont kochte vor Wut vor dem kleinen Spiegel und ordnete ihre Ohrringe, als befürchtete sie, sie zu verlieren. Kate zitterte und klammerte sich an den Arm ihres Mannes. Montgomery warf ihr sentimentale Blicke der Bewunderung zu und Mortimer versuchte, sich etwas Witziges auszudenken, während Dubois mit der Frage auf den Punkt kam:

„Also, was willst du mit den vier Schilling und neun Pence machen? Es lohnt sich nicht, sie aufzuteilen. Ich schätze, wir sollten sie lieber trinken.“

Bei der Erwähnung von Getränken blinzelte Mr. Hayes und ließ die schwarze Tasche vom Stuhl auf den Boden fallen.

„Ja, das lässt sich leicht arrangieren“, sagte Dick, „aber was ist mit der Tour? Ich für meinen Teil gehe nicht für vier Schilling und neun Pence die Woche hin.“

„Sp-pend—es—in Getränken“, stotterte Mr. Hayes, dem die Situation teilweise klar wurde.

Alle lachten, doch in der darauf folgenden Pause kamen alle wieder auf den Gedanken, dass es keinen Sinn hatte, für vier Schilling und neun Pence die Woche weiterzumachen.

„Denn wir können nicht vom Alkohol leben, Beaumont jedoch von der Liebe“,   sagte
Mortimer, entschlossen, etwas zu sagen.

Aber der Witz amüsierte niemanden, und eine Zeit lang unterbrachen nur kurze und belanglose Sätze das lange Schweigen. Schließlich sagte Dick:

„Gut, dann sollten wir die Tour wohl besser abbrechen.“

Gegen diesen Vorschlag hatte niemand große Einwände. Von verschiedenen Seiten kam das Gemurmel, es sei sehr schade, dass sie sich auf diese Weise trennen müssten, nachdem sie so lange zusammen gewesen seien. Montgomery und Dubois trugen maßgeblich zu diesem Teil des Gesprächs bei, und in einer Atmosphäre aus Whiskey und Seifenlauge entstand eine sanfte, eindringliche Poesie über die Freuden der Freundschaft. Es war sehr reizvoll, auf diese Weise zu denken und zu sprechen, aber alle, vielleicht mit Ausnahme von Montgomery, hofften, dass niemand allzu sehr auf diesem

Punkt beharren würde, denn in den Köpfen aller Menschen hatten bereits neue Gedanken und Pläne zu keimen begonnen. Mortimer erinnerte sich an einen Brief, den er von einem Londoner Manager erhalten hatte; Dubois sah sich wieder mit den alten „Freunden" im Strand herumalbern; Bret träumte im Stillen von Miss Leslies gefärbten Haaren und blauen Augen und von seinen Chancen, in die gleiche Firma zu kommen.

„Wenn dann beschlossen wird, die Tournee abzubrechen, müssen wir ein Abonnement abschließen, um den Chor nach London zurückzuschicken", sagte Dick nach langem Schweigen.

Bisher hatte niemand an diese unglücklichen Menschen und ihre fünfundzwanzig Schilling pro Woche gedacht, aber immer bereit, einem lahmen Hund über den Zaun zu helfen, zahlte Dick zwei „Pfund" nieder und forderte die anderen auf, das Gleiche zu tun, was sie konnten Weg. Mr. Hayes streute sofort das Geld, das er in seiner Tasche hatte, auf den Tisch. Mortimer sprach über seine Frau und erwähnte intime Details, um zu zeigen, wie schlecht es ihm ging; Trotzdem hat er ein „dünnes „Un" zusammengewürfelt. Beaumont, der von dem Gedanken an einen „Abschied" begeistert war, trug das Gleiche bei; empörte Blicke wurden auf sie gerichtet, und Dick ermahnte seine Freunde weiterhin, großzügig zu sein. „Die armen Mädchen", erklärte er, „müssen nach Hause gebracht werden; Es würde niemals genügen, sie in Lancashire verhungern zu lassen.' Kate spendete einen Sovereign von ihren Ersparnissen, und auf diese Weise kamen etwas über zehn Pfund zusammen; Damit meinte Dick, dass er es schaffen würde.

Die Mühe, die er auf sich nahm, um alles zu bewältigen, war rührend. Am Sonntag, als Kate in der Kirche war, war er unten am Bahnhof und versuchte herauszufinden, welche Vorkehrungen er am besten treffen konnte. Und am Montagmorgen, als sie sich alle auf dem Bahnsteig versammelt hatten, um sich von ihren Kollegen zu verabschieden, war es seltsam, diesen riesigen Mann, den man auf den ersten Blick für eine bloße Ansammlung von Sinnlichkeit halten würde, beim Putten umherrennen zu sehen Brötchen und Sandwiches in Papiertüten für seine armen Chorsängerinnen, ermunterte sie mit freundlichen Worten, und als der Zug sich in Bewegung setzte, winkte er ihnen mit seinem großen Hut groß und salbungsvoll zum Abschied zu.

Seit dem ersten Schock über den drohenden Abbruch der Tour hatte sich Kate allmählich an die Idee gewöhnt und weinte nun schweigend. Ohne dass sie gerade unter Angst vor der Zukunft litt, schien eine immense Traurigkeit in ihren Knochen zu schmerzen. Alle Dinge vergingen. Die Mädchenschar, in deren Mitte sie gelebt hatte, war verschwunden; ein späterer Zug würde Mortimer nach London bringen; Bret verabschiedete sich von ihnen; Beaumont konsultierte einen Bradshaw. Wie traurig es schien! Das Theater und die Künstler verschwanden wie ein Traum in der Dunkelheit. Sie konnte weder einen Tag noch eine Stunde vor sich sehen.

'Was sollen wir jetzt tun?' flüsterte sie Dick zu, während sie an seiner Seite entlang trottete.

„Nun, ich habe mich noch nicht ganz entschieden. Gestern Abend dachte ich, dass es keine schlechte Idee wäre, ein wenig Unterhaltung zu organisieren – wir vier oder fünf – und zu sehen, was wir in den Fabrikstädten unternehmen könnten. Lancashire ist, wie Sie wissen, voll davon. Unsere Reisekosten würden sich auf Null belaufen. Wir brauchen jemanden, der das Klavier bedient. Ich frage mich, ob Montgomery Interesse daran hätte, mit uns zu kommen.“

Kate glaubte, dass er es tun würde, und als sie in diesem Moment zufällig die langen Schöße des Newmarket-Mantels auf der anderen Seite des Bahnhofs erblickte, flehte sie Dick an, den unberechenbaren Musiker herbeizurufen. Kaum war der Vorschlag unterbreitet, wurde er angenommen, und fünf Minuten später saßen sie beim Mittagessen in einem „Pub“ und arrangierten die Einzelheiten der Unterhaltung.

„Wir brauchen einen Agenten im Voraus, einen Plakatierer oder so etwas in der Art“, sagte Montgomery.

„Das habe ich mir überlegt“, antwortete Dick; „Williams ist unser Mann, er wird sich um alles kümmern; und ich weiß nicht, ob Sie es wissen, aber er kann aus eigener Kraft ein gutes Lied singen.'

'Kann er? Nun, wir können keinen Besseren haben – und was sollen wir herausnehmen?'

„Nun, wir müssen eine kleine Operette haben, und ich glaube nicht, dass wir es besser machen können als Offenbachs *Breaking the Spell*.“

„Da hast du recht“, sagte Montgomery und zog seine Handtasche hervor. „ *Breaking the Spell*“ , soweit so gut; Jetzt müssen wir ein Lied oder eine Charakterskizze haben, der wir folgen können, und ich glaube nicht, dass es eine schlechte Idee wäre, wenn wir eine Komödie einstudieren würden. Was sagst du zu *The Happy Pair*?'

„Du hast recht, schreib es dir auf, es geht nicht besser, es geht immer gut; und dann kann ich zwischen „The Men of Harlech“ singen.

Montgomery wirkte ein wenig irritiert bei dem Gedanken, sich „The Men of Harlech“, gesungen von Dick, anhören zu müssen, aber in der anschließenden Diskussion darüber, was Kate tun sollte, wurde „The Men of Harlech“ vergessen.

Wie Dick erwartet hatte, zeigte sich Williams erfreut, sie in der doppelten Funktion als Werbeplakat und Gelegenheitssänger zu begleiten; und nach einer vierzehntägigen Probe in Rochdale begann die Constellation Company ihre Wanderungen. Bei der Suche nach dem Namen waren viele Getränke getrunken worden; Viele seltsame Klang- und Sinnkombinationen waren abgelehnt worden, und erst als Dick begann, Linien auf ein Blatt Papier zu zeichnen und an deren Ende Namen anzubringen, kam ihm das Wort in den Sinn. Was ein Spaß! Was für eine Verzückung! Es wurde ein Ansturm auf die Druckerei unternommen, und innerhalb weniger Stunden wurde die folgende Rechnung erstellt:

DAS KONSTELLATIONSUNTERNEHMEN.

MISS KATE D'ARCY.
* | MR. R. LENNOX.*————-* MR. P. MONTGOMERY. | *
HERR. B. WILLIAMS.

XXI

Als die Constellation Company zum Bahnhof fuhr, bemerkte Kate, dass Rochdale und Hanley sich nicht unähnlich waren, und die Ähnlichkeit zwischen den beiden Städten ließ sie darüber nachdenken, wie seltsam das war. Hier war die gleiche rote Stadt, enge Gassen, aus Ziegeln gebaut, die unter einem trüben Himmel in einem satten Geranienton leuchteten. Allein die violetten Farbtöne von Hanley fehlten, aber die schweren Rauchwolken und die hohen Schornsteinrohre waren in Rochdale ebenso zahlreich wie an ihrem Heimatort. Und, was noch erstaunlicher ist, der Zufall hatte offenbar die Natur unterstützt und begünstigt, was die Hand des Menschen geschaffen hatte, denn in beiden Städten erstreckte sich eine Reihe von Hügeln rund um den Himmel. Der einzige Unterschied bestand darin, dass die Merkmale von Rochdale nicht so ausgeprägt waren wie die von Hanley. Die Hügel waren nicht so hoch und lagen auch nicht so eng beieinander wie die der Stadt Staffordshire, und das Lancashire-Tal war nicht so tief und grabenartig wie das Tal, das die Töpfereien umgibt. Es mag sein, dass genauso viel Rauch darüber hing, aber der Rauch schien nicht so schwarz und giftig zu sein, zumindest nicht in Kates Augen; und als der Zug über eine hohe Böschung fuhr, tauchte eine Gruppe von Fabrikschornsteinen aus einer Hügelfalte auf, und als sie die beiden Landschaften verglich, schien es ihr, als gäbe es im Lancashire-Tal mehr Felder, Wasserläufe, Bäume und Hecken – verkümmert Hecken, das stimmt – aber sie konnte sich an keine Hecken in Bezug auf Hanley erinnern. In einem Moment wollte sie sich an Dick wenden und ihn auf die Ähnlichkeit des Landes aufmerksam machen, durch das sie reisten, mit dem Land, aus dem sie gekommen war; Wäre sie mit ihm allein gewesen, hätte sie ihn vielleicht gefragt, aber er war jetzt damit beschäftigt, über die komischen Lieder und Sketche zu reden, in denen sie mitspielen sollten. „The Mulligan Guards" war einer der Punkte auf ihrem Programm, und sie und Dick wollten es gemeinsam singen. Dies wäre das erste Mal, dass sie jemals zusammen gesungen hätten. Dick hatte nur eine sehr kleine Stimme, aber er war ein guter Schauspieler, und sie glaubte, dass sie daraus einen Erfolg machen könnten. Er lenkte ihre Aufmerksamkeit und die Aufmerksamkeit der anderen Mitglieder der Constellation Company auf die verstreuten Städte und Dörfer, durch die sie fuhren.

„Genau das Land für unsere Art von Unterhaltung", sagte er; und alle Mummer erhoben sich von ihren Sitzen und blickten auf die Welt und die Fabriken. Unter dem Grünabfall eines Waldes war ein Schornstein errichtet worden; Es folgten Schuppen und Arbeiterhütten, und in fünf Jahren, wenn die Fabrik florierte, würde dieser Anfang zu einem Dorf anschwellen, in zwanzig Jahren würde es zwanzigtausend Einwohner haben; Denn so wie in alten Zeiten die Städte den Burgen folgten, so folgen sie jetzt den Fabriken.

Die Mummer starrten und staunten über die arsengrünen Seiten der Wälder, die von rauen Steinmauern gestreift oder von gelegentlichen Kohlengruben geschwärzt waren, und die Bergkämme, die von Bäumen gesäumt waren, die von der Meeresbrise ausgetrocknet waren. In der Ferne, in den Falten der Hügel, drängten sich hohe Schornsteine, und große Rauchwolken hingen lustlos in der stillen Herbstluft . Kalte Sonnenstrahlen verirrten sich für einen Moment auf dem toten Grün der Felder, bleich wie Kranke, die ein letztes Mal die frische Luft vor der winterlichen Abgeschiedenheit genossen. Und später, als die leichten Nebel des Abends herabstiegen und die Landschaft verschwanden, nahmen die Phantomgestalten der Wälder ein seltsames Aussehen an und lösten in Kate ein Gefühl der Beweglichkeit aus, dem sie entfliehen wollte, weil es ihr Angst machte Dick und fragte, wie weit sie von Bacup entfernt seien. Er sagte ihr, dass sie in etwa einer halben Stunde dort sein würden, und eine halbe Stunde später traf Williams, der vorangegangen war, sie am Bahnhof und begann sofort mit der Geschichte seines Fleißes, indem er sagte, dass er überall gewesen sei Wirtshaus und standen an den Ecken aller Hauptstraßen und verteilten Geldscheine.

„Ich glaube, wir werden ganz gut klarkommen", sagte er. „Die einzige schlechte Nachricht ist, dass ich keine Unterkunft für Sie finden konnte. Es gibt nur ein Hotel, und alle Zimmer sind belegt."

Dick, der bei solchen Gelegenheiten immer alle Zeit beiseite ließ, bestand darauf, sofort mit der Suche zu beginnen, und so liefen sie die düsteren Straßen der Industriestadt auf und ab, bis es für sie Zeit war, zur Mechanics' Hall zu gehen, wo sie spielen und sich für die Unterhaltung fertigmachen wollten.

„The Mulligan Guards" erwies sich als großer Erfolg, ebenso wie die Operette „ *Breaking the Spell*" . Kates hübsches Gesicht und ihre hübsche Figur eroberten die Herzen der Fabrikarbeiter und sie erhielt Beifall, wann immer sie auf der Bühne erschien. und die Zugaben waren so häufig, dass es schon halb zehn war, bevor sie ihr Programm beendet hatten, und kurz vor elf Uhr, als sie aus dem Saal auf die Straße kamen. Dann musste die Suche nach einer Unterkunft erneut beginnen. Montgomery und Williams, die alleinstehende Männer waren, bekamen Betten, aber Kate und Dick waren nicht so leicht zufrieden, und sie standen unter einer Veranda, während auf allen Seiten das Licht ausging und sie die Aussicht hatten, zuvor eine nasse Nacht auf der Straße zu verbringen ihnen. Schließlich dachte Dick an die Polizeistation, doch als er sich an einen Polizisten wandte, wurde er zur Hintertür einer Gastwirtschaft geführt. „Er war sich ziemlich sicher", flüsterte der Junge in Blau, „da oben untergebracht zu werden." Die Tür wurde vorsichtshalber geöffnet und sie durften hinein. Der Ort war voller Menschen; Es dauerte lange, bis sie bedient wurden, und schließlich wurde ihnen gesagt, dass man für ein Zimmer nichts für sie tun könne. Jedes Bett im Haus war belegt. Kate hob den Blick zu Dick, aber ihr trauriger Blick wurde von einem Fuhrmann mit rauem Gesicht erwartet, der an der Theke stand.

„Halt durch, kleine Frau", sagte er abrupt. „Sieh nicht so furchtsam aus. Ihr könnt beide zu mir kommen, wenn ihr wollt. Es ist nicht zu viel, aber ich werde mein Bestes für euch tun."

Die Freundlichkeit, mit der das Angebot gemacht wurde, war unverkennbar, obwohl der Gedanke, im Haus dieses rauen Mannes zu übernachten, im Moment sogar den Mummer erschütterte. Aber da nun klar war, dass sie entweder die Gastfreundschaft ihres neuen Freundes annehmen oder die Nacht vor der Tür verbringen mussten, dauerte es nicht lange, bis sie sich für die erste Alternative entschieden. Ihr einziger Grund für ihr Zögern war ihre Unfähigkeit, zu verstehen, was seine Motive waren, sie zu ihm zu bitten. Dann, als ob er den Grund ihrer Unsicherheit erraten würde, sagte er:

„Ich kenne dich gut, obwohl du mich nicht kennst." Ich war heute Abend beim „All" und du hast mich so zum Lachen gebracht, dass ich dich nicht umsonst auf der Straße gesehen hätte. Neaw, lass es ja oder nein sein, Meister.'

Als Antwort streckte Dick seine Hand aus; und nachdem er dem gastfreundlichen Fuhrmann gedankt hatte, stellte er ihm einige Fragen über die Unterhaltung. Bald fingen die beiden an, sich anzufreunden, und nach einem weiteren Drink gingen sie alle zusammen los.

Nachdem er ein paar schlampige Straßen entlanggewatet war, blieb er vor einer niedrigen Tür stehen und führte sie in etwas, das wie eine riesige Küche aussah. Sie sahen Dachsparren und eine offene Treppe, die zu den oberen Räumen hinaufführte, so wie eine Leiter durch eine Reihe von Dachböden führen könnte; und als eine Kerze besorgt worden war, war das erste, was ihr Gastgeber tat, seine Frau aus dem Bett zu ziehen und darauf zu bestehen, dass seine Gäste hineinschlüpfen, eine Bitte, der die Frau ebenso herzlich nachkam wie ihr Mann, sobald der Grund dafür bekannt war Dieses unzeremonielle Erwachen war ihr erklärt worden. Und Kate und Dick waren so erschöpft, und jeder Ort der Ruhe erschien ihnen so verlockend, dass sie den freundlichen Absichten ihres Gastgebers und ihrer Gastgeberin keinen Widerstand leisten konnten, und sie schliefen tief und fest, bis sie am nächsten Morgen durch lautes Trampeln geweckt wurden Füße gehen durch ihr Zimmer. Es war die Familie, die von den oberen Etagen herunterkam, und als sie die Treppe hinunterstieg, wünschte sie ihren Gästen einen guten Morgen in Lancashire.

Und als Kate und Dick sich von ihrem Erstaunen erholt hatten, zogen sie sich an und gingen hinaus, um ein paar Vorräte zu kaufen, die sie hoffentlich in der groben Küche kochen durften; Doch als sie mit ihren Einkäufen zurückkamen, fanden sie die Tochter des Fuhrmanns vor einem aufwendig zubereiteten Frühstück stehen, das aus einem riesigen Beefsteak und einem hohen Stapel Kuchen bestand.

„Herrgott, warum hast du diese Dinger gekauft?" sagte das Mädchen enttäuscht.

„Nun", sagte Kate, „wir könnten uns nicht vorstellen, dich auf diese Weise zu belästigen." Sie müssen und werden, so hoffe ich, uns unser eigenes Frühstück zubereiten lassen.'

„Ich weiß, Feyther wird es nie erfahren", sagte das Mädchen. und gleich darauf schob der Fuhrmann mit seinen kräftigen Armen Kate und Dick auf zwei Plätze am großen Tisch. Sowohl der Kuchen als auch das Fleisch schmeckten köstlich, und Dicks Appetit zeigte solche Anzeichen, dass er den des Fuhrmanns übertraf, dass Kate, in der Hoffnung, die Aufmerksamkeit abzulenken, ein interessantes Gespräch mit dem drallen Mädchen an ihrer Seite begann, und ihre Bemühungen waren so erfolgreich, dass bald eine Freundschaft entstand zwischen den Frauen etabliert; und als die Morgenarbeit erledigt war, machte sich Mary aus eigenem Antrieb auf die Suche nach Kate, und während sie den dicken Wollstrumpf strickte, ließ sie sich leicht dazu verleiten, die unvermeidliche Liebesgeschichte zu erzählen.

Wir verändern die Umgebung, aber ein Herz blutet bei allen sozialen Veränderungen; Und als in dieser düsteren Fabrikstadt das Brautkleid aus seinem Lavendel und der Dunkelheit herausgeholt wurde, schien es einen Schimmer poetischer Weiße zu besitzen, den es nicht hätte haben können, selbst wenn es durch das angenehme Grün einer Gasse in Devonshire hervorgehoben worden wäre.

„Aber du wirst es für einen anderen behalten; „Ein weiterer wird bestimmt bald vorbeikommen", sagte Kate und versuchte zu trösten.

„Nein, nein, ich will kein anderes haben", sagte das Mädchen. „Ich werde das Kleid einfach behalten; aber ich will kein anderes haben.'

Dann zögerte das Gespräch und verfiel schließlich in eine lange Erzählung über zarte Hoffnungen und Illusionen, der Kate, wie alle Frauen, der Geschichte von Herzschmerz und Täuschungen zuhörte; und in späteren Jahren, als alle anderen Erinnerungen an das schwarze Land verschwunden waren, blieb die Erinnerung an dieses weiße Kleid bestehen.

Von Bacup aus gingen sie nach Whitworth, einer Stadt in so unmittelbarer Nachbarschaft, dass man sie als Vorort des früheren Ortes bezeichnen könnte, und dort spielten sie in der Co-operative Hall vor einem Publikum, das aus einem Fabrikarbeiter, zwei Kindern und einem Postboten bestand wer kam auf die kostenlose Liste. Das war nicht ermutigend; aber sie beschlossen dennoch, es noch einmal an diesem Ort zu versuchen; und als die „Arbeiter" am nächsten Tag beim Abendessen die Fabriken verließen, verteilten sie einige Hundert Scheine. Dick sagte, er sollte es nie vergessen; Pimply Face dabei zuzusehen, wie er herumtanzte und seine Geldscheine in die Schürzen der Frauen steckte, war das Lustigste, was er je in seinem Leben gesehen hatte. Doch ihre Bemühungen waren alle vergeblich. Es regnete, und niemand kam, um sie zu sehen; und zusätzlich zu ihren anderen Problemen stellten sie fest, dass Whitworth ein unangenehmer Ort für einen Zwischenstopp war. Dick und seine Frau hatten ein Zimmer in einem Pub, aber Montgomery und Williams mussten jeden Abend hinübergehen, um im Bacup zu schlafen. Eines Tages erzählte ihre Wirtin von Clayton-le-Moors, wo, wie sie sagte, ein Jahrmarkt stattfand, und sie riet der Constellation Company, ihre Unterhaltung dort auszuprobieren. Dies wurde als vernünftiger Vorschlag erachtet, und die vier Mummer machten sich auf dem Dach eines Omnibusses auf den Weg zum Jahrmarkt, ihre Perücken und Kleider und das Make-up unter den Beinen. Das Wetter war zumindest für sie günstig. Das Sonnenlicht rollte über die großen weißen Seiten der Buden, Tante Sallies wurde gefürchtet, die Kneipen waren alle geöffnet und eine riesige, ausgelassene Bevölkerung, stinkend vom gärenden Schweiß der Fabriken, vergnügte sich mit Whisky und frischer Luft. Noch nie wurde die Stimmung niedergeschlagener Spieler durch die bessere Aussicht auf eine Ernte gestärkt.

Als nächstes mussten sie die Flugblätter verteilen und einen Ort finden, an dem sie ihre Show veranstalten konnten. Um ihre Suche gründlicher durchzuführen, trennten sie sich, nachdem sie sich für ein Rendezvous entschieden hatten. Auf diese Weise wurde die Stadt gründlich geplündert; Aber erst als Kate, die aus freien Stücken losgezogen war, vom Wirt eines Wirtshauses, in das sie eingetreten war, um etwas zu trinken zu gehen, erfuhr, dass er darüber einen großen Konzertsaal hatte, schien es einen zu geben die geringste Chance, dass die Constellation Company die Fröhlichkeit der Fabrikarbeiter auf der Messe für sich nutzen könnte. Die Dinge schienen sich nun zu verbessern, und es wurde eine sehr hübsche kleine Vereinbarung mit dem Wirt des Pubs getroffen. Es sollten vier Unterhaltungen zu je zehn Minuten pro Stunde gegeben werden, für die jeweils ein Betrag von drei Pence pro Kopf berechnet werden sollte, zwei Pence gingen an die Künstler, ein Penny ging an den Wirt, der natürlich seinen Beitrag leisten würde. etwas' auch aus dem mitgelieferten Getränk. Und was für ein Erfolg hatten sie an diesem Tag! Die Fabrikarbeiter kamen nicht nur herein, sondern zahlten auch immer wieder ihre drei Pence. Sie schienen nie müde zu werden, Dick und Kate „The Mulligan Guards" singen zu hören, und als sie „Corps" rief und er seine Mütze berührte und sie in einen Tanz begannen, kannte die Freude der Arbeiter keine Grenzen, und sie oft unterbrachen sie die Unterhaltung, um den Mummern mit einem „Ave a soop, mon" ihre Krüge Bier zu reichen.

Von zwölf Uhr am Tag bis elf Uhr abends ging die Angelegenheit weiter; Kate, Dick und Williams tanzen und singen abwechselnd, und Montgomery schlägt die ganze Zeit auf die Dominosteine ein. Es war eine schwere Arbeit, aber die Münzen, die sie mitnahmen, waren beträchtlich, und sie erwiesen sich als nützlich, denn in den nächsten drei Städten schnitten sie sehr schlecht ab. Doch in Padiham kam es am Ende zu einem merkwürdigen Unfall, der für sie sehr glücklich war. Es waren nur fünf Personen im Haus, einer davon war betrunken. Dieser Kerl erklärte mitten in der Unterhaltung sehr humorvoll, dass er ein Lied singen würde; er wollte sich sogar Williams' Perücke aneignen, und als Dick, der bei solchen Gelegenheiten immer ausrastete, versuchte, ihn hinauszuwerfen, kletterte er außer Reichweite und kletterte in eines der Fenster. Von dort aus rief er die Leute auf der Straße an, und das mit einem so hervorragenden Ergebnis, dass sie im Laufe des Abends im Saal 18 Pfund verdienten.

Dies und ähnliche Glücksbringer hielten die Constellation Company von einem Abenteuer zum nächsten weiter. Manchmal kam ihnen ein nasser Tag zu Hilfe; Manchmal brachte ein Streit zwischen einigen Fabrikarbeitern und den Meistern ihnen etwas Geld. Ihre Wünsche waren einfach; ein Bett in einem Pub und ein Steak zum Abendessen war alles, was sie verlangten. Doch schließlich, als der Winter voranschritt, begann das Unglück sie sehr genau und beharrlich zu verfolgen. Sie waren in vier verschiedenen Städten gewesen und hatten keinen Zehn-Pfund-Schein gemacht, den sie untereinander aufteilen konnten. Angesichts dieser Widrigkeiten lohnte es sich nicht, weiterzumachen; außerdem machte es Kates zu erwartende Entbindung unmöglich, ihre kleine Tour noch viel weiter auszudehnen. Aus diesen Gründen verabschiedete sich die Constellation Company eines Novembermorgens am Bahnhof in der Hoffnung, dass sie sich bald unter günstigeren Umständen wiedersehen würden. Williams und Montgomery gingen nach Liverpool, Kate und Dick, um in Rochdale zu übernachten, wo sie gehört hatten, dass viele Unternehmen kommen würden. Die Firmen kamen zwar, aber sie waren leider ausgebucht, und Lennox und seine Frau konnten sich in keinem von ihnen engagieren. Mit dem wenigen Geld, das sie bei ihrer Tournee einsparten, konnten sie etwa einen Monat lang mit Leib und Seele zusammenhalten; aber in der fünften Woche erzählten sie der Vermieterin Lügen und gingen alle klassischen Ausreden durch – sie erwarteten jeden Tag einen Brief, spätestens am Montag usw. Angesichts der bevorstehenden Entbindung von Kate war dies ein Zustand, der sich änderte Sogar Dick fängt an, sich ängstlich umzusehen und um die Sicherheit der Zukunft zu fürchten. Kate hingegen nahm die Sache leichter an, als man hätte erwarten können, obwohl sie beunruhigt und müde war; und der Wechsel ihrer letzten zehn Schilling machte ihr weniger Angst als die erste Ankündigung der möglichen Auflösung von Morton and Cox's Operatic Company. In ihr hatte das Böhmentum seinen letzten Sieg errungen; Und nachdem sie in letzter Zeit gesehen hatte, wie sich so viele Schwierigkeiten des Lebens auf für sie unerklärliche Weise lösten, war sie unbewusst zu dem Schluss gekommen, dass es keinen Knoten gab, den Zufall, Glück oder Schicksal nicht lösen könnten. Außerdem waren die Ressourcen ihres großen Schwanzes offenbar unbegrenzt; Die gegenwärtige Schwäche ihres Zustands neigte dazu, sich mehr denn je auf seinen Schutz zu verlassen; und in der Trägheit schwacher Hoffnungen begnügte sie sich damit, gelegentlich zu beten, dass doch noch alles gut werden würde. Doch ihr Geliebter war nicht so zufrieden, obwohl er ihr nichts von seinen Ängsten erzählte. Nie zuvor war er so hart bedrängt worden. Sie schuldeten jetzt neben anderen kleinen Schulden auch die Miete für eine Woche; All das konnten sie nicht bezahlen, es sei denn, sie verpfändeten den Rest ihrer Kleidung. Er sagte, es wäre weitaus besser für sie, nach Manchester zu gehen und ihre Sachen als Sicherheit bei der Vermieterin zurückzulassen, um sie eines Tages einzulösen – das heißt, wenn sie es nicht schafften, das Haus zu verlassen, ohne von ihr bemerkt zu werden . Sie hatten noch eine halbe Krone, mit der sie Kates Bahnfahrt bezahlen konnte, und was ihn selbst betraf, schlug Dick vor, dass er die Reise zu Fuß zurücklegen sollte; Er würde die Strecke problemlos in drei Stunden zurücklegen können und sich um elf Uhr zu seiner Frau an einer Adresse treffen, die er ihr gab, mit vielen Anweisungen bezüglich der Geschichte, die der Vermieterin erzählt werden sollte. Als die Uhr an einem kalten Wintermorgen sieben schlug, schlichen sie sich leise nach unten, Dick trug eine kleine Reisetasche. Auf dem Tisch in ihrem Zimmer lag ein Brief, in dem es hieß, dass ein über Nacht eingegangenes Telegramm sie nach Manchester rief, sie aber hofften, in ein paar Tagen – spätestens einer Woche – wieder zurück zu sein.

Dick war der Meinung, dass diese Versicherung die alte Dame völlig zufriedenstellen würde. Mit einem Arm hielt er den Reisekoffer über der Schulter, mit dem anderen stützte er Kate und machte sich auf den Weg zum Bahnhof.

Der Tag war noch nicht angebrochen. Eine schwere, träge Nacht lag über der Stadt. Die Straßen waren voller Pfützen und fließendem Schlamm; und Kate war häufig gezwungen, an den Laternenpfählen anzuhalten und sich auszuruhen. Sie klagte über ein starkes Unwohlsein und hatte Schwierigkeiten beim Gehen. Im trüben Licht des Gases betrachtete Dick ihre blassen, hübschen Gesichtszüge, die vom Leiden noch betont waren; Er hatte das Gefühl, dass er noch nie zuvor gewusst hatte, wie sehr er sie liebte, und das Mitleid mit ihr, das sein Herz erfüllte, ließ ihn ersticken, als er versuchte zu sprechen: und seine Augen waren mit Tränen bedeckt und er konnte seinen

Verstand nicht dazu bringen, sie zu verlassen. Er dachte an den alten Trick, mit dem Gepäck zu reisen, aber da er befürchtete, dass die Frau, zu deren Haus sie gingen, sie nicht hereinlassen würde, es sei denn, sie hätten mindestens einen Koffer vorzuweisen, beschloss er, an dem ursprünglichen Plan festzuhalten, Kate weiterzuschicken vorne; und obwohl er von vielen Ängsten gequält wurde, versteckte er sie und versicherte ihr, dass ihre Probleme ein Ende haben würden, sobald sie einen Fuß in Manchester gesetzt hätten: Er müsse nur ins Theatre Royal gehen, um ein Engagement zu bekommen. Und er sprach so freundlich, dass seine Güte sie für ihre Leiden zu entschädigen schien.

Seit einigen Tagen litt sie unter heftigen Übelkeit und starken Schmerzen, und als sie sich aus dem Waggonfenster von ihm verabschiedete, musste sie sich bücken und dagegen drücken. Und da er spürte, dass er sie ermutigen musste, rannte er den Bahnsteig entlang, bis der Zug begann, ihn zurückzulassen, und er blieb außer Atem stehen, mit einer Wolke von Melancholie auf seinen Wangen, normalerweise so ruhig in einem fröhlichen Animalismus – doch die dicke Hand hob den großen Der Zug trug einen schwarzen Filzhut mit Krempe, die krausen Locken wehten im kalten Wind, der Zug schwankte und rollte dann und verschwand um eine Biegung in der Linie.

Das war alles. Was getan worden war, war zu Ende, so vollständig wie das Platschen eines Steins, der in einen Brunnen fällt, und der Schauspieler erwachte mit dem Gefühl, dass wieder etwas Neues begonnen werden musste.

Nachdem er die Stufen des Bahnhofs hinabgestiegen war, bat er um Führung, und sein Weg führte lange Zeit durch eine Straße, die aus roten Backsteinhäusern mit Stuckveranden bestand; aber schließlich teilten sich diese in Hütten auf, und nach vielen Erkundigungen wurde er auf eine alte römische Straße geführt, die, wie es hieß, „Über Tindel" hieß. Der Wind wehte heftig, und vor dem trüben Himmel wirkten die zerklüfteten Bäume auf den höheren Bergrücken wie Schleier aus grauer Spitze.

Gehen war nicht Dicks Stärke, und als er an einem Hoftor lehnte, umarmten seine Augen die wilde schwarze Landschaft, und Erinnerungen an die Hanley Hills schossen durch seine Gedanken. Es gab die gleichen rollenden Abfälle, und wie die Figuren auf einem Schachbrett tauchten in unregelmäßigen Abständen Fabrikschornsteine auf. Aber diese topografischen Ähnlichkeiten zogen Dick nur insoweit an, als sie seinen Geist mit alten Erinnerungen und Assoziationen erfüllten und seine Gedanken von der Zeit, als er mit seiner Frau am Ende der Market Street gestanden hatte, bis zur gegenwärtigen Stunde flossen. Er lobte oder tadelte sich nicht. Er akzeptierte die Dinge so, wie sie waren, ohne Kritik, und sie erschienen ihm wie ein aufgeblähter

Traum, der so geschwollen und trostlos war wie die verwirrte Weite der Ferne vor ihm.

Die Benommenheit, in die er gelegentlich verfiel, hielt an, bis ein schneller Gedanke die ihn bedrückende geistige Trübsinnigkeit durchdrang und er das Hoftor aufgab und verdrießlich seinen Spaziergang durch das schwere Gischt der nassen Straßen fortsetzte. Während er dies tat, verfolgte ihn die Vision von Kates schmerzerfülltem Gesicht, und bei jedem Schritt wurde sein Entsetzen vor der Gefahr, dass sie vor ihrer Ankunft in Manchester krank werden würde, immer dunkler, und er mühte sich einen Hügel nach dem anderen hinauf und sehnte sich danach, in ihrer Nähe zu sein , und wünscht sich nur die Kraft, zu lindern und zu helfen. Oft zwang ihn die Intensität seiner Sehnsucht zum Laufen, und dann wandten sich die Landarbeiter von ihrer Arbeit ab, um dieses riesige Geschöpf zu betrachten, das auf einem Hügel stand und sich müde die Stirn wischte.

Und dann hatte er genug von der langen, starren, hügeligen Landschaft mit ihren tausend Kurven, ihren einzelnen Bäumen, ihrem detaillierten Vordergrund aus Gestrüpp, Hecken, Bächen, überspannt von kleinen Backsteinbrücken, der schmelzenden Ferne, dem trüben Himmel, den sprudelnden Schornsteinen : Er fragte sich, ob es niemals enden würde, ob es sich niemals in den Straßen von Manchester niederlassen würde. Und während er jede Steigung hinabstieg, suchte sein Blick nach dem Hinweis auf eine Stadt, bis er schließlich zu seiner Linken Rauchlinien, Fabriken und Ziegelmassen sah, und er eilte.

Man freute sich auf alle Wegmarkierungen, die abgelegenen Straßen schienen endlos zu sein, und seine Eile war so groß, dass er, bevor er entdeckte, dass er in Oldham war, mitten in die Stadt gelaufen war.

Seine Enttäuschung war wirklich bitter, fast unerträglich, und im Moment hatte er das Gefühl, dass er nicht weitergehen konnte; Sein Mut war erschöpft, es war unmöglich, dass er sich dieser trostlosen, spöttischen Landschaft noch einmal stellen konnte. Außerdem wurde er aus Mangel an Nahrung ohnmächtig. Hätte er ein paar Pence besessen, um sich ein Glas Bier und etwas Brot und Käse zu gönnen, glaubte er, er könnte sich zusammenreißen und einen weiteren Versuch unternehmen; aber er war mittellos. Dennoch war er gezwungen, es noch einmal zu versuchen. Der Gedanke an Kate brannte in seinem Gehirn, und nachdem er sich nach dem Weg erkundigt hatte, stapfte er mit müden und schmerzenden Füßen erneut mannhaft weiter. Nun quälte ihn der quälende Verdacht, dass sie die Wirtin vielleicht nicht so angenehm finden würde, wie es unter den gegebenen Umständen wünschenswert wäre, und er überlegte, während er ins offene Land ging, bis die Angst von Müdigkeit übermannt wurde. Er fragte jeden Passanten nach dem Weg, und als er an den herrschaftlichen Villen vorbeikam, hatte Dick das Gefühl, dass er, wenn der Weg noch viel weiter gewesen wäre, einen der Fuhrleute, die ständig mit ihren schweren Gespannen an ihm vorbeikamen, um eine Mitnahme hätte erbetteln müssen. Aber er war jetzt in Manchester und fragte sich, ob er zu Fuß länger gebraucht hatte, als er erwartet hatte, und schaute in die Schaufenster auf der Suche nach einer Uhr, und als er an der Tür der Herberge klingelte, schlug sein Herz genauso schnell als die klingelnde Glocke durch das Haus läutete. Das Dienstmädchen, das die Tür öffnete, sagte ihm, dass sie von keiner solchen Person wisse und ihm gerade die Tür vor der Nase zuschlagen wollte, aber Dicks gutmütiges Lächeln zwang sie zu einer Unterredung, und sie gab das zu Da sie einen Auftrag erledigt hatte, hatte sie die Frau seit zehn Uhr nicht mehr gesehen. Eine Dame hätte vielleicht angerufen, aber sie war jetzt nicht im Haus; sie waren so voll, wie sie fassen konnten.

„Und sind Sie sicher, dass eine Dame gegen zehn oder halb zehn angerufen haben könnte, ohne dass Sie sie gesehen haben?"

„Ich war zu der Zeit mit einem Herrant unterwegs, also bin ich mir sicher, dass sie es tun würde, denn Missus hätte nichts dagegen, es mir zu sagen, wenn ich nicht Zimmer für sie vorbereiten würde."

„Und was würde Ihre Herrin tun, wenn sie einer Dame keine Zimmer zur Verfügung stellen könnte?"

„Ich glaube, sie würde zu Mrs. vorbeischicken – nun ja, ich erinnere mich nicht mehr genau an den Namen."

'Kennst du die Adresse?'

„Ich weiß, dass es hinter dem Bahnhof ist, eine dieser Straßen, wo – nein – aber ich glaube nicht, dass ich dir den richtigen Weg weisen könnte."

„Was soll ich dann tun?"

„Missus wird in Kürze da sein. Wenn Sie im Zimmer Platz nehmen, kann ich Sie nicht in ein anderes Zimmer bitten, die sind alle besetzt.

Ihm blieb nichts anderes übrig, als zu akzeptieren, und nachdem er gefragt hatte, wann die Wirtin zu erwarten sei, und das unvermeidliche „Kann ich wirklich nicht mit Sicherheit sagen, Sir, aber ich glaube, sie wird nicht lange brauchen" erhalten hatte, setzte er sich müde und mit wunden Füßen in einen Stuhl; manchmal, wenn ihn ein plötzlicher Gedanke überkam, machte er eine Bewegung, als wolle er von seinem Platz aufspringen; aber sofort erinnerte er sich an seine eigene Machtlosigkeit und verfiel wieder in seine Haltung schwerer Erschöpfung. Im Esszimmer tickte die Uhr, und er lauschte dem Verstreichen der Minuten, gequält von dem Gedanken, dass seine Frau litt, starb und dass er nicht in der Nähe war, um zu helfen, beizustehen, zu trösten. Er vergaß, dass sie mittellos und obdachlos waren; alles verlor sich in grenzenlosem Mitleid, und er lauschte den Schritten, die schärfer wurden, je näher sie kamen, und dumpfer, je weiter sie gingen. Endlich war das Geräusch des Hausschlüssels im Schloss zu hören, und Dick sprang auf. Es war die Wirtin.

„Haben Sie meine Frau gesehen?"

„Ja, Sir", rief die erstaunte Frau; „Sie war heute Morgen hier; Alle unsere Zimmer sind vermietet, also konnte ich nicht –"

„Wohin ist sie gegangen, wissen Sie?"

„Nun, Sir, ich wollte sagen, sie hat mich gefragt, ob ich ihr einen ruhigen Ort empfehlen könnte, und ich habe sie zu Mrs. Hurley geschickt."

„Und geben Sie mir Mrs. Hurleys Adresse?"

„Ja, Sir, sicherlich; Aber wenn ich es so dreist machen darf, Sie sehen sehr müde aus. Darf ich Ihnen ein Glas Bier anbieten? Und Mrs. Lennox sieht auch sehr schlecht aus, sie ist …"

„Ich bin sehr dankbar, aber ich habe keine Zeit; Wenn Sie mir die Adresse geben würden….'

Kaum waren die Worte gesprochen, stürmte Dick, seine schmerzenden Füße vergessend, davon, wich den Passanten aus und rannte, bis er den fraglichen Klopfer und die Glocke in die Hand nahm.

„Bleibt Mrs. Lennox hier?" fragte er die Dame, die die Tür öffnete.

„Es gab eine Dame dieses Namens, die sich heute Morgen nach Zimmern hier erkundigt hat."

„Und ist sie nicht hier? Warum hat sie die Zimmer nicht genommen?

„Nun, Sir, sie sagte, sie erwarte, eingesperrt zu werden, und es sei mir egal, ob eine Krankheit in meinem Haus wäre."

„Du willst mir nicht sagen, dass du sie rausgeschmissen hast? Oh, du abscheulicher –! Wenn du ein Mann wärst….'

Von Wut überwältigt blieb er stehen, um nach Worten zu suchen, und die Frau, die befürchtete, er würde sie schlagen, versuchte, die Tür zu schließen. Aber Dick hielt sie mit seinem dicken Bein davon ab, und in diesem Moment gesellte sich die Magd zu ihnen, die über die Schulter ihrer Herrin schrie:

„Die Dame sagte, sie würde in ein paar Stunden hier vorbeikommen, um nach Ihnen zu fragen, und ich habe ihr geraten, sich um ein Zimmer in Nr. 28 in dieser Straße zu bemühen. Dort finden Sie sie.'

Das reichte Dick, und als er die Tür losließ, machte er sich auf den Weg. Straßen, Kutschen, Passanten wirbelten vor seinen Augen.

„Ist Mrs. Lennox hier?" fragte er so grob, als die Tür geöffnet wurde, dass das Dienstmädchen es bereute, ja gesagt zu haben, sobald das Wort über ihre Lippen gekommen war.

„Auf welcher Etage?"

„Der Erste, Sir; aber du lässt mich lieber zuerst hochgehen. Frau Lennox geht es nicht sehr gut; Sie erwartet ihren Mann.'

„Ich bin ihr Ehemann."

Und darauf stürzte Dick auf die Treppe zu. Ein paar Schritte brachten ihn zum ersten Treppenabsatz; doch eine plötzliche Enttäuschung überkam ihn – das Wohnzimmer war leer. Als er sofort an das Schlafzimmer dachte, riss er die Tür auf und sah Kate auf der Bettkante sitzen und hin und her schaukeln. Sie erhob sich und der Ausdruck müden Schmerzes verwandelte sich in Freude, als sie in Dicks Arme fiel.

„Ich dachte, du würdest nie kommen und sie würden mich nirgendwo hinbringen."

„Ja, mein Liebling, ich weiß alles darüber; Ich weiß alles.'

Er küsste das satte schwarzblaue Haar und das blasse, müde Gesicht; er fühlte, wie leichte Hände auf ihm ruhten; Sie spürte, wie starke Arme sich um sie legten, und jede Seele schien nur das Spiegelbild der anderen zu sein, so wie der Himmel und das Meer es sind, wenn die Sonne auf ihrem Meridian steht.

Dann, in diesem kurzen, aber unbeschreiblichen Moment spirituellen Einklangs, kehrten die verblassten Worte zu ihnen zurück, und Kate sprach von allem, was sie erlitten hatte. Sie flüsterte die Geschichte, die sie der Wirtin erzählt hatte, und wie sie ein großes Abendessen und alles Gute bestellt hatte, damit sie nicht in den Verdacht gerieten, in Not zu sein. Dick stimmte diesen Vereinbarungen zu; Doch gerade als er schmatzte, ein Vorgeschmack auf die Hammelkeule in seinem Mund, stieß Kate eine Art leisen Schrei aus, wurde blass und presste die Hände an ihre Seite. Ein stechender Schmerz durchfuhr sie plötzlich und ließ ebenso schnell nach; aber ein paar Minuten später folgte ein anderer, der länger anhielt und sie stärker erfasste. Er stützte sie zärtlich, half ihr durch den Raum und legte sie auf das Bett. Dort schien sie eine gewisse Erleichterung zu verspüren; aber sehr bald wurde sie wieder von den heftigsten Schmerzen gepackt. Es kam ihr so vor, als wäre sie mit einem eisernen Schild gefesselt, und verängstigt klingelte Dick nach der Wirtin. Die würdige Frau sah auf den ersten Blick, was los war, und schickte ihn, so müde er auch war, los, um einen Arzt und die nötige Hilfe zu holen.

XXII

Der Arzt und die Krankenschwester kamen fast gleichzeitig an, gingen ins Krankenzimmer und baten Dick, der kurz darauf die Treppe hinaufgerannt kam, guten Mutes. Der Mummer nahm seinen Hut vom Kopf und starrte einen Moment lang geistesabwesend auf die Schlafzimmertür, als wolle er dort die Geheimnisse von Leben, Geburt und Tod entschlüsseln. Dann fiel ihm ein, wie müde er war, und mit einer großen Bewegung der Müdigkeit setzte er sich auf das Sofa. Ein düsterer gelber Himmel erfüllte den Raum mit einer bedrückenden und traurigen Dämmerung, und um seine schmerzenden Füße zu lindern, hatte Dick seine Schuhe ausgezogen, und mit verschränkten Armen an den Bauch gepresst, saß er stundenlang da, zu hungrig zum Schlafen, und lauschte dem leises Stöhnen, das durch die Türspalten drang. Er schien völlig vergessen zu sein; Stimmen flüsterten auf der Treppe, die Leute gingen eilig durch das Wohnzimmer, aber niemand fragte ihn, ob er etwas wollte: Niemand bemerkte ihn überhaupt, und als die Wirtin das Gas anzündete, stieß sie einen erstaunten Schrei aus, als hätte sie einen entdeckt Eindringling im Zimmer.

„Oh, Lawks! Mr. Lennox, wir hatten Sie völlig vergessen und Sie sitzen so still da. Aber deiner Frau geht es gut; Sie hat gerade eine Tasse Rindertee getrunken: In ein paar weiteren Stunden wird alles vorbei sein.'

„Leidet sie sehr?"

„Nun ja, Sir, ich würde es nicht als eine einfache Entbindung betrachten; aber ich denke, es wird alles gut werden: Morgen früh werden Sie Ihre Frau und Ihr Kind gesund und munter sehen.'

Dick konnte nicht umhin, an der Wahrheit der Aussage der Frau zu zweifeln, es sei denn, sie kam ihm mit Essen zu Hilfe. Obwohl er fast am Verhungern war, hatte er Angst, zum Abendessen zu kommen, aus Angst, sie könnte ihn im Voraus um etwas Geld bitten, aber in diesem Moment ergriff ihn ein Krampf, und er wurde blass und musste sich über den Tisch beugen, um das Stöhnen zu unterdrücken, das ihm auf die Lippen drang .

„Was ist los, Sir? „Du siehst ziemlich krank aus", fragte die Frau.

„Oh, es war nur ein plötzlicher Schmerz", sagte Dick und bemühte sich, sich zu erholen. „Ich habe den ganzen Tag nichts gegessen – ich hatte keine Zeit, wissen Sie."

„Dann werden wir Sie und Ihre Frau bei uns einlagern lassen, und da ist noch die Hammelkeule, die sie all diese Stunden schmoren ließ. Ich fürchte, du wirst es nicht essen können?'

So absurd ihm die Frage auch erschien, antwortete Dick geschickt:

„Es wird sehr gut funktionieren, wenn Sie es so bald wie möglich zur Sprache bringen; Vielleicht muss ich raus."

Dies war als Trick gedacht, um die Vermieterin zu täuschen, denn er war so müde, dass er nicht die Treppe hinuntergegangen wäre, wenn er nur Kates Leben gerettet hätte. Ihm fiel nichts anderes ein, als etwas in seinen Magen zu stecken, und so hart und trocken das Hammelfleisch auch war, es schien ihm das Köstlichste zu sein, was er je gegessen hatte. Sein Schmerz verschwand mit dem ersten Schluck, und das Glas Bier strömte hindurch und erwärmte seinen gesamten Körper. Durch den großen Schlund verschwanden die Lebensmittel wie durch Zauberei, und der unaufhörliche Schrei, der nun das ganze Haus zu erfüllen schien, blieb fast unbeachtet.

Einen Moment lang hörte er mitleidig zu und widmete sich dann wie ein Tier wieder seinem Essen. Er schnitt eine Scheibe nach der anderen aus dem Bratenstück, und als sein Hunger zu wachsen schien, glaubte er, er könnte es aufessen, und sehnte sich sogar danach, den Knochen in die Hand zu nehmen und ihn mit den Zähnen zu pflücken; aber er überlegte mit sich selbst; Es wäre nicht angebracht, die Wirtin vermuten zu lassen, dass sie kein Geld hatte, und während er die letzte Kartoffel betrachtete, die er nicht essen wollte, überlegte er, was er sagen sollte, um seinen Appetit zu entschuldigen; Aber als er nach einer schönen Phrase suchte, nach etwas angenehm Witzigem, fiel ihm ein, dass er sofort Geld finden musste; er muss spätestens morgen welche haben. Es gab tausend Dinge, die bezahlt werden mussten – die Kleidung des Babys, die Wiege, das – er versuchte darüber nachzudenken, was man unter solchen Umständen im Allgemeinen brauchte, aber die Schreie im Nebenzimmer, die allmählich zu Schreien anschwollen, entsetzte ihn, und unwillkürlich kam ihm der Gedanke, dass neben einer Geburt auch eine Beerdigung zu bezahlen sein könnte.

In diesem Moment läutete die Glocke und die Magd kam angerannt. Sie trug einen Krug mit heißem Wasser und Waschlappen in der Hand, und als sie sich an ihm vorbeidrängte, erklärte sie, dass sie keinen Moment Zeit hätte. Die Tür des Schlafzimmers stand offen; ein Feuer brannte, auf dem Kaminsims brannten Kerzen, auf dem Boden stand ein Becken, und zeitweise war nichts zu hören als ein langes Stöhnen, das sich mit den murmelnden Stimmen des Arztes und der Krankenschwester vermischte.

Der Raum wirkte wie ein Heiligtum, in dem ein mysteriöser Ritus durchgeführt wurde. Doch plötzlich wurde die Stille von so leidenschaftlichen und scharfen Schreien unterbrochen, dass alle früheren nur noch als schwache Wehklagen in Erinnerung blieben.

Dick hob sein großes Gesicht von seinen Händen, die Bewegung warf die Masse krausen Haares zurück, und in der Intensität dieser Emotion sah er aus wie ein Löwe.

„War das Leben", fragte er sich, „oder der Tod? Und auf wessen Befehl hin wurde ein Mensch so grausam gefoltert?' Aber die Vorstellung von Gott fesselte seine Aufmerksamkeit nicht, und als seine Gedanken auf das Kind gerichtet waren, fragte er sich: Was bedeutete ihm dieses neue Leben?

„Oh, das werde ich nie wieder tun!" Oh, wie ich ihn hasse – ich könnte ihn töten! Ich werde ihn nie lieben, nie mehr.'

Der Schrei rührte den fetten Mummer durch all die Jahre der groben Sinnlichkeit, durch die Verdauungsbeschwerden seines großen Abendessens, und als er von der Bedeutung ihrer Worte beeindruckt war, schauderte er, als er sich daran erinnerte, dass er die Ursache dieses unerhörten Leidens war und nicht das unschuldige Kind. War es möglich, fragte er sich, dass sie ihn nie wieder lieben würde? Er wusste es nicht. War es möglich, dass er schuldig war? Seltsame Vorstellungen über den Ursprung, den Plan und die Gestaltung des Universums schossen in schwachem Hell-Dunkel durch seine Gedanken, und eine ganze Stunde lang grübelte Dick wie ein Philosoph über die fernen Ursachen und die fernen Endgültigkeiten von Menschen und Dingen.

Eine Stunde voller Stöhnen und Leidensschreie, dann herrschte große Stille und das ganze Haus schien erleichtert zu seufzen.

„Das Baby muss geboren werden", sagte er; Und gleich darauf war ein kleiner, dünner Schrei zu hören, der in seinem Herzen anhielt wie ein Freudenton, und seine Gedanken wurden väterlich.

Er fragte sich, ob es ein Mädchen oder ein Junge war; Er bildete sich ein, dass ihm ein Mädchen am liebsten wäre. Wenn sie hübsch wäre und eine gewisse Stimme hätte, könnte er sie nach vorne drängen, während es bei einem Jungen schwieriger wäre. An diesem Punkt gab Dick seine Träume auf und lauschte der Stille. Er wagte nicht, an die Tür zu klopfen, aber das Gemurmel zufriedener Stimmen versicherte ihm, dass alles in Ordnung sei. Dennoch war es sehr seltsam, dass sie nicht herauskamen und ihm das Ergebnis verkündeten. Zählte er für niemanden? Dachten sie, dass es ihm nichts bedeutete, wenn seine Frau und sein Kind tot oder lebendig wären? Die Vorstellung, in einer so besorgniserregenden Angelegenheit so völlig unberücksichtigt zu bleiben, ärgerte ihn, und er ging zum Sofa, um über sein Unrecht zu grübeln. Sollte er an die Tür klopfen oder nicht? Schließlich beschloss er, dass er es tun sollte, und versuchte es nach einem zaghaften Klopfen an der Klinke. Er wurde sofort von der Krankenschwester konfrontiert.

„Es ist alles in Ordnung, Herr; Du kommst gleich herein, wenn das Baby gewaschen ist.'

„Ja, aber ich möchte wissen, wie es meiner Frau geht."

„Es geht ihr sehr gut, Sir; Du wirst sie gleich sehen.'

Dann wurde die Tür sanft, aber fest geschlossen, und Dick musste warten, und er stolperte fast zusammenbrechend ins Zimmer, als die Krankenschwester ihn aufforderte, hereinzukommen.

Kate lag blass und träge zwischen den Laken, und ihr wunderschönes schwarzes Haar hinterließ einen Tintenfleck auf den Kissen. Sie streckte ihm erschöpft die Hand entgegen und sah ihn ernst und liebevoll an. Für beide schien ihr Leben abgeschlossen zu sein.

„Oh, mein Liebling, mein Liebling!" er murmelte; und sein Herz schmolz vor Glück bei dem schwachen Druck der Finger, die er in seinen hielt. Die Krankenschwester , die neben ihm stand, hielt etwas Rotes in der Hand, das in Flanell eingewickelt war. Er bemerkte es kaum, bis er Kate sagen hörte:

„Es ist ein kleines Mädchen. Küss es, Liebling.'

Er berührte unbeholfen mit seinen Lippen die winzige, jammernde Fleischmasse, die die Krankenschwester ihm entgegenhielt, und schämte sich, ohne zu wissen warum.

„Als ich hörte, dass die Dame völlig unerwartet getroffen wurde, habe ich diese Flanellhemden mitgebracht", sagte die große Frau mit der Langschwanzmütze; „Aber morgen kann ich Ihnen, wenn Sie möchten, einen Laden empfehlen, wo Sie alles bekommen, was Sie brauchen."

Diese Rede brachte Dick mit einem grausamen Ruck an den Rand der schrecklichen Situation, in die er sich so unerwartet befunden hatte. Morgen würde er Geld auftreiben müssen, und zwar eine ganze Menge. Wie er das machen sollte, wusste er nicht, aber es musste Geld gefunden werden.

„Ja, ja, das alles werde ich morgen erledigen", sagte er und erwachte aus seiner Lethargie wie ein erschöpftes Pferd, das an einer neuen Stelle mit der Sporenspitze berührt wird, „aber jetzt bin ich so müde, dass ich kaum sprechen kann." .'

„Das ist so", sagte die Wirtin. „Diese Wandertouren sind schrecklich." Er war heute von Rochdale hier, die Flucht hinter seiner Frau nicht eingerechnet. Sie wissen, dass sie sich geweigert haben, sie in Nummer fünfzehn aufzunehmen. Aber, Sir, ich weiß nicht genau, wie wir damit klarkommen sollen. Ich verstehe nicht, wie ich dir ein Bett anbieten soll. „Das Beste, was ich für Sie tun kann, ist, Ihnen auf dem Sofa im Wohnzimmer etwas auszudenken."

„Oh, das Sofa wird sich sehr gut machen." Ich glaube, ich könnte auf den Fliesen schlafen; Also gute Nacht, mein Lieber", sagte er, während er sich vorbeugte und seine Frau küsste; „Es tut mir leid, dich so bald zu verlassen."

„Es ist kein bisschen zu früh“, sagte der Arzt. „Sie muss still liegen und darf nicht reden.“

Daraufhin wurde Dick abgeführt. Die Krankenschwester und der Arzt berieten sich am Bett, in dem die Frau tagelang lag, zu schwach, um auch nur zu träumen, während der Mann in die Menschenmenge von Manchester ging, um nach Essen zu suchen. Abgesehen von der bloßen Idee, „hinzugehen und zu sehen, was sie im Theater machen“, hatte er keine Pläne. Der Schnitzelhund, der auf der Suche nach Abfall durch die Dachrinne streift, könnte nicht weniger haben. Aber er war sicher, dass sich etwas ergeben würde; Er war sicher, jemanden zu treffen, dem er ein Klavier verkaufen oder für den er ein Theater bauen konnte. Er hat nie Pläne gemacht. Es hatte keinen Zweck, Pläne zu schmieden; Sie wurden immer durch einen Unfall verärgert. Er dachte, es sei weitaus besser, sich auf die Inspiration des Augenblicks zu verlassen; und als er am Morgen schlafschwer aufwachte, verspürte er keine Angst, keine Angst außer der Frage, wie er seine wunden Füße in seine Schuhe kriegen sollte. Dies gelang ihm nur mit einer Reihe von Stöhnen und Flüchen, und das Hinken, mit dem er die Straße entlangging, war schmerzhaft anzusehen. An der Bühnentür des Theatre Royal nahm er automatisch einen versöhnlichen Tonfall an, als er den Portier fragte, ob Mr. Jackson da sei. Doch bevor der Beamte antworten konnte, erblickte Dick Mr. Jackson den Flur entlangkommen.

„Wie geht es dir, alter Mann? Habe dich schon lange nicht gesehen.‘

„Was, du, Dick, in Manchester? Komm und trink etwas, alter Mann. Ich freue mich sehr, Sie zu sehen. Bleiben Sie hier lange stehen?‘

„Nun, ich bin noch nicht ganz entschieden. „Meine Frau war letzte Nacht eingesperrt, wissen Sie.“

'Was! Bist du ein Vater, Dick?'

Mr. Jackson grinste ihn an, stieß ihn in die Rippen und begann mit einer Liste von Anekdoten. Diesen musste Dick zuhören, und in der Hoffnung, seinen Freund in einem unvorsichtigen Moment der guten Laune zu erwischen, lachte er herzlich über die besten Punkte. Aber so abschweifend Gespräche auch sind, wenn es um Frauen geht, früher oder später wird auf die Kosten und den Wert hingewiesen, und schließlich war Mr. Jackson so unvorsichtig, zu sagen:

„Sehr teuer sind diese Angelegenheiten allerdings.“

Das war die Chance, auf die Dick gewartet hatte, und als er seinem Freund sofort das Knopfloch machte, sagte er:

„Sie haben völlig Recht, das haben sie: Und um die Wahrheit zu sagen, alter Mann, ich bin in der teuflisch peinlichsten Lage, die ich je in meinem Leben hatte. Haben Sie von der Auflösung der Firma von Morton und Cox gehört? Nun, das hat mich im Stich gelassen.'

Bei den ersten Worten verschwand die Fröhlichkeit aus Mr. Jacksons Gesicht, und während Dick von der Tour in Lancashire erzählte, machte er viele vergebliche Versuche, wegzukommen. Aufgrund dieser wohlbekannten Hinweise gelangte Dick zu dem Schluss, dass das Ausleihen von Geld mit einem Scheitern verbunden sein könnte, und nach einer erbärmlichen Beschreibung seiner Armut schloss er mit:

„Also, mein lieber Freund, Sie müssen jetzt etwas finden, was ich tun kann." Es spielt keine Rolle, was – etwas Vorübergehendes, bis ich etwas Besseres finde, wissen Sie."

Es war schwer, diesem Appell zu widerstehen, und nach kurzem Nachdenken
sagte Herr Jackson:

„Nun, du weißt, dass wir hier alle erfunden sind. Es gibt einen kleinen Teil des neuen Dramas, das nächste Woche produziert wird; Ich möchte es nicht so anbieten, wie es ist, aber ich könnte den Autor bitten, es aufzuschreiben.'

„Es wird erstklassig funktionieren." Ich bin sicher, dass ich etwas daraus machen kann. Was ist die Schraube?'

„Das ist genau der Punkt." Wir können es uns nicht leisten, viel dafür zu bezahlen; „Unsere Gehaltsliste ist ohnehin zu umfangreich."

„Was wolltest du dafür geben?"

„Nun, wir wollten es einem Supervisor geben, aber für Sie kann ich es aufschreiben lassen." Was sagst du zu zwei-zehn?'

Dick hielt es für sinnvoll, eine Pause einzulegen, und nach kurzem Schweigen sagte er:

„Ich hatte, wie Sie wissen, Größeres zu tun; Aber ich bin dir zu großem Dank verpflichtet, alter Kumpel. Du tust mir eine gute Tat, die ich nicht vergessen werde; wir können die Angelegenheit als erledigt betrachten.'

Das war ein Glücksfall, und Dick gratulierte sich herzlich, bis ihm die 2 10 Pfund einfielen. Ende nächster Woche steckte er keinen Heller in seine jetzige Tasche. Geld, das er an diesem Tag finden musste, wusste er nicht. Er rief jeden auf, von dem er jemals gehört hatte; Er besuchte alle Theater und Ballsäle, trank endlose Drinks, hörte sich endlose Geschichten an, und als er gefragt wurde, was er denn eigentlich tat, verlog er herrlich und verlogen, und zwar auf der unbedeutenden Grundlage seines Engagements für das neue Drama im Royal Theatre , konstruierte einen fabelhaften Plan für die Herstellung neuer Stücke. So verging der Nachmittag, und er begann die

Hoffnung aufzugeben, an diesem Tag Geld herauszubekommen, als er einen Dramatiker traf. Nach den üblichen Begrüßungen: „Wie geht es dir, alter Junge?" Wie läuft das Geschäft?' usw. – ausgetauscht worden waren, sagte der junge Mann:

„Hatte ein bisschen Glück; Ich habe gerade mein Stück verkauft – kennst du das Drama, das ich dir vorgelesen habe, das, in dem die Mutter ihr Kind aus dem brennenden Haus rettet?'

„Wie viel hast du bekommen?"

„Fünfundsiebzig Pfund weniger und zwei Pfund pro Nacht."

Bei dem Gedanken an so viel Geld glänzten Dicks Augen und er begann sofort, einen Plan für den Bau eines neuen Theaters auszuarbeiten, über den er schon seit einiger Zeit nachgedacht hatte. Der Autor hörte aufmerksam zu, und nachdem sie eine halbe Stunde am Laternenpfahl herumgehangen hatten, einigten sie sich darauf, gemeinsam etwas zu Abend zu essen und anschließend nach Hause zu gehen und ein weiteres neues Stück zu lesen, das, wie der glückliche Autor sagte, ein Klinker war. Es konnte keine bessere Ausrede als die Gefangenschaft seiner Frau gefunden werden, um den Treffpunkt in der Wohnung des jungen Mannes zu vereinbaren, und angesichts der Begeisterung, die die Lektüre der Akte hervorrief, war es für Dick leicht, darum zu bitten, und für seinen Freund schwer abzulehnen. ein Scheck über 15 £.

XXIII

Nach etwa einer Woche war Kate soweit erholt, dass sie im Bett sitzen konnte. Gerade ihre Schwäche und Mattigkeit waren eine Quelle des Glücks; denn nach langen Monaten des Aufruhrs und Lärms war es angenehm, in den Verstecken zu liegen und zuzusehen, wie ihre Gedanken mühelos aus der Bewusstlosigkeit aufstiegen oder wieder darin versanken. Und diese Zwielichttrancen gingen unmerklich in eine andere Zeit über, in der mit zunehmender Stärke eine fieberhafte Liebe für das kleine Mädchen erwachte, das an ihrer Seite schlief. Und stundenlang blieben Mutter und Kind in der stillen Dunkelheit der zugezogenen Vorhänge in einer langen, warmen Umarmung. Zu sehen und zu fühlen, wie sich dieses kleine Leben gegen ihre Seite bewegte, reichte aus. Sie schaute nicht in die Zukunft und dachte auch nicht darüber nach, welches Schicksal die Jahre ihrer Tochter bereithielten, sondern zufrieden, in emotionaler Kontemplation versunken, beobachtete sie die blinden Bewegungen ihrer Hände und den vagen Blick ihrer blauen Augen. Dieser zerreißende Brei, der inniger und intensiver sie selbst war als sie selbst, entwickelte seltsame Sehnsüchte in ihr, und sie zitterte oft vor Stolz, das Instrument zu sein, durch das so viele Geheimnisse gewirkt wurden; Es war eine große Quelle der Freude, mit sich selbst über den dunklen Morgen der Schöpfung und den Tag zu sprechen, der voller mütterlicher Liebe war und der dahinter lag. Es schien sie nie zu ermüden, der großen, humpelnden Frau zuzuhören, wie sie von den verschiedenen Babys erzählte, die sie in diesem Jahr erfolgreich auf ihre weltliche Pilgerreise gebracht hatte. Sie interessierte sich für jeden besonderen Fall, und als die Krankenschwester ihr sagte, sie dürfe nicht mehr reden, lehnte sie sich zurück und träumte von dem großen Jungen mit den schwarzen Augen, der seiner kleinen flachsblonden Mutter so nahe am Tod gelegen hätte.

Sie empfand großes Interesse an diesem Säugling, der, wie vorhergesagt wurde, in zwanzig Jahren der größte Mann in Manchester sein würde, wenn er in diesem Tempo weiter wuchs. Aber die Krankenschwester gab zu, dass nicht alle Kinder so stark und gesund seien. Tatsächlich war erst letzte Woche ein kleines Baby, das sie völlig sicher zur Welt gebracht hatte, innerhalb weniger Tage nach seiner Geburt gestorben, und zwar aus unbekanntem Grund; es war verwelkt und verwelkt wie eine Blume. Während Kate zuhörte, liefen Tränen über ihre Wangen, sie drückte ihre eigenen an ihre Brust und bestand darauf, ihr Kind zu säugen, obwohl der Arzt ihr das ausdrücklich verboten hatte.

Diese Tage waren die besten ihres Lebens. Sie fühlte sich in Frieden mit der Welt, sie vertraute ihrem Mann mehr als jemals zuvor; Und als er eines Nachmittags hereinkam und an ihrer Seite saß und von sich selbst und ihrem kleinen Baby sprach, das in allen intimen Fasern ihres Geschlechts weich war, legte sie ihre Hand in seine und seufzte vor purer Freude. Der Sinn ihres Lebens schien nun eindeutig erfüllt zu sein.

Der einzige Nachteil ihres Glücks war ihre Armut. Die fünfzehn Pfund geliehenen Geldes waren ihnen wie Wasser durch die Hände gegangen, und Gott weiß, was aus ihnen geworden wäre, wenn Dick nicht das Glück gehabt hätte, einen weiteren Zehner zu verdienen, indem er sich um ein Stück kümmerte, das bei einer Morgenvorstellung aufgeführt wurde. Mit den Rechnungen des Arztes, dem Lohn der Krankenschwester, der Kleidung des Babys brachen sie für immer ihren letzten Souverän ein. Dick sprach widerwillig von ihren Schwierigkeiten und wollte sie nicht beunruhigen, aber er hatte das Gefühl, er müsse sie aus der Apathie aufwecken, in die sie geraten war, und er flehte sie an, das nächste Engagement anzunehmen, das er für sie finden konnte. Ihm kam es so vor, als ginge es ihr jetzt ganz gut, aber als er das erste Mal auf ein Versprechen drängte, antwortete sie: „Ja, Dick, ich würde gerne wieder arbeiten gehen", aber als er mit einem Arbeitsvorschlag zu ihr kam Sie fand schnell Ausreden. Das Baby war das erste unter ihnen; Sie mochte es nicht, das Kind zum Stillen herauszugeben. „Wenn das Kind sterben würde, würde ich es mir nie verzeihen", sagte sie immer. „Frag mich nicht, Dick, frag mich nicht."

„Aber, Kate, wir können hier nicht von nichts leben. „Wir schulden der Vermieterin drei Wochen."

Bei diesen Worten brach Kate in Tränen aus, und wenn es ihm gelang, sie zu trösten, erinnerte sie ihn daran, dass sie, wenn sie wieder zur Arbeit gehen würde, bevor es ihr ganz gut ginge, für längere Zeit liegen bleiben würde, was viel schlimmer wäre als der Verlust von jämmerlichen drei oder vier Pfund pro Woche. Um Dick vollständig zu überzeugen, erinnerte sie ihn daran, dass es nicht klug wäre, das Erstbeste zu akzeptieren, was sie bekommen konnte, da sie bereits Hauptrollen gespielt hatte. „Wenn man sich im Beruf im Stich lässt, Dick, ist es schwierig, wieder aufzustehen."

„Nun, mein Lieber", antwortete Dick, „ich muss versuchen, etwas zu finden, das ich selbst tun kann." Sie werden erst wieder zur Arbeit aufgefordert, wenn Ihnen danach ist. Wenn du kommst, um mir zu sagen, dass du es satt hast, zu Hause zu bleiben.

„Sprich nicht so, Dick, denn es scheint, als würdest du mir die Schuld geben, und ich trage keine Schuld." Sie werden selbst beurteilen können, wann ich wieder arbeiten kann, und eines Tages werden Sie mit der Nachricht einer Hauptrolle kommen.'

Als sie ihn zur Tür begleitete, sagte sie, dass sie gerne in einer Hauptrolle auf die Bühne zurückkehren würde, aber nicht in einer der Rollen, in denen sie bereits gespielt hatte, sondern in einer neuen. Diese Einwände und Ausreden lösten in Dicks Gesicht einen Nebel aus, den sie nicht bemerkte, aber als er gegangen war, begann sie darüber nachzudenken, wie freundlich er ihr gegenüber war und was sie tun konnte, um ihn zu belohnen. Seine Hemden mussten geflickt werden, und sobald sie geflickt waren, fertigte sie Kapuzen und Schuhe für das Baby an.

In vielerlei Hinsicht tauchte das alte Leben, das sie in Hanley zurückgelassen zu haben glaubte, wieder auf, und als Dick ins Zimmer kam und sie beim Kaminfeuer einen Roman lesend sah, erinnerte sie ihn eher an Ralphs Frau als an seine eigene.

Während sie durch das Land reiste, hatte sie das Lesen aufgegeben, ohne sich dessen bewusst zu sein. Sie hatte einmal ein Exemplar des *Family Herald* *gekauft* , in der Hoffnung, es würde ihr die Zeit auf der langen Bahnfahrt ersparen, aber da sie selbst in ein Leben voller Leidenschaft, Energie und unendlicher Abwechslung eingetreten war, konnte sie die Geschichte nicht mit Interesse verfolgen drei junge Damen in bescheidenen Verhältnissen, die ein Schneidergeschäft eröffnet hatten und eindeutig dazu bestimmt waren, die Männer zu heiraten, die sie liebten und die sie liebten und die sie auch noch lange lieben würden, nachdem die Silberfäden zwischen dem Gold aufgetaucht waren. Aber jetzt, in den langen, einsamen Tagen, die sie mit ihrem Baby in der Unterkunft verbrachte (Dick ging früh am Morgen weg und kam manchmal erst um zwölf Uhr abends zurück), wurde ihr eine Geschichte in einer Ausgabe des *Family Herald* erzählt, die ihr von der Familie geliehen wurde Die Vermieterin, im Großen und Ganzen eine sehr gütige und geduldige Seele, ergriff Kates Fantasie, und als sie den Blick hob, fiel eine Freudenträne auf die Seite, und im Überfluss dieser Gefühle nahm sie ihr kleines Mädchen und drückte es fast wild an ihre Brust.

Bevor sie ging, hatte die Krankenschwester Kate viele Anweisungen gegeben. Das Baby sollte morgens baden; gründlich sauber gehalten werden und die Flasche zu bestimmten Tages- und Nachtzeiten verabreicht werden. Kate widmete sich ihrem Kind, aber die Aufmerksamkeit, die sie ihm schenkte, war unaufhörlich, eine oberflächliche Aufmerksamkeit. Manchmal gab sie zu viel Wasser in die Milch, manchmal zu wenig.

Die Taufe hatte viele vergessene Gefühle in ihr geweckt, und jetzt, da sie eine ehrliche verheiratete Frau war, sah sie keinen Grund, warum sie nicht zu ihren alten Kirchgängergewohnheiten zurückkehren sollte. Die Geschichte, die sie las, war voller Anspielungen auf die Eitelkeit dieser Welt und die Dauerhaftigkeit der nächsten; und ihre Füße auf dem Kaminsims, durchdrungen von der verträumten Wärme des Feuers, überließ sie sich der Verführung ihrer Träumereien. Alles verschwor sich gegen sie. Da sie noch sehr schwach war, hatte der Arzt ihr verordnet, ihre Kräfte mit Stimulanzien aufrechtzuerhalten; ab und zu ein Esslöffel Brandy und Wasser war erforderlich. Dies war die Verordnung, aber die Getränke in den Ankleideräumen hatten sie die Wohltaten solcher Medikamente gelehrt, und im Laufe des Tages trank sie mehrere Gläser. Ohne völlig betrunken zu werden, verfiel sie schnell in ein Gefühl der Taubheit, in dem alle Unterscheidungen verschwammen und Gedanken wie das beruhigende Singen eines Baches dahinrieselten und entglitten. Es war wie ein amouröses Kitzeln, und während ihre Träume zwischen einer zärtlichen Liebeserklärung und der strengen Sprache des Testaments schwankten, blieb das Weinen des kranken Kindes ungehört.

Einmal hörte Kate es stundenlang nicht; Sie wusste nicht, dass sie vergessen hatte, die Milch aufzuwärmen, und dass das arme kleine Ding vor Kälte zitterte. Und als sie endlich aufwachte und zum Feldbett ging und versuchte, ihre betrunkenen Gedanken zu ordnen, waren die kleinen Beine hochgezogen, das Gesicht war wie Elfenbein, und aus den farblosen Lippen ertönte ein langes, dünnes Wehklagen. Alarmiert rief Kate nach der Wirtin, die, nachdem sie die Flasche befühlt hatte, riet, die Milch aufzuwärmen. Als dies geschehen war, nahm das Kind etwas und schien erleichtert zu sein.

Kurz darauf hörte man eine Glocke läuten und die Wirtin sagte:

„Ich glaube, es ist Ihr Mann, Ma'am."

Es war üblich, dass Dick, wenn er nachts hereinkam, das erzählte, was Kate „die Neuigkeit" nannte. Es amüsierte sie zu hören, was im Theater gemacht worden war und welche neuen Ensembles in die Stadt gekommen waren. Bei dieser Gelegenheit überraschte es ihn, dass sie sich so wenig für das Gespräch interessierte, und nachdem er einige Bemerkungen gewagt hatte, sagte er:

„Aber was ist los, Liebes? Geht es dir nicht gut?'

„Oh ja, mir geht es ganz gut", antwortete Kate ruhig.

„Nun, was ist los? Du sprichst nicht.'

„Ich bin müde, das ist alles."

„Und wie geht es dem Baby?"

„Ich glaube, sie schläft; wecken Sie sie nicht.'

Aber Dick ging hinüber, hielt eine Kerze in der Hand und blickte sein Kind lange und ängstlich an.

„Ich fürchte, dem kleinen Ding geht es nicht gut; sie zappelt und ist so unruhig wie möglich.'

„Ich wünschte, du würdest sie in Ruhe lassen; Wenn sie aufwacht, werde ich es mit ihr zu tun haben, nicht du. Das ist sehr unfreundlich von dir.'

Dick sah seine Frau an und sagte nichts; doch als sie weiter redete, wurden die Anzeichen von Trunkenheit so deutlich, dass er sagte und versuchte, sie nicht zu beleidigen:

„Ich fürchte, Sie haben etwas zu viel von dem Brandy getrunken, den Ihnen der Arzt verordnet hat."

Bei dieser Anschuldigung richtete sich Kate auf und bestritt wütend, an diesem Tag auch nur einen Tropfen von irgendetwas angerührt zu haben.

„Wie kannst du es wagen, mir vorzuwerfen, dass ich betrunken bin? Du solltest mich mehr respektieren.'

„Betrunken, Kate? Ich habe nie gesagt, dass du betrunken bist, aber ich dachte, du hättest vielleicht eine Überdosis genommen."

„Ich nehme an, Sie werden mir glauben, wenn ich Ihnen sage, dass ich keinen Teelöffel voll von irgendetwas getrunken habe."

„Natürlich glaube ich dir, Liebes", sagte Dick, dem der Gedanke nicht gefiel, dass Kate ihm absichtlich eine Lüge erzählte, und um weitere Diskussionen zu vermeiden, schlug er vor, zu Bett zu gehen. Kate antwortete ihm nicht, und er hörte, wie sie versuchte, sich auszuziehen, und wunderte sich über ihre Ungeschicklichkeit und fragte sich, ob er ihr vorschlagen sollte, ihre Korsetts aufzuschnüren. Aber er hatte Angst, sie zu irritieren, und dachte, es wäre besser, sie in Ruhe zu lassen, um den Knoten so gut wie möglich zu lösen. Sie zerrte wütend an den Schnürsenkeln, und er dachte, sie könnte sie zerreißen und ihn beschuldigen, dass er nicht bereit war, ihr zu Hilfe zu kommen, und sagte: „Soll ich –"

Aber sie unterbrach ihn. „Lass mich in Ruhe, lass mich in Ruhe!" sie weinte und Dick streifte seine Schuhe ab.

„Wie kannst du so unfreundlich sein, oder hast du keine Rücksicht auf dieses arme kranke Kind genommen?" Sie sagte; und Dick antwortete:

„Ich versichere Ihnen, meine Liebe, es war nicht zu ändern; „Der Schuh ist unerwartet abgerutscht", und als ob die Welt ihr Gesicht gegen sie gerichtet hätte, brach Kate in Tränen aus. Zuerst versuchte Dick, sie zu trösten, aber als er sah, dass dies aussichtslos war, drehte er sein Gesicht zur Wand und schlief ein.

Sie hatte die Vorhänge am Fenster nicht zugezogen, und die Umrisse des Zimmers, die durch die blaue Dämmerung hervortraten, machten ihr Angst, so gespenstisch wirkten sie. Die Wiege stand unter dem Fenster, das Gesicht des Kindes war auf dem blassen Kissen gerade noch zu erkennen. „Baby schläft", sagte sie; „Das ist ein gutes Zeichen" und beobachtete die Wiege und versuchte sich daran zu erinnern, wie lange es her war, seit das Baby seine Flasche bekommen hatte; Und während sie sich fragte, ob sie sich trauen würde, aufzuwachen, wenn das Baby weinte, bemerkte sie, dass es im Zimmer heller wurde. „Es kann nicht die Morgendämmerung sein", dachte sie; „Die Morgendämmerung ist noch Stunden entfernt; wir sind im Dezember. „Außerdem ist die Morgendämmerung grau und das Licht grün, eine Art Pantomimelicht", sagte sie. Es kam ihr sehr wie ein Märchen vor. Der Riese schnarchte und ihr Baby bewegte sich in der Wiege, während das Rampenlicht auf sie gerichtet war, oder träumte sie? Es könnte ein Traum sein, aus dem sie sich nicht mehr befreien konnte. Aber das Geräusch, das sie hörte, war Dicks Atem, und sie wünschte, Ralph würde leichter atmen. Ralph, Ralph! Nein, sie war bei Dick. Dick, nicht Ralph, war ihr Ehemann. Mit großer Anstrengung konnte sie sich aufraffen. „Es war nur ein Traum", murmelte sie. „Aber Baby weint." „Ihr Schrei ist so schwach", sagte sie; und indem sie ihre Beine über die Bettkante warf, versuchte sie, ihren Schlafrock zu finden, konnte sich aber nicht erinnern, wo sie ihn hingelegt hatte. „Baby will ihr Fläschchen", sagte sie und suchte zunächst vergeblich nach den Streichhölzern, aber Endlich fand sie sie und zündete eine Spirituslampe an. „Man muss das Wasser erwärmen, kalte Milch würde sie töten." und während das Wasser erhitzt wurde, ging sie im Zimmer auf und ab, wiegte ihr Baby, redete mit ihr und bemühte sich, sie zu beruhigen; und als sie dachte, das Wasser sei warm, versuchte sie, Babymilch zuzubereiten, wie der Arzt es verordnet hatte. Sie hoffte, dass es ihr gelungen war, Milch und Wasser im richtigen Verhältnis zu mischen, denn als sie dem Baby das letzte Mal die Flasche gegeben hatte, hatte sie Angst, das Wasser sei nicht warm genug. Vielleicht weinte das Baby deshalb, oder vielleicht war es nur ein leichter Wind, der ihr zu schaffen machte. Sie hielt das Baby aufrecht und hoffte, dass der Schmerz nachlassen würde, wenn sie ihre Position änderte. Sie ging im Zimmer auf und ab, wiegte das Kind in ihren Armen und sang eine ganze halbe Stunde lang vor sich hin. Schließlich hörte das Kind auf zu weinen, und sie legte es in ihre Wiege und saß da und schaute zu, in dem Gedanken, dass sie verrückt werden müsste, wenn sie ihr Baby verlieren würde ... Sie hatte Dicks Liebe verloren, und wenn ihr das Baby weggenommen würde, gäbe es für sie nichts mehr zum Leben. „Mir ist nichts mehr zum Leben übrig", wiederholte sie immer wieder, bis die kalte Winternacht, die durch ihr Nachthemd drang, sie daran erinnerte, dass sie ihr Leben riskierte, wozu sie kein Recht hatte, denn das Baby brauchte sie. „Wer würde sich um das arme Baby kümmern, wenn ich weggebracht würde?" fragte sie und wollte gerade, vor Kälte zitternd, ins Bett kriechen; Doch als sie ihr Knie auf das Bett legte, fiel ihr ein, dass ein kleiner Geist oft ein Menschenleben rettete; Sie ging zur Kommode, holte die Flasche heraus, die sie vor Dick versteckt hatte, und füllte ein Glas.

Der Geist verbreitete eine dankbare Wärme durch sie, und sie trank langsam ein zweites Glas und dachte an ihr Kind und ihren Ehemann und daran, wie

gut sie zu beiden sein wollte, bis ihre Gedanken zerbrachen und sie ins Bett
fiel und Dick weckte. der bald wieder einschlief, während Kate an seiner Seite
einen Lichtstreifen beobachtete, der über einem dunklen Schornstein
aufstieg, und sich fragte, welche neuen Shows sich wohl vorbereiten würden.
Der Lichtrand war bereits zu einer Sichel geworden, und bevor sie die Augen
im Schlaf schloss, blickte der Vollmond durch das Fenster in die Wiege und
weckte das schlafende Kind. Aber ihre Schreie waren zu schwach; Ihre
Mutter lag im Schlaf, außer Reichweite ihres Wehklagens, so herzzerreißend
es auch war. Die kleinen Decken wurden beiseite geworfen, und der Kampf
zwischen Leben und Tod begann: Weiche Rundungen zerfielen in
Verzerrungen; pummelige Knie wurden hin und her gezerrt, Muskeln
schienen zerrissen zu sein, und ein paar Minuten später starb die kleine Kate,
die diese Welt nur durch einen Strahl Mondlicht gekannt hatte – ein Blick auf
den Mond war alles, was ihr gewährt worden war. Nachdem er eine Stunde
oder länger zugesehen hatte, bewegte sich der Mond am Himmel hinauf; und
in Kates Traum war der Mond die große gelbe Hexe in der Pantomime, die,
bevor sie auf ihren Besen steigt, zurückruft: „Du gehörst nur mir, für immer
und ewig!"

XXIV

Der Anblick einer Beerdigung ist in unseren englischen Straßen ein so alltäglicher Anblick, dass Leichenwagen, Federbüsche, Dämpfer und Kutschen voller in Krepp gekleideter Verwandter uns fast nicht mehr daran erinnern, dass auch unser Staub auf dem Weg zum Friedhof ist; Und erst als wir einen Mann erblicken, der mit einer braunen Kiste unter dem Arm auf dem Kutschweg läuft, schrecken wir wie jemand, der plötzlich gestochen wurde, zurück und erinnern uns an das Geheimnis von Leben und Tod. Sogar Dick erinnerte sich daran und fragte sich, als er hinter dem Sarg der kleinen Kate hertrottete, warum sie so schnell aus der Leere und zurück in die Leere gerufen werden sollte. „Ob unsere Amtszeit nur einen Monat oder neunzig Jahre beträgt, Leben und Tod winken uns nur einmal", sagte er und beneidete Kate um ihre Tränen. Tränen schienen ihm tröstlicher als Gedanken, und er hätte gerne ein paar vergossen um die Reise zu erleichtern: allerdings keine lange, denn die Lennoxes wohnten in einem wenig besuchten Teil der Stadt in der Nähe des Friedhofs.

„Wir werden bald da sein", flüsterte er, und Kate blickte sich um, indem sie ihr weinendes Gesicht hob.

Alle Geschäfte waren gefüllt mit Bestattungsemblemen, Kränzen aus ewigen Blumen, Grabsteinen mit Daten in unauslöschlicher Tinte, Trostkreuzen und knienden Engeln.

„Wenn wir nur Geld hätten", rief Kate, „um ein Denkmal für ihr Grab zu kaufen", und sie forderte Dick auf, einen knienden Engel zu bewundern.

„Es ist sehr schön", sagte Dick, „ich wünschte, wir hätten das Geld, es zu kaufen." Arme kleine Kate! es ist schade, dass sie nicht gelebt hat; Sie war dir sehr ähnlich, Liebes.'

Ihm war ein Engagement für Kate angeboten worden, die Rolle der Gräfin in „ *Olivette" zu spielen* , und er hatte es angenommen, in der Hoffnung, sie inzwischen dazu überreden zu können. Es war ziemlich schwierig, sie zu bitten, am Tag nach der Beerdigung zu spielen, aber es half nichts. Die Gesellschaft würde morgen in der Stadt eintreffen, und Dick dachte, es wäre schade, sich diese Chance entgehen zu lassen. Doch ihre Trauer war so groß, dass er es nicht gewagt hatte, mit ihr darüber zu sprechen.

„Haben Sie jemals so viele Gräber gesehen?" Sie fragte. „Wir werden sie nie finden können, wenn wir kommen, um das Grab zu suchen." Ein Engel — zumindest ein Grabstein — wäre hilfreich. Oh, Dick, fuhr sie fort, „ich glaube, sie werden sie in die Erde begraben, und wir werden ihr Grab vielleicht nie wieder sehen." Wir könnten morgen oder später hundert Meilen von hier entfernt sein.

Dick, der auf den Bestatter geachtet hatte, blickte sich unruhig um; aber als er sah, dass Kate nicht belauscht worden war, sagte er:

'Armes, kleines Ding! Es ist traurig, sie zu verlieren, nicht wahr? Ich hätte sie gerne aufwachsen sehen.'

Der Sarg wurde zunächst mitten in der Kirche abgestellt, und Dick drehte nervös die Krempe seines großen Huts, beunruhigt über den Gottesdienst, den der Pfarrer in einem weißen, wallenden Chorhemd vom Lesepult aus vorlas. Kate hingegen wirkte sehr getröstet und betete schweigend, und der Pfarrer murmelte so viele Gebete, dass Dick darüber nachdachte, wie lange es dauern würde, einen Teil von gleicher Länge zu lernen. Und die ganze Zeit über blieb die kleine braune Kiste wie ein verlorenes Gepäckstück einsam im Grau dieser wie ein Bahnhofshaus aussehenden Kirche; und als die Stummen kamen, um es zu holen, brach Kate erneut in Tränen aus. Ihre Tränen erinnerten den Pfarrer daran, dass er hier war, um zu trösten, und mit sanften, salbungsvollen Worten versicherte er der weinenden Mutter, dass ihr Kind nur in eine bessere und hellere Welt gebracht worden sei und dass wir uns alle dem Willen Gottes unterwerfen müssen. Aber auf der Veranda wurde seine Aufmerksamkeit von der weinenden Mutter auf das Wetter gelenkt. „Ein bisschen mehr davon", dachte er, „und andere werden für mich tun, was ich jetzt für andere tue."

Aber er konnte nicht anders, er folgte der Prozession durch die Grabsteine, sein weißes Chorhemd wehte. Dick fragte sich, wie das kleine Grab unter so vielen gefunden worden war, aber der Küster wusste es. Der Pfarrer streute Erde auf den Sarg, und das Geräusch der zurückgezogenen Stricke schnitt der Mutter noch mehr ins Herz als das Klappern der Erde und der Steine auf dem Sargdeckel. Kate warf einige Blumen in das Grab, und Dick war sich sicher, dass sie, wenn sie sich nicht zusammenriss, am nächsten Tag nicht die Gräfin in *Olivette spielen konnte* . Sie war so furchtbar abgezehrt und erschöpft, dass er bezweifelte, ob noch so viel Rouge ihr das Aussehen verleihen würde.

Er hätte alles in der Welt für seine kleine Tochter getan, als sie noch lebte, aber jetzt, wo sie tot war – außerdem war sie schließlich nur ein Baby. Dieser Gedanke kam ihm schon seit einiger Zeit als hervorragendes Argument, um Kate davon zu überzeugen, dass es wirklich keinen Grund gab, warum sie am nächsten Morgen nicht zur Probe gehen sollte. Wenn er noch nicht auf diese Weise gesprochen hatte, dann nur deshalb, weil er Angst hatte, dass sie sich auf ihn einlassen und ihn ein herzloses Tier nennen würde, und er würde alles tun, um einem mürrischen Blick zu entgehen; Und jetzt, als die Beerdigung vorbei war und sie nass, traurig und müde nach Hause gingen, war es neugierig zu beobachten, wie er Kate seinen Arm reichte und mit welcher Schüchternheit er das Thema ansprach. Zunächst sprach er nur von sich selbst und seinen Hoffnungen, in dem neuen Drama eine bessere Rolle und ein höheres Gehalt zu bekommen. Erwähnen Sie aber einem Mummer, der auf dem Sterbebett liegt, dass ein neues Stück produziert wird, und er wird nicht widerstehen können, ein oder zwei Fragen dazu zu stellen; und Kate, so müde sie auch war, spitzte sofort die Ohren und sagte:

„Oh, sie werden ein neues Stück machen!" Das hast du mir vorher nicht gesagt.'

„Es wurde erst gestern Abend entschieden", antwortete Dick.

Der Bann war nun gebrochen, und als sie zu Hause ankamen und zu Abend aßen, wurde das Gespräch in einer Art und Weise wieder aufgenommen, die man nach den traurigen Tönen der letzten Tage fast als fröhlich bezeichnen könnte. Dick hatte das Gefühl, als sei ihm eine große Last aus dem Kopf gefallen, und wieder kam ihm der Gedanke, dass es keinen Sinn hatte, so viel Aufhebens um ein erst drei Wochen altes Baby zu machen. Auch Kate schien zu der Überzeugung zu erwachen, dass es keinen Sinn hatte, ewig zu trauern. Der Zustand der Erstarrung, in dem sie gelebt hatte – denn um ihre Reue zu unterdrücken, hatte sie in aller Stille viel getrunken – begann nun nachzulassen, und ihr Gehirn begann sich zu trüben; und Dick, überrascht über die Verwandlung, konnte nicht anders, als auszurufen:

„Das stimmt, Kate; Kopf hoch, altes Mädchen. „Ein drei Wochen altes Baby ist nicht dasselbe wie ein erwachsener Mensch."

„Ich weiß, dass das nicht der Fall ist, aber wenn du es nur wüsstest – ich fürchte, ich habe das arme kleine Ding vernachlässigt."

'Unsinn!' erwiderte Dick, da er ständig die Chance im Blick hatte, wollte er jeden neuen Ausbruch von Kummer vermeiden. „Du hast dich wirklich sehr gut darum gekümmert; „Außerdem bekommst du noch eins", fügte er lächelnd hinzu.

„Ich will nichts anderes", antwortete Kate, verärgert darüber, missverstanden zu werden, und doch Angst davor, sich ausführlicher zu erklären.

Schließlich sagte Dick:

„Ich wünschte, es gäbe in dem neuen Stück eine Rolle für dich."

„Ja, das tue ich auch. Ich habe schon lange nichts mehr gemacht."

Und so ermutigt sagte er ihr, dass in der Gesellschaft dieser oder jener vielleicht die Rolle der Gräfin für die Bitte zur Verfügung stünde.

„Nur sie spielen morgen Abend."

„Oh, morgen Abend! Es wäre schrecklich, so kurz nach dem Tod meines armen Babys zu handeln, nicht wahr?

„Ich verstehe nicht, warum. Es wird uns in einer Woche genauso leid tun wie jetzt, und doch muss man sich irgendwann an die Arbeit machen.'

Dick hielt dies für ein sehr aussagekräftiges Argument, und da er dessen Wirkung nicht verderben wollte, schwieg er, um Kate Zeit zu geben, die Wahrheit dessen, was er gesagt hatte, zu verarbeiten. Er wartete darauf, dass sie ihn fragte, wann er sie zum Manager bringen würde, aber sie sagte nichts und er musste schließlich zugeben, dass er für morgen einen Termin vereinbart hatte. Sie jammerte ein wenig, begleitete ihn aber ins Theater. Die Managerin war von ihrem Aussehen begeistert. Er sagte ihr, dass das Foto, das Dick weitergeleitet hatte, ihr nicht gerecht werde; und als er ihr das Drehbuch reichte, sagte er:

„Jetzt müssen Sie von dieser Seite her eintreten."

„Was ist das Stichwort?"

'Hier ist es. Ich denke, ich werde mich jetzt in Richtung Heimat zurückziehen.'

'Ah! Ich verstehe.'

Und in dem Bemühen, das Manuskript zu entziffern, ging Kate in die Mitte der Bühne. „Ich habe den Herzog vierundzwanzig Stunden lang nicht gesehen, und das bedeutet Elend."

„Darüber wirst du lachen, wenn du die Augen ein wenig aufdrehst", sagte Dick.
Dann wandte er sich an den Manager und murmelte: „Ich wünschte, Sie hätten sie als Clairette gesehen." Die Bekanntmachungen waren immens. Aber ich muss jetzt zu meiner eigenen Show gehen.'

Diese Verabredung befreite die Lennoxes fürs Erste von ihren Verlegenheiten. Um vier aßen sie zu Abend, um sechs verabschiedeten sie sich voneinander und gingen in ihre jeweiligen Theater. Dick spielte in einem Drama, Kate in einer *Opéra bouffe* ; und kurz vor Viertel vor elf erwartete sie, dass er sie am Bühneneingang des Prince's abholte. In diesem Punkt war sie sehr genau; wenn er ein paar Minuten zu spät kam, befragte sie ihn eingehend, wo er gewesen sei, was er getan habe, und nach und nach kehrten die Eifersucht und der Verdacht zurück, die ihre Ehe besänftigt hatte, und quälten sie Tag und Nacht. Zuerst äußerte sich der nahende Schmerz in einer nervösen Angst vor der Anwesenheit ihres Mannes. Sie schien unzufrieden und ruhelos, wenn er nicht bei ihr war, und morgens nach dem Frühstück, wenn er seinen Hut nahm, um auszugehen, bat sie ihn zu bleiben und tadelte ihn, dass er sie verließ. Er redete ihr sehr sanft zu und versicherte ihr, dass er die wichtigsten Verpflichtungen habe. Einmal war es ein Mann, der ihm einen Termin gegeben hatte, um mit ihm über ein neues Theater zu sprechen, dessen Leitung er übernehmen sollte; ein anderes Mal war es ein Mann, der ein Drama schrieb und einen Mitarbeiter brauchte, um die Bühne richtig aufzubauen; und da diese Sitzungen der Zusammenarbeit sowohl den Vormittag als auch den Nachmittag in Anspruch nahmen, war Kate bis vier Uhr ganz auf sich allein gestellt. Die ersten zwei oder drei Romane, die sie während ihrer Genesung gelesen hatte, hatten ihr Spaß gemacht, aber jetzt schien einer dem anderen so ähnlich, dass sie sie schließlich langweilten; und da sie zu aufgeregt war, um ihre Aufmerksamkeit zu fesseln, las sie oft, ohne zu verstehen, was sie las: Einerseits quälte sie die Erinnerung an den Tod ihres Babys – sie konnte sich noch immer des Gedankens nicht erwehren, dass es aufgrund ihrer Vernachlässigung gestorben war –, andererseits trieb sie der Gedanke, dass ihr Mann sie hinterging, in den Wahnsinn. Manchmal versuchte sie, ihm zu folgen, aber dies scheiterte, und sie kehrte nach einer fruchtlosen Jagd niedergeschlagener denn je nach Hause zurück.

'Ah! „Wenn das Kind nicht gestorben wäre, hätte es etwas gegeben, wofür es leben könnte", murmelte sie tausendmal im Laufe des Tages vor sich hin, bis ihre Last der Reue schließlich unerträglich wurde und sie an den Brandy dachte, den der Arzt ihr verschrieben hatte . Seit ihrer Verlobung, die Gräfin zu spielen, hatte sie es vergessen, doch nun erfasste sie plötzlich ein seltsames Verlangen, als wäre sie von einer Schlange gestochen worden. Es war nur noch ein wenig in der Flasche übrig, aber dieses Wenige erheiterte und erholte sie noch mehr, als sie erwartet hatte. Ihre Gedanken kamen ihr klarer, sie aß besser zu Abend und spielte an diesem Abend im Theater fröhlich. „Es besteht kein Zweifel", sagte sie zu sich selbst, „der Arzt hatte Recht." „Was ich will, ist ein wenig Stimulans." Von der Wahrheit dieser Aussage war sie mehr denn je überzeugt, als sie am nächsten Morgen erneut unter der üblichen Melancholie und Trägheit der Stimmung litt. Allein der Anblick des Frühstücks ekelte sie an, und als Dick ging, wanderte sie im Zimmer umher, unfähig, sich für irgendetwas zu interessieren, mit einer Sehnsucht im Hals nach dem prickelnden Gefühl, das Brandy hervorrufen würde; und sie sehnte sich nach der Leichtigkeit des Gewissens von gestern. Aber es gab weder Brandy noch Whisky im Haus, nicht einmal ein Glas Sherry. Was war zu tun? Es gefiel ihr nicht, die Wirtin zu bitten, ins Wirtshaus zu gehen. Solche Leute waren immer bereit, alles falsch zu interpretieren. Aber Mrs. Clarke wusste, dass der Arzt ihr verordnet hatte, etwas Brandy zu trinken, wenn sie sich schwach fühlte. Dennoch beschloss sie, bis zum Abendessen zu warten.

Eine halbe Stunde des Elends verging, und dann, so aufgeregt, dass sie das Verlangen nach Alkohol nicht länger ertragen konnte, fiel ihr ein, dass es sehr dumm wäre, ihre Gesundheit um eines Vorurteils willen aufs Spiel zu setzen. Den Anordnungen des Arztes Folge zu leisten, war ihre erste Pflicht – eine tröstende Überlegung, die sie von vielen Unsicherheiten befreite; und indem sie die Glocke läutete, bereitete sie ihre kleine Rede vor.

'Oh! Mrs. Clarke, es tut mir leid, Sie zu belästigen, aber – ich fühle mich heute Morgen so schwach – und wenn Sie sich erinnern, hat mir der Arzt verordnet, ein wenig Brandy zu nehmen, als ich das Gefühl hatte, dass ich es wollte. Hast du zufällig welche im Haus?'

„Nein, Ma'am, das habe ich nicht, aber ich kann es in einer Minute abholen." Und du siehst tatsächlich so aus, als wolltest du etwas, das dich hochhebt."

„Ja", sagte Kate und legte so viel Schwäche wie möglich in ihre Stimme, „irgendwie habe ich mich seit meiner Entbindung nie mehr so gefühlt."

'Ah! Ich weiß genau, wie es einen runterzieht. Wenn Sie nur wüssten, wie sehr ich mit meinem dritten Baby gelitten habe!'

„Das kann ich mir gut vorstellen."

Dann kam das Gespräch zu einer Pause, und Mrs. Clarke, die keinen Weg mehr zu weiteren Familienvertrauen sah, sagte:

„Was soll ich schicken, Ma'am – ein halbes Pint? Der Lebensmittelhändler um die Ecke hat einen sehr guten Brandy.'

„Ja, das reicht", sagte Kate und sah eine endlose Perspektive auf Getränke in einem halben Pint.

„Soll ich das auf die Rechnung setzen, oder geben Sie mir jetzt das Geld, Ma'am?"

Das war sehr peinlich, denn Kate fiel plötzlich ein, dass sie Dick diese Woche ihr Gehalt überwiesen hatte, ohne etwas davon einzubehalten. Jetzt war nichts mehr zu ändern, und sie machte so frech wie möglich ihre Miene zum bösen Spiel und sagte Mrs. Clarke, sie solle es verbuchen. Was machte es schon, ob Dick es sah oder nicht? Hatte der Arzt ihr nicht gesagt, sie bräuchte ein kleines Stimulans?

Von da an wurde das Brandytrinken zu einem festen Bestandteil von Kates Morgenstunden. Noch bevor Dick aus dem Bett war, erfand sie einen Vorwand, um sich ins Nebenzimmer zu schleichen und vor dem Frühstück heimlich einen Schluck zu nehmen. Die Flasche und eine Packung Süßigkeiten, um den Geruch aus ihrem Mund zu nehmen, wurden hinter einem großen Ölgemälde aufbewahrt, das eine Schweizer Landschaft darstellte. Die Angst, dass Dick jeden Moment auf sie losgehen könnte, brachte sie oft fast dazu, den Schnaps über die ganze Wohnung zu verschütten; aber ohne Brandy war das Leben unmöglich, und sie fühlte, dass sie die elende Stimmung, mit der sie aufwachte, loswerden musste. Vor elf Uhr war Dick aus dem Haus, und so blieben Kate vier Stunden einsamer Untätigkeit, die ihr ausdruckslos ins Gesicht starrten. Manchmal übte sie ein wenig Musik, aber es ermüdete sie. Sie hatte jetzt keinen Mut mehr, und

Brandy und Wasser waren das einzige, was die Tristheit vertrieb, die ihr Herz und Kopf schmerzte. Auf die erste Flasche waren viele Halbliterflaschen gefolgt, und da sie sich schämte, ihre heimliche Trinkerei zuzugeben, bezahlte sie die Wirtin nun regelmäßig aus ihrem eigenen Geld. Wenn das Geld knapp war, wurde eine kleine Rechnung ausgestellt, die dann vorgezeigt und besprochen wurde, wenn die beiden Frauen morgens zusammen ein Gläschen tranken. Um diese Schulden zu bezahlen, musste Kate auf Lügen zurückgreifen. Alle möglichen Lügen mussten erfunden werden. Ihr erster Gedanke war, Dick zu sagen, dass sie beabsichtigte, ihren Musikunterricht fortzusetzen. Sie war sicher, dass er ihr nie eine Frage zu diesem Thema stellen würde; aber Dick, der immer noch in Geldnot war, bat sie, zu warten, bis sie besser dastanden, bevor sie neue Ausgaben auf sich nahmen, und verärgert kam sie wieder auf das Thema Kleidung zurück, und als er sie fragte, ob sie nicht eine Weile mit dem auskommen könne, was sie hatte, war er erstaunt, in welche rasende Wut sie sofort verfiel. War es nicht ihr eigenes Geld? Hatte sie es nicht verdient und wollte er es ihr rauben? Ließ er sie nur für sich arbeiten? Wenn das so war, würde sie das sehr bald wieder gutmachen, indem sie ihre Verlobung auflöste; dann wäre er gezwungen, sie zu behalten; sie würde sich nicht einschüchtern lassen. In seiner üblichen freundlichen Art versuchte Dick sie zu beruhigen, erklärte ihr ihre Lage und erzählte ihr von seinen Plänen; aber die Angst vor Entdeckung war ein fester Gedanke in ihrem Kopf, und sie weigerte sich, auf Vernunft zu hören, bis er seine Hand in die Tasche steckte und ihr zwei Pfund zehn gab. Das war gerade die Summe, die sie brauchte, um ihre Schulden im Ayre Arms zu bezahlen. Und als sie sah, dass ihre Schwierigkeiten beseitigt waren, setzte sich ihre bessere Natur durch. Sie bat Dick um Verzeihung und beteuerte, dass sie die Fassung verloren habe und nicht wisse, was sie sage. Einen Augenblick lang dachte sie daran, die Wahrheit zu gestehen, dann starb der Gedanke in dem Entschluss, es wieder gutzumachen. Es war nicht der Rede wert; sie wurde stärker und würde bald keine Aufputschmittel mehr brauchen.

Zwei Tage lang hielt Kate ihr Versprechen; statt zu Hause zu bleiben, besuchte sie eine der Damen des Theaters und verbrachte mit ihr einen angenehmen Morgen. Sie besuchte andere Mitglieder der Truppe und ging mit ihnen einkaufen. Aber wenn sich drei oder vier an einer Straßenecke trafen, wurde nach ein paar einleitenden Bemerkungen normalerweise ein Drink angeboten – nicht wie Männer es vorschlagen würden, sondern schlau und mit viel Affektiertheit; und man schlich sich verstohlen durch die Straßen, wählte eine ruhige Bar aus und flüsterte dann leise: „Was willst du, Liebling?“ „Einen Tropfen Gin, Liebling.“ Bei einer dieser Gelegenheiten entging Kate nur knapp dem Betrunkenwerden. Wie es der Zufall wollte, kam Dick nicht zum Abendessen nach Hause, und ein guter Schlaf und eine Flasche Sodawasser rissen sie zusammen, so dass sie ins Theater gehen und ihre Rolle spielen konnte, ohne Aufmerksamkeit zu erregen. Und das brachte sie dazu, sich nicht wieder der Versuchung ihrer Freundinnen zu überlassen. Sie bat Dick, ihr zu erlauben, ihn manchmal zu begleiten. Er verzog das Gesicht bei diesem Vorschlag, zögerte und erklärte, sein Mitarbeiter dulde es nicht, dass jemand ihre Sitzungen unterbricht; er sei ein schüchterner Mensch und könne nicht in Gegenwart einer dritten Person arbeiten. Kate seufzte nur, aber obwohl sie nicht versuchte, die Richtigkeit dieser Aussage zu bestreiten, empfand sie es als grausam, dass sie Stunde um Stunde allein gelassen wurde. Aber sie täuschte sich selbst mit Vorsätzen und Hoffnungen, dass sie keinen Brandy mehr brauchen würde. Tief in ihrem Herzen wusste sie, dass sie nicht widerstehen konnte, und fügsam wie die Schafe unter der Hand des Metzgers erkannte sie ihr Schicksal und akzeptierte es. Beim Lebensmittelhändler wurde eine neue Rechnung ausgestellt, und die Morgen vergingen in einem Zustand der Erstarrung. Ohne sich völlig zu betrinken, trank sie genug, um ihre Gedanken zu verwirren, sie zu einer Art Nebel zu reduzieren, genug, um die Linien einer allzu harten Realität zu vermischen und zu mildern, bis ein langes Kitzelgefühl entstand, bei dem keine Idee klar war, kein Wunsch lange genug anhielt, um zu einem Schmerz zu werden, sondern streichelte und verging. Manchmal nahm sie natürlich eine Überdosis, aber bei diesen Gelegenheiten, wenn sie merkte, dass ihr das Bewusstsein etwas zu schnell entglitt, war sie schlau genug, sich hinzulegen. Und da sie in ständiger Angst vor Entdeckung lebte, gab sie den einfachsten Worten und Blicken eine doppelte Bedeutung, und sie konnte nicht anders, als Dick zu hassen, wenn er ihr Fragen stellte oder es wagte, sie zu beschuldigen, schläfrig und schwerfällig zu sein. Wollte er sie beleidigen – war es das? Wenn ja, würde sie es nicht dulden. Eines Tages stand er vor dem Öldrucker und betrachtete offenbar mit großem Interesse die verschiedenen Aspekte der Schweizer Landschaft. In Wirklichkeit war er in Gedanken ganz woanders, aber Kate, die das nicht wusste, wurde so nervös und wütend, dass sie nur mit Mühe die Ruhe bewahren konnte.

Unter einem halben Dutzend verschiedener Vorwände hatte sie versucht, ihn von dem Bild wegzulocken, und jeden Augenblick fürchtend, er könnte hinter das Bild schauen oder es berühren, nahm sie einen Teller vom Tisch und warf ihn auf den Boden. Der Aufprall ließ Dick herumfahren, und sie begann ihre Schimpftirade, beginnend mit der Frage: War sie so völlig unter seiner Aufmerksamkeit, dass er eine Frage nicht beantworten konnte? Fast jeden Tag kam es zu einem Streit dieser Art: Sie wurde ständig von einer neuen Angst vor Entdeckung geplagt und erzeugte, wenn nicht sogar Hass, einen heftigen Groll; und um sich über den wahren Grund zu täuschen, kritisierte sie sein Verhalten und seine Lebensweise in jeder Hinsicht bitter und leidenschaftlich. Eifersucht war für sie angeboren und sie war anfälliger denn je für Eifersuchtsanfälle. Ein- oder zweimal war es in Flammen aufgegangen, aber die Umstände hatten es vorerst gelöscht. Jetzt gab es nichts mehr, was dagegen stand, und alle Dinge dienten als Treibstoff.

Sie war sich keines Fehlverhaltens bewusst und glaubte aufrichtig daran, dass sie rechtmäßig zur Verteidigung ihrer eigenen Interessen handelte. Sie war sich sicher, dass Dick sie täuschte, und der Mangel an moralischem Mut des Mannes, der ihn zwang, Lügen zu erzählen – Lügen, bei denen er manchmal ertappt wurde – bestärkte sie tendenziell in diesem Glauben. Seit ein paar Tagen bereitete sie sich auf einen Streit vor, aber die Zeit zum Streit war noch nicht gekommen, und sie ärgerte sich über die Verzögerung. Endlich kam ihre Chance. Er ließ sie eine halbe Stunde am Bühneneingang warten. Wo war er gewesen? Was hatte er die ganze Zeit gemacht? waren die Fragen, die sie ihm in vielen verschiedenen Formen stellte, als sie nach Hause gingen. Er versuchte, seine Frau zu beruhigen, indem er ihr versicherte, er sei von seinem Manager aufgehalten worden, der mit ihm über eine neue Produktion sprechen wollte; Er erzählte eine lange Geschichte über die Organisation einiger Prozessionen. Aber Kate akzeptierte keine dieser Ausreden, und da sie überzeugt war, dass er es auf eine Frau abgesehen hatte, blieb sie bei ihrer Meinung, und der Streit dauerte noch eine Stunde oder länger, bis er endete, wie er begonnen hatte. Dieses plötzliche Schweigen war sehr willkommen, denn Dick hatte viele Dinge zu bedenken; und nichts mehr wurde gesagt, bis sie in ihrem Zimmer ankamen, und dann begann Dick, wie üblich, selbst die unmittelbare Vergangenheit vergessend, von den Absichten seines Managers bezüglich eines neuen Stücks zu sprechen. Aber er kam nicht weit, als ihn ein neuer Zornausbruch plötzlich zum Stillstand brachte.

'Was habe ich jetzt getan?' er hat gefragt.

'Erledigt! Glaubst du, ich möchte etwas über diese Frau hören?

„Welche Frau!“

'Oh! Du brauchst nichts Unschuldiges mit mir zu tun!'

'Wirklich! Ich gebe dir mein Wort--'

'Dein Wort! wirklich eine schöne Sache!‘

„Nun, was soll ich tun?“

„Um mich in Ruhe zu lassen“, sagte Kate und zerriss die Schnur ihrer Korsetts.

Dick war sehr müde und zog sich, ohne den Versuch zu unternehmen, weiter darüber zu diskutieren, aus und legte sich ins Bett. Im Bett wurde der Streit wieder aufgenommen; Es ging so weiter, und eine Stunde oder länger lag er mit dem Kopf an die Wand gedreht, während ihr Kopf über den äußersten Rand des Kissens tanzte.

„Warum gehst du nicht weg und verlässt mich? Ich kann mir nicht vorstellen, wie du so grausam sein kannst, und mir gegenüber, der ich alles für dich aufgegeben habe!‘

Es war das Heulen gereizter Wut; aber sie zeigte noch keine Gewalttätigkeit, und ihr Zorn überwältigte sie nicht, bis ihr Mann, erschöpft von zwei Stunden unaufhörlichen Wehklagens, sie anflehte, ihn schlafen zu lassen. Am Morgen war ihre Stimmung anders, und erst nach ein paar Besuchen in den blauen Schweizer Bergen wurde sie wieder schweigsam. Dick vermutete bei seiner Frau noch nicht, dass sie betrunken war; er dachte lediglich, dass sie in letzter Zeit sehr schlecht gelaunt geworden sei und dass eine eifersüchtige Frau das Beunruhigendste sei, was es im Leben gebe; und um einer weiteren Szene aus dem Weg zu gehen, beeilte er sich, sein Frühstück zu sich zu nehmen. Sie sah zu, wie er schweigend aß, wohl wissend, dass er die Minuten zählte, bis er entkommen konnte. Schließlich sagte sie:

„Wirst du mich heute in die Kirche bringen?“

„Meine Liebe, ich fürchte, ich habe einen Termin, aber ich werde versuchen, wiederzukommen, wenn ich kann“, und ein paar Minuten später verschwand er und überließ es ihr, die Vermieterin einzuladen, vorbeizukommen und ein Glas mit ihr zu trinken sie, wenn sie Lust dazu verspürte. Da ihr die Unterhaltung dieser ehrenwerten Frau jedoch etwas missfiel, setzte sie ihren Hut auf und rannte hinter ihrem Mann her, entschlossen, ihn im Auge zu behalten. Aber er war bereits außer Sichtweite, und nachdem sie einige Zeit ziellos umhergeirrt war, bog sie in eine Kirche ein und saß während des gesamten Gottesdienstes da, ohne auch nur den Versuch zu machen, ihre Aufmerksamkeit auf das Geschehen zu lenken; Ihre Gedanken waren bei Dick, aber zu stehen und zu knien war an sich schon eine Erleichterung, und als die Kirche zu Ende war, kehrte sie leicht betrunken nach Hause zurück, nachdem sie mehrere Gaststätten besucht hatte.

'Frau. Clarke, ist mein Mann hereingekommen?'

„Ich habe ihn nicht gehört, Mrs. Lennox“, war die Antwort, die die Küchentreppe hinaufkam.

Das war bedauerlich, denn ihr Herz, das ihm gegenüber immer sanfter geworden war, verkrampfte sich zu Bitterkeit, und der Gedanke, dass er in dem Moment, in dem sie geduldig auf das Abendessen für ihn wartete, in den Armen einer anderen Frau sein könnte, grenzte an Wahnsinn. Sie sagte der Wirtin, die in der Hoffnung auf ein geselliges Glas ein zweites Mal nach oben kam, dass sie die Suppe mitbringen könne (sonntags gab es immer Suppe); Wenn Mr. Lennox sich nicht dafür entscheiden würde, zu seinen Mahlzeiten hereinzukommen, könnte er darauf verzichten. In diesem Moment ertönte ein Klingeln an der Tür, und Dick warf sich in einen Sessel und sagte, er sei müde.

„Das wage ich zu behaupten; „Das kann ich gut verstehen", war die knappe Antwort.

Ein Ausdruck des Schmerzes huschte über sein Gesicht.

„Meine Güte, Kate!" sagte er mit verwirrter Stimme. „Du willst doch nicht sagen, dass du immer noch wütend bist!"

Der Wirtin, die die Suppe auf den Tisch stellte, wurde keine Beachtung geschenkt, und da sie an ihre Streitigkeiten ziemlich gut gewöhnt war, sagte sie mit einer Miene der Gleichgültigkeit, als sie das Zimmer verließ:

'Essen ist angerichtet. Ich werde die Hammelkeule hochbringen, wenn Sie klingeln.'

Es wurde ihr keine Antwort gegeben, und das Paar saß trübsinnig da und sah sich an. Nach einer Pause versuchte Dick, sich zu versöhnen, und bat Kate mit den liebevollsten Worten, die er finden konnte, um Versöhnung.

„Ich versichere Ihnen, Sie liegen falsch", sagte er. „Ich war hinter keiner Frau her. Machen Sie es um Himmels willen wieder gut.'

Dann näherte er sich ihrem Stuhl und versuchte, sie zu sich zu ziehen, aber sie löste sich leidenschaftlich und rief:

„Nein, nein; „Lass mich in Ruhe – lass mich in Ruhe – fass mich nicht an – ich hasse dich."

Das war nicht ermutigend, aber am Ende eines weiteren Schweigens versuchte er erneut, mit ihr zu reden. Aber es war nutzlos; und erschöpft und ungeduldig bat er sie, wenigstens zum Abendessen zu kommen.

„Wenn du keinen Hunger hast, bin ich es."

Es gab keine Antwort; Sie lehnte sich in ihrem Stuhl zurück und schmollte, taub für alle Bitten.

„Nun, wenn du es nicht tust, werde ich es tun", sagte er und setzte sich an ihren Platz.

Ihre Augen strahlten in einem trüben, grellen Licht, und als sie nah an den Tisch herantrat, blickte sie ihn fest an und spielte dabei mit den Messern und Gläsern herum.

„Ich kann mir nicht vorstellen, wie du mich so behandelst; Was habe ich dir angetan, um es zu verdienen? Nichts. Aber ich werde mich rächen, das will ich; Ich kann es nicht länger ertragen.'

„Was ertragen?" fragte er verzweifelt.

„Das weißt du ganz genau. Reg mich nicht auf. Ich hasse dich! Oh ja", sagte sie mit erhobener Stimme, „ich hasse dich wirklich!"

„Setzen Sie sich und essen Sie zu Abend, und seien Sie nicht so albern", sagte er im Versuch, scherzhaft zu klingen, während er den Deckel von der Suppe hob.

„Mit dir essen? Niemals!' sie antwortete theatralisch. Doch das Interesse, das er an der dampfenden Flüssigkeit zeigte, ärgerte sie so sehr, dass sie, von einem plötzlichen Anflug von Leidenschaft überwältigt, die Terrine auf seinen Schoß legte. Dick stieß einen Schrei aus, und als er zurückging, warf er seinen Stuhl um. Obwohl die Suppe nicht brühte, war sie immer noch heiß genug, um ihn zu verbrennen, und er hielt sich schmerzerfüllt die Schenkel. Die Tischdecke war überschwemmt, der Kaminvorleger dampfte; und trotz allem stürmte Kate vorbei, beschuldigte ihren Mann der Grausamkeit und der Untreue und hielt nur inne, um ihm den Wunsch vorzuwerfen, sie zu verlassen. Während Dick in der triefenden Hose fragte, womit er es verdient habe, dass ihm die Suppe über den Kopf geworfen wurde, lösten sich Kates Haare und hingen wie ein Bündel schwarzer Federn über ihre Schultern. Dick dachte daran, seine Hose zu wechseln, aber die Intensität ihrer Leidenschaft hielt ihn davon ab. Plötzlich blieb sie vor dem Tisch stehen, schenkte sich ein Glas Sherry ein und trank es fast in einem Zug aus. Es schmeckte ihr so widerlich wie lauwarmes Wasser, und sie sehnte sich nach Brandy. Es würde sie stechen, würde den dumpfen Schmerz in ihrem Gaumen wecken, und sie wusste genau, wo die Flasche war; Sie konnte es vor ihrem geistigen Auge sehen, den schwarzen Hals, der gegen den Rahmen des Bildes lehnte. Warum sollte sie es nicht holen und ihn mit dem Bekenntnis ihrer Sünde beleidigen? War es nicht er, der sie dorthin trieb? So dachte Kate in ihrem Wahnsinn, und der Mangel an Mut, ihre Wünsche in die Tat umzusetzen, machte sie noch wütender gegen das fette Wesen, das zurückgelehnt im Sessel lag und sie anstarrte. Sie widmete sich erneut dem Sherry und schluckte gierig.

„Um Himmels willen", sagte Dick, der langsam unruhig wurde, „trinken Sie das nicht!" Du wirst dich betrinken.'

„Nun, was macht es schon, wenn ich es tue? Du bist es, der mich dazu treibt. Wenn es Ihnen nicht gefällt, gehen Sie zu Miss Vane.'

'Was! Du bist damit noch nicht fertig? Habe ich Ihnen nicht zwanzig Mal gesagt, dass zwischen mir und Miss Vane nichts ist? Ich habe die letzten drei Tage nicht mit ihr gesprochen.'

'Das ist eine Lüge!' schrie Kate. „Du hast sie heute Morgen getroffen. Ich sah dich. Halten Sie mich für einen Idioten? Aber oh! Ich weiß nicht, wie du so ein Biest sein kannst! Wenn du mich verlassen wolltest, warum hast du mich dann jemals von Hanley weggenommen? Aber du kannst jetzt gehen, ich will die Überreste dieser Kreatur nicht."

Verblüfft über das, was nichts weiter als eine zufällige Vermutung war, zögerte Dick und kam dann zu dem Schluss, dass er genauso gut in zwei Lügen ertappt werden könnte wie in eine, und sagte als eine Art verlassene Hoffnung:

„Wenn Sie uns gesehen haben, müssen Sie gesehen haben, dass sie mit Jackson zusammen war und dass ich nicht mehr getan habe, als meinen Hut zu ziehen."

Kate gab keine Antwort; Sie war zu aufgeregt, um dem Zug der einfachsten Idee zu folgen, und fuhr fort, unzusammenhängende Aussagen aller Art zu schwärmen. Die Wirtin kam und fragte, wann sie die Hammelkeule bringen solle, aber sie ging erschrocken weg. An diesem Tag gab es kein Abendessen. Unter Schreien und heftigen Worten verstummte der Abend langsam, und der Raum verdunkelte sich, bis nichts mehr zu sehen war als der unregelmäßige Feuerschein, der auf Dicks Händen spielte; Doch noch immer huschte die undeutliche Gestalt der Frau durch die Schatten wie eine Gestalt des rächenden Schicksals. Würde sie niemals müde werden und sich hinsetzen? fragte sich Dick tausendmal. Es schien, als würde es niemals aufhören, und die unaufhörliche Wiederholung derselben Worte und Gesten drehte sich mit der mechanischen Bewegung eines Rades im Gehirn, trübte den Realitätssinn und erzeugte den dumpfen Schrecken eines Albtraums. Doch aus diesem Zustand des Halbbewusstseins wurde er plötzlich durch das heftige Läuten der Glocke geweckt.

'Was willst du? Kann ich dir irgendetwas bringen?'

Kate traute sich nicht, ihm zu antworten. Als die Wirtin erschien, sagte sie:

„Ich möchte noch etwas Sherry; Ich sterbe vor Durst.'

„Du sollst nichts mehr haben", sagte Dick und mischte sich energisch ein. 'Frau.
„Clarke, ich verbiete dir, es anzusprechen."

„Das sage ich", antwortete Kate, ihr Gesicht zuckte vor Leidenschaft.

„Ich sage, das wird sie nicht."

„Dann gehe ich raus und hole es."

„Nein, ich werde dafür sorgen, dass du das nicht tust", sagte Dick und stellte sich zwischen sie und die Tür. Dabei drehte er sich um, um mit der Vermieterin zu sprechen, und Kate nutzte die Gelegenheit, packte eine Handvoll der krausen Haare und zog ihn fast zu Boden. Er drehte sich um, packte sie am Handgelenk und befreite sich, aber das erzürnte sie und erregte sie noch mehr.

„Lassen Sie ihr lieber ihren Willen“, sagte die Wirtin. „Ich werde nicht viel erwähnen, und es könnte sie einschläfern.“

Dick, der im Moment sein halbes Leben für ein wenig Frieden gegeben hätte, nickte zustimmend und ging zurück zu seinem Stuhl. Er weiß nicht was zu tun ist. Noch nie hatte er eine so schreckliche Szene erlebt. Seit drei oder vier Tagen hatte dieser Streit seinen Höhepunkt erreicht; und als die Wirtin den Sherry herbeibrachte, ergriff Kate die Karaffe, beklagte sich darüber, dass sie nicht voll sei, und trank weiter.

„Sie sehen also, ich habe es bekommen, und ich werde mir noch eine Flasche holen, wenn ich möchte.“ Du denkst, dass es mir gefällt. Nun, Sie irren sich; Ich nicht, ich hasse es. Ich trinke es nur, weil du es mir nicht gesagt hast, weil ich weiß, dass du es mir gönnst; Du gönnst mir alles, was ich in meinen Mund stecke, selbst die Kleidung, die ich trage. Aber nicht Sie haben dafür bezahlt. Ich habe das Geld selbst verdient, und wenn Sie denken, Sie könnten mir das wegnehmen, was ich verdiene, dann irren Sie sich. Das wirst du nicht tun. Wenn Sie dies versuchen, werde ich beim Richter einen Antrag auf Schutz stellen. Ja, und wenn du es wagst, Hand an mich zu legen, werde ich dich einsperren lassen. Ja, ja – hörst du mich?‘ schrie sie, ging auf ihn zu und verschüttete dabei das Glas Wein, das sie in der Hand hielt, über ihrem Kleid. „Ich werde dich einsperren lassen, und das würde ich gerne tun, denn du warst es, der mich ruiniert hat, der mich verführt hat, und ich hasse dich dafür.“

Sie sprach mit einer fürchterlichen Geschwätzigkeit, und ihre Reden hallten in Dicks Ohren wider wie das bedeutungslose Geräusch eines Wasserhahns, der auf den Steinplatten eines hallenden Hofes plätscherte.

Manchmal stand er auf, entschlossen, sich noch einmal anzustrengen, und sagte in seinem sanftesten und beruhigendsten Tonfall:

„Jetzt schau her, mein Lieber; Wirst du mir zuhören? Ich kenne dich gut und weiß, dass du ein bisschen aufgeregt bist. Wenn Sie mir glauben wollen –“

Aber es hatte keinen Zweck. Sie schien ihn nicht zu hören; tatsächlich schien es fast so, als wären ihre Ohren zu Steinen geworden. Ihre Hände waren geballt, und sie löste sich von ihm und setzte ihren Tigerschritt fort. Manchmal wunderte sich Dick über die Kraft, die sie trug, und der Freudenschauer, den er empfand, war groß, als er gegen zwei Uhr, nach acht oder zehn Stunden der schrecklichen Bestrafung, bemerkte, dass sie müde zu werden schien, dass sie Schreie wurden weniger artikuliert. Mehrmals hatte sie angehalten, um sich auszuruhen, ihr Kopf sank auf ihre Brust, und jeder

Versuch, sich aufzuraffen, war schwächer als der vorherige. Schließlich gaben ihre Beine unter ihr nach und sie rutschte bewusstlos auf dem Boden aus.

Dick sah eine Zeit lang zu und hatte Angst, sie zu berühren, damit sie nicht durch einen schrecklichen Zufall aufwachen und die schreckliche Szene, die gerade zu Ende gegangen war, erneut beginnen könnte, und es verging mindestens eine halbe Stunde, bevor er den Mut aufbringen konnte, sie auszuziehen und ins Bett zu legen ins Bett.

XXV

Am nächsten Morgen bereute Kate gebührend und flehte Dick an, ihr alles zu verzeihen, was sie gesagt und getan hatte. Sie sagte ihm, dass sie ihn mehr liebte als alles andere auf der Welt, und sie überzeugte ihn, wenn sie einen Tropfen zu viel getrunken hatte, dann aus Eifersucht und nicht aus Vorliebe für das Getränk selbst.

Dick übernahm diese Theorie bereitwillig (jeder Mann glaubt nur ungern, dass seine Frau eine Trinkerin ist) und getäuscht durch die Leichtgläubigkeit, mit der er die Entschuldigung akzeptiert hatte, beschloss Kate, ihre Eifersucht zu überwinden, und wenn sie sie auch nicht besiegen konnte, würde sie sie so lange ertragen. Nie wieder würde sie versuchen, ihr durch den Geist zu entkommen. Und wäre sie in Manchester geblieben oder wäre sie auch nur in eine Umgebung gebracht worden, die die Existenz fester Prinzipien ermöglicht hätte, hätte sie sich vielleicht von ihrem Laster geheilt. Doch vor Ablauf von zwei Monaten endete ihr Engagement beim Prinzen und sehr bald folgte Dicks Engagement am Royal. Sie wechselten dann zu anderen Ensembles, von denen sich das erste mit Wiederaufführungen Shakespeares beschäftigte. Dick spielte erfolgreich Don John in *Viel Lärm um Nichts* , den Geist in *Hamlet* und den Mönch in *Romeo und Julia* . Kate ihrerseits spielte mit ziemlichem Erfolg eine Reihe von Nebenrollen, so die der Rosalinde in *Romeo* , Bianca in *Othello* und der süßen Ann Page in Die *lustigen Weiber* . Es stimmt, es gab Zeiten, in denen ihr Verhalten nicht ganz so war, wie man es sich wünschen konnte, manchmal aus Eifersucht, manchmal wegen Alkohol; im Allgemeinen war es eine Mischung aus beidem; aber im Großen und Ganzen kam sie sehr geschickt damit zurecht, und es war nicht mehr als ein Flüstern und immer mit einem gutmütigen Kichern verbunden, dass Mrs. Lennox einem Gläschen nicht abgeneigt war.

Vom Shakespeare-Theater aus schlossen sie sich einer Theatergruppe an, bei der Häuser in die Luft gesprengt wurden und Schiffe unter Donner und Blitz sanken. Dick spielte einen verzweifelten Bösewicht und Kate ein tugendhaftes Stubenmädchen, bis sie eines Nachts, nachdem sie ihn überrascht hatte, als sie die Frau des Managers küsste, in die nächste Kneipe rannte und erst zurückkehrte, als sie schrecklich betrunken war und dorthin taumelte Die Bühne beschimpfte ihn mit den abscheulichsten Schimpfwörtern, beschuldigte ihn gleichzeitig des Ehebruchs und wies auf die Frau des Managers als seine Geliebte hin. Es gab Schreie und Hysterie, und Dick hatte große Schwierigkeiten, dem wütenden Impresario seine Unschuld zu beweisen. Er sprach von seiner Ehre und einem Duell, aber da die betreffende Dame die Hauptrolle spielte, musste ihr im Zweifelsfall Recht gegeben werden, und mit dieser Begründung wurde die Angelegenheit vertuscht. Doch nach einem so schändlichen Skandal war es den Lennoxes unmöglich, im Unternehmen zu bleiben. Dick war darüber sehr verärgert, und ohne auch nur sein Wochengehalt einzufordern, packten er und seine Frau ihre Körbe und Kisten und kehrten nach Manchester zurück. Und da ließ er sich auf eine Menge Spekulationen ein, von deren Charakter sie nicht die geringste Ahnung hatte; Sie wusste nur, dass sie ihn von einem Ende des Tages bis zum anderen nie gesehen hatte. Er verließ den Ort um zehn Uhr morgens und kam nie vor zwölf Uhr abends zurück. Diese Stunden des Müßiggangs und der Einsamkeit waren schwer zu ertragen, und Kate flehte Dick an, ihr eine Verlobung zu verschaffen. Aber er fürchtete sich vor einer weiteren beschämenden Szene und gab ihr immer die gleiche Antwort: Er habe noch nichts gehört, aber sobald er es erfuhr, würde er es ihr sagen. Sie glaubte ihm nicht, aber sie musste nachgeben, denn sie konnte nie den Mut aufbringen, selbst nach etwas zu suchen, und die langen Sommertage vergingen mühsam damit, die Geschäftsberichte der neuen Unternehmen und die neuen produzierten Stücke zu lesen. Dieses sesshafte Leben und die Wirkung des Brandys, auf den sie jetzt nicht mehr verzichten konnte, machten sich schon bald auf ihre Gesundheit bemerkbar, und ihre satte olivfarbene Gesichtsfarbe begann zu verblassen und kränklich gelb zu werden. Sogar Dick bemerkte, dass es ihr nicht gut ging; Er sagte, sie brauche einen Luftwechsel, und ein paar Tage später stürmte er ins Zimmer und erzählte ihr fröhlich, dass er gerade eine Tournee an die Küste Englands arrangiert hatte und in den Theatern am Pier kleine komische Sketche und Operetten aufführte. Das waren gute Nachrichten, und die nächsten paar Tage waren voll damit beschäftigt, Musik anzuprobieren, ihre Garderobe zusammenzustellen und nach London zu telegrafieren, um die verschiedenen Bücher zu besorgen, aus denen sie ihre Auswahl treffen würden. Ein junger Mann, den Dick in einem Wirtshaus singen hörte, erwies sich als großer Erfolg. Er schrieb seine eigenen Texte, von denen einige als so lustig galten, dass er in Scarborough und Brighton häufig ein paar Guineen dafür erhielt, dass er nach der öffentlichen Unterhaltung in Privathäusern ein paar Lieder sang. Danach trat er im Pavillon auf und lieferte viele Jahre lang die Axiome und Aphorismen, die der junge Toothpick and Crutch zu verwenden pflegte, um die Kahlheit seiner Muttersprache zu schmücken.

Eine Zeit lang erwies sich das Meer als sehr wohltuend für Kates Gesundheit, aber die nie enden wollenden Überraschungen und Erwartungen, denen sie ausgesetzt war, machten ihre Nerven so strapaziert und schärfend, dass die Benommenheit, die Beruhigung des Alkohols, sozusagen zu einer notwendigen Notwendigkeit wurde -Gewicht. Ihre Liebe zu Dick drückte und quälte sie; Es war wie ein Dolch, dessen Stahl in den Flammen des Brandys langsam rot wurde, und in dieser Verfeinerung des Gehirns lösten sich die entferntesten Schmerzpartikel, bis ihr das Leben nur noch eine brennende und unerträgliche Raserei vorkam. Sie wusste nicht, was sie von ihm wollte, aber mit einem fast wahnsinnigen Verlangen wollte sie ihn ganz besitzen; Sie sehnte sich danach, ihren armen, schmerzenden Körper, der vor Nervenangst pochte, in diesem friedlichen Fetthaufen zu begraben, der so ruhig, so unverwundbar für den Schmerz war und inmitten seiner Sinnlichkeiten marschierte und zufrieden damit war, wie ein stattlicher Bulle, der auf den Weiden grast eine saftige Wiese.

Er war nie unfreundlich zu ihr; Die sanfte, elegante Art, die sie gewonnen hatte, blieb immer dieselbe, aber sie hätte einen Schlag vorgezogen. Es wäre etwas Besonderes gewesen, die Kraft seiner Hand auf ihr zu spüren. Sie wollte eine Emotion; sie sehnte sich danach, brutal behandelt zu werden. Sie wusste, wenn sie ihn mit Vorwürfen quälte, entfremdete sie sich selbst jegliche Zuneigung, die er vielleicht noch für sie hegte; aber es gelang ihr nicht, sich zurückzuhalten. In ihr schien ein Teufel zu stecken, der sie anstachelte, bis alle Willenskraft aufhörte und sie gegen ihren Willen seinen Befehlen gehorchen musste. Ein Schlag könnte diesen Geist austreiben. Wenn er sie zu Boden schlagen würde, glaubte sie, sie könnte noch gerettet werden; aber leider! er blieb so freundlich und gutmütig wie eh und je; und um ihre Trunkenheit zu verbergen, musste sie ihre Eifersucht übertreiben. Die beiden vermischten sich nun in ihrem Kopf so sehr, dass sie das eine kaum noch voneinander unterscheiden konnte. Sie wusste, dass um ihn herum überall Frauen waren; Sie konnte sehen, wie sie ihn aus den kleinen Kisten am Bühnenrand anstarrten. Wie sie solche Bestien sein konnten, konnte sie sich nicht vorstellen. Sie standen stundenlang hinter den Kulissen und warteten auf ihn, und ihr wurde gesagt, dass sie zu Verlobungen gekommen seien. Körbe mit Essen, Schweinefleischpasteten und Zunge kamen für ihn, aber diese warf sie aus dem Fenster; und sie gab einem kleinen Kerl, den sie am Bühneneingang herumlungernd gefunden hatte, lautstark eine Ohrfeige. Kate hatte mit ihren Vermutungen manchmal Recht, manchmal Unrecht, aber in jedem Fall verstärkten sie die durch den Alkohol verursachte Neurose, unter der sie litt. Dennoch gelang es ihr durch außerordentliche List, ihren Alkoholkonsum eine Zeit lang so zu regulieren, dass er das Geschäft nicht beeinträchtigte, und in den seltenen Fällen, in denen Dick sich bei der Öffentlichkeit für ihr Nichterscheinen entschuldigen musste, bestand sie darauf, dass sie es nicht war Fehler; und aus einer Mischung aus Eitelkeit und dem Wunsch, die Schande seiner Frau vor sich selbst zu verbergen, redete sich Dick weiterhin ein, dass seine Frau keinen wirklichen Geschmack für Alkohol hatte und ihn nie trank, außer wenn sie von diesen höllischen Eifersuchtsanfällen heimgesucht wurde. Aber die Worte, die ihm in den Sinn gekommen waren – „außer wenn sie von diesen höllischen Eifersuchtsanfällen heimgesucht wird" – riefen viele lebhafte Erinnerungen hervor; einer verwirrte ihn besonders. Er hatte gesehen, wie sie Angst hatte, die Umkleidekabine zu durchqueren, weil sie befürchtete, sie könnte fallen, während sie vom Tisch zum Stuhl blickte und die Entfernung berechnete. Es lag ihm auf den Lippen, sie zu fragen, ob sie sich nicht zu schlecht fühle, um an diesem Tag zu erscheinen: Vielleicht wäre es besser für ihn, vor den Vorhang zu treten und sich bei der Öffentlichkeit zu entschuldigen. Aber er hatte nicht gewagt, etwas zu sagen, und zu seinem Erstaunen konnte sie den Einfluss des Getränks überwinden (falls sie welches getrunken hatte), und er hatte sie noch nie besser singen und tanzen gehört. Wie sie es geschafft hatte, wusste er nicht. „Trotzdem", sagte er, „wird der Alkohol die Oberhand über sie gewinnen und sie erobern, wenn sie sich nicht entschließt, ihn zu besiegen." „Der Tag wird kommen, an dem sie nicht mehr auf die Bühne gehen kann oder weitergeht und hinfällt." Dick schloss die Augen, um ihnen das schreckliche Schauspiel vorzuenthalten. Sie wäre dann eine absolute Belastung für seine Hände. „Keine schöne Aussicht", sagte er sich.

Er war nun seit einigen Jahren in der Provinz und hatte die Erinnerung an viele katastrophale Regierungen miterlebt. Er hatte die Tournee der Morton and Cox's Opera Company sehr erfolgreich geleitet, bis der Absturz kam. „Aber es wird der Erfolg sein, an den ich mich erinnern werde, und nicht der Absturz, wenn ich nach London zurückkehre." In der Stadt müssen viele Veränderungen stattgefunden haben. Viele neue Gesichter und viele alte Gesichter, die durch Abwesenheit wieder neu werden. Wenn Kate nur nicht so eifersüchtig wäre. Wenn ich sie von der Eifersucht heilen könnte, könnte ich sie vom Alkohol heilen.' Und er dachte an all die Mitteilungen, die sie für Clairette, für Serpolette, für Olivette erhalten hatte. Er würde sie gerne die Herzogin spielen sehen. In diesem Moment kehrten seine Gedanken zu dem letzten Mal zurück, als er sie vor etwa einer halben Stunde gesehen hatte; Die Erinnerung war nicht angenehm, und er war froh, dass er aus dem Haus gerannt und zum Pier gekommen war. Und in der Stille und Einsamkeit des Piers zur Mittagszeit fragte er sich erneut, warum er nicht in die Stadt zurückkehren und die Chance nutzen sollte, in eine neue Firma einzusteigen oder mit einer weiteren Provinzreise beauftragt zu werden. In London konnte er vielleicht seine Frau überreden, in ein Heim zu gehen, und er dachte an die Männer und Frauen, von denen er gehört hatte, dass sie von der Trunkenheit geheilt worden seien. Seine Gedanken verschmolzen zu Träumen, und dann, als er plötzlich aus Träumen in Worte überging, sagte er: „Sie wird niemals zustimmen, in ein Heim zu gehen, und wenn sie es täte, würde sie die ganze Zeit nur daran denken, dass ich sie dort hinbringen würde." dass ich hinter einer anderen Frau her sein könnte.' Seine Gedanken wurden durch einen stechenden Schmerz in seinen Füßen unterbrochen, und er zog sich in den Schatten zurück, legte die Ferse des rechten Stiefels auf die Spitze des linken Stiefels, eine Position, die ihn vorerst von Schmerzen befreite, und blickte sich um Als er überall einen nebligen Himmel sah, der von einem inneren Glanz erfüllt war, sagte er: „Heute wird der heißeste Tag sein, den wir bisher hatten, und es werden nicht ein Dutzend Leute im Theater sein; Allen wird es zu heiß sein, um ihre Häuser zu verlassen.' In der

ankommenden Welle herrschte Trägheit. „Wir werden keine fünf Pfund im
Theater haben", murmelte er vor sich hin, und als er einen der Regisseure
erblickte, fuhr er fort: „Und diese Kerle werden nicht an die Hitze denken,
sondern das Abfallen im Theater niederschreiben." Publikum zu unserem
Auftritt. „Noch nie", fügte er nach einer Pause hinzu, „habe ich den Pier so
leer gesehen", und er fragte sich, wer die Frau war, die auf ihn zukam.

Eine große, hagere Frau von etwa fünfundvierzig Jahren, deren schreitender
Gang einen Reifrock aus grüner Seide, der von einer Tournüre überragt
wurde, wie eine Linde im Wind schwanken ließ, trug ein vorne offenes
Mieder mit kurzen Ärmeln, das Ende einer anderen Mode, aber die lange,
schmutzige Federboa gehörte ebenso in die Achtziger wie die Marie-Stuart-
Haube. Ihre geschwärzten Augenbrauen und ihr dick geschminktes Gesicht
zogen Dicks Aufmerksamkeit schon von Weitem auf sich, und als sie näher
kam, fielen ihm die dunklen, glänzenden, ruhelosen Augen auf. „Ein
seltsames und erhabenes Wesen", sagte er sich. „Vielleicht eine
Schriftstellerin", denn er bemerkte, dass sie einige Papiere in der Hand trug;
„oder eine Dichterin", fügte er hinzu; und von seinem Instinkt getrieben
begann er, in ihr jemanden zu sehen, der sich lohnen könnte, und bald dachte
er darüber nach, wie er sich ihr vorstellen könnte.

„Sie hat ihren Sonnenschirm vergessen; „Vielleicht leihe ich ihr eins von dem
Mädchen an der Bar", und das Vorhaben erschien ihm gut, er stand auf und
nahm mit einer besonders großen Armbewegung seinen Hut vom Kopf.

„Ich hoffe, Sie werden mich entschuldigen, Madam, wenn ich mich an Sie
wende, und wenn ich das tue, dann deshalb, weil ich hier in offizieller
Funktion bin, aber darf ich Ihnen einen Sonnenschirm anbieten?"

„Das ist sehr nett von dir", antwortete sie mit einem Lächeln, das ihren
großen Mund zum Leuchten brachte und seine Hässlichkeit vertrieb.

„Sie hat ein schönes Gebiss", sagte sich Dick und antwortete, dass er ihr im
Theater einen Sonnenschirm ausleihen würde.

„Das ist sehr nett von dir", erwiderte sie und lächelte ihn breit und höflich
an. „Es stimmt, ich habe vergessen, einen Sonnenschirm mitzubringen, und
die Sonne brennt zu dieser Zeit sehr stark." „Es wird nett von Ihnen sein",
und sehr erfreut darüber, dass sein Vorschlag so gnädig angenommen
worden war, humpelte er in Richtung Theater davon, um wenige
Augenblicke später mit dem Sonnenschirm des Barmädchens
zurückzukehren, den er geliehen hatte und den er öffnete und der Dame
übergeben.

„Darf ich fragen", sagte sie, „ob Sie einer der Regisseure des Theaters sind?"

„Nein", antwortete er, „ich bin Schauspieler."

„Ein Schauspieler in diesem Theater", antwortete sie. „Aber in diesem Theater singen und tanzen sie nur triviale Lieder, und Sie sehen für mich aus wie eine von Shakespeares Fantasien." Heinrich der Achte, fast jeder der Henries. König John.'

„Nicht Romeo", warf Dick ein.

„Vielleicht nicht Romeo. Romeo war erst sechzehn oder siebzehn, höchstens achtzehn. Aber als du achtzehn warst...'

„Ja", antwortete Dick, „damals war ich dünn genug."

„Aber du darfst dich nicht herabwürdigen. Helden sind nicht immer dünn. Hamlet war fett und hatte kaum Atem. Ich sehe dich als Hamlet, wohingegen es zu offensichtlich wäre, dich für Falstaff zu besetzen."

„Ich habe Falstaff gespielt", antwortete Dick, „aber ich konnte mit der Rolle nie viel anfangen, und ich habe nie jemanden gesehen, der das könnte." Die Zeilen sind oft zu hochtrabend für die Figur und scheinen nicht herauszukommen, egal wer sie spielt; Die Kritiker halten es für die beste Schauspielrolle, aber in Wahrheit ist es die schlechteste.'

„Macduff würde zu dir passen, nein; „Lear", rief die Dame.

Dick dachte, er würde gerne eine Chance auf den König haben, und bald sprachen sie über ein Shakespeare-Theater, das der Aufführung von Shakespeare-Stücken gewidmet sein sollte. „Ein Theater", sagte sie, „das sich der Darstellung aller Helden der Welt widmen würde; diejenigen, die edle Gedanken sprachen und edle Taten vollbrachten, wobei Denken und Handeln einander umfassten, statt dessen haben wir tausend Theater, die den Darstellungen der Moden des Augenblicks gewidmet sind. Deshalb bin ich gezwungen, mittags hierher zu kommen, denn um die Mittagszeit herrscht Einsamkeit und heilige Stille oder auch das Rauschen der Wellen. Hier kann ich mir vorstellen, mittags allein mit meinen Helden zu sein.'

„Und wer sind deine Helden, darf ich fragen?" sagte Dick.

„Viele sind in Shakespeare", antwortete sie, „und viele sind hier in diesem Manuskript." Die Helden der Antike, als die Menschen den Göttern näher standen als heute. „Denn Männer", fügte sie hinzu, „bewegen sich meiner Meinung nach nicht auf die Gottheit zu, sondern von ihr weg."

„Und wer sind die Helden, über die Sie geschrieben haben?" fragte Dick, und da er fürchtete, sie würde sich auf eine zu lange Erklärung einlassen, fragte er, ob das Manuskript, das sie in der Hand hielt, ein Theaterstück sei.

„Nein, ein Gedicht", antwortete sie. „Ich studiere es für eine Rezitation, die ich nach meinem Vortrag im Working Men's Club rezitieren werde; und das Thema meines Vortrags ist der dem Menschen innewohnende Adel und die

Notwendigkeit der Menschenverehrung. Frauen haben sich von Männern abgewandt und sind jetzt mit ihren eigenen Bestrebungen beschäftigt und verlieren dabei das Ideal, das Gott ihnen gegeben hat, aus den Augen. „Mein Gedicht ist eine Art Zusammenfassung, ein Inbegriff, ein Kompendium der Vorlesung selbst."

Dick verstand es nicht, aber die Tatsache, dass eine Dame zur Rezitation ging, zeigte, dass sie sich für Theaterstücke interessierte, und mit gespitzten Ohren wie ein Jagdhund, der von etwas Wind bekommen hat, sagte er mit einem süßen Lächeln, das einen ganzen Streit verriet von weißen Zähnen:

„Da ich selbst Schauspieler bin, erlaube ich mir, Sie zu bitten, mir die Anschauung Ihres Gedichts zu gestatten, und vielleicht kann ich Ihnen von Nutzen sein, wenn Sie Rezitationsübungen machen."

„Von größtem Nutzen", antwortete die Dame und reichte ihm ihr Manuskript; „Einer aus einer Reihe klassischer Cartoons", fügte sie hinzu.

„Die Menschheit in großen Reihen", antwortete er.

„Wie schnell verstehen Sie", rappte sie; „in Thema und Versmaß völlig vom Teetisch entfernt." Was hast du mir, mein Held, zu meiner Wiedergabe dieser Zeilen zu sagen?

„Die Nachkommen von Neptun und Terra, Töchter der Erde
und des Ozeans, ausgestattet mit schönen Frauengesichtern, die die Körper von Geiern bedecken; bewaffnet mit scharfen, scharfen Krallen; zermalmen und zerreißen und töten, schwärzen und sprengen, beflecken, das Fleisch verderben." Von allen Banketten plündern, verwirren, verfolgen und verfluchen die Harpyien immer das Leben unserer Helden – genau wie ein Triumph des Bösen.

'Fast nichts; und doch, wenn ich eine Kritik wagen darf – würde es Ihnen etwas ausmachen, mir Ihr Manuskript für einen Moment weiterzuleiten? Darf ich eine Änderung vorschlagen, die die Rezitation einfacher und effektiver macht?'

„Klar, das kannst du."

„Dann", fuhr Dick fort, „würde ich die Worte fallenlassen – „genau wie ein Triumph des Bösen" und weiterlaufen – „von Kindheit an aufblühen, die Adligen, die Tapferen und die Treuen umgarnen und ihre Netze zur Zerstörung ausbreiten."

„Harpyien gedeihen in Ballsälen und atmen einen wilden Atem
, der Gift ist Über dem Versprechen der Männlichkeit, über dem Glauben und dem Liebeslicht, Das in den Herzen unserer Mutigsten für alle ihrer Art glüht, die schwächer sind –"

„Alles, was folgt", fügte Dick hinzu, „wird ohne Betonung rezitiert, bis Sie zu diesen beiden großartigen Zeilen kommen:

„Harpyien stehen an unseren Altären, Harpyien sitzen an unseren Herdsteinen, Harpyien säugen unsere Kinder, Harpyien verwüsten unsere Nation" usw."

Dick endete mit einer großen Geste.

'Ich denke, du hast recht. Ja, ich verstehe, dass diesen Versen ein Punkt gegeben werden kann, an den ich vorher nicht gedacht hatte. Ich hoffe, mein Gedicht hat eine Saite in Ihrem Herzen berührt? Sind Sie mit meiner Art, die Hexameter zu schreiben, einverstanden?

„Ich finde die Idee sehr gut, aber –"

'Aber?'

„Wenn Sie mir erlauben würden?"

'Sicherlich.'

„Nun, es gibt Fragen der Ausdrucksweise, über die ich gerne mit Ihnen sprechen würde. „Ich muss jetzt weglaufen, aber wir werden uns bestimmt wiedersehen."

„Ich bin jeden Tag mittags am Pier, sonst findest du mich um fünf in meinem Hotel." Ich hoffe, dass Sie kommen, denn ich würde gerne Ihren Unterricht in Anspruch nehmen.'

'Danke schön; Ich hoffe, dass ich morgen Nachmittag das Vergnügen haben werde, Sie anzurufen. Auf Wiedersehen.'

„Du kennst meinen Namen nicht", rief sie ihm nach. „Helden sind natürlich voller Vergesslichkeit, aber in dieser Teetischwelt kommen wir ohne Namen und Adressen nicht aus." Nimmst du meine Karte?'

Dick nahm die Karte, dankte ihr und wandte sich plötzlich ab.

„Wie ein Mann voller Unruhe", sagte die Dame und sah zu, wie der stämmige Schauspieler den Pier hinaufeilte. „Kommt diese Frau ihm entgegen?" fragte sie sich, als Dick noch schneller davoneilte, denn in der Ferne kam ihm die Frau, die den Pier herunterkam, wie seine Frau vor, und wenn Kate ihn dabei erwischte, wie er mit einer Frau am Pier redete, bestanden alle Chancen, mit seiner neuen Bekanntschaft Geschäfte zu machen am Ende sein. Aber die Frau, die gerade an ihm vorbeigegangen war, war nicht Kate, und ihm kam der Gedanke, dass er vielleicht in Sicherheit zu seiner neuen Bekanntschaft zurückkehren würde. Aber im Großen und Ganzen schien es ihm besser, bis morgen zu warten. Morgen würde er alles über sie herausfinden. „Ihr Name", sagte er, zog die Karte aus der Tasche und las: „Mrs. Forest, Mutter Oberin des Yarmouth Convent, Alexandra Hotel, Hastings.' „Mutteroberin eines Klosters! Das hätte ich nie denken sollen. Aber wenn sie Nonne ist, warum trägt sie dann kein Habit? Klassische Cartoons und Nonnenklöster. Ich glaube, dieses Mal bin ich auf ein seltsames Exemplar gestoßen, eines der seltsamsten, die ich je getroffen habe, was viel bedeutet, denn ich habe im Laufe meiner Zeit schon einige getroffen. Es ist besser, ihre Karte zu zerreißen, denn wenn Kate sie finden sollte –"

Und dann verdrängte er Mrs. Forest aus seinen Gedanken und fragte sich, ob er Kate betrunken oder nüchtern vorfinden würde. „Ganz nüchtern", sagte er sich, sobald er die Schwelle überschritten hatte; und seine Frau begrüßte ihn in bester Laune, und sie nahmen seinen Arm, gingen hinunter zum Pier und boten eine Unterhaltung, die von einem ziemlich großen Publikum geschätzt wurde.

„Warum hat sie mich nicht gebeten, heute um fünf zu ihr zu kommen?", fragte er sich, als er mit seiner Frau nach Hause kam. „Sie könnte mir durch die Finger fallen", und er wäre sofort zu Mrs. Forest gegangen, wenn er Kate hätte loswerden können.

„Du lädst mich zum Tee ein, Dick?" sagte sie, und um sie nüchtern zu halten, lud er sie zum Tee ein. Denn ausnahmsweise hätte Kate betrunken besser zu ihm gepasst als Kate nüchtern, und er wagte es nicht, am nächsten Morgen zum Pier hinunterzugehen, um nach Mrs. Forest zu suchen, da es mehr als wahrscheinlich war, dass Kate es sich in den Kopf setzen würde, sich auf dem Pier zu sonnen Pier, also beschloss er zu warten; Der Pier war zu gefährlich. Wenn er nicht von Kate unterbrochen würde, könnten die Direktoren sie zusammen sehen, und sie könnten Mrs. Forest kennen und ihr sagen, dass er verheiratet war. Nein, er würde seinen Termin mit ihr einfach um fünf einhalten. Doch um Kate loszuwerden, bedarf es eines tiefgreifenden Plans. Es wurde gelegt und es gelang ihm, und um fünf Uhr kam er im Alexandra Hotel an.

„Ist Frau Forest da?"

Der Portier forderte den Pagen auf, Mr. Lennox zu Mrs. Forests Zimmer zu bringen.

„Das alles riecht nach Geld", sagte sich Dick im Aufzug.

Der Page öffnete die Tür, und nachdem er einen langen Korridor durchquert hatte, klopfte der Junge an eine Tür, und Dick trat in eine rote Dämmerung, in der er in einer entfernten Ecke ein grünes Kleid erblickte.

„Ich hoffe, Sie gehören nicht zu den Menschen, die ständig das grelle Sonnenlicht brauchen. Ich mag die Sonne an ihrem richtigen Platz im Freien", und während er über eine passende Antwort nachdachte, versuchte

Dick seinen Weg durch die zahlreichen Möbelstücke zu finden, die über den Teppich verstreut waren.

„Komm und setz dich neben mich aufs Sofa."

„Wenn Sie erlauben", antwortete er, „werde ich in diesem Sessel Platz nehmen. Dann kann ich mich ganz dem Anhören Ihres Gedichts widmen."

Es war unhöflich, sich zu weigern, neben der Dame zu sitzen, aber Dick schaffte es zu vermitteln, dass ihre Anwesenheit seine intellektuelle Freude stören würde, und der leichte Unmut, den die Weigerung verursacht hatte, verschwand aus dem geschminkten Gesicht. Dieser erste Erfolg brachte Dick beinahe dazu, den Mut zu rauben, sodass er sie fragte, ob er die Blumenvase entfernen dürfe, die auf dem Schrank hinter ihm stand, aber er wagte es nicht, und jeden Augenblick schien er einen neuen Duft wahrzunehmen. Ein Geruch von brennenden Pastillen wehte aus einer entfernten Ecke in eine Zone von Patschuli, in der sich die Dame eingehüllt zu haben schien und die jede ihrer Bewegungen in immer heftigeren Aromen zu verbreiten schien, bis Dick zu glauben begann, dass er dazu nicht in der Lage sein würde Halten Sie bis zum Ende der Erzählung der Dame durch. Patschuli bereitete ihm immer Kopfschmerzen, aber das Wort „Oper" brachte ihn wieder zu sich selbst, und mit zitternden Lippen wie eine Katze, die einen Spatz beobachtet, hörte er, dass das Thema ihrer Oper aus ihrem eigenen Leben stammte; Sie sagte ihm, dass man es nicht verstehen könne, ohne die Ereignisse zu erzählen, die es hervorgebracht hatten, legte die Beine auf das Sofa und begann, den Kopf an die Rückenlehne gelehnt, mit leiser, gurrender, aber nicht unangenehmer Stimme zu erzählen von ihrem ersten Liebesabenteuer. „Ich könnte meine Abreise nach Bulgarien vor etwa zehn Jahren fast als ein spirituelles Abenteuer bezeichnen", sagte sie.

Die Abreise nach Bulgarien schien voller Interesse zu sein, aber aus Dicks Sicht dauerte die Vorbereitungszeit unangemessen lange, und es fiel ihm schwer, Mrs. Forests Zusicherungen, bis sie den Bulgaren traf, mit Interesse zuzuhören Sie glaubte, dass Babys in Petersilienbeeten oder unter Stachelbeersträuchern gefunden würden, und diese Unschuld des Geistes war ihr so innewohnend, dass es dem Bulgaren nicht ganz gelungen war, sie ihr zu rauben. „Er hat es tatsächlich auch nie versucht", fuhr sie fort. „Unsere Freundschaft basierte ausschließlich auf dem Intellekt."

Dieses Eingeständnis war eine Enttäuschung für Dick, der sich auf die Geschichte eines neuartigen Liebesabenteuers gefreut hatte, das sich leicht in eine komische Oper umwandeln ließe, da Bulgarien einen passenden Hintergrund bot. Mit vielen hübschen Lächeln versuchte er, die Dame in die wahre Geschichte ihrer Vergangenheit einzuführen, aber Mrs. Forest beharrte so sehr darauf, dass er fest davon überzeugt war, dass es in ihrem Leben keine Vergangenheit gegeben hatte, die für eine komische Oper geeignet gewesen wäre. Ihr bulgarisches Abenteuer war von Freiheitsliebe und dem edlen Wunsch beseelt, eine unterdrückte Rasse von der schändlichen Herrschaft der Türken zu befreien; „Massaker", sagte sie, „voller namenloser Schrecken."

Dick hätte sich gewünscht, dass sie diese Schrecken beim Namen nannte, aber bevor er sie darum bitten konnte, erzählte sie ihm von dem Instinkt jeder Frau, etwas zu bemuttern. Die Bulgaren hatten an ihre Sympathien appelliert, und sie hatte mit ihren Gedichten zu ihrer Befreiung beigetragen. In drei Jahren hatte sie die Sprache gelernt und zwei Gedichtbände darin verfasst.

„Ich habe für Sie Exemplare meiner bulgarischen Gedichte herausgesucht", und sie beugte sich über die Sofakante zu einem kleinen Tisch. Die Bewegung brachte ihren Rock durcheinander, und Dicks Augen erfreuten sich am Anblick eines dicken, formlosen Beines, „zweifellos dunkelhäutig", sagte er sich.

„Der Titel des ersten Bandes", sagte sie und reichte ihm die Bücher, „ist: *Lieder eines Fremden* ." „Meine Freundin, die Bulgarin" (und sie nannte einen unaussprechlichen Namen) „hat ein Vorwort beigesteuert." Der zweite Band trägt den Titel „ *Neue Lieder des Fremden* ". Im Anhang finden Sie jeweils eine Übersetzung.'

Dick versprach, dass er die Gedichte lesen würde, sobald er nach Hause kam, und bat Mrs. Forest, mit ihrer interessanten Geschichte über den Krieg fortzufahren, in dem sie ihren großen Freund verloren hatte, ihr spirituelles Abenteuer, wie sie ihn nannte.

Von Bulgarien aus hatte sie sich auf eine lange Reise begeben, viele Teile Chinas besucht und war voller Liebe zur östlichen Zivilisation und Bedauern darüber, dass der westliche Einfluss ihr bald ein Ende bereiten würde, nach Hause zurückgekehrt. „Aber", sagte sie, „wenn ich an mein eigenes Leben denke, scheint meine Erzählung nur ein schwaches Echo von allem zu sein; nur ein Fragment davon erscheint, wohingegen, wenn ich das Ganze erzählen könnte —"

Aber Dick neigte zu der Annahme, dass ihr Genie eher dramatischer als erzählerischer Natur sei, und um die Autobiografie zu beenden, fragte er sie, wie sie dazu gekommen sei, Oberin des Yarmouth-Klosters zu werden. „Wenn ich sie nur dazu bringen könnte, das Lachen zu unterbrechen und zu den ‚Ossen' zu gelangen", sagte er sich, aber das war nicht einfach. Mrs. Forest musste von ihren sozialistischen Abenteuern und ihrer Verlobung mit Edgar Horsley erzählen.

„Drei Jahre lang", sagte sie, „war ich mit ihm verlobt, und am Ende dieser Zeit kam es mir so vor, als müssten wir uns einigen." Er sprach davon, nach

Jamaika zu gehen, und um mit ihm nach Jamaika zu gehen, müssten wir heiraten. Also ging ich zu seinem Aufenthaltsort auf dem Land, einem Cottage in Somersetshire, am Ende einer sehr hübschen Gasse.'

'Guter Gott! „Wenn sie mir die Landschaft beschreiben will", sagte sich Dick. Aber Mrs. Forest hatte kein Auge für das Aussehen von Bäumen, die sich am Himmel abzeichneten, und sie war schnell an der Haustür, die ihr, wie sie sagte, von einer misstrauisch aussehenden Frau geöffnet wurde, die sagte: „Ich glaube, ich." Ich habe von dir gehört. „Mr. Horsley ist draußen, aber Sie können reinkommen und warten", „und nach etwa einer halben Stunde kam er herein und stellte mich der Frau vor, die mir die Tür geöffnet hatte. „Isabel" ist alles, woran ich mich von ihrem Namen erinnern kann. „Isabel", sagte er, „lebt seit zehn Jahren bei mir, aber wenn Sie mit uns nach Jamaika kommen möchten, können Sie sich uns anschließen." Dies schien mir ein inakzeptabler Vorschlag zu sein. „Was Sie mir vorschlagen", sagte ich, „ist undenkbar", und ich verließ das Haus und habe seitdem Herrn Edgar Horsley weder gesehen noch gehört. Ich habe auf Wasser geschaut, ich habe auf Gift geschaut und ich habe auf Dolche geschaut.'

Dick fragte sie, warum sie über Selbstmord nachgedacht habe, und sie antwortete:

„War ein solches Ende einer dreijährigen Verlobung nicht ausreichend, um bei irgendeiner Frau den Gedanken an Selbstmord zu wecken?" Und ich bin etwas ganz Außergewöhnliches.'

Ein großer Teil von Mrs. Forests Leben hatte sich entfaltet; Das einzige, was im Dunkeln blieb, war, wie sie Oberin des Yarmouth-Klosters geworden war, und um das deutlich zu machen, sagte sie, es sei notwendig, die Geschichte ihrer Konvertierung zum katholischen Glauben zu erzählen. „Aber das war nach dem Kloster; „Das Kloster war für die Reformation von Dipsomanen, weiblichen Trunkenbolden, gedacht", sagte sie; „aber erst danach wurde ich römisch-katholisch."

Dick wollte nicht hören, welches Dogma sie in Versuchung geführt hatte, aber als er nach Hause zurückkehrte, amüsierte es ihn, an all die seltsamen Dinge zu denken, die Mrs. Forest ihm erzählt hatte; Eine Sache amüsierte ihn besonders: Ihr eigentliches Interesse am Katholizismus galt dem Beichtstuhl. „Wie kommt man in all diesen Dingen wieder zu sich selbst", murmelte er, während er keuchend die heiße, steile Straße hinauffuhr. „Ein Kloster zur Reformation weiblicher Trunkenbolde", wiederholte er. „Es ist sehr seltsam: Sie kann nichts über meine Frau wissen." „Eine seltsame Frau", fuhr er fort und überlegte, ob alles, was sie ihm erzählt hatte, die Wahrheit war oder ob es eine dieser Geschichten war, die sich die Leute über sich selbst ausdenken und die sie sich so lebhaft vorstellen, dass sie nach ein paar Jahren anfangen zu glauben dass alles, was sie erzählt haben, ihnen widerfahren ist.

Er zog die Bücher aus seiner Tasche; Sie waren offensichtlich in einer fremden Sprache verfasst, aber es gab Menschen, die Sprachen lernen konnten und nichts anderes tun konnten. Ihre bulgarischen Gedichte könnten nicht besser sein als ihr Englisch, und er wusste, wie das war. „Ich nehme an, sobald sie hört, dass ich verheiratet bin, und das wird sie sicher früher oder später erfahren, wird sie sich in eine andere Richtung begeben." Aber ist das ganz sicher?' Er war noch nicht viele Schritte gegangen, als ihm einfiel, dass es in dem Vortrag, den sie im Working Men's Club hielt, um die Keuschheit des Ehestandes ging; außerdem hatte sie ihm gegenüber zugegeben, dass das bulgarische Abenteuer ein spirituelles sei. „Ich würde sagen, sie war eine Frau mit einem ausgeprägten Temperament, was es wert gewesen sein muss, befriedigt zu werden, als sie mit diesem Bulgaren wegging; Es hätte mir nichts ausgemacht, in seiner Haut zu stecken. Sie hat nicht vergessen, dass sie einst ein schönes Mädchen war, das ist das Schlimmste daran, sie hat es nicht vergessen", und Dick erinnerte sich, dass sie beim Abschied ein wenig demonstrativ war und auf der Treppe zu ihm sagte: „Aber wir sind es." Der Abschied dauert nicht lange. „Du wirst morgen zur gleichen Stunde hier an meiner Tür sein."

XXVI

Die Verabredung war für fünf Uhr geplant, und Kate wäre am liebsten mit Dick auf dem Pier geblieben und hätte den Sommerabend genossen, aber er schien so sehr darauf bedacht zu sein, zu ihrer Unterkunft zurückzukehren, dass sie sich seinen Wünschen nicht widersetzen wollte, und sie erlaubte es sich den ganzen Weg die staubige Stadt hinauf zu ihren engen, heißen Räumen geführt werden, damit sie es bei Fredegondes Musik probieren konnte. Dass er ihre Stimme in dieser Musik noch einmal hören wollte, schmeichelte ihr, aber sie erhob sich mit glühendem Gesicht vom Klavier, als er anfing, von einer Verabredung zu sprechen.

„Es ist schade von dir, Dick, dass du mich nach Hause bringst und dich dann an einen Termin merkst."

Dick war überströmt von wohlklingenden Ausreden, die Kates Zorn nicht zu lindern schienen, und als er die Straße entlang eilte, kam ihm der Gedanke, dass ihm vielleicht ein besserer Grund als Fredegonde eingefallen wäre, sie nach Hause zu bringen. Wie dem auch sei, seine Gedanken waren jetzt eher bei Montgomery und Mrs. Forest als bei Kate, und erst als er den Schlüssel aus der Tasche zog, fiel ihm Kates Walzergesang wieder ein: Er stieg singend die Treppe hinauf.

„Ich glaube, es wird schon klappen."

„Was wird schon klappen?" „Du bist eine Stunde später dran, als du versprochen hast."

„Egal, wie spät es ist", antwortete er und begann eine Geschichte über sein Treffen mit einem Freund aus London zu erzählen, als er neulich den Pier verließ: Er hatte noch nie mit ihr darüber gesprochen, weil er keine Lust dazu hatte also bis etwas Bestimmtes passiert war.

'Was ist passiert?' fragte Kate, und Dick erzählte mit strahlendem Gesicht, wie der Kumpel von einem großen Wiederaufleben des Interesses an komischer Oper, insbesondere an französischer Musik, gesprochen hatte und dass viele Städter mit viel Geld auf der Suche nach jemandem waren, der sich damit auskannte produzierte diese Klasse von Werken und stand in Sympathie mit der Tradition der Folies Dramatiques.

Kate, die alles glaubte, was Dick ihr erzählte, hörte mit erhöhter Temperatur zu. In Margate wurde der Bewunderer von Hervés Musik zu einem Amerikaner, der *Chilpéric, Trône d'Écosse, Le Petit Faust, L'Oeil Crevé und Marguerite de Navarre* so reproduziert sehen wollte, wie sie unter der Leitung des Komponisten produziert worden waren, als Dick Bühnenmanager war in diesem Theater. Der Amerikaner interessierte sich für Hervé; denn er schrieb nicht nur die Musik, sondern auch den Text seiner Opern. Hervé war daher der Wagner der leichten komischen Oper. Und wenn das neue Unternehmen genügend Unterstützung von der Öffentlichkeit erhalten würde, würde Dick gerne weitere Werke von Hervé hinzufügen – *La Belle Poule* und *Le Hussard Persecuté* – und nachdem er Kate mit vielen Titeln und einer imaginären Biografie dieses musikalischen Amerikaners verwirrt hatte, erzählte er ihr davon Blanche D'Antigny sang alle kleinen Melodien, an die er sich erinnern konnte, und verzweigte dann zu einem Bericht über *Le Canard à Trois Becs* . Diese letzte Oper stammte nicht von Hervé, aber dem Amerikaner gefiel sie und er ließe sich vielleicht überreden, sie später zu inszenieren.

„Es enthielt einen Teil", sagte er, „in dem es Kate gelingen würde, sich zu einer von Londons Lieblingen zu etablieren." Aber sein Lob für ihren Gesang und ihre Schauspielkunst ließ sie fragen, ob er sie noch einmal übertölpelte oder ob er immer noch an sie glaubte. Es könnte sein, dass ihre anhaltende Nüchternheit seine alte Liebe zu ihr wiedererweckt hatte, und sie erinnerte sich plötzlich daran, dass sie nie wirklich etwas getrunken hatte und nie etwas davon getrunken hätte, wenn Dick sie nicht vor Eifersucht in den Wahnsinn getrieben hätte. Und die Tatsache, dass ihre Stimme zu ihr zurückgekehrt war, ließ sie glauben, dass Dick es ernst meinte, als er ihr sagte, dass sie eine bessere Fredegonde sein würde als Blanche D'Antigny, die die Rolle ursprünglich geschaffen hatte. Montgomery bestätigte diese Ansicht eines Abends; er weigerte sich, ein „Nein" als Antwort zu akzeptieren: Sie musste die Partitur mit ihm durchsingen, und mehrmals hörte er auf zu spielen; Als er ihr ins Gesicht schaute, sagte er ihr, dass er noch nie erlebt hatte, dass sich eine Stimme so schnell und plötzlich verbesserte. Dick nickte zustimmend zu Montgomerys Meinung und hoffte, dass es keinen Grund mehr geben würde, Kate zu lügen, sobald sie in einer Unterkunft hinter dem Viehmarkt untergebracht war. Aber darin täuschte er sich, denn in London war es wichtiger als in Margate, die Fiktion von Hervés amerikanischem Verehrer aufrechtzuerhalten. Dick musste jeden Abend seine verschiedenen Aufgaben erzählen. Er war hinter dem Lyzeum her gewesen, konnte aber vom Pächter keine Antwort bekommen; er hoffte, nächste Woche eines zu bekommen; und als die nächste Woche kam, sprach er über das Königshaus, das Adelphi und den Haymarket, vergaß jedoch, das Theater zu erwähnen, in dem er Lauras Oper aufführen wollte. „Die große Bühne des Lyzeums wäre hervorragend geeignet", sagte er, „für eine schöne Aufführung von *Chilpéric* ", und er bat Kate, sich dem Studium der Rolle der Fredegonde zu widmen. Seine Fantasie führte ihn in Träume von einer englischen Firma, die mit allen Werken von Hervé nach Paris ging und von Kate, die die Blanche D'Antigny-Tradition auslöschte. Kate hörte erfreut zu und entdeckte in Dicks Lob für ihren Gesang die Hoffnung, dass seine Liebe zu ihr die vielen Schwierigkeiten, die sie durchgemacht hatte, überstanden hatte; Und während sie zuhörte, schwor sie, nie wieder etwas zu trinken. Ihr Glück ließ erst am Morgen nach, als sie sah, wie er sich in seinen Mantel schlüpfte, und die langen Stunden der Trennung voraussah. Aber er hatte über Nacht so viele nette Dinge gesagt, dass sie gezwungen war, Klagen zu unterdrücken, und ihre Einsamkeit den ganzen Tag über ertragen musste, indem sie das Essen verweigerte, denn ohne Dicks Anwesenheit bereitete ihr Essen kein Vergnügen, so hungrig sie auch sein mochte. Sie würde Stunde für Stunde zufrieden warten, wenn sie ihn bei seiner Rückkehr für sich haben könnte. Aber manchmal brachte er einen Freund mit zurück, und die beiden saßen da und unterhielten sich über Frauen und ihre Fähigkeiten in verschiedenen Gegenden. Da Kate keine von ihnen persönlich kannte, deuteten die Namen, die sie nannten, nur auf neue Gründe zur Eifersucht hin, und der Gedanke, dass Dick unter all diesen Frauen lebte, während sie von der Nacht bis zum Morgen, vom Morgen bis zur Nacht in dieser Unterkunft versteckt war, machte sie wütend. Es kam ihr so vor, als ob Dick, nachdem er den ganzen Tag draußen gewesen war, zumindest seine Abende für sie reservieren könnte; Und eines Abends zeigte sie dem Mann, den er zum Abendessen zurückgebracht hatte, deutlich, dass seine Abwesenheit ihrer Meinung nach seiner Gesellschaft vorzuziehen gewesen wäre. „Ich wäre nicht zurückgekommen“, sagte er, „nur Dick bestand darauf.“ Sie unterbrach sein Bedauern darüber, dass sie ihn nicht mochte, und sagte: „Es ist nicht so, dass ich dich nicht mag, aber du bist an Frauen gewöhnt, die nicht in ihre Männer verliebt sind, und ich bin verliebt.“ mit meiner.' Der Freund wiederholte Kates Worte an Dick, der sagte, er hätte keine Zeit, bis die Besetzung des neuen Stücks feststand, und ein paar Abende später brachte er Musik mit, die er ihrer Meinung nach gerne von ihr ausprobieren würde. „Aber es ist ein Manuskript, Dick. Warum bringen Sie nicht die gedruckte Partitur mit nach Hause? Die Lüge, die ihm über die Lippen kam, war, dass die Partitur von *Trône d'Écosse* nie gedruckt worden sei, und das kam ihr sehr unwahrscheinlich vor. Sie sagte, es sei ihr egal, ob es gedruckt worden sei oder nicht, aber sie sei es leid, in Islington zu leben , und würde gerne etwas von dem London sehen, von dem sie so viel gehört hatte.

„Ich bin mein ganzes Leben lang in London gewesen“, sagte Dick, „und ich war weder im Tower noch in St. Paul's. Aber wenn du sie sehen möchtest, Liebling, dann besuchen wir sie alle zusammen, sobald *Chilpéric* aufgeführt wird.“

Mit diesem Versprechen tröstete er sie ein wenig, und sie sah Dick nach, als dieser ging, und nahm dann einen Roman zur Hand und las, bis sie nicht mehr konnte. Dann machte sie einen kleinen Spaziergang, kam aber bald zurück, weil sie es ermüdend fand, immer nach dem Weg fragen zu müssen. Sie wirkte so verlassen und verloren, dass sogar die dicke Wirtin, die Mutter der zehn Kinder, die oben auf der Küchentreppe herumpolterten, Mitleid mit ihr hatte und ihr die Nummer des Busses sagte, der sie zum Britischen

Museum bringen würde, und ihr versicherte, dass sie dort eine Menge finden würde, um ihre Aufmerksamkeit zu zerstreuen.

Es war ihr egal, wohin sie ging, wenn Dick nicht bei ihr war; Ohne Dick wären für sie alle Orte gleich, und das British Museum wäre genauso gut geeignet wie jeder andere Ort. Sie muss irgendwohin gehen, und das British Museum würde genauso gut funktionieren wie der Tower oder St. Paul's. Es gab Dinge zu sehen, und es machte ihr nichts aus, was sie sah, solange sie etwas Neues sah. Sie konnte die beiden Bilder an den Wänden nicht länger betrachten – „Mit dem Strom" und „Gegen den Strom", die Wachsfrucht, das Mahagoni-Sideboard, die schmuddeligen Möbel, die zerrissenen Vorhänge; Und vor allem musste sie den Kindern und der mürrischen Wirtin aus dem Weg gehen, die vor ein paar Minuten weniger mürrisch war und ihr vom British Museum und all den wunderbaren Dingen erzählt hatte, die es dort zu sehen gab. Aber sie hatte kein Busticket und wollte die Vermieterin nicht um ein paar Pence bitten. Solange sie kein Geld hatte, war sie der Versuchung entzogen, und es war ihr eigener Wunsch, dass Dick sie ohne Geld zurückließ. Als sie hin und her ging, erblickte sie seine Kleidung, die über die Rückenlehne eines Stuhls im Schlafzimmer geworfen war; und er könnte ein paar Pence in einer seiner Taschen gelassen haben.

Sie durchsuchte die Hose; wie nachlässig Dick war: mehrere Schilling: eins, zwei, drei, vier, fünf. Fünf und Sixpence. Sie würde Sixpence nehmen. Als sie mit dem Klirren der Kupfermünzen das Schlafzimmer verließ, überkam sie der Wunsch, seine Briefe zu lesen, und als sie diesem nachgab, steckte sie ihre Hand in die Innentasche seines Mantels und holte daraus ein Paket Briefe und einige Papiere, Manuskripte und Gedichte hervor .

„Wer", fragte sie, „könnte ihm diese *klassischen Cartoons* Nummer vier geschickt haben?"

Sie las von Helden, dem Ruhm der Menschheit, der sich an den Ufern des schrecklichen Flusses versammelte, der die Herrschaftsgebiete von Pluto bewacht. Sie wusste nichts von Pluto, erkannte aber die Handschrift als die einer Frau und die Zeilen:

„Zeus, der Monarch des Himmels, gekleidet in die Gestalt eines
Sterblichen, kniete, streichelte und streichelte, trank Freude und
Liebestrunk von ihren Lippen."

veranlasste Kate, ihr das Manuskript wegzureißen. Ein Brief begleitete das Gedicht und lautete:

„Meine Liebe, ohne dich geht nichts, und wenn du nicht sofort kommst, werden wir in dieser Saison kein Theater bekommen, und ohne Theater sind wir hilflos."

Kate musste nicht mehr lesen. Der Brief ließ keinen Zweifel daran, dass Dick eine Intrige mit einer Frau hatte, die ein Theaterstück oder eine Oper geschrieben hatte, die er aufführen wollte, und auf dem Umschlag, aus dem sie den Brief genommen hatte, stand: „Richard Lennox, Esq., Post Restante, Margate.'

„In Margate waren es also die ganze Zeit Lügen", sagte sie sich, während sie im Zimmer umherging und ab und zu stehen blieb, um auf einen Gegenstand zu starren, den sie nicht sah. „Es gab keinen Amerikaner und keinen *Chilpéric*, keine *Trône d'Écosse*, kein *L'Oeil Crevé*, keine *La Belle Poule*, keine *Marguerite de Navarre*.'" Lügen, Lügen! Nichts als Lügen! Er hatte nie vor, eines davon zu produzieren oder dass ich „Fredegonde" spielen sollte. Lügen! Lügen! Und der große Teil in *Le Canard à Trois Becs*, der meinen Ruf in London festigen würde. Lügen! „Er hatte nie vor, eine dieser Opern zu produzieren", rief sie. „Er hat mich hier in dieser Unterkunft eingesperrt, damit ich nicht im Weg bin, während er mit diesem Wie heißt sie weitermacht."

In diesem Moment schien ihr Gehirn Feuer zu fangen, und sie schnappte sich etwas Geld vom Kaminsims, stürzte aus dem Haus und stolperte über die Kinder, als sie ohne Hut oder Jacke zur Haustür ging. Das Sonnenlicht weckte sie, sie sah sich verwirrt um und entging nur knapp dem Überfahren durch einen vorbeifahrenden Karren. Vor ihr befand sich ein Wirtshaus. Trinken! Sie ging hinein und trank, bis sie ihren Verstand wiedererlangte und wieder den Verstand verlor.

„Eine Flasche Gin, bitte", sagte sie, stellte das Geld auf die Theke und kehrte fast verrückt vor Eifersucht, Wut und Rachedurst in ihre Unterkunft zurück. „Nein, sie würde nicht mehr trinken, denn wenn sie noch mehr trinken würde, könnte sie es nicht mit Dick austragen, und dieses Mal würde sie es ohne Zweifel mit ihm auslassen. Wenn er sie töten würde, wäre das egal; aber sie würde es mit ihm austragen.' Während sie stundenlang am Tisch saß und auf seine Rückkehr wartete, drückten die Worte „Ich werde es mit ihm austragen" ihre ganze Seele aus, und sie wurde nicht müde, sie zu wiederholen, denn es kam ihr so vor dass sie ihre Entschlossenheit vor dem Sterben bewahrten: Was sie am meisten fürchtete, war, dass seine Anwesenheit ihre Entschlossenheit zunichtemachen könnte. Um es mit ihm so austragen zu können, wie sie es wollte, durfte sie weder betrunken noch zu nüchtern sein.

Er würde vielleicht einen Freund mit nach Hause bringen, aber das würde sie nicht davon abhalten. Auch Montgomery hatte sie getäuscht. Dick probte seine Oper; er hatte Musik für diese Mrs. Forest geschrieben, und dies war das Ende ihrer Freundschaft.

Viele Stunden vergingen, aber sie schienen nicht lang zu sein, Leidenschaft gab ihr Geduld. Schließlich ließ sie das Geräusch von Schritten aufstehen. Es war Dick.

„Das wird eine nächtliche Angelegenheit", sagte er sich, sobald er die Schwelle überschritt. „Ich hoffe, du hast nicht auf das Abendessen gewartet?" Seine Art war äußerst versöhnlich, und vielleicht war es diese versöhnliche Art, die sie so erzürnte.

„Geschäftlich, nehme ich an; ich weiß verdammt gut, was Sie vorhaben: Ich weiß alles darüber, über Sie und Ihre Frau, Mrs. Forest; über das Theater, das sie für Sie gemietet hat; wo Sie Montgomerys Oper proben. Das können Sie nicht leugnen", rief sie. „Mrs. Forest ist ihr Name", und als sie in seinem Gesicht gewisse Anzeichen seiner Schuld las, wuchs ihre Wut, sie biss die Zähne zusammen und ihre Augen funkelten.

Dick befürchtete, dass sie verrückt wurde, und streckte mit einer instinktiven Bewegung die Arme aus, um sie zurückzuhalten.

„Fass mich nicht an! Fass mich nicht an!" schrie sie und schlug mit geballten Fäusten nach ihm. Dann spürte sie, dass ihre Schläge nur schwach waren, und stürzte sich mit gestreckten Fingern wie ein Raubvogel auf ihn.

„Nimm das und das und das, du Biest! Oh, du Biest! Du Biest! Du Biest!"

Ihre Schreie hallten durch das Haus, als sie ihn um die Möbel herum verfolgte; Er weicht zurück wie ein schwerfälliger Stier, der versucht, ihren Klauen zu entkommen.

'Wie gefällt dir das?' sie weinte, als sie erneut mit ihren Nägeln an ihm herumriss. „Das wird dir beibringen, anderen Frauen hinterherzujagen." Ich werde dich beruhigen, bevor ich mit dir fertig bin.'

Stühle wurden umgeworfen, der Kohleneimer wurde umgeworfen, und schließlich, als Dick versuchte, aus dem Zimmer zu kommen, stolperte Kate gegen einen Schrank aus Palisanderholz, wodurch eine der grünen Vasen mit ihrem Glasschirm zu Boden fiel und das herbeirief Wirtin.

Dick erzählte, dass seine Frau einen Anfall gehabt habe.

„Fit oder nicht fit, ich hoffe, dass du morgen mein Haus verlässt."

„In der Zwischenzeit", antwortete Dick, „verlassen Sie mein Zimmer?" und er schloss die Tür vor dem Gesicht des empörten Hausbesitzers.

Kate, die sich inzwischen etwas erholt hatte, schenkte ein großes Glas rohen Gin ein, und zu ihrer Überraschung unternahm Dick keinen Versuch, sie daran zu hindern, es zu trinken.

„Sobald sie sich hilflos betrinkt, desto besser“, dachte er, als er ins Schlafzimmer ging, um seine Wunden zu versorgen. Die Kratzer, die sie ihm vor ihrer Heirat verpasst hatte, waren nichts dagegen. Eine Seite seiner Nase war fast aufgerissen, und zwei große, tiefe Schnitte verliefen quer über sein Gesicht, vom Wangenknochen bis zum Ohr. Es war ein großes Glück, dachte er, sie hatte sein Auge nicht verloren, und es wäre vielleicht besser, in die Apotheke zu gehen und sich etwas Vaseline zu besorgen, eine antiseptische Behandlung, denn Nägel sind giftig, fügte er hinzu, und seine Augen brannten Im ganzen Raum erblickte er seine Kleidung in Unordnung. 'Ah! Sie hat sich um meine Kleidung gekümmert“, und er nahm die klassischen Cartoons und seine Briefe, steckte sie in die Tasche, ging ins Wohnzimmer und versuchte seiner Frau zu erklären, dass er hinausgehen würde, um zu sehen, ob er könnte Holen Sie sich etwas aus der Apotheke, um die Wunden zu heilen, die sie ihm zugefügt hat.

Kate antwortete nicht. „Sie ist todtrunken“, sagte er, und es schien ihm, als könne er nichts Besseres tun, als sie auszuziehen und ins Bett zu legen, und als er das getan hatte, legte er sich auf ein Sofa und hoffte, dass er zuerst aufwachen würde. und in der Lage sein, das Haus zu verlassen, ohne sie zu stören, und der Vermieterin die Nachricht zu hinterlassen, dass er zurückkommen würde, sobald seine Probe vorbei war, und Vorkehrungen treffen würde, ihr Haus zu verlassen, da sie nicht wollte, dass sie länger blieben. Als er einschlief, dachte er, er könnte seine Vermieterin in einer anderen Stimmung vorfinden und sie am nächsten Morgen überreden, sie bleiben zu lassen. Die Vase sollte natürlich bezahlt werden. In ihrem angenehmen Landgesicht lag ein freundlicher Ausdruck, wenn sie nicht wütend war; sein zerrissenes Gesicht könnte ihr Mitleid gewinnen, und da sie seine Sorgen nicht noch vergrößern wollte, würde sie wahrscheinlich zulassen, dass sie weitermachen; Wenn sie es nicht täte, müsste er sich noch am selben Nachmittag eine andere Unterkunft suchen, was bedauerlich wäre, da er viele Verpflichtungen hatte. Ohnehin musste er sich beeilen, um einen Termin einzuhalten, den er mit Mrs. Forest in der Nationalgalerie vereinbart hatte. „Sie wird in ihrem zweiten Akt wirklich einige Änderungen vornehmen müssen“, sagte er und ging zum Glas. Kate hatte ihn mit aller Macht zerkratzt, und er musste Laura erzählen, wie er an sein zerrissenes Gesicht gekommen war; und nach einigem Nachdenken schien es ihm, dass es gut wäre, zuzugeben, dass er diese Wunden in einem Konflikt mit einer Frau erlitten hatte, die unglücklicherweise dem Alkohol verfallen war. Bei diesen Gedanken schlief er ein und befürchtete, dass er verschlafen hätte, aber Kate schlief noch, und ohne sie zu wecken, schlich er die Treppe hinunter, um die Wirtin in ihrem Wohnzimmer zu besuchen, doch als sie seine Schritte hörte, sprang sie mit einem Blick aus dem Zimmer Zweifellos war sie bereit, die Warnung zu wiederholen, die sie ihm über Nacht gegeben hatte, aber der Anblick seines zerrissenen Gesichts löste in ihr Mitleid aus, und sie sagte:

„Oh, Mr. Lennox, es tut mir so leid für Sie."

Es folgte ein kleines mitfühlendes Gespräch; und Dick ging los, um Laura zu treffen, die er in der Frau erkannte, die sich über das Geländer zwischen den Säulen beugte und anscheinend von der Aussicht über den Trafalgar Square angezogen wurde. Sie trug immer noch ihr grünes Seidenkleid, das er sie zum ersten Mal am Pier von Hastings gesehen hatte, und die lange, schleppende Federboa.

„Sie gibt kein Geld für Kleidung aus", dachte er, als er seinen Hut hob, mit einer nicht ganz so feierlichen Geste wie sonst, denn er wollte seine Narben noch nicht zeigen.

„Hier bist du also, Dick, und ich warte auf den Stufen dieser Galerie auf dich, prachtvoll mit all der Fantasie der Helden."

„Sie hat die Kratzer noch nicht gesehen", sagte er zu sich selbst und wandte sich instinktiv vom Licht ab, da er es vorzog, dass sie die Entdeckung drinnen statt draußen machte. Seine Wunden würden in der Galerie weniger sichtbar sein als unter freiem Himmel. „Warum hat sie sich nicht etwas mehr Mühe mit ihrem Make-up gemacht?" fragte er sich und tadelte sich dann dafür, dass er es als Schminke bezeichnet hatte. „Sie ist nicht geschminkt", sagte er zu sich selbst, „sie ist bemalt", und er fragte sich, wie es kam, dass sie ihre dunkle Haut so auffällig mit Karminrot verschmieren und ihre Augenbrauen so hoch in die Stirn ziehen konnte. „Dennoch ist das Gesicht", sagte er, „fein geformt und beeindruckend, wenn sie ihre Kosmetik vergisst", und während Dick bedauerte, dass sie damit nicht mehr Geschick bewiesen hatte, hörte er, wie sie ihm sagte, dass sie es lieber tun würde Halten Sie an und sprechen Sie mit ihm in der Galerie, die den italienischen Bildern gewidmet ist, als anderswo; „Die erhabenen Vorstellungen Raffaels erheben mich über mich selbst." Und dann sagte sie, als fürchtete sie, dass ihre Worte auf Dick überheblich wirken könnten: „Du bist immer in der gleichen Stimmung, erhebst dich nie über dich selbst oder sinkst unter dich selbst und es fällt dir schwer, den Schmerz zu verstehen, den diejenigen, die am meisten leben, erleiden." die Erfahrung der spirituellen Ebene, damit sie nicht auf eine niedrigere Ebene fallen. Nicht, dass ich dich, Dick, für eine niedrigere Ebene betrachte, aber deine Ebene gehört nicht mir, und deshalb bist du für mich so notwendig, und vielleicht bin ich für dich so notwendig oder wäre es, wenn ich es wäre bin nicht. Kommen Sie, lassen Sie uns hier vor dem Raffael sitzen und, wie es sein muss, über komische Oper sprechen. „Es ist schade, dass wir nicht von den *Parcoe sprechen* , die mir den ganzen Morgen durch den Kopf gegangen sind", und sie begann, einige Verse aufzusagen, die sie geschrieben hatte. Aber sie unterbrach sich plötzlich und rief: „Dick, wer hat dich gekratzt?" Wie kam es, dass dein Gesicht so zerrissen wurde – wer hat dich gekratzt?' und Dick antwortete:

'Meine Frau.'

'Deine Frau? Aber du hast mir nie gesagt, dass du verheiratet bist.'

„Wenn ich Ihnen gesagt hätte, dass ich verheiratet bin, hätte ich Ihnen sagen müssen, dass meine Frau eine Trinkerin ist und sich schnell zu Tode trinkt, eine Sache, über die kein Mann gerne spricht.“

„Mein armer Freund, ich wollte dich nicht tadeln. Wie kam es zu all dem?‘

Es wäre nicht angebracht, zuzugeben, dass Kate Lauras Briefe und Gedichte in seinen Taschen entdeckt hatte, und so erzählte er die Geschichte eines früheren Erlebnisses mit seiner Frau, und kaum hatte er damit fertig, als Laura ihn anflehte, ihr zu erzählen, wie er sich kennengelernt hatte seine Frau. Und als er ihr die Geschichte erzählt hatte, der sie feierlich zuhörte, antwortete sie mit der gleichen Ernsthaftigkeit in ihrer Stimme wie in ihrem Gesicht: „Das alles, mein lieber Dick, ist unanständig.“

„Aber, Laura, ich war meiner Frau treu.“

„Aber sie war die Frau eines anderen Mannes“, antwortete Laura, „nicht, dass das eine unüberwindliche Barriere wäre, aber ich fürchte, Sie haben Unanständigkeit in Ihr eheliches Leben gebracht, und Unanständigkeit ist tödlich für das Glück, ob es innerhalb oder außerhalb des Lebens gelebt wird.“ Bande der Ehe. „Es tut mir leid“, sagte sie, „dass Sie Yarmouth vor meinem Vortrag über die Keuschheit des Ehestandes verlassen mussten.“

„Es hätte keine Rolle gespielt“, antwortete Dick, „denn meine Frau hatte lange vor unserem Treffen in Hastings angefangen zu trinken.“ Eine Antwort, die Lauras Gesicht trotz all der Farbe, die sie trug, verdunkelte und Dick dazu ermutigte, sie zu fragen, ob sie nie gespürt hatte, wie die Dornen der Leidenschaft sie stach, als sie von ihrer Klosterschule weglief.

Sie schien unsicher zu sein, welche Antwort sie erwidern sollte, aber nur für einen Moment; Als sie sich schnell erholte, behauptete sie, dass es nicht Leidenschaft gewesen sei, was nur ein anderer Name für Unzucht sei, sondern Einbildung, die diese Flucht veranlasst habe, und dass sie, wenn sie nach Bulgarien gegangen sei, nur deshalb gegangen sei, um dort ein edleres Leben als das, das sie hatte, zu suchen zurück gelassen.

„Es war der Unsterbliche, der mich anzog“, sagte sie.

„Trotzdem“, antwortete Dick, „scheint der Sterbliche für den Unsterblichen notwendig zu sein, und um ihm eine Bleibe zu verschaffen, muss sich eine Frau einem Mann hingeben.“

„Das“, antwortete sie, „ist eine der Strafen, die unsere ersten Eltern den Frauen auferlegt haben, aber eine, die mit einer Bedingung verbunden ist, die Sie nicht respektiert haben, die ich selbst aber immer zu respektieren versucht habe." „Es wäre mir unmöglich, mich einem Mann hinzugeben, wenn ich nicht dachte, ich würde ihm ein Kind gebären."

Es lag auf Dicks Lippen, Laura daran zu erinnern, dass eine Frau immer denken kann, dass sie ein Kind zur Welt bringen wird, aber er hielt davon ab, da es ihm schien, als wäre es seinem Zweck besser gedient, wenn er Laura erlaubte, sich zu rechtfertigen, wie es ihr gefiel, und er wartete um eine Gelegenheit zu erhalten, mit ihr über die Änderung zu sprechen, die er im zweiten Akt für völlig notwendig hielt. Aber Laura war bei ihrem Lieblingsthema unterwegs, und am Ende griff er auf seine Uhr zurück.

„Meine liebe Laura, ich muss in zehn Minuten zur Probe."

„Na gut, lass uns gehen", rief sie.

„Aber, meine Liebe, ich bin gekommen, um dir Folgendes zu erzählen. Den zweiten Akt" – und er erklärte die Schwierigkeit, die beseitigt werden musste. „Willst du jetzt wie ein liebes, braves Mädchen nach Hause gehen und das hier machen und es morgen früh um elf ins Theater bringen, damit wir Gelegenheit haben, es vor der Probe gemeinsam durchzugehen?"

In der Zwischenzeit lag Kate hilflos wie immer auf ihrem Bett, genau wie Dick sie verlassen hatte; Und erst als er den Ballettmädchen seine vorläufigen Anweisungen gegeben hatte und Montgomery die ersten Töne seines Eröffnungschors angeschlagen hatte, durchdrang ein Strahl des Bewusstseins die schwere, betrunkene Benommenheit, die auf ihrem Gehirn lastete. Mit vagen Handbewegungen versuchte sie, die Vorderseite ihres Kleides zu schließen, und rollte sich stöhnend aus dem Licht; Doch ihre Versuche, in die Bewusstlosigkeit zurückzufallen, blieben erfolglos, und wie die Morgendämmerung, die durch die Schleier der Nacht schleicht und anschwillt, überkam sie eine blasse Bewusstseinsverschwendung. Zuerst kamen die Vorhänge des Bettes, dann die nackte Leere der Wand und dann der große pochende Schmerz, der wie ein Bleiklumpen direkt über ihrer Stirn lag. Ihr Mund war feucht, als wäre er mit Leim gefüllt, ihre Gliedmaßen waren schwach, als wären sie durch heftige Schläge zu Brei geschlagen worden. Sie war voller Schmerz, aber was noch schlimmer war, ein schwarzer Schrecken ihres Lebens erdrückte und verängstigte sie, bis sie ihr Gesicht im Kissen vergrub und weinte und stöhnte um Gnade. Aber im Bett zu bleiben war unmöglich. Die Blässe des Ortes war unerträglich, und als sie ihre Beine über die Seite schob, stand sie da und konnte sich kaum auf den Füßen halten. Der Raum schwamm wie im Nebel; sie hielt ihren Kopf mit gefalteten Händen; der Deckel schien sich abzuheben, und mit großer Mühe taumelte sie bis zur Kommode, wo sie einige Minuten verharrte und versuchte, sich zu erholen, während sie darüber nachdachte, was über Nacht passiert war. Sie war betrunken gewesen, das wusste sie, aber wo war Dick? Wo war er hin? Was hatte sie zu ihm gesagt? Alle geistige Anstrengung war eine Qual;

Aber sie musste nachdenken und bemühte sich, die Fäden ihrer Erinnerung bis zum Ende zu verfolgen. Aber es nützte nichts, es verhedderte sich bald hoffnungslos, und mit einem leisen Schrei stöhnte sie: „Oh, mein armer Kopf!" mein armer Kopf! Ich kann mich nicht erinnern, ich kann mich nicht erinnern.' Aber die Frage: Was ist aus Dick geworden? quälte sie immer noch weiter, bis sie plötzlich ihr Gesicht von ihrem Arm hob, ihre herabhängenden Röcke hochzog, und als sie in diesem Moment die Flasche auf dem Tisch sah, ging sie ins Wohnzimmer und schenkte sich ein wenig ein, was sie tat mit Wasser vermischt.

„Nur ein Tropfen", murmelte sie vor sich hin, „um mich zusammenzureißen." Es war seine Schuld; Bis er mich in Leidenschaft versetzte, ging es mir gut.'

Immer mehr und deutlichere Gedanken tauchten auf, und lange Zeit saß sie düster da und dachte über ihr Unrecht nach, und als ihre Gedanken schwankten, wurden sie sanfter und streitsüchtiger. Sie dachte von allen Seiten über die Frage nach und kam im Nachdenken zu dem Schluss, dass es nicht alles ihre Schuld war. Wenn sie tatsächlich trank, war es Eifersucht, die sie dazu trieb. Warum war er ihr nicht treu, die alles für ihn aufgegeben hatte? Warum wollte er immer vielen anderen Frauen hinterherlaufen? Wo war er jetzt, würde sie gerne wissen? Als diese Frage vor ihrem geistigen Auge auftauchte, hob sie den Kopf, und obwohl sie betrunken war, erfüllte sie die Erinnerung an Mrs. Forests Briefe.

„Oh ja, da ist er doch hingegangen, oder?" sie murmelte vor sich hin. „Also ist er mit seiner Dichterin an der Opéra Comique und probt Montgomerys Oper."

Langsam formte sich in ihr die Entschlossenheit, ihm zu folgen, und es gelang ihr, den Kurs festzulegen, den sie einschlagen musste. Es kam ihr so vor, als stünde sie vor Schwierigkeiten. Zunächst wusste sie nicht, wo sich das Theater befand, und sie konnte nicht verbergen, dass sie kaum in der Verfassung war, einen langen Spaziergang durch die Straßen Londons zu unternehmen. Der Geist, den sie auf leeren Magen getrunken hatte, war ihr zu Kopf gestiegen; sie schwankte ein wenig, als sie ging; und ihre eigene Handlungsunfähigkeit machte sie wahnsinnig. Oh, mein Himmel! wie ihr der Kopf platzte! Was würde sie nicht dafür geben, dass es ihr nur für ein paar Stunden gut ging, gerade lange genug, um ihrem Ehemann zu sagen, was für ein Schwein er war, und dem ganzen Theater mitzuteilen, wie er seine Frau behandelte. Er war es, der sie zum Trinken trieb. Ja, sie würde hingehen und das tun. Es stimmte zwar, dass ihr Kopf so aussah, als würde er ihr von den Schultern rollen, aber ein guter Schwamm tat ihr gut, und dann brachten ein oder zwei Flaschen Limonade sie ganz aufrecht – so aufrecht, dass niemand merkte, dass sie einen berührt hatte fallen.

Kate brauchte etwa eine halbe Stunde, um sich in einem Waschbecken zu durchnässen, und unabhängig von ihrem Kleid ließ sie ihr Haar tropfend auf ihre Schultern fallen. Die Wirtin brachte ihr das Sodawasser herauf, und als sie sah, in welchem Zustand sich ihre Untermieterin befand, stellte sie es wortlos auf den Tisch, ohne auch nur einen Blick auf die Kündigung zu werfen, die sie über Nacht abgegeben hatte; und Kate beruhigte ihre Stimme, so gut sie konnte, und bat sie, ein Taxi zu rufen.

„Hansom oder Vierrad?"

„Vierradfahrer – bitte."

„Ja, das wird dir am besten passen", sagte die Frau, als sie die Treppe hinunterging. „Du würdest vielleicht aus einem Hansom fallen." Wenn ich dein Ehemann wäre, würde ich dir jeden Knochen deines Körpers brechen.'

Aber Kate war jetzt viel nüchterner, und schwach und krank lehnte sie sich auf den harten Kissen des klappernden Taxis zurück. Ihr Mund war voller Wasser, und die wechselnden Winkel der Straßen lösten bei ihr einen Effekt aus, der einer Seekrankheit ähnelte. London klang in ihren Ohren; sie konnte ein Klavier klingeln hören; Sie sah, wie Dick die Bewegungen einer Reihe von Mädchen dirigierte. Dann wurde ihr Traum durch einen Schluck beendet. Oh! die furchtbare Übelkeit; Und es ging ihr erst besser, als alles, was sie getrunken hatte, wieder hochkam, ihr Kleid durchnässte und den roten Samtsitz ruinierte. Aber das Erbrochene verschaffte ihr große Erleichterung, und wenn sie nicht ein wenig schwindelig und schwach geworden wäre, hätte sie sich ganz wohl gefühlt, als sie am Bühneneingang ankam. Sicherlich befand sie sich in einem schrecklichen Zustand von Schmutz und Unordnung, aber sie bemerkte nichts, da ihr Geist jetzt völlig damit beschäftigt war, darüber nachzudenken, was sie zuerst dem Bühnentürhüter und dann ihrem Mann sagen sollte.

An der Ecke Wych Street entließ sie das Taxi, und als dies geschah, schien sie zu nichts mehr den Mut zu haben. Es kam ihr so vor, als würde sie sich am liebsten auf die Türschwelle setzen und weinen. Die drohenden Drohungen, die bitteren Vorwürfe, die sie beabsichtigt hatte, entglitten ihr wie Träume, und sie fühlte sich völlig elend.

In diesem Moment befand sie sich auf ihrem kleinen Spaziergang den Bürgersteig hinauf vor einem Wirtshaus. Etwas flüsterte ihr ins Ohr, dass nach ihrer Krankheit ein kleiner Schluck Brandy nötig sei und sie gleich wieder auf die Beine kommen würde. Sie zögerte, aber jemand stieß sie von hinten an und sie ging hinein. Ein Glas Brandy erfrischte sie wunderbar und ermöglichte es ihr, darüber nachzudenken, wozu sie gekommen war, und sich daran zu erinnern, wie schlecht sie behandelt wurde. Ein zweiter Schluck brachte Licht in ihre Augen und Bosheit in ihren Kopf, und sie hatte das

Gefühl, dass sie dem Teufel entgegentreten konnte und würde. „Ich werde es ihm geben; „Ich werde ihm beibringen, dass ich nicht mit Füßen getreten werden darf", sagte sie sich, während sie mannhaft zum Bühneneingang stolzierte und auf den Fersen ging, um jede Gangunsicherheit zu vermeiden.

Der Mann in der kleinen Kiste war alt und schwach. Er sagte, er würde der ersten Person, die hinunterginge, ihren Namen schicken; Aber Kate war nicht in der Stimmung, Verzögerungen hinzunehmen, und sie nutzte seine Unfähigkeit, sie aufzuhalten, stürmte durch die Schwingtür und begann den Abstieg über eine lange Treppe. Unter ihr befand sich die Bühne, und zwischen den Flügeln konnte sie die im Halbkreis angeordneten Mädchen sehen. Dick stand mit einem großen Stab in der Hand vor dem Rampenlicht und leitete die Bewegungen einer Prozession, die sich formierte; das Klavier klimperte fröhlich auf der OP-Seite.

'Herr. Chappel, bist du so gut, den Refrain „Just put this in your Pocket" noch einmal zu spielen? rief Dick und stampfte mit seinem Stab heftig auf die Bretter.

„Nun, Mädels, ich höre da hinten viel zu viel reden. Ich wage zu behaupten, dass es sehr amüsant ist; Aber wenn Sie versuchen würden, das Geschäftliche mit dem Angenehmen zu verbinden – wen habe ich nun in Abschnitt eins aufgenommen?

Kate zögerte einen Moment, vom Klang seiner Stimme überrascht, und sie konnte nicht umhin, an die Zeit zu denken, als sie Clairette spielte; Außerdem waren alle bekannten Gesichter da. Unser Leben bewegt sich wie im Kreis; Ganz gleich, welche seltsamen Wechselfälle wir durchleben, immer wieder geraten wir wieder in die wohlbekannten Bahnen, und Dick hatte bei der Gründung der jetzigen Firma natürlich auf die alten Hasen zurückgegriffen, die mit ihm durch das Land gereist waren. Es waren fast alle da. Mortimer stand mit seinen Locken und seinem langen Nasenflügel wie üblich in den Kulissen und machte bösartige Bemerkungen. Dubois stolzierte wie zuvor und erklärte mit schrägem Bischofshut, dass er kein weiteres Engagement als Sänger annehmen würde; Wenn die Menschen ihn nicht wirken ließen, müssten sie ohne ihn auskommen. Während Miss Leslie ihr gefärbtes Haar ordentlich unter ihrer Haube verstaut hatte, lächelte sie so freundlich wie eh und je. Beaumont allein schien zu fehlen, und Montgomery, in der ganzen Bedeutung eines künftigen Autors, schritt die Bühne auf und ab, offenbar in Gedanken versunken, während die Schöße eines Newmarket-Mantels immer noch um seine dünnen Beine flatterten ; und wenn er im Profil vor der Landschaft erschien, sah er, wie immer, aus wie der huschende Schatten, den eine riesige Zauberlaterne wirft.

Kate beobachtete sie mürrisch und umklammerte dabei das Treppengeländer. Die momentane Erweichung ihres Herzens, die durch die

Erinnerung an alte Zeiten hervorgerufen wurde, erlosch in der Bitterkeit des Gedankens, dass sie, die so viel bedeutet hatte, nun in eine Ecke gedrängt wurde, um vergessen oder verachtet zu leben. Warum probte sie nicht dort mit ihnen?, fragte sie sich. Sofort kam die Antwort. Weil Ihr Mann Sie hasst – weil er mit einer anderen Frau schlafen will. Dann polterte sie wie eine Verrückte die eiserne Wendeltreppe zur Bühne hinunter. Sie hörte nicht einmal, wie Mortimer und Dubois riefen, als sie sich vorbeidrängte: „Da ist Mrs. Lennox!"

Doch in der Mitte der Bühne sah sie sich um, entsetzt über die Stille und die Menschenmenge, und Dick riet ihr flüsternd, in der Hoffnung, sie zu beruhigen, nach oben in sein Zimmer zu gehen. Doch das war für sie das Signal, loszubrechen.

„Gehst du in dein Zimmer?" Sie schrie. 'Niemals! Glaubst du, dass ich hierher gekommen bin, um mit dir zu reden? Nein, ich verachte dich zu sehr. Ich hasse dich und ich möchte, dass jeder hier weiß, wie du mich behandelst.'

Mit stumpfem Blick untersuchte sie den Kreis der Mädchen, die in Gruppen flüsterten, als wollte sie sich an eines ganz bestimmte wenden, und einige wichen erschrocken zurück. Dick versuchte etwas zu sagen, aber es schien, dass der Klang seiner Stimme genügte.

„Geh weg, geh weg!" rief sie aus vollem Halse. 'Geh weg; fass mich nicht an! Gehen Sie zu Ihrer Frau – Mrs. Wald – geh zu ihr und sei verdammt, du Biest! Du weißt, dass sie hier für alles bezahlt. Du weißt, dass du –"

„Um Himmels willen, denken Sie daran, was Sie sagen", unterbrach Dick ihn und zitterte, als würde er um sein Leben zittern. Er warf einen besorgten Blick in die Runde, um zu sehen, ob die betreffende Dame in Hörweite war. Zum Glück war sie nicht auf der Bühne.

Der Chor drängte sich schüchtern nach vorne und sah in seinen Gehanzügen wie eine Schule aus. Die Zimmerleute hatten aufgehört zu hämmern und spähten von den Fliegen herab; Kate balancierte da und starrte die Menschen um sie herum blind an. Leslie und Montgomery versuchten in der Rolle alter Freunde, sie zu beruhigen, während Mortimer und Dubois leidenschaftlich darüber stritten, wann sie sie zum ersten Mal betrunken gesehen hatten. Die erste bestand darauf, dass sie ein wenig betrunken gewesen sei, als sie zu ihnen nach Hanley gekommen sei; Letztere erklärte, es habe mit dem Champagner an ihrem Hochzeitstag begonnen.

„Erinnerst du dich nicht, dass Dick mit einem zerkratzten Gesicht verheiratet war?"

„Nach dem gegenwärtigen Anschein zu urteilen", sagte der Komiker und zwang seine Worte langsam durch die Nase, „wird er wahrscheinlich damit sterben." Bei diesem Ausfall zogen sich drei Supers auf die Seiten zurück, und Dubois, wütend darüber, bei einem Scherz übertroffen zu werden, ging mit großer Wut davon und nannte Mortimer einen gefühllosen Rohling.

In der Zwischenzeit wurde der Streit unter den Betrunkenen immer wütender. Kate kämpfte verzweifelt mit ihren Freunden, machte auf das Heftpflaster in Dicks Gesicht aufmerksam und erklärte, dass sie es für ihn tun würde.

„Sehen Sie, was ich ihm letzte Nacht gegeben habe, und er hat es verdient." Oh! das Biest! Und ich werde ihm mehr geben; Und wenn du alles wüsstest, würdest du mir keine Vorwürfe machen. Er war es, der mich verführte, der mich dazu brachte, von zu Hause wegzulaufen, und er verlässt mich für andere Frauen. Aber er soll nicht, er soll nicht, er soll nicht; Ich werde ihn zuerst töten; Ja, das werde ich, und niemand wird mich aufhalten.'

Dick hörte zu, ganz gebrochen vor Scham für sich selbst und für sie; Als Entschuldigung für die Abwesenheit seiner Frau vom Theater hatte er Mortimer und Hayes gesagt, dass London nicht mit ihr einverstanden sei und dass sie die meiste Zeit am Meer verbringen müsse. Alle hatten ihm ihr Beileid ausgesprochen, und als sie in London nach einer zweiten Dame suchten, waren sich alle einig, dass Mrs. Lennox genau die Person war, die sie für die Rolle wollten. Schade, sagten sie, sie sei nicht in der Stadt. Im gegenwärtigen Augenblick wünschte Dick ihr die andere Seite Jordaniens. Soweit er wusste, würde sie ihn vielleicht den ganzen Tag anschreien, und wenn Mrs. Forest zurückkäme – nun, er wusste nicht, was passieren würde; Das ganze Spiel wäre dann aus dem Ruder gelaufen. Vielleicht wäre es das Beste, Montgomery von der Gefahr zu erzählen, in der sich sein Stück befand; er und Kate waren schon immer Freunde gewesen; sie könnte auf ihn hören.

Das waren Dicks Gedanken, als er schüchtern dastand und versuchte, den Blicken seiner Ballettmädchen auszuweichen. Er wusste beim besten Willen nicht, wohin er schauen sollte. Vor ihm war eine Wand aus Menschen, von der sich bestimmte Gesichter lösten. Er sah, wie sich Dubois' Mummbecher vor Freude weitete, bis das Grinsen einen Halbkreis um die Nase des Juden bildete. Mortimer sah mit der gespielten Ernsthaftigkeit eines gefolterten Heiligen in einem Buntglasfenster zu. Allen Mädchen stand Mitleid ins Gesicht geschrieben; Alle hatten Mitleid mit Dick, besonders eine große Frau, die sich selbst so völlig vergaß, dass sie ihre Arme um einen Oberkörper warf und an seiner Schulter schluchzte.

Aber Kate kam immer noch weiter voran, obwohl sie von Montgomery und Miss Leslie aufgehalten wurde. Die langen schwarzen Haare hingen in unordentlichen Büscheln herab; ihre braunen Augen waren von goldenen Lichtern durchzogen; Die grünen Farbtöne in ihrem Gesicht wurden in ihrer übermäßigen Blässe schmutzig und abscheulich, und sie wirkte eher wie ein Dämon als wie eine Frau, während ihre Schreie durch den leeren Saal hallten.

'Von Jove! „Wir sollten *Jane Eyre* unterbringen ", sagte Mortimer. „Wenn sie die Verrückte so spielen würde, hätten wir mit Sicherheit volle Zuschauerzahlen."

„Ich glaube dir", sagte Dubois; Doch in diesem Moment wurde er von einem heftigen Schrei unterbrochen, und plötzlich löste sie sich von denen, die sie festhielten, und stürzte sich auf Dick. Mit einer Hand packte sie ihn am Hals, und bevor irgendjemand eingreifen konnte, gelang es ihr, ihm beinahe das Hemd vom Rücken zu reißen.

Als sie endlich getrennt waren, stand sie starrend und keuchend da, jede Faser ihres Körpers war von Leidenschaft angespannt; aber sie brach nicht erneut aus, bis jemand in einem törichten Versuch, sie zu beruhigen, es wagte, sich auf ihre Seite zu stellen und ihren Mann anzuprangern.

„Wie sollte jemand wie du es wagen, ein Wort gegen ihn zu sagen!" Ich werde nicht hören, wie er beschimpft wird! Nein, werde ich nicht; Ich sage, er ist ein guter Mann. Ja ja! Er ist ein guter Mann, der beste Mann, der je gelebt hat!' rief sie und stampfte mit dem Fuß auf die Bretter: „Der beste Mann, der je gelebt hat!" Ich werde kein Wort gegen ihn hören! Nein, werde ich nicht! Er ist mein Ehemann; er hat mich geheiratet! Ja er hat; Ich kann mein Zertifikat vorweisen, und das ist mehr als jeder von Ihnen.

„Ich kenne euch, verdammt viele Schlampen!" Ich kenne Sie; Ich war selbst einer von euch. Du denkst, das war ich nicht. Nun, ich kann es beweisen. Du gehst und fragst Montgomery, ob ich nicht im ganzen Land Serpolette gespielt habe, und Clairette auch. Ich würde das gerne bei jedem von euch sehen, mit Ausnahme von Lucy, die mir immer eine gute Freundin war; aber den Rest von euch verachte ich wie den Dreck unter meinen Füßen; Glaubst du also, dass ich es dir erlauben würde – dass ich hierher gekommen bin, um zuzuhören, wie mein Mann misshandelt wird, und zwar von jemandem wie dir? Wenn er seine Fehler hat, ist er nur mir gegenüber verantwortlich.'

Hier musste sie aus Atemnot eine Pause einlegen; und Dick, der seinen Hemdkragen verfolgt hatte, der ins Rampenlicht gerollt war, richtete sich nun auf und verkündete mit seiner bühnenbeherrschenden Stimme, dass die Probe beendet sei. Einige der Mädchen blieben noch, wurden aber von den anderen weggewinkt, die sahen, dass die gegenwärtige Zeit nicht für die Diskussion über Stiefel, Strumpfhosen und Umkleidekabinen geeignet war. Es war niemand mehr übrig außer Leslie, Montgomery, Dick, Kate und Harding, der, seinen Schnurrbart zwirbelnd, offenbar mit größtem Interesse zusah und zuhörte.

„Oh, Sie haben keine Ahnung, was für eine nette Frau sie einmal war und ist, wenn dieser verfluchte Drink nicht gewesen wäre", sagte Montgomery, während ihm die Tränen über die Nase liefen. „Du erinnerst dich an sie, Leslie, nicht wahr? Ist das, was ich sage, nicht wahr? „Ich habe noch nie in meinem Leben eine Frau so sehr gemocht."

„Du warst also eine Freundin von ihr?" sagte Harding.

„Das glaube ich."

„Dann warst du nie – Ja, ja, ich verstehe. Eine kleine Freundschaft voller Liebe. Ja ja. Trägt sich vielleicht besser als der Originalartikel. Was denkst du, Leslie?'

„Nicht schlecht", sagte die Primadonna, „für Leute mit Appetitlosigkeit." Eine Art Diät, die für die Fastenzeit geeignet ist, denke ich."

'Ah! ein Titel für eine Kurzgeschichte, oder besser noch für eine Operette. Was denkst du, Montgomery? Soll ich Ihnen ein Buch mit dem Titel „ *Lovers in Lent*" oder „*A Lover's Lent*" vorlegen ? und Leslie wird –'

„Nein, das werde ich nicht. Keiner deiner vierzig Tage für mich.'

„Ich kann nicht verstehen, wie Sie weiter Unsinn reden können, während sich vor Ihren Augen eine so schreckliche Szene abspielt", rief der Musiker und zeigte auf Kate, die Dick nachrief, während sie ihm stolpernd die Treppe zum Bühneneingang hinauf folgte.

„Also, was soll ich tun?"

„Sie wird ihn auf der Straße blamieren."

„Dafür kann ich nichts. Ich mische mich nie in eine Liebesaffäre ein, und das hier ist offensichtlich die große Leidenschaft eines Lebens."

Montgomery warf dem Romanautor einen empörten Blick zu und eilte seinen Freunden hinterher; doch als er den Bühneneingang erreichte, erkannte er die Nutzlosigkeit seines Eingreifens.

Es war in der engen Straße; die Hitze schwüle zwischen den alten Häusern, die wie alte Frauen auf Krücken auf den riesigen schwarzen Querbalken lehnten und ruhten; und Kate tobte gegen Dick in einer Sprache, die angesichts der Bühnenschreiner, der Chorsängerinnen und der Müßiggänger, die ein Theater sammelt, wenn sie mit einem Fuß in der Gosse stehen, wo Pflanzenabfälle aller Art verfaulen, schrecklich anzuhören war . Ihr wunderschönes schwarzes Haar hing nun wie eine Mähne über ihre Schultern; Jemand war auf ihr Kleid getreten und hätte es ihr beinahe von der Taille gerissen, und voller Neugier spähten Frauen mit gefärbten Haaren aus einem verdächtig aussehenden Tabakladen. Auf der anderen Straßenseite stand unter einem überhängenden Fenster ein Orangenstand; Die Besitzerin stand da und schaute zu, während eine Schar von Kindern, die wie Ungeziefer aussahen, herbeistürmte, entzückt über die Aussicht, eine geschlagene Frau zu sehen. Ganz in der Nähe, in Hemdsärmeln, öffnete der Kneipenjunge die Tür des Wirtshauses, teils um Kunden anzulocken, teils in der Absicht, ein wenig Luft in den Schankraum zu lassen.

„Oh, Kate! „Ich bitte Sie, dort nicht hineinzugehen", sagte Dick; 'du hattest genug; Komm doch nach Hause!'

'Komm nach Hause!' schrie sie, „und mit dir, du Biest!" Du warst es, der mich verführt hat, der mich von meinem Mann weggebracht hat.'

Dies löste in der Menge große Belustigung aus, und mehrere Stimmen fragten nach Informationen.

„Und wie hat er das geschafft, Mistkerl?" sagte einer.

„Mit einer Flasche Gin. Was denken Sie?' rief ein anderer.

Es gab Momente, in denen Dick sich danach sehnte, dass sich die Erde öffnete; aber er versuchte trotzdem weiterhin, Kate daran zu hindern, das Wirtshaus zu betreten.

'Ich werde trinken! Ich werde trinken! Ich werde trinken! Und nicht, weil es mir gefällt, sondern um dich zu ärgern, weil ich dich hasse.'

Als sie herauskam, schien sie etwas ruhiger zu sein, und Dick bemühte sich sehr, sie zu überreden, in ein Taxi zu steigen und nach Hause zu fahren. Aber der bloße Klang seiner Stimme, sein bloßer Anblick schien sie zu erregen, und nach wenigen Augenblicken begann sie mit der üblichen Ansprache. Mehrmals wurde die Versuchung, wegzulaufen, fast unwiderstehlich, aber mit einer edlen Willensanstrengung zwang er sich, bei ihr zu bleiben. In der Hoffnung, einen Teil der Lächerlichkeit zu vermeiden, mit der er so großzügig überschüttet wurde, bat er sie, die Drury Lane weiterzuführen und nicht in den Strand abzusteigen.

„Du willst nicht mit mir gesehen werden; Ich weiß, Sie würden lieber mit Mrs. Forest dorthin gehen. Du denkst, ich werde dich blamieren. Dann kommen Sie doch mal vorbei.

„Seht mich hier an! Schaut mich dort an!
Kritisiert mich überall! Ich bin von Kopf bis Fuß so süß und vollkommen und vollkommen."

„Genau, alte Frau, gib uns ein Lied." „Sie kennt das Spiel", antwortete ein anderer.

Dick nahm seinen großen Hut vom Kopf, wischte sich über das Gesicht, und als würde Kate seine extreme Verzweiflung ahnen, hörte Kate auf zu singen und zu tanzen, und die Prozession zog schweigend an mehreren verschiedenen Weinhandlungen vorbei. Erst als sie bei Short ankamen, erklärte sie, sie würde verdursten und müsse etwas trinken. Dick verbot dem Barmann, sie zu bedienen, und überzog sich selbst mit den schockierendsten Misshandlungen. Da er wusste, dass er in der Gaiety-Bar sicher eine Menge seiner „Freunde" treffen würde, setzte er alles daran, sie davon zu überzeugen, die Straße zu überqueren und der Sonne zu entfliehen.

„Belästige mich nicht mit deiner Sonne", rief sie mürrisch; Und dann, als wäre ihr die Bedeutung des Wortes aufgefallen, sagte sie: „Aber es war kein Sohn, es war eine Tochter; erinnerst du dich nicht?'

„Oh, Kate! Wie kannst du so sprechen?'

„So sprechen? Ich sage, es war eine Tochter, und sie ist gestorben; Und du hast gesagt, es sei meine Schuld, wie du sagst, alles ist meine Schuld, du Biest! du giftiges Biest! Ja, sie ist gestorben. Es war schade; Ich hätte sie lieben können.'

In diesem Moment spürte Dick, wie eine schwere Hand auf seine Schulter geschlagen wurde, und als er sich umdrehte, sah er einen seiner Kumpel.

„Was, Dick, mein Junge! Eine betrunkene Chordame; Versuchen Sie, sie nach Hause zu bringen? Immer bereit für eine wohltätige Aktion.'

'NEIN; sie ist meine Frau.'

„Ich bitte um Verzeihung, alter Junge; Du weißt, dass ich es nicht so gemeint habe;' und der Mann verschwand in der Bar.

„Ja, ich bin seine Frau", schrie Kate ihm nach. „Zumindest so viel habe ich aus ihm herausbekommen; und ich spielte die Serpolette in den *Cloches* .'

„Schau mich hier an, sieh mich dort an"

Sie sang, flirtete mit ihrem abscheulichen Rock und amüsierte sich über den Applaus der Raufbolde. „Aber ich werde hier etwas trinken gehen", sagte sie und brach plötzlich ab.

„Nein, das kannst du nicht, meine gute Frau", sagte der stämmige Wächter an der Tür.

„Und warum – warum nicht?"

„Das spielt keine Rolle. Mach weiter, sonst muss ich dir die Verantwortung übertragen.'

Kate war noch nicht so betrunken, dass die Worte „verantwortlich" sie nicht erschreckten, und sie antwortete ganz bescheiden: „Ich bin hier mit – meinem Mann, und da Sie so unverschämt sind, ich." werde woanders hingehen.'

Als sie am nächsten Ort ankamen, protestierte Dick nicht dagegen, dass man ihr etwas servierte, sondern wartete im Vertrauen auf das Ergebnis, bis sie ihre vier Gläser Gin getrunken hatte und ihm in die Arme fiel. Sie schüttelte sich ab, starrte ihn an, und als er ihn vollständig erkannte, verfluchte sie ihn für seine verdammte Einmischung. Sie konnte sich nun kaum mehr gerade auf den Beinen halten und fiel, nachdem sie noch ein paar Meter weiter taumelte, hilflos auf das Pflaster.

Er rief ein Taxi, packte sie hinein und fuhr davon.

XXVII

„Oh, Dick, mein Lieber, was habe ich gestern gemacht? Erzähl mir von gestern. War ich sehr gewalttätig? Und diese Wunden in deinem Gesicht, das habe ich nicht getan; Sag mir nicht, dass ich es getan habe. Dick, Dick, wirst du mich verlassen?'

„Ich muss mich um mein Geschäft kümmern, Kate."

„Ah, Ihr Geschäft! Dein Geschäft! Mrs. Forest ist Ihr Geschäft; Du hast jetzt kein anderes Geschäft als sie. Und das ist es, was mich zum Trinken treibt.'

„Oh, Kate, fang nicht noch einmal an. Ich habe eine Probe———'

„Ja, die Probe ihrer Oper und Montgomerys Musik." Ich dachte tatsächlich, er sei mein Freund; Dennoch vertont er ihre Oper, und während er sie komponierte, erzählten Sie mir Lügen über *Chilpéric*, indem Sie sagten, dass ich die Fredegonde und alle Hauptrollen beim großen Hervé-Festival spielen sollte, dass der Amerikaner – aber es gab keinen Amerikaner. Es war grausam von dir, Dick, mich hier einzusperren und niemanden zum Reden zu haben; nichts anderes zu tun, als stundenlang auf dich zu warten, und wenn du nach Hause kommst, hörst du nichts von dir als Lügen, nichts als Lügen! *Chilpéric, Le Petit Faust, L'Oeil Créve, Trône d'Écosse, Marguerite de Navarre, La Belle Poule* . Und all die Musik, die ich gelernt habe, in der Hoffnung, dass ich sie singen darf; Und doch erwartest du, dass eine Frau, die auf diese Weise betrogen wird, auf Alkohol verzichten kann. Du treibst mich dazu, Dick. Ein Engel vom Himmel würde nicht auf Alkohol verzichten. Gehen Sie morgens zu Mrs. Forest – in ihre Oper.'

„Aber Kate, es gibt nichts zwischen mir und Mrs. Forest. Sie ist eine sehr kluge Frau, und ich spiele ihre Oper für sie. Wie sollen wir leben, wenn Sie zwischen mir und meinem Geschäft stehen?

„Frauen zu machen ist deine Sache", antwortete Kate plötzlich.

„Nun, lasst uns nicht darüber streiten", antwortete Dick. Er band die Schnürsenkel seiner Schuhe zu und suchte nach seinem Hut.

„Du gehst also", sagte sie; „Und wann werde ich dich wiedersehen?"

„Ich werde versuchen, zum Abendessen nach Hause zu kommen."

'Wie viel Uhr?'

„Nicht vor acht."

„Ich werde dich nicht vor zwölf sehen", antwortete sie, und als sie hörte, wie sich die Tür hinter ihm schloss, verspürte sie einen traurigen Niedergang, einen traurigen Niedergang, den sie ertragen musste, bis sie seinen Schlüssel hörte, und das würde nicht der Fall sein Es wird viele Stunden dauern, vielleicht erst um Mitternacht. Sie wusste nicht, wie sie all diese Stunden ertragen sollte; Ein paar davon auszuschlafen wäre das Beste, was sie tun konnte, und mit dieser Absicht zog sie die Jalousie herunter, warf sich auf das Bett und blieb bis zum Nachmittag zwischen Schlafen und Wachen liegen. Dann fühlte sie sich etwas besser, klingelte und bat um eine Tasse Tee. Es schmeckte sehr fade, aber sie schluckte es hinunter, so gut sie konnte, verzog das Gesicht und fühlte sich elender als je zuvor; Sie hatte Angst, auf das Gestern zurückzublicken, hatte Angst, auf das Morgen zu blicken, und dachte an die Vergangenheit, an die glücklichen Tage, als Montgomery kam und ihr das Singen beibrachte, und an ihre Triumphe in der Rolle der Clairette; in Serpolette war sie genauso erfolgreich; Die Leute in Serpolette hatten sie gemocht, und um sich deutlicher an diese Tage zu erinnern, öffnete sie eine Schachtel, in der sie ihre Souvenirs aufbewahrte: eine verwelkte Blume, eine kaputte Zigarettenspitze, zwei oder drei alte Knöpfe, die von seiner Kleidung gefallen waren, und ein Schloss aus Haaren, und darunter lag der Preis der Preise: eine Kette falscher Perlen. Sie liebte es, sie durch ihre Finger laufen zu lassen und sie an ihrem Hals zu sehen. Sie behielt immer noch die Kleider, die sie in ihren beiden Lieblingsteilen trug, die Strümpfe und die Schuhe, und da sie nichts zu tun hatte und keine Möglichkeit hatte, sich die Zeit zu vertreiben, überlegte sie, sich in die Kleidung ihrer glücklichen Tage zu kleiden und sie zu präsentieren Die Dienerin brachte ihr Abendessen, ein Schauspiel, das Emma fast dazu brachte, die Schüssel mit dem kalten Hammelfleisch fallen zu lassen.

„Herr, Frau Lennox, ich dachte, ich sehe einen Geist; Du in diesem weißen Kleid, oh, was für schöne Kleider!'

„Das waren die Klamotten, die ich immer trug, wenn ich auf der Bühne stand.“

„Aber Herrgott, Mama, warum bist du jetzt nicht auf der Bühne?“

Kate begann, der Dienerin ihre Geschichte zu erzählen, die zuhörte, bis eine Glocke läutete, und sie sagte:

„Das ist Herr So und So, der nach seiner Frau klingelt; Ich muss rennen und mich darum kümmern. „Du musst mich entschuldigen, Mama.“

Das kalte Hammelfleisch und die feuchten Kartoffeln weckten ihren Appetit nicht, und als sie sich selbst im Glas erblickte, kamen ihr bittere Gedanken über das Unrecht in den Sinn, das ihr angetan wurde. Die winzigen Nasenlöcher weiteten sich und die Oberlippe zog sich zusammen, und zehn Minuten lang stand sie da und griff nervös mit den Händen nach der Stuhllehne. die Eckzähne waren zu sehen, denn der Plan der Rache wuchs ihr in den Sinn. „Er wird erst um Mitternacht zurück sein; Und das alles, während er mit Leslie und Mrs. Forest oder vielleicht einem neuen Mädchen zusammen ist. Doch wenn er zu mir zurückkehrt, wenn er erschöpft ist, erwartet er, mich nüchtern und erfreut vorzufinden, ihn zu sehen. Aber er wird mich nie nüchtern oder erfreut sehen, ihn wiederzusehen.' Mit diesen Worten ging sie durch das Zimmer zum Kamin, und als sie ihre Hand in den Kamin steckte, holte sie eine Flasche Old Tom herunter und saß launisch da, nippte an Gin und Wasser, bis sie hörte, wie sein Schlüssel im Schloss steckte.

„Er ist früher zurück als ich erwartet hatte", sagte sie.

Dick trat auf seine gewohnt bedächtige, elefantenhafte Art ein. Kate machte kein Zeichen, bis er Platz genommen hatte, dann fragte sie, was es Neues gäbe.

Es kam offensichtlich nicht in Frage, ihr zu sagen, dass er mit einem der Mädchen zum Tee gewesen war; Zu erklären, wie er Mrs. Forest zu allen möglichen theatralischen Torheiten überredet hatte, war ebenfalls nicht als Nachrichtenthema zu betrachten, und was die Möglichkeit anging, aus den übrigen Pflichten des Tages ein Gespräch zu machen, verstand er wirklich nicht war es zu tun. Miss Howard hatte die ganze Prozession dadurch gestört, dass sie nicht auf seine Anweisungen gehört hatte; Obwohl Miss Adair die Räuberin der Ultramarinberge spielte, hatte sie gedroht, ihre Rolle aufzugeben, wenn sie ihre Diamantohrringe nicht tragen dürfe. Der Tag war vergangen, um über solche Fragen zu entscheiden, war vergangen, um diese höllischen Mädchen zu trainieren; Und welches Interesse könnte es haben, alles noch einmal durchzugehen? Außerdem wusste er nie, wie oder wo er sich selbst verraten könnte, und Kate war so schnell darin, das kleinste Wort aufzuschnappen und es in außergewöhnliche Bedeutungen zu verwandeln, dass er wirklich lieber über etwas anderes reden würde.

„Ich kann nicht verstehen, wie man den ganzen Tag draußen sein kann, ohne etwas gehört zu haben." Es liegt daran, dass Sie mich hier unter Verschluss halten und mir nichts von Ihrem Treiben verraten wollen. aber ich werde morgen ins Theater gehen und es dir ausreden.'

„Meine Liebe, ich versichere dir, dass ich den ganzen Tag bei der Probe war. Die Mädchen kennen ihre Musik noch nicht und das macht mich in meinem Bühnenarrangement fertig. Ich gebe Ihnen mein Wort: Das ist alles, was ich heute gehört oder gesehen habe. Ich habe nichts vor dir zu verbergen.'

„Du bist ein Lügner, und das weißt du!"

Es folgten Schläge und Schreie.

„Ich werde dieser Frau die Nase abreißen; Ich weiß, dass ich es tun werde!'

„Ich gebe dir mein Wort, meine Liebe, dass ich den ganzen Tag mit Montgomery und Harding zusammen war, um die Sache zu klären."

„Schneiden Sie das Stück! Und ich würde gerne wissen, warum ich nicht in diesem Stück dabei bin. Ich nehme an, du warst es, der mich davon abgehalten hat. Oh, du Biest! Warum hattest du jemals etwas mit mir zu tun? Du bist es, der mich ruiniert. Glaubst du, ich sollte trinken, wenn du nicht wärst? Ich nicht – es war alles deine Schuld."

Dick machte keinen Versuch zu antworten. Er war sehr müde. Kate setzte ihren Marsch durch den Raum einige Augenblicke lang schweigend fort, aber er konnte an dem Zucken ihres Gesichts und dem Schwingen ihrer Arme erkennen, dass der Sturm bald ausbrechen würde. Dann sagte sie:

„Du gehst und holst mir etwas zu trinken; Ich hatte den ganzen Abend nichts.'

„Oh, Kate, meine Liebe! Ich bitte –'

„Oh, das wirst du nicht, nicht wahr?" „Das werden wir sehen", antwortete sie, während sie sich im Raum nach dem schwersten Gegenstand umsah, den sie bequem nach ihm werfen konnte.

Als Dick erkannte, wie sinnlos es wäre, ihr in ihrer gegenwärtigen Stimmung zu widersprechen, erhob er sich und sagte hastig:

„Jetzt hat es keinen Sinn, sich einer Leidenschaft hinzugeben, Kate. Ich werde gehen, ich werde gehen.'

„Du solltest es besser tun, das kann ich dir sagen."

„Was soll ich dann bekommen?"

„Holen Sie mir ein halbes Pint Gin und beeilen Sie sich – ich verdurste."

Sogar Dick, der mittlerweile an diese Szenen gewöhnt war, konnte einen Blick nicht unterdrücken, in dem sich gleichzeitig Mitleid, Erstaunen und Angst mischten, so absolut dämonisch wirkte diese kleine Frau, als sie im wässrigen Licht der Herberge tobte Blähungen, ihr dunkler Teint nahm eine stumpfe grünliche Blässe an. Durch den starken Kontrast erinnerte sie ihn an die sanftäugige Arbeiterin, die er in der Wäscherei in Hanley gekannt hatte, und er fragte sich, ob es möglich war, dass sie und dieses wütende Geschöpf in ihrer Leidenschaft eher einem Tiger ähnelten als einem Mensch, war ein und dieselbe Person? Er konnte nicht anders, als sich zu wundern. Aber ein weiterer Schrei ertönte und forderte ihn auf, sich zu beeilen, sonst würde es noch schlimmer für ihn werden. Er senkte den Kopf und ging, um den Gin zu holen.

In der Zwischenzeit stieg, knisterte und brannte Kates Zorn mit der Heftigkeit eines Hauses im Brandfall, und in der Rauchwolke des Hasses, die sie umhüllte, schossen nur Bruchstücke von Ideen und Empfindungen wie fallende Funken durch ihren Geist. Sie ging im Zimmer auf und ab und schwang die Arme, nur zögernd, nach einem neuen Gegenstand zu suchen, an dem sie neuen Zorn entfachen könnte. Plötzlich wurde ihr klar, dass Dick zu lange weg gewesen war – dass er sie absichtlich warten ließ; und knirschend mit den Zähnen murmelte sie:

„Oh, das Biest! Würde er – würde er mich warten lassen, und seit heute Morgen um neun bin ich allein!'

Im Nu war ihr Entschluss gefaßt. Es kam ihr mürrisch und stumpf vor, wie der Racheinstinkt eines Tieres. Sie dachte nicht darüber nach, was sie tat, sondern ergriff einen großen Stock, den Stiel einer Bürste, der zufällig zerbrochen war, und stellte sich oben auf den Treppenabsatz. Ein fieberhaftes Zittern erschütterte sie, während sie im Halbdunkel der Treppe wartete. Aber schließlich hörte sie, wie sich die Tür öffnete, und Dick kam langsam mit seinem gewohnt schweren Schritt heran. Sie machte weder ein Zeichen noch rührte sie sich, sondern ließ ihn an sich vorbei, dann hob sie den Besenstiel und versetzte ihm einen Schlag auf den Rücken. Der arme Mann stieß einen langen Schrei aus, und man hörte das Krachen von Glasscherben.

„Warum hast du mich so geschlagen?" schrie er und hielt sich mit beiden Händen fest.

„Du Biest, du! Ich werde dir beibringen, mich warten zu lassen! Das würdest du,   ja!
Möchtest du ein weiteres? Geh ins Wohnzimmer.'

Dick gehorchte demütig und schweigend. Seine einzige Hoffnung bestand darin, dass die Wirtin nicht geweckt worden war, und er tastete unruhig in seine Taschen, durch die er spürte, wie der Gin an seinen Beinen heruntertropfte.

„Na, hast du das Getränk mitgebracht, das ich dir geschickt habe? Wo ist es?'

„Nun", antwortete Dick, der sich um jeden Preis versöhnen wollte, „es war in meiner Tasche, aber als du mich mit dem Stock geschlagen hast, hast du es zerbrochen."

'Ich habe es kaputt gemacht?' rief Kate, ihre Augen glänzten vor Feuer.

„Ja, Liebes, das hast du; es war nicht meine Schuld.'

„War nicht deine Schuld!" Oh, du schrecklicher Kerl! Du hast es absichtlich dort   hingelegt,   damit
ich es zerbreche.'

„Oh, jetzt wirklich, Kate", rief er, schockiert über die Ungerechtigkeit der Anschuldigung, „wie konnte ich wissen, dass du mich dort schlagen würdest?"

„Ich weiß es nicht und es ist mir auch egal; Was geht mich das an? Aber ich bin mir sicher, dass Sie mich immer ärgern wollen, dass Sie mich hassen, dass Sie mich tot sehen möchten, damit Sie Mrs. Forest heiraten können.'

„Ich kann mir nicht vorstellen, wie man so etwas sagen kann." Ich habe Ihnen oft gesagt, dass Mrs. Forest und ich –"

'Oh! Störe mich nicht. Ich bin nicht so ein Idiot. Ich weiß, dass sie dich behält, und sie muss mir heute Abend einen Drink zahlen. Geh und hol dir noch eine Flasche Gin; Und denken Sie daran, es mit dem Geld zu bezahlen, das sie Ihnen heute gegeben hat. Ja, sie soll mir heute Abend einen Drink anbieten!'

„Ich gebe Ihnen mein Wort, ich habe kein weiteres Pennystück bei mir; es ist nur der Unfall –'

Aber Dick hatte keine Zeit, den Satz zu beenden; Er wurde durch einen heftigen Schlag ins Gesicht unterbrochen, und wie ein Panther, der Blut geleckt hat, stürzte sie sich erneut auf ihn und schrie dabei: „Oh, du hast kein Geld!" Du Lügner! Du Lügner! Du willst mich also glauben machen, dass sie dir kein Geld gibt, dass du kein Geld von ihr in deiner Tasche hast. Du würdest alles für dich behalten; Aber das sollst du nicht, nein, das sollst du nicht, denn ich werde es dir entreißen und es dir ins Gesicht werfen! Oh, dieses dreckige Geld! dieses dreckige Geld!'

Die Geduld, mit der er sie ertragen konnte, war wirklich engelhaft. Er hätte sie leicht mit einem Schlag zu Boden werfen können, aber er begnügte sich damit, lediglich die Schläge abzuwehren, die sie auf ihn richtete. Aufgrund seiner großen Größe und Kraft war er dazu leicht in der Lage, und sie schlug mit ihren kleinen Frauenarmen nach ihm, als würde sie gegen eine Tür schlagen.

„Nimm deine Hände runter", schrie sie, bis zum Äußersten verärgert. „Du würdest mich schlagen, oder? Du Biest! Das würdest du, das weiß ich."

Ihre Wut hatte jetzt ihren Höhepunkt erreicht. Sie zeigte ihre zusammengebissenen Zähne, Schaum stand ihr vor dem Mund, die blutunterlaufenen Augen traten aus ihren Höhlen und ihre Stimme wurde immer rauer und unharmonischer. Aber obwohl das aufgeregte Gehirn den Muskeln Kraft und dem Willen Energie gab, konnte sie unbewaffnet nichts gegen Dick ausrichten, und als sie sich dessen plötzlich bewusst wurde, stürzte sie zum Kamin und ergriff den Schürhaken. Mit einer einzigen Armbewegung räumte sie den Kaminsims ab, und der Spiegel traf einen gewaltigen Schlag, als sie mit ihrer Waffe schwenkend um den Tisch herumging; Doch ohne Rücksicht auf das zerbrochene Glas folgte sie Dick, der sich weiterhin geschickt mit einem Stuhl verteidigte. Und es ist schwer zu sagen, wie lange dieser Kampf gedauert hätte, wenn Dicks Aufmerksamkeit nicht durch den Blick auf das Gesicht der Wirtin an der Tür unterbrochen worden wäre; und die Bestürzung der Frau, als sie ihre zerbrochenen Möbel sah, berührte ihn so sehr, dass er vergaß, sich vor dem Schürhaken zu schützen. Kate nutzte die Gelegenheit und wirbelte die Waffe um ihren Kopf. Er sah, wie es rechtzeitig herabkam, und wehrte den Schlag halb ab; aber es traf mit schrecklicher Wucht auf den Unterarm und verursachte beim Abprallen eine schwere Kopfwunde. Die Vermieterin schrie „Mord!" und Dick, der sah, dass die Dinge zu einer Krise gekommen waren, stürzte sich auf seine Frau und fesselte sie, ohne sich von Schreien und Kämpfen abschrecken zu lassen, und zwang sie, sich auf einen Stuhl zu setzen.

'Oh je! Oh je! „Sie bluten alle, Sir", rief die Wirtin; „Sie hat dich fast getötet."

„Kümmere dich nicht um mich. Aber was sollen wir tun? Ich glaube, sie ist dieses Mal verrückt geworden.'

„Das denke ich", sagte die Wirtin und versuchte, sich trotz Kates Schreien Gehör zu verschaffen.

„Na dann geh und hol einen Arzt und lass uns hören, was er zu sagen hat", antwortete Dick, als er seinen Griff um Kates Arm änderte, denn in einem verzweifelten Kampf war es ihr fast gelungen, sich zu befreien. Die Wirtin zog sich hastig zur Tür zurück.

„Na, gehst du?"

„Ja, ja, ich renne sofort."

„Das solltest du besser", schrie die Verrückte hinter ihr her. „Ich gebe es dir! Lass mich gehen! Lass mich gehen, ja?'

Doch Dick ließ seinen Griff nicht los, und das Blut, das auf sie tropfte, tropfte in großen Tropfen in ihre Ohren und hinunter in ihren Hals und Busen.

„Du spuckst mich an, du Biest!" Du dreckiges Biest! Ich werde dich dafür bezahlen.' Dann erkannte sie, dass es Blut war; Der Tonfall ihrer Stimme veränderte sich und voller Angst schrie sie: „Mord!" Mord! Er bringt mich um! Ist hier niemand, der mich rettet?'

Die Minuten kamen mir wie Ewigkeiten vor. Dick spürte, wie er ohnmächtig wurde, aber sollte er die Macht über sie verlieren, bevor der Arzt eintraf, könnten die Folgen für ihn tödlich sein, also kämpfte er sein ganzes Leben lang mit ihr.

Schließlich wurde die Tür geöffnet und ein Mann betrat den Raum, wobei er über ein Stück des zerbrochenen Spiegels stolperte. Es war der Arzt, und da er es gewohnt war, über nichts Überraschung zu zeigen, konnte er beim Anblick der Szene um ihn herum einen Ausdruck des Entsetzens nicht unterdrücken.

Die Wohnung war fast abgerissen; Stühle lagen ohne Rückenlehne auf dem Boden inmitten von Schäferinnen und Toreadoren aus Porzellan; Bilder wurden über das Sofa geworfen, und ein riesiger Haufen Wachsfrüchte – Äpfel und violette Weintrauben – spiegelte sich teilweise in einem großen Spiegelstück, das über den Kaminvorleger gefallen war.

„Komm, hilf mir, sie zu halten", sagte Dick und hob sein blutbeflecktes Gesicht.

Mit einer schnellen Bewegung ergriff der Arzt Kates Arme. „Gib mir ein Laken aus dem Nebenzimmer; Ich werde sie bald schnell machen.'

Die Androhung einer Fesselung zeigte Wirkung. Kate wurde ruhiger und nach einiger Mühe gelang es ihnen, sie in das Nebenzimmer zu tragen und auf das Bett zu legen. Dort rollte sie krampfhaft herum und schlug mit den Armen auf die Kissen. Die Wirtin stellte sich an die Tür, um jeden weiteren Wutanfall zu melden, während Dick dem Arzt die Umstände des Falles erläuterte.

Nach einer kurzen Beratung stimmte er zu, eine Anordnung zu unterzeichnen, in der er erklärte, dass Mrs. Lennox seiner Meinung nach eine gefährliche Verrückte sei.

„Wird das ausreichen", sagte Dick, „um sie in eine Anstalt zu bringen?"

„Nein, Sie müssen die Meinung eines anderen Arztes einholen."

Die Möglichkeit, sich von ihr befreien zu können, war für ihn wie der plötzliche Beginn eines neuen Lebens, und Dick stürzte, blutend, abgezehrt und wild aussehend, wie er war, um einen anderen Arzt aufzusuchen, der dem Urteil zustimmen würde Der erste fragte sich, ob es möglich sei, Kate in ihrer gegenwärtigen Situation zu sehen und gewissenhaft zu sagen, dass sie eine Person sei, der man ihre Freiheit getrost anvertrauen könne? Und zu seiner großen Freude wurde diese Ansicht von der zweiten befragten Autorität vertreten, und nachdem er seine Frau hinter Schloss und Riegel gestellt hatte, legte sich Dick als glücklicherer Mann zur Ruhe, als er es seit vielen Tagen gewesen war. Die Position in seinem Kopf war natürlich das Mittel, das er ergreifen sollte, um sie in die Anstalt zu bringen. An Gewalt war nicht zu denken; Überzeugungsarbeit muss zuerst versucht werden. Soweit stand er fest, doch über die Argumente, die er vorbringen sollte, um sie zum Verzicht auf ihre Freiheit zu bewegen, wusste er nichts, und er versuchte auch nicht, irgendeinen Plan zu formulieren, und als er am nächsten Morgen das Schlafzimmer betrat, verließ er sich eher auf die

Hoffnung darauf Ich finde, dass sie reuig ist, appelliert mehr an ihre Reuegefühle und bearbeitet sie als alles andere. „Das Ganze“, wie er es ausdrückte, „hing von der Stimmung ab, in der er sie finden würde.“

Und er fand sie mit noch Blutflecken im Gesicht inmitten der zerbrochenen Möbel, und sie fragte ruhig, aber mit großer Rührung:

„Dick, hat er gesagt, ich sei verrückt?“

„Nun, mein Lieber, ich weiß nicht, ob er gesagt hat, du wärst verrückt, außer wenn du der Schlimmste wegen Alkohol warst, aber er hat gesagt –“

„Dass ich verrückt werde“, warf sie ein, „wenn ich nicht auf Alkohol verzichte.“
Hat er das gesagt?'

„Nun, es war so etwas in der Art, Kate. Du weißt, dass ich gerade noch mit dem Leben davongekommen bin.'

„Bin gerade mit dem Leben davongekommen, Dick!“ Oh, wenn ich dich getötet hätte, wenn ich dich getötet hätte! Hätte ich dich tot zu meinen Füßen liegen sehen!' Da sie nicht weiter nachdenken konnte, fiel sie auf die Knie und streckte ihre Arme nach ihm aus. Aber er nahm sie nicht an seine Brust, und sie schluchzte, bis er, tief berührt im Herzen, sich bemühte, sie mit freundlichen Worten zu trösten, wobei er jedoch nie vergaß, einen Hinweis darauf zu geben, dass sie für ihre Taten nicht verantwortlich war.

„Dann bin ich wirklich regelrecht sauer?“ sagte Kate und hob ihr tränenüberströmtes Gesicht von ihren Armen. „Hat der Arzt das gesagt?“

Diese Frage war viel zu direkt, als dass Dick sie hätte beantworten können; es wäre besser, zweideutig zu sein.

„Na, meine Liebe – verrückt? Er hat nicht gesagt, dass du immer verrückt bist, aber er hat gesagt, dass du anfällig für Anfälle bist und dass, wenn du nicht aufpasst, dir diese Anfälle zufallen und du …“

Dann zögerte er, wie er es immer vor einer direkten Aussage tat.

„Aber was hat er gesagt, was ich tun muss, um gesund zu werden?“

„Er riet Ihnen, in ein Heim zu gehen, in dem Sie keinen Alkohol bekommen könnten und in dem Sie betreut würden.“

„Du meinst ein Irrenhaus. Du würdest mich nicht in ein Irrenhaus stecken, Dick?'

„Ich würde dich nirgendwo hinbringen, wo du nicht hingehen möchtest; aber er sagte nichts von einem Irrenhaus.'

„Was hat er dann gesagt?“

„Er sprach lediglich von einem dieser Häuser, die unter ärztlicher Aufsicht stehen und in die jeder gehen und eine Zeit lang leben kann; eine Art Krankenhaus, wissen Sie.'

Der Streit dauerte eine Stunde oder länger. Kate weinte und protestierte dagegen, als verrückte Frau eingesperrt zu werden; Während er sich der starken Macht bewusst war, die er über sie hatte, erinnerte er sie auf tausend Arten an die Gefahr, in der sie lief, eines Morgens aufzuwachen und sich als Mörderin zu finden. Dennoch ist es schwierig, jemanden davon zu überzeugen, freiwillig eine Irrenanstalt zu betreten, egal wie unwiderlegbar die vorgebrachten Gründe auch sein mögen, und das geschah erst, als Dick ihr auf der einen Seite geschickt mit der Trennung drohte und sie auf der anderen Seite mit der Hoffnung auf ein Leben in Versuchung führte Nachdem sie von ihrem Laster geheilt war und seitdem glücklich mit ihm zusammenlebte, stimmte sie zu, Dr. ——s private Anstalt, Craven Street, Bloomsbury, zu betreten. Aber selbst dann war der Kampf nicht gewonnen, denn als er vorschlug, sofort dorthin zu gehen, bekam er beinahe einen weiteren Anfall von Leidenschaft. Es war nur die extreme Mattigkeit und Schwäche, die die Exzesse der letzten Nacht hervorgerufen hatten, die ihn rettete.

„Oh, Dick, mein Lieber! Wenn du nur wüsstest, wie sehr ich dich liebe! Ich würde meinen letzten Tropfen Blut geben, um dich vor Schaden zu bewahren.'

„Ich weiß, dass du das tun würdest, Liebes; „Es ist die Schuld dieses verdammten Getränks", antwortete er, sein Herz war angespannt in der Hoffnung, sie loszuwerden. Dann begann das Packen. Kate saß trostlos auf dem Sofa und sah zu, wie Dick ihre Kleider und Unterröcke zusammenfaltete. Es kam ihr so vor, als sei alles zu Ende, und müde sammelte sie die Perlen ein, die beim Geplänkel der letzten Nacht verstreut worden waren. Einige waren zertreten worden, andere waren verloren gegangen, und nur etwa die Hälfte der ursprünglichen Zahl konnte gefunden werden, und Kate weinte und rang die Hände, geschüttelt vor Nervosität und Mattigkeit. Dick saß neben ihr, freundlich, riesig und gleichgültig wie die Welt selbst.

„Aber du kommst und besuchst mich? Du versprichst mir, dass du kommen wirst – dass du sehr oft kommen wirst.'

„Ja, Liebes, ich komme zwei- oder dreimal pro Woche; aber ich hoffe, dass es dir bald wieder gut geht – sehr bald.'

XXVIII

Die Hoffnung, die Dick zum Ausdruck brachte, dass es seiner Frau bald wieder gut genug gehen würde, um nach Hause zurückzukehren, war natürlich unwahr, denn seine Hoffnung bestand darin, dass sie niemals die Türen des Hauses in Bloomsbury überschreiten würde, wohin er sie bringen würde. Das leere Bett, das ihn erwartete, war für ihn eine so große Erleichterung, dass er davor auf die Knie fiel und betete, dass die Ärzte sie für verrückt und für einen Aufenthalt auf freiem Fuß nicht sicher halten würden. Morgens allein in seinem Bett aufzuwachen und ohne Fragen seinen Geschäften nachgehen zu können, kam ihm wie der Himmel vor. Aber die Freuden des Himmels währen für die Ewigkeit, und Dicks Freude währte nur zwei Tage. Zwei Tage nachdem Kate in die Anstalt gegangen war, kam ein Brief von einem der Ärzte, in dem es hieß, dass Mrs. Lennox nicht verrückt sei und entlassen werden müsse.

Dick ließ sich auf einen Stuhl sinken und lag fast benommen da, eingehüllt in Verzweiflung, die wie ein dichter Nebel war und der sich erst lichtete, als sich die Tür öffnete und Kate wieder vor ihm stand.

Er hob den Kopf und sah sie dumm an, und als sie sein leeres Gesicht interpretierte, sagte sie:

„Dick, es tut dir leid, dass ich wieder da bin."

„Tut mir leid, Kate? Nun, wenn die Dinge anders wären, würde es mir nicht leid tun. Aber sehen Sie, der Schlag, den Sie mir mit dem Schürhaken versetzt haben, hätte mir beinahe geholfen; Seitdem bin ich nicht mehr derselbe Mann.'

„Nun", sagte sie, „ich muss zurück in die Anstalt oder das Heim, wie auch immer man es nennt, und ihnen sagen, dass ich verrückt bin."

„Das hat keinen Sinn, Kate, sie würden dir nicht glauben. Hier ist der Brief, den ich gerade erhalten habe; Lies es.'

„Aber, Dick, es muss einen Ausweg aus diesem schrecklichen Problem geben, und doch scheint es keinen zu geben. Versuchen Sie zu denken, Liebes, versuchen Sie zu denken. Fällt dir irgendetwas ein, Liebes? Ich glaube nicht, dass ich noch einmal nachgeben werde. Wenn ich nur etwas zu tun hätte; es liegt daran, dass ich immer allein bin; Weil ich dich liebe; weil ich auf diese Frau eifersüchtig bin.'

„Aber, Kate, wenn ich den ganzen Tag hier bei dir bleibe, werden wir verhungern. Ich muss zur Arbeit gehen.'

„Ah, Geschäft! Geschäft! Wenn ich auch geschäftlich arbeiten könnte. Die Tage, an denen wir geprobt haben, verliefen ziemlich fröhlich.'

„Du warst die beste Clairette, die ich je gesehen habe", antwortete Dick; „Besser als Paola Mariee, und ich sollte es wissen, denn ich habe euch beide geprobt."

„Ich werde nie wieder Clairette spielen", sagte Kate traurig. „Ich habe meine Figur verloren und das Teil erfordert eine Taille."

„Vielleicht bekommst du deine Taille wieder", sagte Dick, und die Worte kamen ihm außerordentlich albern vor, aber er musste etwas sagen.

„Wenn ich nur wieder an die Arbeit gehen könnte", murmelte sie vor sich hin und wandte sich dann an Dick:

„Dick, wenn ich wieder an die Arbeit gehen könnte; jeder Teil würde genügen; Es spielt keine Rolle, wie klein es ist, nur um mir etwas zum Nachdenken zu geben, das ist alles, um mich davon abzulenken. Wenn das Baby nicht gestorben wäre, hätte ich mich um sie kümmern sollen, und das hätte als Teil genauso gut getan. Aber ich habe dich in Gesellschaft blamiert; Ich mache dir keine Vorwürfe, du konntest mich nicht darin haben, und ich konnte mich nicht dazu durchringen, in dieser Oper zu singen.'

„Ja, du würdest nur wieder ausbrechen, Kate. Diese Eifersuchtsanfälle sind schrecklich. Du denkst, du könntest dich zurückhalten, aber das ist dir nicht gelungen; Und ein Streit zwischen Ihnen und Mrs. Forest würde nur zur Folge haben, dass ich meinen Job verliere.'

„Ich weiß, Dick, ich weiß", rief Kate schmerzerfüllt, „aber ich verspreche dir, dass ich es nie wieder tun werde." Sie können gehen, wohin Sie wollen, und tun, was Sie wollen. Ich werde nie wieder ein Wort zu dir sagen.'

„Ich bin sicher, dass du alles glaubst, was du sagst, Kate, aber ich kann dir keinen Job besorgen." Vielleicht höre ich etwas. In der Zwischenzeit--'

„In der Zwischenzeit muss ich hier und allein bleiben und es gibt keine andere Möglichkeit, den Stunden zu entkommen, diesen langen, trostlosen Stunden als eine." Dick, es tut mir leid, dass sie mich nicht in der Anstalt behalten haben, es wäre für uns beide besser gewesen, wenn sie es getan hätten; und wenn ich noch einmal dorthin zurückkehren könnte, wenn Sie mich zurückbringen würden, würde ich versuchen, die Ärzte zu täuschen.'

„Du meinst, Kate, dass du die Verrückte spielen würdest? Ich bezweifle, dass es einer Frau gelingt, die Ärzte zu täuschen. „Da war eine Italienerin", und sie sprachen eine Weile über die große italienische Schauspielerin, und dann sagte Dick: „Nun, Kate, ich muss mich um mein Geschäft kümmern." Es tut mir leid, dich zu verlassen.'

„Nein, Dick, das bist du nicht."

„In gewisser Weise bin ich das, mein Lieber. Aber wenn ich etwas höre –"
und er verließ das Haus in dem Wissen, dass es für ihn keine Hoffnung mehr
gab. Er war an sie gefesselt und könnte von ihr im Schlaf getötet werden,
aber das würde keine Rolle spielen. Was zählte, war der Gedanke, der ihn
immer im Hinterkopf hatte, dass sie allein in dieser Herberge in Islington
war, sich nach Alkohol sehnte, versuchte, ihm zu widerstehen, wieder in den
Alkohol verfiel und möglicherweise tobend ins Theater kam, um sie zu
beleidigen ihn vor der Firma. Beleidigen Sie ihn vor der Firma! Das war getan,
sie hatte ihr Schlimmstes getan, und es war ihm gleichgültig, ob sie
wiederkam, nur durfte sie Mrs. Forest nicht treffen. Im Großen und Ganzen
hatte er das Gefühl, dass sein Kummer eher bei Kate selbst lag als bei ihm
selbst oder bei Mrs. Forest. „Gott allein", sagte er, als er die Treppe hinunter
eilte, „was aus ihr werden wird."

Kate stellte sich die gleiche Frage: Was sollte aus ihr werden? Wäre es für sie
möglich, eine Arbeit zu finden, die sie vom Alkohol ablenken würde? Sie
schien im Moment frei von jeglichem Verlangen zu sein, aber sie wusste, was
das Verlangen ist, wie überwältigend es im Hals ist und wie man nach einem
Bissen immer weitermachen muss, so intensiv ist der Genuss des Alkohols
im Mund Kehle des Trunkenboldes. Aber es gab kein Verlangen in ihr, und
es würde vielleicht nie wieder kommen. Jeden Morgen erwachte sie in großer
Angst, war aber froh, dass kein Verlangen in ihrer Kehle zu spüren war, und
als sie hinausging, freute sie sich, dass die Wirtshäuser für sie keine
Anziehungskraft boten. Sie wurde mutig; Und die Angst verwandelte sich in
Verachtung, und im Grunde ihres Herzens begann sie, sich über den Dämon
lustig zu machen, der sie besiegt und in den Ruin getrieben hatte und den sie
wiederum besiegt hatte. Doch einen letzten Spott wagte sie nicht, denn sie
wusste, dass der Dämon nur auf Zeit wartete. Er schien jedoch weiterhin
abzuwarten, und Dick, der Kate jeden Abend vernünftig fand, kam früher
zum Abendessen nach Hause, damit ihr der Tag nicht unerträglich lang
vorkam. Aber sein Geschäft hielt ihn oft zurück, und eines Abends, als er
spät nach Hause kam, bemerkte er, dass sie mürrischer als sonst aussah und
dass ihre Augen herabhingen, als hätte sie getrunken. Es folgte ein Monat
voller Gewaltszenen; „Keinen einzigen Tag, soweit ich mich erinnern kann,
seit vierzehn Tagen", sagte er eines Tages, als er das Haus verließ und rannte,
um seinen Bus zum Strand zu erreichen, „haben wir einen ruhigen Abend
verbracht." Als er in dieser Nacht zurückkam, rannte sie mit einem Messer
auf ihn los, und er hatte gerade noch Zeit, den Schlag abzuwehren. Das Haus
hallte von Schreien und Schreien aller Art wider, und die Lennoxes wurden
von einer Herberge zur anderen getrieben. Hosen, Kleider, Hüte, Stiefel und
Schuhe wurden alle verpfändet. Das Komische und das Erbärmliche sind nur
zwei Seiten derselben Sache, und es war gleichzeitig komisch und erbärmlich
zu sehen, wie Dick, während einer seiner Rockschöße im Gedränge verloren
ging, um ein Uhr morgens mit einem redete leidenschaftsloser Polizist,

während aus den oberen Fenstern die hohe, hohe Stimme einer Frau die mürrische Ruhe der Londoner Nacht störte.

Und doch blieb Dick bei ihr – ließ sich weiterhin schlagen, kratzen und in Stücke reißen, fast so, als würde er es von einem wilden Tier tun. Die menschliche Natur kann sich sogar an den Schmerz gewöhnen, und so war es auch bei ihm. Er wusste, dass sein gegenwärtiges Leben wie ein Nessus-Hemd auf seinem Rücken war, und dennoch konnte er sich nicht dazu entschließen, damit aufzuhören. Erstens hatte er Mitleid mit seiner Frau; im zweiten wusste er nicht, wie er sie verlassen sollte; und erst nach einem weiteren Streit mit Kate, weil sie im Theater gewesen war, nahm er den Mut zusammen, das Haus zu verlassen, mit dem festen Entschluss, nie wieder zurückzukehren. Kate war damals zu betrunken, um der Ankündigung, die er ihr machte, als er den Raum verließ, viel Aufmerksamkeit zu schenken. Außerdem „Wolf!" war so oft geweint worden, dass es jetzt seinen Schrecken in ihren Ohren verloren hatte, und erst am nächsten Tag begann sie eine ganz bestimmte Angst zu verspüren, dass Dick und sie sich endlich für immer getrennt hatten. Aber als sie mit feuchtem, durstigem Mund dasaß und sich müde hin und her wiegte und die langen Müßiggänge der Morgenstunden von irritierenden Erinnerungen an ihr schändliches Verhalten, an das grausame Leben, das sie mit dem Mann führte, den sie liebte, heimgesucht wurden, war der schwarze Abgrund der Ewigkeit Die Trennung prägte sich sozusagen in ihr Gedächtnis ein; und sie hörte die kalten Tiefen von eitlen Worten und törichten Gebeten widerhallen. Dann zitterten ihre dünnen Hände auf ihrem schwarzen Kleid, und Schauderwellen überrollten sie. Sie dachte unwillkürlich, dass ein wenig Brandy ihr Kraft geben könnte, und hasste sich sofort für diesen Gedanken. Es war Brandy, der sie dazu gebracht hatte. Sie würde es nie wieder anfassen. Aber Dick hatte sie nicht für immer verlassen; er würde zu ihr zurückkommen; sie konnte nicht ohne ihn leben. Es war schrecklich! Sie würde zu ihm gehen und ihn auf den Knien um Verzeihung für alles bitten, was sie getan hatte. Er würde ihr vergeben. Er muss ihr vergeben. Das waren die flüchtigen Gedanken, die Kate durch den Kopf schossen, als sie auf der Suche nach ihrer Haube und ihrem Schal hin und her eilte. Sie würde ins Theater gehen und ihn finden; Sie würde dort bestimmt Neuigkeiten von ihm hören, sagte sie, während sie sich bemühte, den Nebel zu vertreiben, der ihre Augen verdeckte. Sie konnte nichts sehen; Dinge schienen ihren Platz zu wechseln, und ihr Herzklopfen war so schrecklich, dass sie gezwungen war, sich an jedem Möbelstück in Reichweite festzuhalten. Aber indem sie sehr langsam ging, gelang es ihr, den Bühneneingang der Opéra Comique zu erreichen, obwohl sie sich sehr schwach und krank fühlte.

„Ist Mr. Lennox da?" fragte sie und versuchte gleichzeitig, den hartgesichtigen Diener versöhnlich anzusehen.

„Nein, Ma'am, das ist er nicht", war die Antwort.

„Wer war denn heute bei der Probe dabei?"

„Heute gab es keine Probe, Ma'am – zumindest hat Mr. Lennox die Probe um halb eins abgesagt."

'Und warum?'

'Ah! das kann ich dir nicht sagen.'

„Könnten Sie mir sagen, wo Mr. Lennox wahrscheinlich zu finden wäre?"

„Das konnte ich tatsächlich nicht, Ma'am; Ich glaube, er ist aufs Land gegangen.'

„Aufs Land gegangen!" wiederholte Kate.

„Aber darf ich fragen, Ma'am, ob Sie Mrs. Lennox sind? Denn wenn ja, dann hat Mr. Lennox einen Brief für den Fall hinterlassen, dass Sie anrufen.'

Ihre Augen leuchteten bei der Vorstellung eines Briefes. Das Schlimmste zu wissen wäre besser als eine schreckliche Ungewissheit, und sie sagte eifrig:

„Ja, ich bin Mrs. Lennox; gib mir den Brief.'

Der Diener reichte es ihr, und sie verließ den schmalen Gang auf die Straße, um nicht beobachtet zu werden. Mit besorgten Fingern riss sie den Umschlag auf und las:

„MEINE LIEBE KATE,

„Es muss Ihnen jetzt ebenso klar sein wie mir, dass es für uns völlig unmöglich ist, weiterhin zusammenzuleben. Es hat keinen Sinn, noch einmal über das Warum und Warum zu diskutieren; Es wäre viel besser, wir würden die Fakten des Falles stillschweigend akzeptieren und uns gegenseitig den Schmerz ersparen, zu versuchen, etwas zu ändern, was nicht geändert werden kann.

„Ich habe vereinbart, dass Sie zwei Pfund pro Woche erhalten. Dieser Betrag wird Ihnen jeden Samstag ausgezahlt, indem Sie sich an die Herren Jackson and Co., Solicitors, Arundel Street, Strand wenden.

„Mit freundlichen Grüßen,
RICHARD LENNOX."

Kate wiederholte mechanisch die letzten Worte, während sie düster durch den grellen Tag schritt. „Zwei Pfund pro Woche." sie sagte, und mit nichts anderem; keine Freundin, und der Gedanke ging ihr durch den Kopf, dass sie keine Freundin haben konnte, sie war zu tief gefallen, aber weder sie selbst noch Dick hatten dafür etwas zu verschulden, und das machte ihr Angst. In ihrem Herzen entstand ein schreckliches Gefühl der Einsamkeit, der Trostlosigkeit. Für sie schien die Welt untergegangen zu sein, und sie betrachtete die Straßen und Passanten mit demselben vagen, unverantwortlichen Blick, wie eine einsame Gestalt den allgemeinen Ruin eines Erdbebens betrachten würde. Sie hatte keine Freunde, keinen Beruf, keinerlei Interesse am Leben; Alles war ihr entglitten, und sie zitterte vor dem Gefühl der Nacktheit, der moralischen Armut. Nichts blieb ihr übrig, und doch fühlte sie, sie lebte, sie war bei Bewusstsein. Oh ja, schrecklich bei Bewusstsein. Und das war das Schlimmste; und sie fragte sich, warum sie nicht aus den Augen verschwinden konnte, aus dem Hören und Fühlen all des weinenden Elends, von dem sie umgeben war, und in einem Zustand emotionaler Somnambulie ging sie durch die Menge, bis sie durch das Hören aus ihren Träumen aufgeschreckt wurde eine Stimme rief ihr nach: „Kate!" Kate! – Frau. Lennox!'

Es war Montgomery.

„Ich bin so froh, Sie kennengelernt zu haben – wirklich froh, denn wir haben uns noch nicht oft gesehen." Ich weiß nicht, wie es war, aber irgendwie schien es mir, dass Dick nicht wollte, dass ich zu dir gehe. „Ich habe nie herausgefunden, warum, denn er konnte nicht eifersüchtig auf mich gewesen sein", fügte er ein wenig verbittert hinzu. „Aber vielleicht haben Sie noch nicht gehört, dass es mit meinem Stück an der Opéra Comique nichts mehr zu sagen gibt", fuhr er fort, ohne Kates Niedergeschlagenheit in seiner Aufregung zu bemerken.

„Nein, ich habe es nicht gehört", antwortete sie mechanisch.

„Es spielt jedoch keine große Rolle, denn ich war gerade im Gaiety und habe mich ziemlich gut darauf geeinigt, dass es in Manchester beim Prinzen stattfinden soll; Sie sehen also, ich lasse das Gras nicht unter meinen Füßen wachsen, denn zu meinem Streit mit Mrs. Forest kam es erst heute Morgen. Aber was ist los, Kate? Was ist passiert?'

„Oh, nichts, nichts. Erzählen Sie mir zuerst von Mrs. Forest. Ich möchte es wissen.'

„Nun, es ist das Lustigste, was Sie jemals in Ihrem Leben gehört haben; aber du wirst es Dick nicht erzählen, weil er mir verboten hat, jemals mit dir über Mrs. Forest zu sprechen – nicht, dass zwischen ihnen etwas anderes als Geschäfte wären; das schwöre ich dir. Aber sag mir, Kate, was ist los? Ich habe dich noch nie in meinem Leben so traurig gesehen. Hatten Sie schlechte Nachrichten?'

„Nein, nein. Erzählen Sie mir von Mrs. Forest und Ihrem Stück; „Ich will es hören", rief sie aufgeregt.

„Nun, das ist es", sagte Montgomery, der mit einem Blick erkannte, dass ihr nicht zu widersprechen war und dass er besser mit seiner Geschichte fortfahren sollte. „Erstens wissen Sie, dass die alte Kreatur selbst Libretti geschrieben und eines über den Buddhismus fertiggestellt hat, eine Absurdität; der Eröffnungschor ist fünfzig Zeilen lang, aber sie streicht keine einzige; aber davon erzähle ich dir später. Für die Vertonung dieser gesegneten Inszenierung sollte ich einhundert bekommen, und zwar als Nachfolgestück für mein eigenes Stück, das gerade geprobt wurde. Nun, wie ein großer Idiot erklärte ich Dubois den Blödsinn, den ich für diese höllische Oper von ihr schrieb. Ich konnte nicht anders; Sie würde in keinem Punkt einen Rat annehmen. Sie hat das Lied des Sonnengottes in Hexametern geschrieben. Ich weiß nicht, was Hexameter sind, aber ich würde lieber Bradshaw setzen – St. Pancras um neun Uhr fünfundzwanzig verlassen, ankommen um – ha! Ha! ha! – mit einer Puff-Puff-Begleitung auf der Posaune.'

„Fahren Sie mit der Geschichte fort", rief Kate.

„Nun, ich habe das alles erklärt", sagte Montgomery und wurde plötzlich ernst, „als sie hinter dem anderen Flügel hervorschoss – ich wusste nie, dass sie dort war." Sie nannte mich einen Dieb und sagte, sie würde mich keine weiteren fünf Minuten in ihrem Theater haben. Man schickte nach Monti, dem italienischen Komponisten. Ich wurde mit Sack und Pack rausgeschmissen und es wird keine Proben mehr geben, bis die neue Musik fertig ist. Das ist alles.'

„Es tut mir sehr leid für dich – sehr leid", sagte Kate ganz leise und hob die Hand, um eine Träne wegzuwischen.

„Oh, das ist mir egal; Ich würde das Stück lieber in Manchester machen lassen. Natürlich ist es langweilig, hundert Pfund abzunehmen. Aber, oh, Kate! Sag mir bitte, was los ist. Sie wissen, dass Sie sich mir anvertrauen können. Du weißt, dass ich dein Freund bin.'

Bei diesen freundlichen Worten schmolz der kalte, tödliche Kummer, der Kates Herz wie ein Stahlband umgab, und sie weinte heftig. Montgomery zog ihren Arm in seinen und flehte und flehte darum, den Grund dieser Tränen zu erfahren; aber sie konnte keine Antwort geben und drückte Dicks Brief mit einer leidenschaftlichen Geste in seine Hand. Er las es auf einen Blick und zögerte dann, da er sich nicht entscheiden konnte, was er tun sollte. Es schien ihm, dass keine Worte ausreichten, um sie zu trösten, und sie schluchzte so bitterlich, dass es auf der Straße Aufmerksamkeit erregte. Sie gingen ein paar Meter weiter, ohne zu sprechen, Kate stützte sich auf Montgomery, bis ein Mietkutscher, der vermutete, dass etwas nicht stimmte, ihnen mit seiner Peitsche ein Zeichen gab.

„Wo wohnst du, Liebes?"

Kate erzählte es ihm mit einiger Mühe, und nachdem er dem Fahrer Anweisungen gegeben hatte, überlegte er erneut, welchen Kurs er einschlagen sollte. Die Reise zu verschieben war unmöglich; Dick hatte versprochen, ihn dort zu treffen. Es war jetzt drei Uhr. Er hatte also drei Stunden Zeit, um sie mit Kate zu verbringen – mit der Frau, die er in einem lieblosen Leben unerschütterlich geliebt hatte. Er konnte Dick keine Vorwürfe machen; er hatte Geschichten gehört, die ihm das Blut in den Adern gefrieren ließen; und doch, da er ihre Fehler kannte, hätte er seine Arme geöffnet, wenn es möglich gewesen wäre, und weinend in der Inbrunst jahrelangen Wartens zu ihr gesagt: „Ja, ich werde an dich glauben; Glaube an mich und du wirst glücklich sein.' Es hatte nie ein Geheimnis zwischen ihnen gegeben; ihre Seelen waren schon immer wie in Kommunikation gewesen; und die Liebe, die in Worten nicht anerkannt wurde, war schon lange wie Sonnenlicht und Mondlicht und erleuchtete die Räume ihres Traumlebens. Für die Frau war es wie ein entfernter Stern gewesen, dessen blasses Licht ein Vorbote der Ruhe in Stunden des Ärgers war; Für den Mann schien es ein fernes Elysium zu sein, das von süßer Sehnsucht und großen Hoffnungen strahlte, die wuchsen, aber nie nachließen, und in dem die süßen Brisen ewiger Glückseligkeit im musikalischen Rhythmus wehten.

Und doch wurde er in nichts getäuscht. Er wusste jetzt, wie er es zuvor gewusst hatte, dass dieser Traum ihn zwar für immer verfolgen würde, er ihn jedoch niemals in seinen Armen halten oder an seine Lippen drücken sollte; und inmitten dieser wogenden Flut des Elends erwachte ein Verlangen, das ihm, froh über seine eigene Qual, befahl, die Bitterkeit dieser letzten Stunden durch ein Geständnis seines Leidens noch zu verstärken; und er jubelte wild über das Martyrium, das er für sich vorbereitete, und sagte:

„Weißt du, Kate – ich weiß, dass du es wissen musst – du musst geahnt haben, dass ich mich um dich sorge. Ich kann dir jetzt genauso gut die Wahrheit sagen – du bist die einzige Frau, die ich je geliebt habe.'

„Ja", sagte sie, „ich dachte immer, du würdest dich um mich kümmern." Du warst sehr nett – oh! sehr nett, und ich denke oft daran. Ah! Jeder war mein ganzes Leben lang sehr gut zu mir; Ich allein bin schuld, wer schuld ist. Ich war, das weiß ich, sehr böse, und ich weiß nicht, warum. Ich habe es nicht so gemeint; Ich weiß, dass ich es nicht getan habe, denn ich bin im Herzen keine böse Frau. Ich nehme an, die Dinge müssen gegen mich gelaufen sein; das ist ungefähr alles.'

Montgomery schob seine Brille höher auf die Nase und sagte nach langem Schweigen:

„Ich habe oft gedacht, dass die Dinge vielleicht anders gelaufen wären, wenn du mich kennengelernt hättest, bevor du Dick gekannt hättest. „Wir hätten besser miteinander auskommen sollen, auch wenn du mich vielleicht nie so sehr geliebt hättest."

Kate hob den Blick und sagte:

„Niemand wird je wissen, wie sehr ich diesen Mann geliebt habe und immer noch   liebe.
Oft denke ich, dass ich eine bessere Ehefrau gewesen wäre, wenn ich ihn weniger geliebt hätte. Ich glaube, er hat mich geliebt, aber es war nicht die Liebe, von der ich geträumt habe. Wie Sie war ich immer sentimental, und Dick hat sich nie um so etwas gekümmert."

„Ich glaube, ich hätte Sie besser verstanden", sagte Montgomery, und das Gespräch kam zu einer Pause. Eine Vision des Lebens der Hingabe zu Füßen eines idealen Liebhabers, dieses Lebens der Aufopferung und Zärtlichkeit, das ihr Traum gewesen war und das sie so völlig verfehlt hatte, tauchte wieder auf und quälte sie wie eine glitzernde Fata Morgana: und sie konnte nicht anders, als sich zu fragen, ob sie dieses schöne, dieses wunderbare „Hätte sein können" verwirklicht hätte, wenn sie diesen anderen Mann gewählt hätte.

„Aber ich schätze, Sie werden sich mit Dick versöhnen", sagte Montgomery etwas barsch.

Kate erwachte plötzlich aus ihren Träumereien und antwortete traurig, dass sie es nicht wisse, dass sie Angst habe, dass Dick ihr nie wieder verzeihen würde.

„Ich kann mich nicht erinnern, ob ich dir gesagt habe, dass ich ihn in Manchester sehen werde; Er versprach, dorthin zu gehen, um einige Vorkehrungen für mein Stück zu treffen.'

„Nein, du hast es mir nicht gesagt."

„Nun, ich werde mit ihm sprechen. Ich werde ihm sagen, dass ich dich gesehen habe. „Ich glaube, ich werde es schaffen, alles wieder in Ordnung zu bringen", fügte er mit einem schwachen Lächeln hinzu.

'Oh! „Wie gut du bist – wie gut du bist", rief Kate und faltete die Hände. „Wenn er mir nur noch einmal verzeiht, verspreche ich es, ich schwöre ihm, niemals –"

Hier blieb Kate beschämt stehen, vergrub ihr Gesicht in ihren Händen und weinte bitterlich. Die Zärtlichkeit, die melancholische Gelassenheit ihres Interviews hatte irgendwie plötzlich ein Ende gefunden. Jeder war zu sehr mit seinen Gedanken beschäftigt, um viel zu reden, und die Mühe,

Formulierungen zu finden, wurde immer irritierender. Beide waren sehr traurig, und obwohl sie seufzten, als die Uhr die Stunde des Abschieds schlug, empfanden sie den Übergang von einem Schmerz zum nächsten als eine Erleichterung. Kate begleitete Montgomery zum Bahnhof. Er schien ihr außer Gefecht zu sein; Sie war ihm weiter weg als je zuvor. Die Erklärung, die zwischen ihnen stattgefunden hatte, hatte die alten Bande der Sympathie, wenn nicht gebrochen, so doch zumindest verändert, ohne neue zu schaffen; und sie waren unzufrieden, wie Kinder, die sich zum ersten Mal daran erinnern, dass heute nicht gestern ist.

Sie fühlten sich einsam, als sie die parallelen Bahnsteigreihen betrachteten; und als Montgomery zum letzten Mal mit der Hand winkte und der Zug in den leuchtenden Himmelsbogen rollte, der hinter dem Glasdach lag, wandte sich Kate ab, überwältigt von Kummer und grausamen Erinnerungen. Als sie nach Hause kam, wurde die Einsamkeit ihres Zimmers unerträglich; Sie wollte, dass jemand sie sah, jemanden, der sie tröstete. Sie hatte ein paar Schilling in der Tasche, aber sie erinnerte sich an ihre Vorsätze und ärgerte sich eine Zeit lang über die undurchdringliche Macht der Versuchung. Aber der Kummer, der um sie hing und der wie eine ätzende Säure bis ins Mark ihrer Knochen eindrang, wurde für einen Moment immer brennender und unerträglicher. Zwanzig Mal versuchte sie, es aus ihrem Herzen herauszureißen. Die Wirtin brachte ihr Tee; sie konnte es nicht trinken; es schmeckte wie Seifenlauge in ihrem Mund. Dann beschloss sie, wohlwissend, was das Ergebnis sein würde, spazieren zu gehen.

Am nächsten Tag war sie krank und um sich zu sammeln, musste sie etwas trinken. Es wäre nicht angebracht, in der Anwaltskanzlei, wo Dick ihr in seinem Brief gesagt hatte, sie solle ihr Geld holen, einen allzu großartigen Anblick zu bieten. Dort warteten nicht nur zwei, sondern fünf Pfund auf sie, was es ihr ermöglichte, bis zum Ende der Woche einen Zustand halber Trunkenheit aufrechtzuerhalten.

Schließlich erwachte sie sprachlos und litt unter schrecklichem Herzklopfen, aber sie hatte die Kraft, ihre Klingel zu läuten, und als die Wirtin zu ihr kam, verlor sie fast das Gleichgewicht und fiel zu Boden, so eifrig lehnte Kate sich ab und klammerte sich daran fest sie um Unterstützung. Nachdem sie einige Augenblicke lang schmerzhaft nach Luft geschnappt hatte, murmelte Kate: „Ich sterbe." Dieses Herzklopfen und der Schmerz in meiner Seite.'

Die Vermieterin fragte, ob sie den Arzt aufsuchen möchte, und erhielt nur mit Mühe ihr Einverständnis, dass der Arzt gerufen werden sollte.

„Ich werde es sofort schicken", sagte sie.

„Nein, nicht sofort", rief Kate. „Gib mir ein wenig Brandy und Wasser ein, dann
werde ich sehen, wie es mir im Laufe des Tages geht."

Die Frau tat wie gewünscht, und Kate sagte ihr, dass es ihr besser ginge und dass es ihr gut gehen würde, wenn sie nicht die Schmerzen in der Seite hätte.

Die Wirtin sah ein wenig ungläubig aus; aber ihr Untermieter wohnte erst seit vierzehn Tagen bei ihr, und der Brandy war so sorgfältig versteckt und die Trunkenheit verheimlicht worden, dass sie trotz ihrer Zweifel noch nicht überzeugt war, dass Kate eine Gewohnheitstrinkerin war. Natürlich sprach der Anschein gegen Mrs. Lennox; aber was die Brandyflasche betraf, so hatte sie sie sehr genau beobachtet und war überzeugt, dass täglich kaum mehr als sechs Pence Alkohol daraus entwichen. Die gute Frau wusste nicht, wie sie aus einer anderen Flasche nachgefüllt wurde, die manchmal unter der Matratze, manchmal aus dem Kamin kam. Und das Verschwinden des Ehemanns wurde zufriedenstellend durch die Ankündigung erklärt, er sei nach Manchester gefahren, um ein neues Stück herzustellen. Außerdem war Mrs. Lennox eine sehr nette Person; es war ein Vergnügen, sie zu bedienen, und im Laufe des Nachmittags rief Mrs. White mehrmals im zweiten Stock an, um sich nach dem Befinden ihrer Untermieterin zu erkundigen.

Aber es gab keine Veränderung zum Besseren. Kate, die das Bild des Elends sah, lehnte sich in ihrem Stuhl zurück und erklärte mit leisem Stöhnen, dass sie sich noch nie in ihrem Leben so krank gefühlt habe – dass der Schmerz in ihrer Seite sie umbringen würde. Zuerst schien Mrs. White geneigt zu sein, all diese Beschwerden auf die leichte Schulter zu nehmen, aber gegen Abend wurde sie immer unruhiger und drängte darauf, den Arzt zu holen.

„Ich versichere Ihnen, Ma'am", sagte sie, „es ist immer besser, einen Arzt aufzusuchen." Das Geld wird nie weggeworfen; denn selbst wenn die Sache nichts Ernstes ist, beruhigt es einen, wenn man es ihm sagt."

Generell ließ sich Kate leicht überreden, aber aus Angst, dass ihr heimliches Alkoholkonsum auffliegen könnte, lehnte sie es lange ab, ärztlichen Rat einzuholen. Schließlich musste sie nachgeben, und nachdem die Würfel gefallen waren, begann sie darüber nachzudenken, wie sie einen Teil der Wahrheit verbergen könnte. Etwas von der Koketterie der Schauspielerin kehrte zu ihr zurück, und als sie von ihrem Stuhl aufstand, ging sie zum Glas, um sich selbst zu untersuchen, strich ihr Haar zurück und sagte traurig:

„Ich bin ein völliges Wrack." Ich kann mir nicht vorstellen, was mit mir los ist, und ich habe alle meine Haare verloren. Sie haben keine Ahnung, Frau White, von den schönen Haaren, die ich früher hatte; Es fiel mir immer in Armen voll über die Schultern; Jetzt ist es nur noch ein Hauch.'

„Ich denke, Sie haben schon viel erreicht", antwortete Mrs. White und wollte sie nicht entmutigen.

„Und wie gelb bin ich auch!"

Daraufhin murmelte Mrs. White etwas Unverständliches, und Kate dachte plötzlich an ihren Rougetopf und ihre Hasenpfote. Ihr „Make-up" und all ihre kleinen Andenken an Dick lagen sicher verpackt in einer alten Schmuckschachtel.

'Frau. „Weiß", sagte sie, „darf ich Sie bitten, mir einen Krug heißes Wasser zu holen?"

Als die Frau das Zimmer verließ, wurde alles eilig auf dem Toilettentisch ausgebreitet. Wenn man sie sah, hätte man meinen können, der Callboy hätte zum zweiten Mal an die Tür geklopft. Eine dünne Schicht Kaltcreme wurde auf Gesicht und Hals aufgetragen; dann verwandelte der Puderquast das Gelbe in Weiß, und der Hasenpfotenpuder ließ die Wangen blühen. Der Stift war nicht nötig, da ihre Augenbrauen von Natur aus dunkel und gut ausgeprägt waren. Dann verschwand alles wieder in der Hutschachtel, ein Tropfen wurde aus der Flasche genommen, während sie auf Schritte auf der Treppe lauschte, und sie hatte gerade noch Zeit, zu ihrem Stuhl zurückzukehren, als der Arzt eintrat. Sie fühlte sich vollkommen bereit, ihn zu empfangen. Mrs. White, die zur gleichen Zeit heraufgekommen war, schloss unruhig um sich herum; und nachdem sie über die Enge des Zimmers nachgedacht hatte, stellte sie den Wasserkrug auf den Rosenholzschrank und sagte:

„Ich glaube, ich lasse Sie mit dem Arzt allein, Ma'am; Wenn du mich willst, klingelst du.'

Mr. Hooper war ein kleiner, kräftiger Mann mit einer großen, kahlen Stirn und langen schwarzen Haaren; Seine kleinen Augen waren wachsam wie die eines Frettchens, und seine dicken, pummeligen Hände lagen ständig auf seinen Kniescheiben.

„Ich habe Mrs. Whites Dienerin auf der Straße getroffen", sagte er und blickte Kate an, als versuche er, das Rouge in ihrem Gesicht zu durchschauen, „also kam ich sofort." Mrs. White, mit der ich unten gesprochen habe, sagte mir, dass Sie unter Schmerzen in der Seite leiden.

„Ja, Doktor, auf der rechten Seite; und ich habe mich in letzter Zeit nicht sehr gut gefühlt.'

„Ist Ihr Appetit gut? Lässt du mich deinen Puls fühlen?'

„Nein, ich habe kaum Appetit – vor allem morgens." Ich darf zum Frühstück nichts anfassen.'

„Möchtest du nichts trinken? Bist du nicht durstig?'

Am liebsten hätte Kate gelogen, aber aus Angst, dass sie dadurch ihr Leben gefährden könnte, antwortete sie:

'Oh ja! „Ich bin ständig sehr durstig.“

„Besonders nachts?“

Es war irritierend, sein Leben so lesen zu sehen; und Kate wurde wütend, als sie sah, wie dieser leidenschaftslose Mann die Brandyflasche beobachtete, die sie vergessen hatte wegzuräumen.

„Haben Sie es jemals für notwendig gehalten, ein Stimulans einzunehmen?“

Sie griff nach dem Wort „notwendig“ und antwortete:

„Ja, Doktor; Mein Leben ist nicht sehr glücklich, und ich fühle mich oft so niedergeschlagen, so deprimiert, dass ich denke, ich sollte mich selbst aufgeben, wenn ich nicht eine Kleinigkeit nehme, die mich aufrechterhält.'

„Ihr Mann ist Schauspieler, glaube ich?“

'Ja; aber er ist derzeit in Manchester und produziert ein neues Stück. Ich stehe auch auf der Bühne. Ich habe eine Reihe von Hauptrollen in der Provinz gespielt, aber seit ich in London bin, habe ich kein Engagement mehr.'

„Ich habe dich nur gefragt, weil mir aufgefallen ist, dass du im Gesicht ein wenig Puder verwendet hast. Natürlich kann ich zum jetzigen Zeitpunkt nicht beurteilen, wie Ihr Teint ist; Aber ist Ihnen in letzter Zeit eine Gelbfärbung der Haut aufgefallen?

Der erste Instinkt einer Frau, die trinkt, besteht darin, ihr Laster zu verbergen, und obwohl sie mit einem Arzt sprach, verspürte Kate erneut ein Gefühl des Grolls gegen die gnadenlosen Augen, die alle Geheimnisse ihres Lebens durchschauten. Doch sozusagen eingeschüchtert von der Gewissheit, die in den Blicken und Worten des Arztes zum Ausdruck kam, bemühte sie sich um eine Zweideutigkeit und antwortete demütig, dass ihr aufgefallen sei, dass ihre Haut nicht mehr so klar aussehe wie früher. Dr. Hooper befragte sie dann weiter. Er fragte, ob sie unter einem unangenehmen Spannungs-, Völlegefühl- und Schweregefühl leide, insbesondere nach den Mahlzeiten; ob sie Schmerzen in der rechten Schulter verspürte? und sie gestand, dass er mit all seinen Vermutungen Recht hatte.

„Sagen Sie mir, Herr Doktor, was mit mir los ist.“ Ich versichere Ihnen, dass ich das Schlimmste viel früher erfahren würde.'

Aber der Arzt schien nicht geneigt zu sein, mitteilsam zu sein, und als Antwort auf ihre Frage murmelte er lediglich etwas, das besagte, dass die Leber außer Betrieb sei.

„Ich werde dir heute Abend ein paar Medikamente schicken", sagte er, „und wenn es dir morgen nicht besser geht, schick mich vorbei und versuche nicht aufzustehen." „Ich denke", fügte er hinzu, während er seinen Hut zum Gehen nahm, „ich werde es schaffen, dich in Ordnung zu bringen." Aber Sie müssen meinen Anweisungen folgen; Sie dürfen sich keine Angst machen und so wenig wie möglich von diesem Stimulans einnehmen.'

Kate antwortete, dass es nicht ihre Gewohnheit sei, zu viel zu nehmen, und versuchte, angesichts der Warnung überrascht auszusehen. Dennoch empfand sie der Besuch des Arztes großen Trost, und im Laufe des Abends gelang es ihr, sich davon zu überzeugen, dass ihre Befürchtungen vom Morgen unbegründet waren, und indem sie die Medikamente, die man ihr geschickt hatte, vorerst weglegte, half sie sich aus einer Flasche, die im Polster versteckt war. Die Tatsache, dass sie einen langen Brief an Dick schreiben musste, in dem sie ihr Verhalten erläuterte, machte es durchaus notwendig, dass sie etwas nahm, um wach zu bleiben; und als sie in ihrem einsamen Zimmer saß, trank sie ununterbrochen bis Mitternacht, als sie gerade noch ihre Kleider vom Rücken ziehen und sich dumm ins Bett werfen konnte. Dort verbrachte sie eine Nacht voller bläulicher Albträume, aus denen sie zitternd und unter schrecklichem Herzklopfen erwachte. Die Stille des Hauses erfüllte sie mit Schrecken, kalt und stumpf wie die Träume, aus denen sie erwachte. Sie hatte keine Kraft, um Hilfe zu schreien; Da sie glaubte, sterben zu müssen, suchte sie Erleichterung und Trost in der Flasche, die unter dem Teppich verborgen lag. Als das Getränk bei ihr wirkte, brach sie in starken Schweiß aus und schaffte es, ein wenig zu schlafen; Doch als ihr das Frühstück gegen elf Uhr morgens gebracht wurde, schien es ihr so schlecht zu gehen, dass der Diener aus Angst, sie würde tot umfallen, darum bat, den Arzt holen zu dürfen. Doch Kate lehnte alle Hilfsangebote ab und lag stöhnend in einem Sessel. Sie konnte nicht einmal die Tasse Tee schmecken, die das Dienstmädchen ihr aufdrängte. Sie stimmte zu, einige der Medikamente einzunehmen, die man ihr verordnet hatte, doch der Nutzen, den sie möglicherweise hatten, wurde durch das ständige Trinken, das sie während des Nachmittags aufrechterhielt, zunichte gemacht. Am nächsten Tag ging es ihr tatsächlich sehr schlecht, und Mrs. White bestand zutiefst beunruhigt darauf, Dr. Hooper holen zu lassen.

Er schien über die Veränderung seines Patienten nicht erstaunt zu sein. Ruhig und still schaute er einige Momente schweigend zu.

Das Bett hatte Vorhänge aus rotem und antiquiertem Stoff, und diese bildeten einen Kontrast zu der Blässe der Laken, auf denen Kate lag und sich fieberhaft hin und her wälzte. Der größte Teil des „Make-ups" war von ihrem Gesicht abgerieben; und durch die roten und weißen Flecken begann die gelbe Haut wie Blasen. Sie war leicht im Delirium, und als der Arzt ihre Hand nahm, um ihren Puls zu fühlen, blickte sie ihn mit ihren großen, starrenden Augen an und sprach redselig und aufgeregt.

'Oh! Ich bin so froh, dass Sie gekommen sind, denn ich wollte mit Ihnen über meinen Mann sprechen. Ich glaube, ich habe Ihnen erzählt, dass er nach Manchester gegangen ist, um ein neues Stück zu produzieren. Ich weiß nicht, ob ich Sie zu der Annahme verleitet habe, dass er mich im Stich gelassen hat, aber wenn ich das getan habe, habe ich es falsch gemacht, denn er hat nichts dergleichen getan. Es stimmt, dass wir nicht sehr glücklich miteinander sind, aber ich wage zu sagen, dass das meine Schuld ist. Ich weiß, ich war nie eine so gute Ehefrau für ihn, wie ich es sein wollte; Aber dann machte er mich eifersüchtig und manchmal war ich wütend. Ja, ich glaube, ich muss verrückt gewesen sein, so mit ihm gesprochen zu haben. Wie auch immer, es spielt jetzt keine Rolle, oder, Doktor? Aber ich weiß nicht, was ich sage. Trotzdem wirst du nicht erwähnen, dass ich dir etwas erzählt habe. Es ist sehr wahrscheinlich, dass er mir verzeihen wird, so wie er es zuvor getan hat; und vielleicht sind wir noch so glücklich wie in Blackpool. Sie werden es ihm nicht sagen, oder, Doktor?'

„Nein, nein, das werde ich nicht", sagte Dr. Hooper ruhig und bestimmt. „Aber du darfst nicht so viel reden wie du; „Wenn Sie Ihren Mann sehen wollen, müssen Sie zuerst gesund werden."

'Oh ja! Ich muss gesund werden; Aber sagen Sie mir, Herr Doktor, wie lange wird das dauern?

„Nicht sehr lange, wenn du ruhig bleibst und tust, was ich dir sage. Ich möchte, dass du mir sagst, wie der Schmerz in deiner Seite ist?'

'Sehr schlecht; viel schlimmer als damals, als ich dich das letzte Mal sah. „Ich spüre es jetzt auch in meiner rechten Schulter."

„Aber deine Seite – tut es weh, wenn du sie berührst? Willst du mich fühlen lassen?'

Ohne eine Antwort abzuwarten, fuhr er mit der Hand unter das Laken. „Ist es da, wo es dir wehtut?"

'Ja ja. Oh! Du tust mir weh.'

Dann ging der Arzt mit der Wirtin zur Seite, die mit ängstlichen Augen die Untersuchung des Patienten beobachtet hatte. Sie sagte:

„Glauben Sie, dass es etwas sehr Gefährliches ist? Ist es ansteckend? Sollte ich sie besser ins Krankenhaus schicken?'

„Nein, ich glaube kaum, dass es sich lohnt, das zu tun; In einer Woche wird es ihr wieder gut gehen, das heißt, wenn man sie richtig versorgt. Sie leidet an einer akuten Leberstauung, verursacht durch …"

„Durch Trinken", sagte Mrs. White. „Das habe ich auch schon vermutet."

„Sie haben zu viel mit all Ihren Kindern zu tun, Mrs. White, als dass Sie Ihre Zeit darauf verwenden könnten, sie zu stillen; Ich werde so schnell wie möglich jemanden vorbeischicken, aber werden Sie in der Zwischenzeit dafür sorgen, dass ihre Ernährung auf etwa jede Stunde eine halbe Tasse Rindertee beschränkt ist? Wenn sie über Durst klagt, geben Sie ihr etwas Milch zu trinken und mischen Sie eventuell etwas Brandy dazu. Heute Nacht werde ich ein Schlafmittel herumschicken.'

„Sie sind sicher, Doktor, es gibt nichts Aufregendes, denn Sie wissen das, da alle meine Kinder im Haus sind –"

„Sie brauchen sich keine Sorgen zu machen, Mrs. White."

„Aber glauben Sie, Herr Doktor, dass es eine teure Krankheit sein wird?" denn ich weiß sehr wenig über ihre Umstände.'

„Ich gehe davon aus, dass es ihr in einer Woche oder zehn Tagen gut gehen wird, aber was ich fürchte, ist ihre Zukunft." Ich habe in solchen Angelegenheiten viel Erfahrung und habe noch nie einen Fall einer Frau erlebt, die sich von dem Laster der Unmäßigkeit geheilt hätte. Manchmal ein Mann, nie eine Frau.'

Die Wirtin seufzte und erzählte von allem, was sie zu Lebzeiten des armen Mr. White durchgemacht hatte; Der Arzt sprach vertraulich von einer Dame, die derzeit unter seiner Obhut stand; und offenbar von Mitleid mit der leidenden Menschheit überwältigt, stiegen sie gemeinsam die Treppe hinunter. An der Türschwelle wurde das Gespräch fortgesetzt.

„Also gut, Herr Doktor, ich werde Ihren Rat befolgen; aber nach etwa einer Woche, wenn sie sich ganz erholt hat, werde ich ihr sagen, dass ich ihr Zimmer vermietet habe. Denn wie Sie sagen, eine Frau heilt sich selten selbst, und vor den Kindern wäre das Beispiel schrecklich.

„Ich erwarte, dass sie in etwa dieser Zeit wieder auf den Beinen ist, dann kannst du tun, was du willst." Ich rufe morgen an.'

Am nächsten Tag nahm die ausgebildete Krankenschwester ihren Platz am Krankenbett ein. Der vom Arzt verordnete Sinapismus wurde auf die Leberregion angewendet und eine kleine Dosis Kalomel verabreicht.

Unter dieser Behandlung ging es ihr rasch besser; Aber unglücklicherweise nahm mit der Wiederherstellung ihrer Gesundheit auch ihre Trinklust zu. Tatsächlich war es fast unmöglich, sie davon abzuhalten, und einmal versuchte sie auf sehr listige Weise, die Krankenschwester zu überlisten, die auf ihrem Stuhl eingeschlafen war. Kate wartete geduldig, bis das Schnarchen der Frau so regelmäßig geworden war, dass ein erfolgreicher Versuch mit der

Brandyflasche möglich war, und schlüpfte geräuschlos aus dem Bett. Das unsichtbare Nachtlicht warf einen rosigen Schein über die konvexe Seite des Beckens, ohne jedoch die nackte Dunkelheit der Wand zu stören. Kate wusste, dass alle Flaschen in einer Reihe auf der Kommode standen, aber das war schwierig Unterscheiden Sie sie voneinander, und das Klirren, das sie von sich gab, während sie zwischen ihnen herumfummelte, weckte die Krankenschwester, die sofort ahnte, was vor sich ging, schnell von ihrem Stuhl aufstand, schnell auf sie zukam und sagte:

„Nein, gnädige Frau, das kann ich wirklich nicht zulassen; Es verstößt gegen die Anordnung des Arztes.'

„Ich werde nicht verdursten, um irgendeinem Arzt zu gefallen." Ich wollte nur ein wenig Milch nehmen, das kann wohl nicht schaden?'

„Nicht zuletzt, Ma'am, und wenn Sie mich angerufen hätten, hätten Sie es bekommen sollen."

Es war diesem zufälligen Eingriff zu verdanken, dass Dr. Hooper, als er einige Tage später bei seiner Patientin anrief, eine bemerkenswerte Veränderung zum Besseren bei ihr feststellen konnte. Alle belastenden Symptome waren verschwunden; der Schmerz in ihrer Seite war verschwunden; der Teint war klarer. Daher hielt er es für gerechtfertigt, für ihr Mittagessen etwas Fisch und etwas schwachen Brandy und Wasser zu bestellen; Und für Kate, die mehrere Tage lang keine feste Nahrung mehr zu sich genommen hatte, wurde diese erste Mahlzeit zu einem ganz außergewöhnlichen Ereignis. Dr. Hooper saß an ihrem Bett und sprach mit ihr.

„Nun, Mrs. Lennox", sagte er, „möchte ich Sie warnen. Ich habe Sie durch eine Krankheit begleitet, die ich als ernst bezeichnen muss. Gefährlich würde ich sie nicht nennen, obwohl ich das vielleicht täte, wenn ich in die Zukunft blicken und den Verlauf der Krankheit voraussehen würde, es sei denn, Sie folgen meinem Rat und schwören, auf alle berauschenden Getränke zu verzichten."

Bei dieser direkten Anspielung auf ihr Laster hörte Kate auf zu essen, legte die Gabel hin und sah den Arzt an.

„Nun, Mrs. Lennox, Sie dürfen nicht böse sein", fuhr er auf seine freundliche Art fort. „Ich spreche in meiner Eigenschaft als Mediziner zu Ihnen und muss Sie vor dem ständigen Nikotintrinken warnen, dem Sie, wie ich natürlich sehe, die Gewohnheit geben und das die Ursache dafür war." die Krankheit, von der Sie sich erholen. Ich möchte Ihre Gefühle nicht dadurch erschüttern, dass ich auf alle mir bekannten Fälle verweise, in denen Scham, Schande, Ruin und Tod die Folge dieses einen melancholischen Versagens waren – des Trinkens.

„Oh, Herr!" rief Kate mit gebrochenem Herzen, „wenn du nur wüsstest, wie unglücklich ich war, wie elend es mir geht, du würdest nicht so mit mir reden." Ich habe zwar mein Versagen, aber ich werde dazu getrieben. Ich liebe meinen Mann mehr als alles andere auf der Welt, und ich sehe ihn immer mit vielen Mädchen im Theater, und das macht mich wahnsinnig, und dann gehe ich trinken, um es zu vergessen.'

„Wir haben alle unsere Probleme; aber es entlastet uns nicht von der Last; es lässt uns es nur für kurze Zeit vergessen, und wenn wir dann wieder zu Bewusstsein kommen, erinnern wir uns nur noch bitterer daran. Nein, Mrs. Lennox, befolgen Sie meinen Rat. In ein paar Tagen, wenn es Ihnen gut geht, gehen Sie zu Ihrem Mann, bitten Sie ihn um Vergebung und nehmen Sie sich vor, nie wieder Geister zu berühren.'

„Es ist sehr nett von dir, auf diese Weise mit mir zu sprechen", sagte Kate unter Tränen, „und ich werde deinen Rat befolgen. Gleich am ersten Tag, an dem ich stark genug bin, zum Strand hinunterzugehen, werde ich meinen Mann besuchen." , und wenn er mir eine weitere Prüfung geben wird, wird er, das schwöre ich dir, keinen Grund haben, es zu bereuen. Oh!' Sie fuhr fort: „Du weißt nicht, wie gut er zu mir war, wie er es mit mir ertragen hat." Wenn er mich nicht auf die Probe gestellt hätte, indem er mit anderen Frauen geflirtet hätte, wären wir jetzt vielleicht glücklich gewesen.'

Als Kate dann von ihren Prüfungen und Versuchungen sprach, wurde sie immer aufgeregter und hysterischer, bis der Arzt aus Angst, sie könnte einen Rückfall herbeiführen, gezwungen war, eine Verlobung vorzutragen und ihr Abschied zu wünschen.

Als er das Zimmer verließ, rief sie ihm hinterher: „Am ersten Tag, an dem es mir gut genug geht, um auszugehen, werde ich meinen Mann besuchen."

XXIX

Die nächsten Tage vergingen wie im Traum. Kates Seele, angespannt von der Sehnsucht nach Versöhnung, schwebte entspannt über dem schmutzigen Elend, das in ihr und außerhalb lag, und voller Erwartung lebte sie in einem wunderschönen Paradies der Hoffnung.

Sie war sich so sicher, dass sie die letzten paar Jahre ihres Lebens durchstreichen konnte, dass ihr Geist kaum von Zweifeln an der Möglichkeit getrübt war, dass er sich weigern könnte, ihr zu vergeben – dass er sich vielleicht sogar weigern würde, sie zu sehen. Die alten Zeiten schienen ihr bezaubernd, und rückblickend schien selbst sie damals perfekt gewesen zu sein. Dort schien ihr Leben begonnen zu haben. Sie dachte jetzt nie an Hanley. Ralph und Mrs. Ede waren wie dunkle Schatten, die sich nicht um ihre Existenz kümmerten. Die Töpfereien und die Hügel waren Erinnerungen an die Kindheit, düster und unwichtig. Auch das Rampenlicht und der Applaus des Publikums hallten in ihren Ohren wider. Ihr Leben konzentrierte sich im Moment auf eine liebevolle Erinnerung an eine Küste in Lancashire und ein rosafarbenes Zimmer, in dem sie auf den Knien des Mannes saß, den sie verehrte. Die Trägheit und die geistige Schwäche der Genesung trugen zu diesem Zustand geistiger Hochstimmung bei. Sie liebte ihn mehr, als irgendjemand sonst ihn lieben könnte; Sie würde nie wieder Brandy anfassen. Er würde sie zurücknehmen und sie würden so leben wie die Liebenden in allen Romanen, die sie je gelesen hatte. Diese Illusionen erfüllten Kates Geist wie ein Schal aus weißem Nebel, der um das Gesicht eines strahlenden Morgens hing, und während sie sich zwischen den Kissen zurücklehnte oder an den langen Abenden, die für sie nicht mehr einsam waren, träumend am Kamin saß, schmiedete sie Pläne , und überlegte, wie sie Dick in diesem so ersehnten Interview bitten sollte. In dieser Zeit wurden Dutzende Briefe geschrieben und vernichtet, und erst als es für sie an der Zeit war, ins Theater zu gehen, um ihn zu sehen, konnte sie entscheiden, was sie schreiben sollte. Dann kritzelte sie hastig eine Notiz, aber ihre Hand zitterte so sehr, dass das Papier mit fleckigen und verschwommenen Linien bedeckt war, bevor sie die Hälfte dessen gesagt hatte, was sie eigentlich sagen wollte.

„Es geht nicht, ihn wieder glauben zu lassen, ich sei betrunken", sagte sie sich, während sie das, was sie geschrieben hatte, beiseite warf und einen ihrer früheren Versuche noch einmal durchlas. Es lief wie folgt ab:

„MEIN LIEBLINGSSCHWANZ,—"

„Es wird Ihnen bestimmt leid tun, zu hören, dass ich sehr krank war. Jetzt geht es mir allerdings viel besser; tatsächlich kann ich sagen, dass ich mich ziemlich erholt habe. Während meiner Krankheit habe ich über unsere

Streitigkeiten nachgedacht, und jetzt sehe ich, wie schlecht, wie böse ich mich bei vielen Gelegenheiten Ihnen gegenüber verhalten habe. Ich weiß nicht, und ich habe kaum zu hoffen gewagt, dass Sie mir jemals verzeihen werden, aber ich vertraue darauf, dass Sie sich nicht für ein paar Minuten weigern werden, mich zu sehen. Ich versichere Ihnen, dass ich seit einigen Wochen keine Spirituosen mehr probiert habe, Sie brauchen also nicht zu befürchten, dass ich einen Krach auslösen werde. Ich werde versprechen, sehr ruhig zu sein. Ich werde dir keine Vorwürfe machen, ich werde mich nicht aufregen, noch werde ich meine Stimme erheben. Ich werde sehr brav sein und dich nur für eine sehr kurze Zeit aufhalten. Das wirst du nicht, das kannst du nicht, oh mein Schatz! Lehne mir diese eine kleine Bitte ab – dich wiederzusehen, wenn auch nur für ein paar Minuten.

„Deine liebevolle Frau,
‚KATE‘"

Verglichen mit den leidenschaftlichen Gedanken ihres Gehirns kamen ihr diese Worte schwach und dürftig vor, aber da sie spürte, dass sie ihre Intensität zumindest im Moment nicht steigern konnte, machte sie sich auf den Weg, in der Hoffnung, dort ihren Mann zu finden Theater.

Es war ungefähr acht Uhr abends. Über dem Hintergrund der Straßen hing ein heller, grauer Nebel, und die Linie der Hausdächer ging in den düsteren Schatten, die vom rußfarbenen Himmel fielen, fast verloren. Hier und da zerriss ein Schornstein oder der spitze Turm einer Kirche die Musselin-ähnlichen Vorhänge des herabsinkenden Nebels; und vage wie der Nebel waren ihre Gedanken. Die Straßen verwinkelten sich und schlängelten sich ihren leuchtenden Weg durch Schlamm und Düsternis, während an jeder Biegung die breiten, weiten Fenster der Wirtshäuser den englischen Highway markierten. Doch Kate schenkte den rot beschrifteten Versuchungen keine Beachtung. Gefügig und hoffnungsvoll wie ein müdes Tier, das an seinen Stall denkt, ging sie durch die dunkle Menge, die sich auf sie drängte, und bemerkte nicht einmal, wenn sie angerempelt wurde, sondern ging weiter, ein rücksichtsloses, unscheinbares Etwas – ein Etwas in einem schwarzen Schal und einem Quasi - respectable Haube, ein schlüpfriges Trittbrett zwischen den niederen Frauen, die flüsterten, und der Arbeiterin, die mit der Dose Abendbier in der Hand nach Hause eilte. Wie jemand, der von der Kraft eines Traums gehalten und geleitet wird, verlor sie das Bewusstsein für alles, was nicht dazu gehörte. Die Gedanken darüber, wie Dick sie empfangen und ihr vergeben würde, waren innerhalb enger Zeitgrenzen verwickelt, verwickelt und zerbrochen; Eine halbe Stunde verging wie eine Minute, und sie befand sich am Bühneneingang des Theaters. Sie zog den Brief aus ihrer Tasche und sagte zum Diener:

„Würden Sie Mr. Lennox freundlicherweise diesen Brief geben?" Ist er schon angekommen?'

„Ja, aber er ist im Moment beschäftigt." Aber", fügte der Mann hinzu, während er Kates Gesichtszüge genau musterte, „entschuldigen Sie, ich habe einen Fehler gemacht; Mr. Lennox ist nicht im Theater.'

In diesem Moment wurde die Schwingtür aufgestoßen und der Callboy schrie:

'Herr. Lennox sagt, Sie sollen Miss Thomas heute Abend nicht passieren lassen, und wenn es Briefe für ihn gibt, soll ich sie entgegennehmen.'

'Hier ist eine; würden Sie es Mr. Lennox geben?' sagte Kate und schob eifrig ihre Notiz vor. „Sagen Sie, dass ich auf eine Antwort warte."

Der Türsteher versuchte einzugreifen, aber bevor er sich erklären konnte, war der Junge davongeeilt.

„Alle Briefe sollten mir gegeben werden", knurrte er, als er sich abwandte, um mit Miss Thomas zu diskutieren, die gerade angekommen war. Ein paar Minuten später kam der Callboy zurück.

„Würden Sie bitte hierher kommen", sagte er zu Kate.

„Nein, das sollst du nicht", rief der Diener. „Wenn Sie mit mir irgendeinen Unsinn wagen, schicke ich einen Polizisten."

Kate fuhr erschrocken zurück, da sie dachte, diese Worte seien an sie gerichtet, doch ein Blick zeigte ihr, dass sie sich geirrt hatte.

'Oh! Wie kannst du es wagen, so mit mir zu reden? Du bist ein schlichtes Biest!' rief Miss Thomas.

„Gehen Sie unter meinem Arm hindurch, gnädige Frau", sagte der Diener. „Ich möchte nicht, dass dieser durchkommt." Und inmitten eines Sturms heftiger Worte und der Klänge ferner Musik stieg Kate eine schmale Treppe hinauf, die unter dem Gewicht einer Gruppe Mädchen in seltsamen Kleidern knarrte. Als sie an ihnen vorbeikam, sah sie Dick an der Tür seines Zimmers auf sie warten. Der Tisch war mit Briefen bedeckt, die Wände mit Rechnungen, auf denen „ein großer Erfolg" verkündet wurde.

Er nahm ihre Hand und setzte sie auf einen Stuhl, und zunächst schien es zweifelhaft, wer dieses unangenehme und irritierende Schweigen brechen würde. Schließlich sagte Dick:

„Es tut mir leid, Kate, dass du krank warst; Du siehst jetzt gut aus.'

„Ja, mir geht es jetzt besser", antwortete sie traurig; „aber vielleicht wäre es auch so gewesen, wenn ich gestorben wäre, denn du kannst mich nie wieder lieben."

„Du weißt, meine Liebe", sagte er zweideutig, „dass wir nicht gut miteinander ausgekommen sind."

„Oh, Dick! Ich weiß es. Du warst sehr gut zu mir, und ich habe dir wegen meiner Eifersucht das Leben schwer gemacht; aber ich konnte nicht anders, denn ich liebte dich mehr, als eine Frau jemals einen Mann liebte. Ich kann es dir nicht sagen, ich finde keine Worte, um auszudrücken, wie sehr ich dich liebe; du bedeutest mir alles. Ich habe für deine Liebe gelebt; Ich sterbe daran. Ja, Dick, ich sterbe aus Liebe zu dir; Ich spüre es hier; es verschlingt mich wie ein Feuer, und das Seltsame ist, dass mir außer dir nichts real erscheint. Ich denke nie an etwas anderes als an Dinge, die dich betreffen. Alles, was dir jemals gehört hat, bewahre ich als Reliquie auf. Du kennst den Perlenkranz, den ich immer trug, als wir *The Lovers Knot spielten* . Nun ja, ich habe sie immer noch, obwohl alles andere von mir verschwunden ist. Die Schnur war ein- oder zweimal gerissen und einige der Perlen gingen verloren, aber ich habe sie wieder aufgefädelt, und sie hängt immer noch um meinen Hals. Ich habe sie neulich angeschaut und es hat mich sehr traurig gemacht, denn es hat mich an die glücklichen Tage denken lassen – ach, die sehr glücklichen Tage! – die wir zusammen hatten, bevor ich mich auf den Weg gemacht habe. Aber darüber werde ich nicht sprechen. Ich habe mich selbst geheilt. Ja, ich versichere dir, Dick, ich habe mich selbst geheilt; und deshalb bin ich gekommen, um mit Ihnen zu sprechen. Wäre ich nicht sicher, ob ich nie wieder Brandy anfassen würde, würde ich dich nicht bitten, mich zurückzunehmen, aber ich würde lieber sterben, als das zu tun, was ich getan habe, denn ich weiß, dass ich es nie tun werde. Kannst du – mein lieber Dick, mir noch eine Prüfung geben?'

Der Sieg hing auf dem Spiel, aber in diesem Moment öffnete ein prächtiges Mädchen, in der ganzen Pracht langer grüner Strumpfhosen und strahlend mit Brustpanzer und Speer, die Tür.

„Schau her, Dick", begann sie, doch als sie Kate sah, hielt sie inne und stammelte eine Entschuldigung.

„Ich werde in einer Minute auf der Bühne sein, mein Lieber", sagte er und erhob sich von seinem Stuhl. Die Tür war geschlossen und sie waren wieder allein; Aber Kate hatte das Gefühl, dass die Chance gegen sie verspielt war. Die Unterbrechung hatte mit einem plötzlichen Schock die Gefühle, die sie geweckt hatte, abgetötet und Dick eine Antwort geliefert, die ihn auf einem Weg nach seinem Herzen geradewegs aus seinen Schwierigkeiten herausführen würde.

„Meine Liebe", sagte er und erhob sich von seinem Stuhl, „ich bin froh, dass du das – weißt du was – aufgegeben hast, denn zwischen dir und mir war das die Ursache all unseres Ärgers; Aber ehrlich gesagt glaube ich nicht, dass es für uns ratsam wäre, zusammenzuleben, zumindest vorerst, und ich werde Ihnen sagen, warum. Ich weiß, dass du mich sehr liebst, aber wie du gerade selbst gesagt hast, sind es deine Eifersucht und das gemeinsame Trinken, die dich erregen und zu diesen schrecklichen Auseinandersetzungen führen. Nun, der beste Plan wäre, dass wir getrennt leben, sagen wir etwa sechs Monate, bis Sie Ihre kleine Schwäche völlig überwunden haben, wissen Sie; und dann – nun ja, dann werden wir genauso glücklich sein, wie wir es in den guten alten Zeiten vor langer Zeit in Blackpool waren.'

„Oh, Dick! Sagen Sie nicht, dass ich sechs Monate warten muss; Vielleicht bin ich schon vorher tot. Aber du sagst mir nicht die Wahrheit. Du wolltest gerade sagen, dass ich vielleicht zu dir zurückkomme, als das schreckliche Mädchen hereinkam. Ich weiß. „Ja, ich glaube, da ist etwas zwischen euch."

„Nun, Kate, denk an dein Versprechen, keinen Krach anzuzetteln. Ich habe zugestimmt, dich zu sehen, weil du gesagt hast, dass du nicht gewalttätig sein würdest. Hier ist Ihr Brief.'

„Ich werde nicht gewalttätig sein, Dick; aber sechs Monate scheinen eine so lange Zeit zu sein.'

„Es wird nicht so lange dauern, wie du denkst." Und jetzt muss ich weglaufen; Sie warten auf der Bühne auf mich. Hast du das Stück gesehen? Möchtest du vorne mitmachen?'

„Nein, heute Abend nicht, Dick; Ich bin zu traurig. Aber willst du mich nicht küssen, bevor ich gehe?'

Dick neigte sein Gesicht und küsste sie; Aber in dem Kuss lag ein Schauder, der ihr bis ins Herz ging, und sie hatte das Gefühl, dass seine Lippen ihre nie wieder berühren würden. Aber sie hatte keinen Einspruch zu erheben und ließ sich fast schweigend aus dem Theater führen. Als sie in den Nebel geriet, zitterte sie ein wenig und zog ihren dünnen Schal fester um ihre dünnen Schultern, und während einer der Refrains immer noch in ihren Ohren klang, ging sie in Richtung Strand. Irgendwie schien ihr Kummer nicht zu groß, als dass sie es ertragen könnte. Das Gespräch war weder so schlecht noch so gut verlaufen, wie erwartet, und als sie an die sechs Monate auf Bewährung dachte, die vor ihr lagen, ohne sich auch nur im Geringsten darüber im Klaren zu sein, was sie bedeuteten, schlenderte sie träumend durch den schlampigen, duftenden Nebel Straßen. Die Lampen waren jetzt nur noch wie pelzige gelbe Flecken auf einem toten grauen Hintergrund, und eine schlammbespritzte Menschenmenge rollte in der Dunkelheit hin und her. Die Dächer über ihnen waren in den rußfarbenen Himmel eingehüllt, der auf die Köpfe der Passagiere herabzusinken schien. Männer kamen mit Paketen vorbei; die weiße Krawatte eines Theaterbesuchers wurde erblickt. Von Lambeth, von Islington, von Pimlico, aus allen dunklen Ecken, in denen tagsüber die Prostitution bei schwindendem Licht lauerte, war sie über die Stadt gekommen – beleibte Matronen, sehr anständig in braunen Seidenkleidern und Schleiern, standen da in den Ecken von Gassen und schmuddeligen Höfen, verachtet von der jüngeren Generation; Junge Mädchen von fünfzehn und sechzehn Jahren gingen paarweise vorbei, mit gefärbten Haarsträhnen über den Schultern, Werbung für ihr Alter; der Älteste übernimmt die Verantwortung für die Wahl; Deutsche in langen Ulsters pflegten gutturale Intonationen; Die Polizisten auf ihren Streifzügen hätten weniger besorgt wirken können. Die Engländer hielten sich in den Wirtshäusern auf und beobachteten neidisch die gewölbten Spanne der vorbeischlendernden Französinnen. Es gab viele Lächeln, aber der Nebel war so dicht, dass sogar die Pariser ihre natürliche Leichtigkeit verloren und sich zurück in Paris wünschten.

An der Kreuzung der Wellington Street stolperte sie gegen einen kleinen Mann, der heftig hustend an einer Tür lehnte. Sie starrten einander in tiefem Erstaunen an, und dann sagte Kate mit schmerzerfüllter und gebrochener Stimme:

„Oh, Ralph! bist du es?'

„Ja, das ist es tatsächlich. Aber wenn ich daran denke, Sie hier in London zu treffen!'

Zum zweiten Mal hatten sie irgendwie vergessen, dass sie einst Mann und Frau gewesen waren, und nach einer Pause sagte Kate:

„Aber das ist genau das, was ich gedacht habe. Was machst du in London?'

Ralph wollte gerade antworten, als ihn ein Hustenanfall unterbrach. Sein Kopf sank in seine Brust und sein kleiner Körper wurde geschüttelt, bis es schien, als würde er wie ein Bündel Stöcke in Stücke zerbrechen. Kate blickte ihn mitleidig an und ließ unbewusst die trennenden Jahre Revue passieren, so wie sie es vielleicht getan hätte, als sie noch zusammen in Hanley arbeiteten, und sagte:

'Oh! Du weißt, dass du bei so einem Wetter nicht anhalten solltest, sonst wirst du morgen außer Atem sein.'

„Oh nein, das werde ich nicht tun; Ich habe ein neues Mittel. Aber ich habe mich verirrt; Das ist der Grund, warum ich so spät dran bin.'

„Vielleicht kann ich es dir sagen. Wo bleiben Sie?'

„In einem Hotel in der Bedford Street, in der Nähe von Covent Garden."

„Nun, das ist dein Weg; Du bist zu weit gekommen.'

Und als sie wieder in die drängelnde Menge hineingingen, gingen sie schweigend Seite an Seite weiter. Eine schräge Nebelwolke war vom Fluss auf die Straße gezogen und erzeugte eine schaurige und furchteinflößende Dunkelheit. Die Taxis fuhren im Schritttempo, die riesigen Omnibusse hielten verspätet an und ihre Werbung war selbst dann nicht zu lesen, wenn es zu einer Blockade in der Nähe einer Gaslaterne kam. Die Fenster der Juweliere strahlten das meiste Licht aus; Aber selbst Gold- und Silberwaren schienen in der widerlichen Atmosphäre angelaufen zu sein. Dann wurde der Geruch aus den Fischläden immer säuerlicher, als der Verkäufer die Hummer auftürmte und die Murmeln überflutete, um die Schließung vorzubereiten; und direkt im Sichtbereich bummelte eine Frau mit einer blauen Haube, die den fettigen Duft der Suppe einatmete, neben einem Gitter.

„Das ist Bedford Street, glaube ich", sagte Kate, „aber es ist so dunkel, dass man es nicht sehen kann."

„Ich nehme an, Sie kennen London gut?" antwortete Ralph etwas spitz.

„Ganz gut, ich bin jetzt schon eine Weile hier."

In den letzten drei oder vier Minuten wurde kein Wort gesprochen. Kate war überrascht, dass Ralph nicht böse auf sie war; Sie wollte mit ihm über alte Zeiten sprechen, aber es war schwer, das Eis der vergangenen Jahre zu brechen. Als sie schließlich vor der Tür eines kleinen Familienhotels anhielten, sagte er:

„Es ist doch ungefähr vier Jahre her, dass wir uns getrennt haben, nicht wahr?"

Die Frage erschreckte sie und sie antwortete nervös und hastig:

„Ich nehme an, das ist es, aber ich wünsche dir jetzt besser Lebewohl – du bist zu Hause in Sicherheit."

'Ach nein! Komm herein; Du siehst so müde aus, ein Glas Wein tut dir gut. Außerdem, was schadet? War ich nicht einmal Ihr Mann?'

„Oh, Ralph! wie kannst du?'

„Es gibt keinen Grund, warum ich nicht hören sollte, wie es dir ergangen ist." Wir sind wie Fremde, es ist so viel passiert; Ich habe seitdem geheiratet – aber vielleicht hast du noch nichts davon gehört?'

'Verheiratet! Wen hast du geheiratet?'

'Also! Ich habe deinen Assistenten geheiratet, Hender.'

„Was, Hender, deine Frau?“ sagte Kate mit einem schmerzerfüllten Tonfall. Ein Dolch, der ihr plötzlich in die Seite gestoßen wurde, als sie die Treppe hinaufging, hätte sie nicht grausamer verletzen können als die Nachricht, dass die Frau, die ihre Assistentin gewesen war, jetzt das Haus besaß, das einst ihr gehörte. Die Geschichte vom Hund in der Krippe ist so alt wie die Welt.

Durch die Fenster des kleinen öffentlichen Wohnzimmers war nichts zu sehen; Alles war in den gelben Nebelvorhang gehüllt. Ein Handelsreisender hatte seine Stiefel ausgezogen und wärmte seine Pantoffeln am Feuer.

„Schreckliches Wetter, Sir“, sagte der Mann. „Ich fürchte, es wird deinem Husten nicht viel nützen.“ Kommst du in die Nähe des Feuers?‘

„Danke“, sagte Ralph.

Kate zog mechanisch einen Stuhl heran. Es würde ihnen unmöglich sein, ein Wort zu sagen, denn der Reisende neigte offenbar zur Geschwätzigkeit, und beide fragten sich, was sie tun sollten; aber in diesem Moment kam das Zimmermädchen und verkündete, dass das Zimmer des Herrn fertig sei. Er nahm seine Stiefel auf, zog sich zurück und ließ die beiden, die einst Mann und Frau gewesen waren, allein zurück; und doch schien es so schwierig wie eh und je, über das zu sprechen, was ihnen am Herzen lag. Kate half Ralph aus seinem Mantel und bemerkte, dass er dünner und blasser aussah. Der Diener brachte zwei Gläser Grog herbei, und als Kate ihre Haube abgenommen hatte, sagte sie: „Glauben Sie, dass ich mich sehr verändert habe?“

„Nun, da du mich fragst, Kate, muss ich sagen, dass du meiner Meinung nach nicht sehr gut aussiehst. „Du bist dünner als früher und hast einen großen Teil deiner Haare verloren.“

„Ich habe mich gerade erst von einer schweren Krankheit erholt“, sagte sie seufzend, und als sie das Glas an ihre Lippen hob, zeichnete das Gaslicht die gesamte Kontur ihres Kopfes ab. Das dichte Haar, das früher wie üppiger Samt ihre blassen, hervorstehenden Schläfen umgab, sah jetzt aus wie ein schwarzes Seidenband, das an der Naht ausgefranst und weiß geworden war.

„Aber was hast du gemacht? Ist es bei dir ganz gut gelaufen?‘ sagte Ralph, dessen Atem in einem dünnen, aber kontinuierlichen Pfiff von ihm kam. „Was geschah, als ich meinen Scheidungsbeschluss erhielt?“

„Eine Zeit lang nichts Besonderes, aber danach haben wir geheiratet.“

'Oh!' sagte Ralph, „also hat er dich geheiratet, oder?“ Nun, das hätte ich nicht von ihm erwarten dürfen. Wir sind also beide verheiratet. Ist es nicht seltsam? Und auch Begegnungen auf diese Weise.'

„Ja, seitdem ist viel passiert. „Ich war auf der Bühne und bin durch ganz England gereist.“

'Was! Bist du auf der Bühne, Kate?' sagte Ralph und hob seinen Kopf von seiner Hand. 'Oh Gott! oh Gott! wie – Ha! Ha! Oh! aber ich darf nicht lachen; Ich werde nicht atmen können.'

Kate drehte sich fast wütend zu ihm um, und der Geist der Primadonna erwachte in ihr, sie sagte:

„Ich weiß nicht, worüber man lachen kann.“ Ich habe alle Hauptrollen in allen wichtigen Städten Englands gespielt – Liverpool, Manchester, Leeds. Der Newcastle Chronicle sagte, meine Serpolette sei die beste, die sie je gesehen hätten.

Ralph sah verwirrt aus, wie ein Mann, der für einen Moment von einem plötzlichen Blitz geblendet wird. Er konnte nicht sofort erkennen, dass diese Frau, die seine Frau gewesen war und die sich in seinem kleinen Haus in Hanley gewaschen und geschrubbt hatte, jetzt eine dieser strahlenden Frauen war, die in klaren Röcken und rosa Strümpfen umherwandern und wunderschöne Lieder singen Unbegrenzte Wälder und unbezwingbare Berge. Einen Moment lang bereute er, Miss Hender geheiratet zu haben.

„Aber ich glaube nicht, dass ich jemals wieder schauspielern werde.“

'Wie ist das?' sagte er mit einem Unterton der Enttäuschung in seiner Stimme.

„Ich weiß es nicht“, sagte Kate. „Ich lebe jetzt nicht mit meinem Mann zusammen und habe nicht den Mut, mich selbst um eine Verlobung zu kümmern.“

Ralph starrte sie vage an. „Achten Sie auf eine Verlobung?“ er wiederholte sich; es kam ihm vor, als würde er träumen.

„Bist du nicht zufrieden mit ihm?“ Behandelt er dich nicht gut?' sagte Ralph und ließ sich zwangsweise von seinem Traum zurück in die Realität fallen.

„Oh ja, er war immer sehr gut zu mir.“ Ich kann nicht sagen, wie es war, aber irgendwie kamen wir mit der Zeit nicht mehr klar. Ich wage zu behaupten, dass es meine Schuld war. Aber wie kommen Sie mit Miss Hender zurecht?' sagte Kate, teils aus Neugier, teils aus dem Wunsch heraus, das Gespräch zu ändern.

„Oh, schon gut“, sagte Ralph mit etwas, das trotz seines Keuchens wie ein Seufzer klang.

„Wie schafft sie das Schneidern? Sie war immer eine gute Arbeitsfrau, aber sie hatte nie viel Geschmack, und ich könnte mir vorstellen, dass sie nicht viel tun könnte, wenn sie ganz sich selbst überlassen würde.'

„Das ist genau das, was passiert ist." Es ist merkwürdig, dass Sie so richtig geraten haben. Das Geschäft ist in die Brüche gegangen, und seit Mutters Tod haben wir das Haus in eine Herberge umgewandelt.'

„Und ist Mutter tot?" rief Kate und faltete die Hände. „Was muss sie von mir gedacht haben?"

Ralph antwortete nicht, aber nach langem Schweigen sagte er:

„Es ist doch schade, dass wir es gemeinsam nicht besser hinbekommen haben?"

Kate hob den Kopf und sah ihn schnell an. Ihr Blick war voller Dankbarkeit.

„Ja", sagte sie, „ich habe mich dir gegenüber sehr schlecht benommen, aber ich glaube, ich wurde dafür bestraft."

„Du hast mir gesagt, dass er dich geheiratet und dich sehr gut behandelt hat."

'Oh!' Sie sagte und brach in Tränen aus: „Frag mich nicht, es ist eine zu lange Geschichte;
Ich erzähle es dir ein anderes Mal, aber nicht jetzt.'

Es schien Kate, dass ihr Herz brannte und dass sie vor Kummer sterben musste. „War das Leben?" fragte sie sich. Oh, für immer in Ruhe und aus dem Weg zu sein! Auch Ralph schien zutiefst betroffen zu sein; nach einer Pause sagte er:

„Ich weiß nicht, wie es war oder warum, aber jetzt, wo ich darüber nachdenke, fällt mir ein, dass ich früher böse auf dich war."

„Es war das Asthma, das dich verärgert hat, und das könnte auch so sein." und sie fragte ihn, ob er immer noch an Asthma leide, und er antwortete:

„Manchmal ja."

„Aber die Zigaretten", sagte sie, „hatten früher Erleichterung gebracht; rauchst du sie immer noch?'

„Ja, und manchmal entlasten sie mich, manchmal nicht." Ein langes Schweigen trennte sie und als er es plötzlich brach, sagte er:

„Es gab Fehler auf beiden Seiten." Auf allen Seiten", fügte er hinzu, „denn auch ich spreche die Mutter nicht von der Schuld frei." Sie war immer zu hart zu dir. Nun, ich hätte nie etwas dagegen haben sollen, dass du ins Theater gehst und dich amüsierst. Es hätte mir nichts ausmachen sollen, dass du Schauspielerin bist, und ich hätte dich jeden Abend nach Hause holen sollen.'

Kate lächelte trotz ihres Kummers und er fuhr fort und folgte seiner Idee bis zum Ende:

„Es hätte das Geschäft nicht beeinträchtigt, wenn Sie es gewesen wären; im Gegenteil, es hätte uns eine Verbindung gebracht, und ich hätte diese Glasfenster aufmachen und den Laden des Obsthändlers besichtigen können.'

Ralph hielt inne. Das Dröhnen Londons war in den gelben Tiefen des Nebels versunken, und einige Minuten lang war nichts zu hören außer dem kurzen Ticken der Uhr. Es war ein melancholisches Vergnügen, sich vorzustellen, was hätte sein können, wenn die Dinge nur eine andere Wendung genommen hätten, und wie Kinder, die Matschkuchen backen, amüsierte es sie, das kleine Gewebe ihres Lebens wieder aufzubauen; während der eine seine Vision von zerbrochenem Glas rekonstruierte, klagte der andere über die Ruinen der Penny-Journal-Gefühle. Dann erwachten sie ruckartig und vertrauten sich einander an. Ralph erzählte Kate, wie Mrs. Ede von ihr gesprochen hatte, als ihre Flucht entdeckt worden war; Kate versuchte zu erklären, dass sie nicht so viel Schuld trug, wie man sich vorstellen könnte. Ralphs Neugierde übermannte ihn ständig, und er konnte nicht umhin, sie zu bitten, ihm etwas über ihre Bühnenerfahrung zu erzählen. Eins führte zum anderen, und vor zwölf Uhr überraschte es sie, dass sie ihm so viel erzählt hatte.

Das Gespräch wurde in kurzen, gebrochenen Sätzen geführt. Der Mann und die Frau saßen zitternd dicht beieinander am Feuer. Es gab keine Vorhänge an den Fenstern und der Nebel war durch die Fensterläden in den Raum gekrochen. Kate hustete von Zeit zu Zeit – ein scharfer, stoßweiser Husten – und Ralphs Keuchen wurde lauter.

„Ich fürchte, ich werde eine schrecklich schlechte Nacht haben, bei diesem schrecklichen Wetter."

„Ich würde gerne anhalten, um dich zu pflegen; aber ich muss nach Hause kommen.'

„Du denkst sicher nicht daran, an so einem Abend auszugehen; Du wirst nie den Weg nach Hause finden.'

„Ja, ja, das werde ich; es würde mir nicht genügen, hier zu bleiben.'

Sie, die einst Ehemann und Ehefrau gewesen waren, sahen einander an und beide lächelten schmerzlich.

„Sehr gut, wir sehen uns unten."

'Ach nein! Das darfst du nicht, sonst bringst du dich um!'

Ralph bestand jedoch darauf. Sie standen einen Moment lang gemeinsam auf der Türschwelle und erstickten in einer schwefelfarbenen Atmosphäre.

„Du wirst mich morgen wiedersehen, nicht wahr?"

'Ja ja!' rief Kate; 'morgen! morgen!' und sie verschwand in der Dunkelheit.

XXX

Aber am nächsten Morgen konnte sie ihr Zimmer nicht verlassen, und am Ende der Woche hieß es im Bedford Hotel, dass Herr Ede am Tag zuvor weggegangen sei, ohne eine Nachricht zu hinterlassen.

Der Portier, der sie über seine Abreise informierte, musterte sie neugierig und ließ sie denken, dass Mr. Ede seiner Meinung nach gut daran getan hatte, sich von Leuten wie ihr zu entfernen. Sie hatte versucht, ordentlich auszusehen, und dachte, es sei ihr gelungen, aber ob ordentlich oder unordentlich, das war egal, jetzt zählte nichts mehr; Sie war erledigt. Zweifellos hatte der Portier recht; Ralph war weggegangen, um ihr zu entkommen, und das war auch gut so, denn was hatten sie sich noch zu sagen: Hatte er nicht Hender geheiratet? Und als sie an einem Schaufenster vorbeiging, erblickte sie sich selbst im Spiegel. „Nicht viel vor", sagte sie und ging weiter in den Strand, murmelte ihr Unglück und ließ die Passanten sich um sie kümmern. Sie hatte ihren Rock nicht sicher festgesteckt, ein Fuß davon war über den Bürgersteig geschleift, und als sie höhnische Stimmen hinter sich hörte, ging sie in ein Wirtshaus, um um eine Stecknadel zu bitten. Die Bardame gehorchte ihr mit einem, und während sie ihren Rock zurechtrückte, hörte sie einen Mann sagen: „Nun, diejenigen, die über das Übel des Trinkens reden, wissen sehr wenig von dem, wovon sie reden." Der Alkohol hat ebenso viele Menschen gerettet wie getötet." Kates Herz erwärmte sich für den Mann, denn sie wusste, dass ein Glas sie schon oft davor bewahrt hatte, mit sich selbst davonzukommen, aber noch nie in ihrem Leben hatte sie sich mehr wie der Fluss gefühlt als an diesem Morgen. Ein Dreigroschenwert würde ausreichen, mehr konnte sie sich nicht leisten; Dick erlaubte ihr nur zwei Pfund pro Woche, und eine Frau musste sehr streng auf die neununddreißig Schilling aufpassen, um den vierzigsten in ihrer Tasche zu finden, bevor das Geld für die nächste Woche fällig war. Nachdem sie ihr Glas getrunken hatte, fühlte sie sich besser; Ihre Gedanken waren nicht mehr beim Fluss am Ende der Wellington Street, sondern bei den Passagieren im Strand, den stolzierenden Mummern, Männern und Frauen; die Männer mit herrschaftlicher Miene und Billycock-Hüten; die Frauen mit gelben Haaren und unheiligen Blicken auf ihren Gesichtern. Um den Geschäftssitz eines Theateragenten versammelten sich Gruppen von Männern und Frauen, alle möglichen Leute kamen und gingen; Anwälte vom Temple, Journalisten auf dem Weg zur Fleet Street; Prostituierte aller Art und aller Couleur, jung und alt, dick und dünn, aller Nationalitäten, Franzosen, Belgier und Deutsche, gingen paarweise, in Reihen vorbei, ihre Augen flammten Einladungen. Kinder mit orangefarbenen Haaren verkauften Streichhölzer und wurden durch verdächtige Gassen verfolgt; Ein seltsames, hastiges Leben voller Komplexität hatte in der Dämmerung begonnen, bevor die Lampenanzünder vorbeizogen. Mädchen und Jungen drängten sich hintereinander, stritten sich und verkauften Zeitungen. Das Spektakel half, die Zeit zwischen vier und sieben Uhr zu vertreiben. Um sieben ging sie in ein Gasthaus und aß für einen Schilling, und danach blieb ihr nichts anderes übrig, als im Strand umherzuwandern. Einige der Frauen, die ihren Lebensunterhalt lieber mit dem Verkauf ihrer Lippen verdienten, als stundenlang an einem stinkenden Waschzuber zu stehen, waren sehr oft freundliche Menschen, und außer diesen Straßengängern gab es niemanden, mit dem sie zusammen sein konnte Wechseln Sie ein paar Worte und laden Sie in einen Trinkladen auf ein Glas ein. Am Tresen erzählte sie von ihren Erfolgen als Clairette in *Madame Angot* und Serpolette in *Les Cloches de Corneville* , und wenn ein ungläubiger Ausdruck auf den Gesichtern ihrer Gäste erschien, sang sie ihnen die kleinen Liedchen vor und bewies durch ihr Wissen, dass sie alles erzählte sie waren wahr. Von der Kneipe aus gingen sie in Gruppen in Ohnmacht, und diese Frauen brachten Kate in ihre Gasthäuser, und sie hörte sich ihre Geschichten an, und wenn sie am Ende der Woche ihr ganzes Geld ausgegeben hatte, liehen ihr diese Frauen manchmal Schilling und … halbe Kronen, und als sie das geliehene Geld nicht zurückgeben konnte, fragten sie sie: „Warum machst du es nicht wie wir?"

Ihr hübsches Gesicht von früher war mittlerweile fast verschwunden, aber Spuren davon waren noch vorhanden. „Wenn du dich nur etwas schicker kleiden würdest und mitkommen würdest, könntest du mit zwei Mitteln über die Runden kommen." „Mit dem, was Sie von Ihrem Mann bekommen, wären Sie besser dran als jeder von uns." Aber sie ließ sich nicht überzeugen, und als die Zeit verging und die Trunkenheit immer fester wurde, überkam sie der Glaube, dass sie nicht ganz verloren war, wenn sie Dick nicht untreu wurde, und sie klammerte sich mit fast verzweifelter Beharrlichkeit daran fest und sagte: zu ihren Freunden: „Wenn ich das tun würde, würde ich zum Fluss hinuntergehen und mich ertränken." Sie hörte Gelächter, wenn sie diese Worte sagte, und die Antwort war, dass jede Frau das Gleiche gesagt hatte: „Aber früher oder später kommen wir alle dazu." „Nicht ich, nicht ich!" antwortete sie und taumelte aus dem Wirtshaus. Doch eines Nachts, als sie in der Dämmerung zwischen Tageslicht und Dunkelheit aufwachte, erinnerte sie sich daran, dass ihr etwas widerfahren war, das ihr noch nie zuvor widerfahren war. Sie war sich nicht sicher, vielleicht hatte sie es geträumt. Trotzdem konnte sie sich des Gedankens nicht entziehen, dass gestern Abend ein Mann im Wirtshaus in der Nähe von Charing Cross hereingekommen war und gesagt hatte, er würde für die Getränke bezahlen, und dass sie anschließend in eines der Hotels in Villiers gegangen war Straße. Wenn nicht, warum dachte sie dann an die Villiers Street? Sie ging selten diese Straße entlang. Dennoch wurde sie von einer Erinnerung heimgesucht, einer hasserfüllten Erinnerung, die sie wach gehalten und sie stundenlang zum

Stöhnen und Weinen gebracht hatte, bis sie schließlich einschlief. Als sie aufwachte, war ihr erster Gedanke, sich bei den Frauen zu erkundigen, und sie ging am Strand auf und ab und suchte sie bis zum Einbruch der Dunkelheit. Aber sie konnten ihr nichts darüber erzählen, was passiert war, nachdem sie sie verlassen hatte. „Trockne deine Augen, Kate", sagten sie. 'Welche Angelegenheit? Ihr Mann hat Sie verlassen; Bist du nicht frei, mit wem du willst zusammenzuleben?'

Kate hatte das Gefühl, dass alles, was sie sagten, wahr genug war, aber sie betete, dass die Erinnerung an das Hotelzimmer, die in ihrem Kopf aufgetaucht war, die Erinnerung an einen Traum war und nicht an etwas, das ihr im Wachzustand widerfahren war. Es war schon schlimm genug, dass sie so etwas geträumt hatte, und als sie nach Hause zurückkehrte, fiel sie auf die Knie und betete, dass das, was sie fürchtete , nicht geschehen sei; und sie erhob sich von ihren Knien, ihre Augen waren voller Tränen und eine Art bleierne Verzweiflung in ihrem Herzen, die ihrer Meinung nach niemals vergehen würde.

Als die Tage vergingen, wurde ihr Geist immer dichter, sie geriet in Benommenheiten, aus denen sie sich nur schwer wieder befreien konnte. Sogar ihr heftiges Temperament schien sie zu verlassen, und elend und hoffnungslos rollte sie von einer Unterkunft zur anderen, trank viel, nahm das Getränk mit und trank in ihrem Bett, bis ihre Hand zu unsicher war, um ein weiteres Glas Whisky einzuschenken. Sie trank Whisky, Brandy und Gin, und wenn sie diese nicht bekommen konnte, würde jede andere Spirituose ihren Zweck erfüllen, sogar Brennspiritus.

Ihre Bettvorhänge wurden von der Vermieterin weggenommen, damit Kate sie nicht anzünden könnte. Die Wirtin zündete bei Einbruch der Dunkelheit das Gas an und drehte es aus, bevor sie zu Bett ging. „Nur so", sagte sie sich, „können wir sicher sein, dass diese Frau uns nicht alle in unseren Betten verbrennt." „Sobald ein Zimmer vermietet ist", fuhr sie fort, „ist es schwierig, eine kranke Frau rauszuschicken, besonders wenn es keine Entschuldigung gibt, und in diesem Fall gibt es keine." Denn Sie sehen, Mrs. Lennox bekommt von ihrem Mann zwei Pfund pro Woche", stimmte ihr Mr. Locker, Mrs. Rawsons Abendfreund, zu; und er sprach von der Entschädigung, die ihr im Falle des Todes von Frau Lennox von Herrn Lennox zustehen würde; „denn natürlich sollte jeder Ärger und jede Belästigung belohnt werden." Sie stimmte ihm zu; Doch ihre Augen wurden plötzlich weicher und sie sagte: „Ich habe sie seit heute Morgen nicht mehr gesehen, als ich ihr eine Tasse Tee gebracht habe." Vielleicht möchte sie etwas zu Abend essen. Wir essen ein Kaninchen zum Abendessen, ich werde sie fragen, ob sie ein Stück möchte.'

Ein paar Minuten später kam sie zurück und sagte, sie befürchte, dass Mrs. Lennox sterben würde und dass es besser wäre, sie ins Krankenhaus zu schicken. Locker antwortete, dass es vielleicht genauso gut wäre, aber als er es sich noch einmal überlegte, schlug er vor, mit dem Ehemann zu kommunizieren.

„Bis zur Opéra Comique ist es nicht weit", antwortete Mrs. Rawson, „ich ziehe einfach Hut und Jacke an und gehe dort herum."

„Das wird der beste Weg sein, sich der Verantwortung zu entziehen", sagte Locker auf der Türschwelle; aber ohne zu antworten, ging sie den Strand hinauf und ging auf die andere Seite, als sie das Globe Theatre sah.

„Wo ist der Bühneneingang der Opéra Comique?" Sie fragte am Bücherstand an der Ecke Holliwell Street nach, und man sagte ihr, dass sie den Bühneneingang in der Wytch Street finden würde, etwa auf halber Höhe der Straße. „Die Bühnentüren des Globe und der Opéra Comique liegen nebeneinander", rief man ihr nach. „Was meint er mit „auf halber Strecke", murmelte sie; „Er meinte ein Viertel weniger", und sie wandte sich an den Türhüter, der mürrisch antwortete, dass Mr. Lennox in diesem Moment besonders beschäftigt sei, aber als Mrs. Rawson sagte: „Ich glaube, seine Frau liegt im Sterben", stimmte er zu eine Nachricht verschicken, sobald er jemanden finden konnte, der sie entgegennimmt. Schließlich wurde jemandes Kommode angehalten, als er gerade durch die Schwingtür gehen wollte; Er stimmte zu, die Nachricht entgegenzunehmen, und ein paar Minuten später wurde Mrs. Rawson mehrere kleine Treppen hinauf und einige Gänge hinuntergeführt, um sich schließlich in einem kleinen Raum wiederzufinden, in dem sich drei Personen befanden, einer ein Mann mit freundlichem Gesicht, so umgänglich und freundlich Nett, dass Mrs. Rawson dachte, sie hätte sehr gut mit ihm auskommen können, wenn sie eine Chance gehabt hätte. Neben ihm stand eine große herrische Dame, die mit einem voluminösen Rock raschelte – eine bedeutende Persönlichkeit, wie Mrs. Rawson aufgrund der Ehrerbietung beurteilte, mit der ein kleiner Fadenpapiermann ihr zuhörte – die Kostümierin, wie sie aus Gesprächsfetzen erfuhr .

„Es tut mir leid", sagte Mr. Lennox. „Alles, was du mir erzählst, ist sehr traurig."   Aber   ich   fürchte, ich kann nichts tun.'

„Das denke ich selbst", antwortete Mrs. Rawson. „Ich fürchte, es gibt nichts zu tun, aber ich dachte, ich komme besser vorbei und sage es dir." Wissen Sie, als ich mit Rindfleischtee nach oben ging, sah sie für mich aus wie jemand, der nicht mehr viele Tage zu leben hatte. Ich kann mich natürlich irren.'

„Sie sollte eine Krankenschwester haben", sagte Mrs. Forest.

„Ich tue alles für sie, was ich kann", murmelte Mrs. Rawson, „aber Sie müssen sich um drei Kinder und nur ein Dienstmädchen kümmern" – die beiden Frauen begannen miteinander zu reden und der Fadenpapiermann nutzte die Gelegenheit um Dick zuzuflüstern, dass er glaubte, er könnte es schaffen, die Kleider der Blumenmädchen für fünf Schilling weniger herzustellen.

„Das wird in Ordnung sein", antwortete Dick. „Ich werde morgen früh vorbeikommen,
Mr. Shaffle."

Mrs. Forest hielt Dick ihre Jacke hin, der ihr hineinhalf.

„Wohin gehst du … kommst du wieder zurück?" er hat gefragt.

„Ich werde deine Frau stillen, Dick", sagte sie und hob ihre lange Federboa auf, „und ist das, was jetzt passiert, nicht eine Bestätigung dafür, dass wir gut daran getan haben, uns uns selbst nicht hinzugeben? – denn das hatten wir." Damit wäre unser Bedauern nun einhellig, und ich dürfte nicht mehr mit gutem Gewissen zu ihr gehen können.... „Sie hat zweifellos wieder viel getrunken", sagte Mrs. Forest und wandte sich an Mrs. Rawson. „Aber wir dürfen niemanden verurteilen oder verurteilen, so hat Jesus gesagt." Ich gehe jetzt mit Ihnen, Mrs. Rawson, und vielleicht kommen Sie morgen, Dick, um sie zu sehen?'

„Wenn ich meiner Frau helfen könnte, würde ich gehen, Laura, aber wie ich dir schon oft gesagt habe, war mein Wille, ihr zu helfen, schon vor langer Zeit erschöpft; es hätte keinen Zweck.' Lauras Augen leuchteten für einen Moment auf. „Aber wenn sie mich sehen möchte, gehe ich hin." Bei diesen Worten wurden Mrs. Forests Augen weicher, und er begann sich zu fragen, wie viel Wahrheit in Lauras Entschluss steckte, zu seiner Frau zu gehen, die sich zweifellos in einem letzten Todeskampf befand. Als er sie sah und hörte, kamen ihm Erinnerungen an eine Schauspielerin in den Sinn, er konnte sich nicht erinnern, welche. Ihr Auftreten war so erhaben wie jedes andere, und ihre Rede endete zeitweise fast in leeren Versen; und er begann zu denken, dass sie ihre Berufung im Leben verpasst hatte. Es könnte sein, dass sie von Natur aus für die Bühne bestimmt war. „Sie ist mürrischer als ich oder Kate", sagte er sich, und als er ihren Ergüssen zuhörte, erkannte er in ihnen die Ansätze des großen Stils: und er bewunderte ihre Übergänge – ihre Stimme wurde leiser und sie schien sie zu finden Weg zurück in die heimelige Sprache. Ihre Seele schien leicht hin und her zu wandern, und Dick war sich nicht sicher, welche die echte und welche die erfundene Frau war. „Sie weiß es selbst nicht", sagte er, denn in diesem Moment hatte sie das Stativ verlassen und saß in Gedanken am Krankenbett, blickte vom Patienten zur Uhr und verabreichte die Medizin genau zur richtigen Zeit.

Als Mrs. Rawson über die Länge des Tages und der Nacht sprach, antwortete sie, dass sie ihre Arbeit mitnehmen würde, und bat Dick, sich keine Sorgen über die Änderungen zu machen, die er ihr im zweiten Akt aufgetragen hatte. „Sie sollen gemacht werden", sagte sie, „und zwar ohne dass ich irgendeinen Anspruch auf Standgeld habe."

„Liegegeld", rief Dick.

„Sie soll anwesend sein, aber eine Seele, die zur Abreise bereit ist, sollte nicht länger als nötig im Hafen festgehalten werden." Und Mrs. Rawson würde ihr Zimmer gerne an jemanden vermieten, der ihren Segelbefehl noch nicht erhalten hat, wie es bei Ihrer armen Frau Dick der Fall ist – das heißt, wenn ich Mrs. Rawsons Bericht über ihre Krankheit verstehe.

„Sie ist nicht lange hier", antwortete Mrs. Rawson. „Aber Sie dürfen nicht glauben, Ma'am, dass ich für die Mühe, die sie mir gemacht hat, Ansprüche geltend machen würde, sondern nur, was fair ist. ‚Fair ist auf der ganzen Welt fair‘, ist mein Grundsatz, seit ich angefangen habe, Wohnungen zu vermieten. Aber vielleicht, Ma'am, möchten Sie ein Zimmer in meinem Haus. Wenn ja, gibt es das Wohnzimmergeschoss, das Ihnen gut passen würde. Aber Sie können nicht selbst Tag- und Nachtschwester sein." Laura antwortete, dass das wahr sei, und als sie von einer Krankenschwester vom Charing Cross Hospital sprachen, verließen sie zusammen das Haus. Am Ende der Straße blieb Laura plötzlich stehen. „Aber sie muss einen Arzt haben", sagte sie und wartete darauf, dass Mrs. Rawson einen empfahl, und Mrs. Rawson antwortete, dass der Arzt, der sie und ihre Kinder behandelte, nicht in der Stadt sei.

„Wir werden hier fragen", sagte Laura und rief dem Taxifahrer zu, er solle bei der Apotheke anhalten. Die Fragen, die sie dem Mann hinter dem Tresen stellte, waren so relevant, dass Mrs. Rawson zu glauben begann, sie habe Mrs. Forest vielleicht falsch eingeschätzt, die ihr jetzt als vernünftige und praktische Frau erschien. Sie sprangen wieder in ein Taxi und kehrten nach einer kurzen Fahrt mit einem Arzt zurück. Laura erzählte ihm im Taxi alles, was sie über seinen Patienten wussten.

„Nach dem, was Sie mir erzählen, scheint es ein schwerer Fall zu sein", sagte er, wandte sich von Laura zu Mrs. Rawson und bat sie, den Patienten zu beschreiben.

„Als ich anfing, Beef Tea zu trinken, fand ich sie so schlimm, dass ich das Gefühl hatte, ich würde immer ein schlechtes Gewissen haben, wenn ich ihrem Mann nicht sagen würde, wie schlimm seine Frau war –"

„Ich fürchte, Doktor, sie trinkt schon seit Jahren", warf Laura ein.

„Nun, sobald ich Mrs. Lennox sehe, kann ich Ihnen sagen, ob meiner Meinung nach eine begründete Hoffnung besteht, sie zu retten. Ich glaube, Sie werden Mrs. Lennox während dieser Krankheit pflegen?' fragte er Laura, und sie begann ihm zu erzählen, dass sie schon immer von dieser Pflicht gewusst hatte: Jahre bevor sie Mr. Lennox jemals getroffen hatte, war es ihr offenbart worden – nicht der genaue Zeitpunkt, sondern die Tatsache, dass sie dieser Pflicht nachkommen musste die Frau eines Mannes, der an der Veröffentlichung einiger ihrer Werke beteiligt war. „Sehen Sie, ihr Mann inszeniert mein Stück *Incarnation* an der Opéra Comique, und ich habe einige meiner Arbeiten mitgebracht." Sie öffnete ihre Tasche und legte das Manuskript mit dem Titel „ *Sprüche der Sybil" auf den Tisch* , und der Arzt hörte zunächst zu, nicht zufrieden damit, dass sie ganz und gar die Krankenschwester war, deren Obhut er Mrs. Lennox gerne gegeben hätte; Da er jedoch befürchtete, dass Mrs. Forest gehen würde, wenn er sie auf die Notwendigkeit einer Krankenschwester drängen würde, verzichtete er darauf, da er dachte, dass Menschen, die exzentrisch redeten, sehr oft sehr praktisch veranlagt seien. Er hatte gewusst, dass extravagante Sprache mit praktischer Krankenpflege einhergeht, und in der Hoffnung, dass Mrs. Forest eine weitere solche beweisen würde, legte er das Manuskript auf den Tisch.

„Aber wenn Sie glauben, dass wir im Jenseits leben, warum sollten Sie dann die Präexistenz leugnen?" und ohne die Antwort des Arztes abzuwarten, behauptete Laura, dass sie bereits mindestens acht Mal gelebt hatte; Sie war Zeugin des schrecklichen Kampfes des Todes und des Sterbens für die Sache von Pan, dem Lichtkönig und Eros, dem Unsterblichen, „dessen ich bin", sagte sie; „Und noch einmal, zum neunten Mal, erlebe und beobachte ich den Wettbewerb – beobachte ihn mit Freude, die die Angst überwindet, mit Liebe, die den Tod besiegt."

„Nun, ich hoffe, dass wir in diesem Fall den Tod besiegen können", antwortete der Arzt, „und wenn wir vorsichtig sind, können wir sie für einige Zeit retten, und wenn –"

„Ah, wenn", warf Laura ein, knickste vor ihm und führte den Arzt zur Tür. „Nichts", begann sie, „kann schlimmer sein als der gegenwärtige Zustand des Erdenlebens und in all seinen Phasen; Wenn die Menschheit zu einem höheren Grad an Vollkommenheit weiterentwickelt werden soll, werden keine schwachen Halbheiten ausreichen, um die Veränderung herbeizuführen. Es muss im Gegenteil zu einer radikalen Veränderung der erblichen Umwelt kommen.'

Der Arzt hörte einen Moment zu, und als wäre Laura von dem Eindruck, den sie erzeugt hatte, entzückt, ging sie zurück zum Schreibtisch, ließ die

Falten ihrer braunen Seide weit über den Boden gleiten und begann zu schreiben:

„Ihr Götter, sie scheitern, sie schwanken,
Eure Hand hat sie niedergeschlagen. Ihr Schrei, die Parzen, verändert sich.
Hütet Euch vor dem Stirnrunzeln Eurer Mutter! war für dich gestorben!

An diesem Punkt schien die Inspiration sie zu verlassen, und sie hob ihren Stift vom Papier und biss nachdenklich in das Ende, auf der Suche nach einer Übergangsphrase, mit der sie vielleicht auf den Lichtgott anspielen könnte.

Sie wohnten in einem Sechs-Schilling-pro-Woche-Schlafzimmer in der Nähe des Strandes. Das Fenster blickte auf ein Stück rot gedecktes Dach, eine Zisterne und eine Wäscheleine, auf der ein Unterrock wehte, und auf einem kleinen Eisenbettgestell, dem Licht zugewandt, lag Kate im Delirium, ihr Bauch war von Wassersucht enorm aufgebläht. Von Zeit zu Zeit wedelte sie mit den Armen, die inzwischen nur noch auf Knochen waren. Sie war drei Tage lang bewusstlos gewesen und hatte in gebrochenen Sätzen über ihr früheres Leben gesprochen – über Mrs. Ede, die Töpfereien, die beiden kleinen Mädchen Annie und Lizzie. Dick, erklärte sie, sei sehr gut zu ihr gewesen. Auch Ralph war freundlich gewesen, und sie war entschlossen, dass die beiden Männer sich nicht um sie streiten sollten. Sie dürfen sich nicht gegenseitig töten; sie würde es nicht zulassen; Sie sollten Freunde sein. Sie würden alle noch Freunde sein; das heißt, wenn Frau Ede es erlauben würde; und warum sollte sie zwischen Menschen stehen und sie zu Feinden machen? Sie verfiel wieder in Benommenheit; und am nächsten Tag waren ihre Ideen noch verwirrter. In der Überzeugung, dass Dick und Ralph wegen der Rolle des Baillie stritten, begann sie ihr Bedauern darüber zum Ausdruck zu bringen, dass das Stück nichts für sie enthielt. Es mangelte auch nicht an Erinnerungen an das kleine Mädchen, das in Manchester gestorben war. Sie betete Ralph, er solle glauben, dass das Kind nicht sein, sondern Dicks Kind sei. Sie betete und flehte in Lauras Armen, bis Laura sie erschöpft mit dem Rücken auf das Kissen legte.

„Gib mir etwas zu trinken; „Ich verdurste“, murmelte die kranke Frau leise.

Laura schreckte aus ihren Träumereien auf, ging zum Kamin, wo der Rindertee stand, und schenkte sich eine halbe Tasse ein; Aufgrund großer Atembeschwerden dauerte es jedoch einige Zeit, bis der Patient es trinken konnte.

Nach langem Schweigen sagte Kate:

„Ich war sehr krank, nicht wahr? Ich glaube, ich muss sterben.‘

„Tod ist nicht gleich Tod", antwortete Laura, „wenn wir für Pan sterben, den unsterblichen, mit den Sinnen wahrnehmbaren Repräsentanten des Universums."

Über Kates Gedanken lag ein vager Traum, in dessen Düsternis gerade noch zwei Dinge wahrnehmbar waren – eine Vorstellung vom Tod und der Wunsch, Dick zu sehen. Aber sie war fast zu schwach, um nach Worten zu suchen, und mit großer Anstrengung sagte sie:

„Ich weiß nicht mehr, wer Sie sind. Mir fällt gerade nichts ein, aber ich möchte meinen Mann gern wiedersehen. Können Sie ihn holen? Ist er hier?"

„Ich weiß, dass du mit ihm nicht glücklich warst, meine Schwester. Aber ich mache dir keine Vorwürfe. Eure Ehe war keine psychologische Verbindung. Und wenn die Ehe das nicht ist, kann eine Frau ihren Fuß nicht in den niedrigsten Tempel des Eros setzen."

„Ich bin zu krank, um mit Ihnen zu sprechen", antwortete Kate, „aber ich habe meinen Mann sehr, sehr geliebt. Ich bewahre alle meine kleinen Erinnerungen an ihn in dieser Schachtel auf. Es sind nicht viele – nicht viele – aber ich möchte, dass er sie hat, wenn ich nicht mehr bin, damit er weiß, dass ich ihn bis zuletzt geliebt habe. Vielleicht verzeiht er mir dann. Lassen Sie mich sie sehen?"

Sie blickte auf das Briefpaket, küsste die zerknitterte Kattunrose, den Knopf, den sie in betrunkenem Anfall von seinem Mantel abgezogen und aus Liebe aufbewahrt hatte, und sie streifte sogar die letzten paar Perlen, die von dem Rosenkranz, den sie damals trug, übrig blieben, an ihrem Handgelenk Sie spielten bei Sweethearts in *The Lovers' Knot*. Aber nachdem die Liebesbeweise wieder in die Schachtel gelegt worden waren und Kate Mrs. Forest erneut bat, Dick zu ihr zu bringen, begann sie in ihrer Rede zu schwafeln und sich in Hanley einzubilden. In dem komplexen Wirrwarr von Kates Albtraum häuften sich die unterschiedlichsten Szenen; die gegensätzlichsten Ideen vermischten sich. Irgendwann erzählte sie den kleinen Mädchen Annie und Lizzie von der Unmoral der Gespräche in den Umkleidekabinen der Theater; ein anderes Mal unterbrach sie die Probe einer *opéra bouffe*, um den Mummern – in Sätzen, die an die spontanen Gebete in der Wesleyanischen Kirche erinnerten – die Vorteile eines ernsthaften, funktionierenden Ordenslebens zu predigen. Es war wie ein Kostümball, auf dem die Keuschheit hinter einer Maske grinste, nach der das Laster suchte, während das Laster seine Nacktheit in einigen der Gewänder verbarg, die die Keuschheit fallen ließ. So rasselten die beiden Leben, das Doppelleben, das diese schwache Frau geführt hatte, auf und ab, wie Würfel, die von Dämonenspielern geworfen wurden, und ein Punkt wurde erreicht, an dem die beiden eins wurden, als sie begann, ihr berühmtes Lied zu singen:

„Schau mich hier an, schau mich dort an"

abwechselnd mit den Wesleyanischen Hymnen. Manchmal passte sie in ihrem Delirium sogar die Worte des einen an die Melodie des anderen an.

Dennoch achtete Laura nicht darauf, und ihre Feder kratzte und kratzte weiter, bis ihr der Gedanke kam, dass Dicks Ehe zwar keine psychologische Ehe gewesen war, es aber besser wäre, wenn er seine Frau sehen würde, bevor sie starb; Und als sie plötzlich zu diesem Schluss kam, setzte sie ihre Haube auf und verließ das Haus.

Die Wirtin brachte die Lampe herein und stellte sie außer Sichtweite der Augen der sterbenden Frau auf den Tisch.

Eine schreckliche Blässe hatte sogar das Gelb ihres Gesichts in einen ascheigen Farbton verwandelt; Ihre Lippen waren verschwunden, ihre Augen waren geweitet und sie versuchte, sich im Bett aufzurichten. Ihre verkümmerten Arme wurden hin und her geschwenkt, und in der roten Dunkelheit, die von der übelriechenden Petroleumlampe ausging, wurden die großen, undeutlich sichtbaren Falten der Bettwäsche von den Krämpfen, die den ganzen Körper erschütterten, hin und her geworfen. Eine weitere Stunde verging, geprägt vom höhlenartigen Atmen der Frau, die an den Rand des Todes kroch. Schließlich ertönte ein Seufzer, tiefer und länger; und damit starb sie.

Bald darauf, bevor die Leiche erkaltet war, waren schwere Schritte auf der Treppe zu hören, und Dick und Laura traten ein, der eine mit lautem Flattern wie ein Kakadu, die andere stetig, wie ein großes und schwerfälliges Tier. Auf den ersten Blick sahen sie, dass alles vorbei war, und setzten sich schweigend hin, die Hände auf dem Tisch ruhend. Der Mann sprach zögernd in unbeholfenen Sätzen von glücklicher Erlösung; die Frau hörte mit einer ruhigen Gelassenheit zu, die Dick in Erstaunen versetzte. Sie hätte gern etwas über psychologische Ehen gesagt, aber der Anblick des riesigen Körpers unter der Bettdecke hielt sie zurück: Er wollte etwas Nettes und Freundliches sagen, aber Lauras Anwesenheit verdrängte alles aus seinem Kopf, und so wurden seine Ideen noch brüchiger und unzusammenhängender als je zuvor, seine Gedanken wanderten, bis er schließlich, den Blick von dem Manuskript auf dem Tisch erhebend, sagte:

„Hast du den zweiten Akt beendet, Liebling?"

DAS ENDE